Magia, ciência e religião

Dados Internacionais de Catalogação na Publicação (CIP)
(Câmara Brasileira do Livro, SP, Brasil)

Malinowski, Bronislaw, 1884-1942
  Magia, ciência e religião e outros ensaios / Bronislaw Malinowski ; tradução Levindo Pereira. – 1. ed. – Petrópolis, RJ : Vozes, 2022. – (Coleção Antropologia)

  Título original: Magic, science and religion and Other Essays

  ISBN 978-65-5713-426-9

  1. Antropologia 2. Ciências 3. Etnologia 4. Magia 5. Mitos 6. Psicologia
7. Religião primitiva I. Título II. Série.

21-95021   CDD-215

Índices para catálogo sistemático:
1. Ciência e religião 215

Maria Alice Ferreira – Bibliotecária – CRB-8/7964

Bronisław Malinowski

Magia, ciência e religião
e outros ensaios

Tradução de Levindo Pereira

EDITORA VOZES

Petrópolis

Tradução realizada a partir dos seguintes textos:

"Magia, ciência e religião", originalmente Magic, science and religion. *In*: James Needham (ed.). *Science, religion and reality*. Macmillan, 1923. • "O mito na psicologia primitiva", originalmente *Myth in primitive psychology*. W. W. Norton, 1926. • "Baloma; Os espíritos dos mortos nas ilhas Trobriand", originalmente "Baloma; The spirits of the dead in the Trobriand Islands" *The Journal of the Royal Anthropological Institute of Great Britain and Ireland*, Vol. 46, 1923. • "O problema do significado em linguagens primitivas", originalmente "The problem of meaning in primitive language" (Apêndice). *In*: C. K. Ogden, I. A. Richards. *The meaning of meaning*. Kegan Paul, Trench, Trübner and Co., 1923. • "Uma análise antropológica da guerra", originalmente "An anthropological analysis of war". *The American Journal of Sociology*, Vol. XLVI, n. 4, 1941

© desta tradução:
2022, Editora Vozes Ltda.
Rua Frei Luís, 100
25689-900 – Petrópolis, RJ
www.vozes.com.br
Brasil

Todos os direitos reservados. Nenhuma parte desta obra poderá ser reproduzida ou transmitida por qualquer forma e/ou quaisquer meios (eletrônico ou mecânico, incluindo fotocópia e gravação) ou arquivada em qualquer sistema ou banco de dados sem permissão escrita da editora.

CONSELHO EDITORIAL
Diretor
Gilberto Gonçalves Garcia

Editores
Aline dos Santos Carneiro
Edrian Josué Pasini
Marilac Loraine Oleniki
Welder Lancieri Marchini

Conselheiros
Francisco Morás
Ludovico Garmus
Teobaldo Heidemann
Volney J. Berkenbrock

Secretário executivo
Leonardo A.R.T. dos Santos

Diagramação: Raquel Nascimento
Revisão gráfica: Lorena Delduca Herédias
Capa: Felipe Souza | Aspectos

ISBN 978-65-5713-426-9

Este livro foi composto e impresso pela Editora Vozes Ltda.

Sumário

Apresentação, 7

1. Magia, ciência e religião, 11
2. O mito na psicologia primitiva, 70
3. Baloma: Os espíritos dos mortos nas ilhas Trobriand, 112
4. O problema do significado em linguagens primitivas, 200
5. Uma análise antropológica da guerra, 240

Apresentação

José Guilherme Cantor Magnani

Muito oportuna a publicação desta coletânea, não muito conhecida, de Bronislaw Malinowski, justo quando sua obra mais difundida – Argonautas do Pacífico Ocidental: um relato do empreendimento e da aventura dos nativos dos arquipélagos da Nova Guiné - Melanésia (1922) – completa cem anos e é tema de inúmeros comentários.

Trata-se de textos curtos sobre aspectos específicos – magia, ciência e religião; mitos e psicologia; crenças em espíritos de mortos, significado e linguagem; sentidos da guerra –, todos com base em suas pesquisas feitas durante a estada junto aos trobriandeses, mas já mencionados, de certa forma, nas monografias mais completas. Foram escritos e/ou publicados ao longo dos anos 1920, com exceção do texto dos Baloma (1916) e o texto sobre a guerra, já no decorrer do segundo conflito mundial, na década de 1940.

O interesse em sua publicação reside na atualidade dos temas desenvolvidos: se mesmo na época em que foram escritos é notável a aproximação que Malinowski faz entre as concepções dos "nativos" e as preocupações e problemas de seu tempo nas sociedades ocidentais, ainda surpreende – como se verá adiante – a contemporaneidade de suas reflexões, passados cem anos.

É sabido que "clássicos" são os textos que permanecem, a despeito das particularidades da época em que foram originalmente escritos e, no caso da etnografia, sua especificidade reside no método de pesquisa, com base na observação participante, descrição e análise em contextos e recortes bem delimitados: esta postura termina por revelar recorrências significativas – não meras coincidências – sobre o que está se desenvolvendo naquele tempo e espaço.

Mas não se trata de uma coleção desarticulada de registros isolados: em determinado momento os fragmentos se juntam, como assinalam, cada qual a seu modo, Lévi-Strauss (1991: 415-416) e Marilyn Strathern (2014: 348-351). De minha parte, costumo classificar essa aproximação etnográfica ao campo de pesquisa com a expressão "de perto e de dentro" para fazer um contraponto com "de longe e de fora", mais usual em outras ciências sociais (Magnani, 2021: 14-15).

O primeiro capítulo: Magia, Ciência e Religião, que dá o nome à coletânea, explora as proximidades e diferenças entre esses três domínios, tanto no contexto dos interlocutores com os quais conviveu nas Ilhas Trobriand, como entre seus conterrâneos europeus. O segundo – O mito na psicologia primitiva – trata os mitos não apenas como narrativa: diferentemente dos mitólogos clássicos que dispõem só dos textos conservados nos escritos, o etnógrafo, em contato direto com os habitantes dos povos que está estudando, tem acesso às formas como os mitos interferem na vida cotidiana e são por ela transformados.

Já o capítulo terceiro, Baloma: os espíritos dos mortos nas ilhas Trobriand, é o mais longo da coletânea; faço referência a ele no capítulo "Os Baloma de Kiriwina – ou, de como os kiriwineses se encarnam nas atuais pesquisas", que escrevi para o livro A Aventura Antropológica, organizado por Ruth Cardoso (1986: 127-140), em que discuto a categoria de representação. É impressionante como a classificação que Malinowski faz das diferentes formas que assumem essas crenças entre os moradores "mais simples" em comparação com as de "nativos esclarecidos" e também com as que atribui a especialistas – se aplica à atual efervescência causada pela validade das vacinas entre religiosos, poder público, cientistas, "negacionistas" etc....

O quarto capítulo – O significado em linguagens primitivas –, que antecipa toda uma discussão sobre semiótica, repercute também na atual polêmica sobre o "lugar da fala". Ademais, o cuidadoso tratamento que Malinowski aplica a um exemplo concreto, o diálogo travado na linguagem local durante uma pescaria, ilustra bem como transpor os significados expressos numa língua (com suas próprias regras) para outra.

Por fim, uma análise antropológica da guerra, escrito na década de 1940, no decorrer da segunda guerra – um tema bastante sensível, lembrando que Malinowski realizou sua pesquisa entre os trobriandeses durante o primeiro conflito mundial, impossibilitado de retornar à Inglaterra em razão de sua nacionalidade. O argumento aqui desenvolvido contrapõe-se aos que sustentavam alguns autores da época, de que o impulso à agressão seria naturalmente determinado, devido ao caráter "selvagem" dos primitivos.

Concluindo, reitero a importância da publicação em língua portuguesa desta coletânea: na atual conjuntura – ainda que sem a ameaça de um novo conflito mundial – pois não são poucos os enfrentamentos armados entre nações e no interior de suas fronteiras; mas os temas que ressaltam – com as apuradas reflexões do autor – são sobre ciência, religião, mitos e crenças, atuais nesse particular momento de disseminação de um vírus por todo o planeta que, além da ameaça que representa, suscitou um sem-número de controvérsias: cientistas, líderes religiosos, políticos, adeptos de determinados estilos de vida etc. – potencializadas pelo acesso a modernos e instantâneos meios de difusão.

BIBLIOGRAFIA

LÉVI-STRAUSS, Claude. "Lugar da Antropologia nas Ciências Sociais e problemas colocados por seu ensino". In: *Antropologia Estrutural*. Rio de Janeiro: Tempo Brasileiro, 1991

MAGNANI, José Guilherme. "Discurso e representação ou de como os baloma de Kiriwina podem reencarnar-se nas atuais pesquisas". In: CARDOSO, Ruth: *A Aventura antropológica* – Teoria e Pesquisa. Rio de Janeiro: Editora Paz e Terra, 1986.

MAGNANI, José Guilherme. "Espaços cemiteriais em debate: uma abordagem antropológica em diferentes contextos nacionais". *Revista Científica Suwelani*, vol. 4, nº 2, 2021.

MALINOWSKI, Bronislaw. *Argonautas do Pacífico Ocidental*: um relato do empreendimento e da aventura dos nativos nos arquipélagos da Nova Guiné-Melanésia. [1922] São Paulo: Abril Cultural, 1976.

STRATHERN, Marilyn. O efeito etnográfico. São Paulo: Cosac Naify, 2014.

São Paulo, janeiro de 2022.

Magia, ciência e religião

I O homem primitivo e sua religião

Não há povos sem religião e sem magia – ambas estão presentes mesmo nas populações mais primitivas. Também não existem, acrescentemos de imediato, raças selvagens desprovidas de atitude científica ou de ciência, embora tal falta lhes seja constantemente atribuída. Dois domínios claramente distintos têm sido encontrados em todas as comunidades primitivas estudadas por observadores confiáveis e competentes: o do Sagrado e o do Profano; ou, em outros termos, o domínio da Magia e da Religião e o da Ciência.

De um lado, temos observâncias e atos tradicionais, considerados sagrados pelos nativos, realizados com reverência e assombro, cercados de proibições e de regras específicas de comportamento. Tais atos e observâncias encontram-se associados a crenças em forças sobrenaturais – as da magia, sobretudo – ou a ideias sobre espíritos, fantasmas, ancestrais mortos e deuses. De outro, basta refletir um pouco para concluir que, sem a observação cuidadosa dos processos naturais, sem a firme crença em sua regularidade, sem o poder do raciocínio e sem a confiança no poder da razão – sem, em suma, os rudimentos da ciência –, não teria sido possível inventar ou manter qualquer arte ou ofício, mesmo os mais primitivos, nem desenvolver qualquer forma organizada de caça, pesca, coleta e cultivo.

Devemos a Edward B. Tylor o mérito de haver lançado as bases para o estudo antropológico da religião. Em sua famosa teoria, ele defendia que o animismo – a crença em seres espirituais – seria a essência da religião primitiva, e mostrava como essa crença teria se originado de interpretações equivocadas, ainda que consistentes, de sonhos, visões, alucinações, estados catalépticos e fenômenos similares. Refletindo sobre esses fenômenos, o filósofo (ou teólogo) selvagem foi levado a diferenciar a alma humana do corpo. Ora, a alma continuaria obviamente a existir após a morte, já que apareceria em sonhos, assombraria as memórias e visões dos vivos e influenciaria notavelmente os destinos humanos. Assim teriam se originado as crenças em fantasmas e espíritos dos mortos, na imortalidade e no mundo do além. Mas o ser humano, o homem primitivo em particular, tenderia a imaginar o mundo à sua própria imagem. Ora, como os animais, as plantas e os objetos agem, se movem, exibem comportamentos, auxiliam ou atrapalham o homem, também eles devem ter almas ou espíritos. O animismo – a filosofia e a religião do homem primitivo – teria, assim, emergido a partir das observações e inferências compreensíveis, ainda que equivocadas, de uma mente rudimentar e inculta.

A concepção tyloriana de religião primitiva, por mais importante que tenha sido, baseou-se em um leque bem limitado de fatos e construiu uma imagem demasiadamente contemplativa e racional do ser humano primevo*. Trabalhos de campo recentes, feitos por especialistas, não apenas nos mostram um selvagem mais interessado na pesca e na horticultura, em festividades e em eventos tribais do que em ruminações sobre sonhos e visões ou em explicações sobre a existência de "duplos" e estados catalépticos, como também revelam que diversos aspectos da religião primitiva não se encaixam no esquema tyloriano do animismo.

Os trabalhos eruditos e inspiradores de *sir* James Frazer são os que melhor expressam a postura mais aberta e imersiva da antropologia moderna. A obra frazeriana levantou as três principais questões sobre a religião primitiva tratadas atualmente pela antropologia: a relação da magia com a religião e com a ciência; o totemismo e o aspecto sociológico da crença primitiva; os cultos de fertilidade e de vegetação. Voltaremos a isso oportunamente.

O *Ramo de Ouro* de Frazer, a maior suma a respeito da magia primitiva, mostra claramente que o animismo não é a única crença presente na cultura primitiva, nem mesmo a crença dominante. O homem primevo procura acima de tudo controlar o curso da natureza tendo em vista fins práticos, e ele o faz diretamente por meio de ritos e de fórmulas encantatórias, compelindo o clima, os ventos, os animais e as plantações a obedecerem à sua vontade. Foi somente muito mais tarde, ao descobrir as limitações de seu poder mágico, que o ser humano, por medo ou esperança, em súplica ou desafio, se dirigiu a seres superiores, isto é, a espíritos ancestrais, demônios ou divindades. A distinção entre o controle direto, de um lado, e a propiciação a forças superiores, de outro, corresponde, para Frazer, à diferença entre magia e religião. A magia – baseada na confiança do homem em dominar a natureza de forma direta desde que conheça as leis que a governam magicamente – é, a esse respeito, semelhante à ciência. A religião – confissão da impotência humana diante de certas situações – eleva o homem a um nível supe-

---

* [N.T.] Ao longo do texto, Malinowski faz uso tanto do termo "early", como no caso acima, quanto da palavra "primitive". Ainda que pareça ser mais um recurso estilístico (evitando assim a repetição de um mesmo termo) do que uma distinção analítica, buscarei, sempre que o contexto permitir, traduzi-los por "primevo" (ou "primordial") e "primitivo", respectivamente. O termo "primitive" foi usado por antropólogos do século 19 e da primeira metade do século 20 para designar povos atuais (i.e., a eles contemporâneos), enquanto que "early" remete, entre outras coisas, ao tempo remoto das origens, e não tanto à presença atual do que venha a ser adjetivado por esta palavra.

rior ao da magia, assegurando, mais tarde, sua independência diante da ciência; ciência esta a que a magia deve se submeter.

A teoria frazeriana da magia e da religião tem sido o ponto de partida da maioria dos estudos modernos sobre esses temas gêmeos. De forma independente, Preuss na Alemanha, Marett na Inglaterra e Hubert e Mauss na França desenvolveram algumas noções, ora partindo de críticas a Frazer, ora seguindo as pistas deixadas por seu trabalho. Esses estudiosos notaram que a magia e a ciência, apesar de sua aparente semelhança, são radicalmente diferentes. A ciência surgiria da experiência, a magia seria produzida pela tradição. A ciência seria orientada pela razão e corrigida pela observação; a magia, impermeável a ambas, encontrar-se-ia sob uma atmosfera mística. A ciência seria acessível a todos, constituindo um bem partilhado pela comunidade em seu todo. A magia viveria de modo oculto, sendo ensinada por meio de iniciações misteriosas e transmitida por uma filiação hereditária ou, no mínimo, muito exclusiva. A ciência se basearia na ideia de força natural, ao passo que a magia irromperia da noção de poder místico e impessoal, crença presente na maioria dos povos primitivos. Considerado uma ideia quase universal, presente onde quer que a magia floresça, tal poder seria chamado de *mana* por certos povos melanésios, de *arungquiltha* por determinadas tribos australianas, ou mesmo de *wakan*, *orenda*, *manitu* por diversos povos indígenas da América, ainda que em outros lugares não seja nomeado. De acordo com os autores recém-mencionados, podemos encontrar entre os povos mais primitivos e por toda a selvageria inferior* a crença em uma força sobrenatural e impessoal que mobiliza todas as agências relevantes para o selvagem e que suscita os eventos efetivamente importantes no domínio do sagrado. Nesse sentido, seria o *mana*, e não animismo, a essência tanto da "religião pré-animista" quanto da magia, indicando que esta última seria, portanto, radicalmente diferente da ciência.

Entretanto, permanece a questão de se saber o que é *mana*, o que é essa força impessoal da magia que dominaria todas as formas de crença primitiva. Seria ela uma ideia fundamental, uma categoria inata da mente primitiva? Poderia ela ser explicada por elementos ainda mais simples e fundamentais da psicologia humana ou da realidade em que vive o homem primitivo? Veio de Durkheim a contribuição mais importante e original a essas questões e que também toca em outro tema abordado por *sir* James Frazer – o totemismo e o aspecto sociológico da religião.

---

* [N.T.] No original, "lower savagery", termo associado à certa antropologia evolucionista, em particular a de Lewis H. Morgan. Em *Ancient Society* (1877), esse autor afirmara que o estado da "civilização" foi precedido por seis outros níveis de evolução cultural: o estado inferior de selvageria, o estado intermediário de selvageria, o estado superior de selvageria, o estado inferior de barbarismo, o estado intermediário de barbarismo e o estado superior de barbarismo.

Conforme a clássica definição de Frazer, o totemismo supõe a existência de "uma relação íntima entre, de um lado, um grupo de parentes e, de outro, certos objetos naturais ou artificiais, denominados de totens do grupo humano". O totemismo apresentaria, então, dois lados: ele seria uma forma de agrupamento social e um sistema de crenças e práticas religiosas. Enquanto religião, ele exprime o interesse que o homem primitivo dirige ao ambiente que o circunda, seu desejo de reivindicar uma afinidade e de controlar os objetos mais importantes – espécies animais ou vegetais, principalmente; objetos inanimados considerados úteis, mais raramente; e, em casos muito raros, artefatos produzidos pelo próprio homem. Via de regra, tanto as espécies animais ou vegetais consideradas itens alimentares de primeira necessidade, quanto os animais considerados úteis, comestíveis ou ornamentais são objeto de uma forma específica de "reverência totêmica", além de serem interditados para os membros do clã associado à espécie, que pratica em certas ocasiões ritos e cerimônias visando a sua multiplicação. O aspecto social do totemismo remete às unidades menores em que a tribo se subdivide, chamadas em antropologia de *clãs, gens, sibs** e *fratrias*.

O que vemos no totemismo não é, portanto, o resultado de especulações do homem primevo a respeito de fenômenos misteriosos, mas a mistura entre uma reverência utilitária diante dos objetos mais necessários do ambiente em que vive e certa atenção dirigida àqueles que lhe são atraentes e despertam sua imaginação, como répteis, pássaros exuberantes e animais perigosos. Considerando nosso conhecimento sobre o que poderíamos chamar de atitude mental totêmica, a religião primitiva estaria mais próxima da realidade e dos interesses imediatos da vida prática do selvagem do que parecia estar quando seu aspecto "animista" era enfatizado por Tylor e outros antropólogos pioneiros.

Através de sua estranha associação com uma forma problemática de divisão social, a saber, o sistema de clãs, o totemismo ensinou à antropologia ainda outra lição: revelou a importância do aspecto social em todas as formas de culto primevas. Em termos de cooperação prática e de solidariedade psíquica, o selvagem depende muito mais do grupo ao qual está diretamente associado do que o homem civilizado. E se de fato há – pelo que se observa no totemismo, na magia e em muitas outras práticas – uma estreita associação entre os cultos e ritos primitivos e as questões práticas e necessidades mentais, então deve haver uma íntima

---

* [N.T.] A palavra "sib" (pl. "sibs") é às vezes traduzida pelo termo "germano" (pl. "germanos"; ou "grupo de germanos"). Entretanto, ela não necessariamente designa os irmãos reais de uma mesma união matrimonial, nem corresponde necessariamente a uma forma de segmentação da organização social em "grupos corporados" como seria o caso dos clãs – que são unidades nomeadas e definidas a priori. Além disso, um "sib" também é diferente de uma linhagem na medida em que esta se define através de uma linha de ascendência comum. Nesse sentido, o termo "sib" é normalmente utilizado em casos de sociedades que não se organizam nem sob a forma de clãs, nem através de linhagens, diferenciando-as justamente destes tipos de organização.

conexão entre a organização social e a crença religiosa. Tal relação já havia sido reconhecida por Robertson Smith, um dos pioneiros da antropologia da religião. Seu princípio de que a religião primitiva seria "essencialmente um assunto da comunidade e não de indivíduos" tornou-se o fio condutor da pesquisa moderna. De acordo com Durkheim, que deu a essas ideias sua formulação mais convincente, "o religioso" seria idêntico "ao social". Pois, "de uma maneira geral, [...] uma sociedade tem tudo o que é preciso para despertar nos espíritos, pela simples ação que exerce sobre eles, a sensação do Divino; pois ela é para seus membros o que um Deus é para seus fiéis"[1]. Durkheim chegou a essa conclusão pelo estudo do totemismo, segundo ele a forma mais primitiva de religião. Ali, o "princípio totêmico", que seria idêntico ao *mana* e ao "Deus do clã", "só pode ser o próprio clã".[2] Tais conclusões, estranhas e algo obscuras, serão mais tarde criticadas, mas o grão de verdade que elas contêm e sua potencial fecundidade serão ressaltados. Com efeito, seus frutos podem ser observados na influência exercida sobre textos de grande importância que misturam estudos clássicos e antropologia, como é o caso dos trabalhos de Jane Harrison e de Cornford.

Os cultos de fertilidade e de vegetação são o terceiro grande tema introduzido na Ciência da Religião por *sir* James Frazer. Em *O Ramo de Ouro*, através do terrível e misterioso ritual das divindades do bosque de Nemi, somos conduzidos a uma incrível variedade de cultos mágicos e religiosos criados pelo homem para estimular e controlar as ações fertilizantes do céu e da terra, do sol e da chuva, e dali saímos com a impressão de que as forças da vida selvagem – frescas, belas, rudes e tão violentamente exuberantes que por vezes levam a atos suicidas de autoimolação – inundam a religião primeva. A reflexão sobre o "Ramo de Ouro" nos mostra que a morte significa para o homem primitivo um passo em direção à ressurreição; que a decadência representa para ele um estágio de seu renascimento; que a plenitude outonal e o declínio invernal são prelúdios de revivescências primaveris. Inspirados por essas passagens d'*O Ramo de Ouro*, vários estudiosos desenvolveram, muitas vezes em análises mais precisas e mais completas do que as do próprio Frazer, o que pode ser chamado de uma concepção *vitalista* de religião. Assim, o Crawley em seu livro *Tree of Life*, Van Gennep em seu *Os Ritos de Passagem* e Jane Harrison em diversos trabalhos forneceram evidências de que a fé e o culto derivam de crises da existência humana: "a religião se concentra em grande parte [...] sobre acontecimentos como o nascimento, o amadurecimento, o casamento, a morte".[3] A intensidade que caracteriza a necessidade instintiva e

---

1. *The Elementary Forms of Religious Life*, p. 206. [*As Formas Elementares da Vida Religiosa*, São Paulo: Martins Fontes (1996: 211)]

2. Ibidem

3. J. Harrison, *Themis*, p. 42.

as experiências fortemente emocionais leva, de uma maneira ou outra, ao culto e à crença. "Tanto a arte quanto a religião nascem do desejo insatisfeito"[4]. Mais adiante veremos o que há de verdade e o que há de exagero nessa afirmação um tanto vaga.

Duas importantes contribuições à teoria da religião primitiva serão mencionadas aqui apenas sucintamente, pois por alguma razão não se incluem entre as preocupações da corrente dominante da antropologia. A primeira diz respeito à ideia primitiva de um Deus único, e a segunda se questiona sobre o lugar ocupado pela moral na religião primitiva. É curioso que elas tenham sido e que continuem sendo negligenciadas, pois não seriam essas duas questões as primeiras a despertar o interesse de qualquer um que estude os fenômenos religiosos, mesmo os mais rudimentares? Talvez a explicação esteja na ideia preconcebida de que as "origens" precisem ser muito simples e rudimentares, ao contrário das "formas desenvolvidas" ou então na ideia de que o "selvagem" e o "primitivo" sejam realmente selvagens e primitivos!

O falecido Andrew Lang indicou a existência da crença em um Grande Pai [All-Father] tribal em alguns grupos australianos. Já o padre Wilhelm Schmidt apontou para diversas evidências que comprovariam o caráter universal dessa crença em todos os povos de culturas mais simples, e que, portanto, não poderia ser descartada como um fragmento irrelevante da mitologia e ainda menos como um sintoma da presença de missionários. Para Schmidt, isso se parecia muito com uma forma simples e pura de monoteísmo primevo.

O problema da moral enquanto uma função da religião primeva foi também deixado de lado até receber um tratamento exaustivo, não apenas nos trabalhos do padre Schmidt, mas de modo notável também em duas obras de invulgar importância: *Origin and Development of Moral Ideas*, de E. Westermarck, e *Morals in Evolution*, de L. T. Hobhouse.

Não é tarefa fácil apresentar concisamente a direção tomada pelos estudos antropológicas sobre nosso tema. De modo geral, eles têm caminhado para uma concepção cada vez mais elástica e abrangente de religião. Se em sua época Tylor precisou refutar a falácia de que existiriam povos primitivos sem religião, atualmente estamos de certo modo perplexos com a descoberta de que tudo é religião para o selvagem e de que ele vive perpetuamente em um mundo de misticismos e ritualismos. E se, além de tudo isso, a religião for realmente coextensiva à "vida" e à "morte", se ela acompanhar de fato cada ato "coletivo" e qualquer "crise da existência individual", se ela compreender toda a "teoria" selvagem e cobrir todas as suas "preocupações práticas" – só nos resta perguntar não sem consternação: há algo exterior a ela? Haveria um domínio do "profano" na vida primitiva?

---

4. J. Harrison, *Themis*, p. 44.

Como se pode ver pelo esboço acima, estamos diante de um problema tornado mais confuso por uma série de perspectivas contraditórias presentes na antropologia moderna. Na próxima seção, teremos a oportunidade de contribuir para uma solução.

A antropologia moderna tem feito com que a religião primitiva abrigue toda uma sorte de seres heterogêneos. De início restrita às solenes figuras do animismo – espíritos ancestrais, fantasmas, almas e alguns poucos fetiches –, ela foi admitindo gradualmente a ubiquidade, a fluidez e a sutileza do *mana*. Em seguida, com o totemismo, passou a abarcar, qual uma Arca de Noé, não pares, mas bandos e espécies inteiras de animais, além de plantas, objetos ou mesmo artefatos. Logo viriam os interesses e as atividades humanas, e o gigantesco espectro da Alma Coletiva, da Sociedade Divinizada. É possível encontrar alguma ordem ou sistematicidade nessa mixórdia de objetos e princípios aparentemente desconectados? Nossa terceira seção irá se ocupar dessa questão.

Contudo, uma conquista da antropologia moderna não deve ser questionada: o reconhecimento de que a magia e a religião não são meras doutrinas, filosofias ou corpos intelectuais de opiniões, mas modos particulares de comportamento, atitudes pragmáticas providas de racionalidade tanto quanto de sentimento e de vontade. Trata-se de modos de ação e também de sistemas de crença, de fenômenos sociais e também de experiências pessoais. Porém, levando-se em conta tudo isso, e como testemunham os exageros cometidos por ambos os lados, não fica clara a relação exata entre a contribuição social e a individual à religião. Também não estão claras as frações correspondentes à razão e à emoção. Futuramente, a antropologia terá de enfrentar todas essas questões. Neste breve ensaio, é possível apenas sugerir soluções e indicar linhas de argumentação.

II O domínio racional do homem sobre seu entorno

A questão do conhecimento primitivo tem sido especialmente negligenciada pela antropologia. Estudos sobre a psicologia selvagem têm se limitado à religião, à magia e à mitologia primitivas. O interesse pelas atividades mais sóbrias empreendidas pelo selvagem foi estimulado apenas recentemente pelos trabalhos de diversos estudiosos ingleses, alemães e franceses – e, em especial, pelas brilhantes e desafiadoras especulações de Lévy-Bruhl. Com efeito, os resultados têm sido surpreendentes: resumindo ao máximo, Lévy-Bruhl nos diz que não há tal sobriedade de espírito no homem primitivo, pois este se encontra irremediavel e completamente imerso em um quadro mental místico. Desprovido da capacidade de observar de modo desapaixonado e consistente, destituído do poder de abstração, impedido por "uma franca aversão ao raciocínio", ele seria incapaz de obter qualquer vantagem da experiência ou de apreender e compreender mesmo as leis mais elementares da natureza. "Para espíritos assim orientados, não existem fenômenos puramente físicos". Não existe para eles, além disso, uma noção clara de substância e de atributo, de causa e de efeito, de identidade e de contradição. Sua mentalidade consistiria em superstições confusas, "pré-lógicas", feitas de "participações" e "exclusões" místicas.

Tratei de resumir um conjunto de ideias do qual o sociólogo francês é inegavelmente o porta-voz mais competente, embora esteja acompanhado de outros antropólogos e filósofos de renome. Mas existem também vozes dissonantes. Quando um pesquisador e antropólogo da monta de J. L. Myers intitula sua contribuição a *Notes and Queries** de "Ciência natural" e quando lemos ali que o conhecimento do selvagem "baseado na observação é preciso e distinto", devemos certamente parar para refletir antes de aceitar a irracionalidade do homem primitivo como um dogma. Outro estudioso notavelmente competente, A. A. Goldenweiser, comentando a respeito das "descobertas, invenções e melhorias" primitivas – que dificilmente podem ser consideradas fruto de uma mente pré-lógica ou pré-empírica – assevera que "seria imprudente atribuir à mecânica primitiva um papel meramente passivo na realização de invenções. À mente do homem primitivo devem ocorrer várias boas ideias, e a emoção que acompanha o sucesso de uma ideia posta em prática não lhe deve ser completamente estranha". Vemos aqui um selvagem dotado de uma atitude intelectual inteiramente similar à dos cientistas modernos!

Para que possamos lançar uma ponte sobre a enorme distância que separa em dois polos as atuais concepções sobre o tema da racionalidade do ser humano primitivo, convém desdobrar o problema em dois tópicos.

Primeiro: o selvagem seria capaz de assumir alguma atitude racional, de dominar racionalmente seu ambiente? Ou seria ele completamente "místico", como sustenta Lévy-Bruhl e sua escola? A resposta passa pela ideia de que toda comunidade primitiva detém um considerável estoque de conhecimento; conhecimento este baseado na experiência e moldado pela razão.

Segundo ponto: o conhecimento primitivo pode ser considerado uma forma rudimentar de ciência? Ou, ao contrário, seria algo radicalmente diverso – uma rude empiria, um corpo de habilidades práticas e técnicas, de artimanhas e regras de bom senso desprovidas de qualquer valor teórico? Ao final desta seção, voltaremos muito brevemente a este segundo ponto, pertencente menos ao campo de estudos do ser humano e mais ao da epistemologia, e daremos a ele uma resposta de caráter meramente tentativo.

---

* [N.T.] Existem um total de seis edições de *Notes and Queries*. A primeira foi publicada em 1874 pela "British Association for the Advancement of Science" e a última em 1951 pelo "Royal Anthropological Institute". Sua sexta e última edição foi publicada no Brasil em 1971 com o título de *Guia Prático de Antropologia* pela editora Cultrix.

Para dar conta do primeiro tópico é preciso examinar o lado "profano" da vida, as artes, ofícios e atividades econômicas, e extrair deles um tipo de comportamento claramente separado da magia e da religião e fundado no conhecimento empírico e no respaldo da lógica. Devemos tentar descobrir se as linhas que orientam esse comportamento são definidas por normas tradicionais, se elas são conhecidas, se são até mesmo questionadas em certos momentos, se são submetidas a testes. Precisaremos investigar se a configuração sociológica do comportamento empírico e racional difere da do ritual e do culto. Deveremos, sobretudo, fazer duas perguntas: os nativos distinguem os dois domínios, mantendo-os separados? Ou o campo do conhecimento seria constantemente invadido pela magia e pela religião, por superstições e ritualismos?

Dada a impressionante escassez de observações relevantes e confiáveis sobre esse tema, não me resta senão recorrer principalmente ao material, quase todo ele inédito, que coletei ao longo de alguns anos de trabalho de campo entre as tribos melanésias e papuásias da Nova Guiné oriental e de arquipélagos vizinhos. Tidos como particularmente inclinados à magia, são os melanésios, no entanto, que deverão fornecer a prova decisiva da presença de um conhecimento empírico e racional entre os selvagens que vivem na idade da pedra polida.

Esses melanésios – refiro-me sobretudo àqueles que habitam os atóis de coral situados a nordeste da ilha principal (isto é, aos grupos que povoam o arquipélago de Trobriand e adjacências) – são exímios pescadores, além de artesãos e mercadores industriosos, ainda que sua subsistência dependa principalmente do cultivo de suas hortas*. Manuseando implementos tão rudimentares quanto a cunha e a machadinha, eles são capazes de produzir colheitas suficientes para sustentar uma densa população, obtendo, ainda, excedentes que, em tempos passados, chegavam a apodrecer sem serem consumidos, mas que nos dias atuais são exportados para alimentar trabalhadores de *plantations***. Sem mencionar as excelentes condições naturais que favorecem o cultivo das roças, o sucesso de suas atividades agrícolas depende tanto dos extensos conhecimentos nativos sobre os diferentes tipos de solo, a variedade das espécies cultiváveis e a correlação entre esses dois fatores, quanto do reconhecimento da importância de um trabalho sério e rigoroso. Eles precisam selecionar o solo e as sementes, saber quando limpar o terreno e fazer a queimada, conhecer a época propícia para o plantio e capina das roças e para a poda das vinhas de inhames. Em tudo isso, eles são orientados por seu sólido conhecimento do clima e das estações, das plantas e

---

* [N.T] "Gardens", no original. Essa palavra também poderá vir traduzida como "roça" ou derivados.

** [N.T.] Esse trecho torna-se mais compreensível à luz da seguinte passagem dos *Argonautas do Pacífico Ocidental*, p. 123 (Ubu)/55 (Abril): "Nos dias atuais, esse excedente de alimentos é exportado por europeus para o consumo de trabalhadores agrícolas [plantation hands] em outras regiões da Nova Guiné."

das pragas, dos solos e dos tubérculos e pela convicção de que esse saber é verdadeiro e confiável, de que podem contar com ele e de que se deve obedecê-lo escrupulosamente.

Misturada a todas essas atividades, encontramos, no entanto, a magia: uma série de rituais são realizados anualmente nas hortas conforme uma ordem e uma sequência rigorosa. Na medida em que o mago é quem exerce a liderança nas tarefas hortícolas, e uma vez que os rituais e os trabalhos práticos estão intimamente ligados, um olhar superficial pode levar o observador a supor que o comportamento místico e o racional estejam misturados, que seus diferentes efeitos não sejam percebidos pelos nativos, mostrando-se indistinguíveis do ponto de vista da análise científica. Seria esse realmente o caso?

Sem dúvida, os nativos consideram a magia absolutamente indispensável para o bem-estar das hortas. O que aconteceria sem ela ninguém sabe dizer muito bem, pois ali nunca se cultivou uma horta sem seus rituais, em que pese quase três décadas de domínio europeu e de influência missionária e bem mais de um século de contato com mercadores brancos. Por outro lado, aquelas hortas desprovidas de proteções mágicas certamente seriam atingidas por vários tipos de desastre – chuvas e enchentes fora de época, pragas agrícolas, invasões de porcos selvagens e de gafanhotos.

Mas isso significa que os nativos atribuem todos os bons resultados à magia? Certamente que não. Se você sugerisse a um nativo que descurasse de suas tarefas cotidianas e cuidasse de sua horta apenas por meios mágicos, ele simplesmente acharia graça de sua ingenuidade. Ele sabe tão bem quanto você que existem causas e condições naturais. Baseando-se em suas próprias observações, ele também sabe que é capaz de controlar essas forças naturais através de esforços físicos e mentais. Seu saber é limitado, não há dúvida; mas, na medida de suas possibilidades, ele é consistente e resistente a misticismos. Se suas cercas caírem e suas sementes ressecarem ou forem levadas pelas chuvas, ele irá recorrer não à magia, mas ao trabalho, e terá o conhecimento e a razão como guias. Por outro lado, e apesar de toda previsão e para além de todos os seus esforços, a experiência o ensinou também que as agências e forças que beneficiaram suas lavouras de modo inesperado e imerecido, fazendo com que tudo corra bem e sem contratempos em um determinado ano – estiando e chovendo na época certa, pragas ausentes das plantações, colheitas abundantes –, são as mesmas que trazem infortúnios e adversidades contumazes, infensas a seus esforços mais árduos e a seus conhecimentos mais bem fundados. Ele lançará mão da magia somente em casos dessa natureza, que envolvem esse tipo de influências.

Há então uma clara divisão. De um lado, existe um conjunto de condições bem conhecidas: o ritmo natural de crescimento das espécies, a recorrência de certas pragas e outras ameaças que devem ser controladas através da construção de cercas e da realização regular de capinas; de outro, temos as influências adversas e imprevistas e também os benefícios inesperados advindos de coincidências favoráveis. As primeiras condições mobilizam conhecimento e trabalho, as segundas são tratadas pela magia.

Essa divisão também recai sobre as condições sociais do trabalho e do ritual, respectivamente. Apesar do mago da horta também ser, via de regra, quem organiza os trabalhos práticos, essas duas funções são mantidas estritamente separadas. Cada ritual mágico recebe um nome específico e tem hora e local para acontecer dentro do quadro geral de atividades, destacando-se inteiramente do ritmo das tarefas cotidianas. Alguns são mais cerimoniais e devem ser assistidos por toda a comunidade, mas todos são públicos no sentido de que qualquer um pode participar e saber quando irão acontecer. Cada cerimônia é realizada em um determinado lote do roçado e, nesse lote, em um canteiro específico. Nessas ocasiões, o trabalho está interditado. Certas vezes, essa interdição vigora apenas enquanto durar a cerimônia, já em outras é observada por um ou dois dias. Enquanto personagem laico, o líder e mago dirige as tarefas, estabelece a época de iniciá-las, repreende e exorta os horticultores desajeitados ou preguiçosos. Mas os dois papéis nunca se superpõem ou interferem um no outro: estão sempre claros, e qualquer nativo saberá dizer sem hesitar se ele está agindo como um mago ou como um líder durante o trabalho nas roças.

O que vimos dizendo a respeito das roças encontra paralelos em qualquer uma das diversas atividades em que trabalho e magia convivem lado a lado sem nunca se misturar. Assim, na construção de canoas, conhecimentos empíricos sobre técnicas, materiais e certos princípios de estabilidade e hidrodinâmica funcionam em íntima conexão com a magia, sem que um contamine o outro.

Os nativos compreendem perfeitamente, por exemplo, que, quanto maior a distância entre o casco e o flutuador externo, maior será a estabilidade, e que isso se dá ao preço da diminuição de sua resistência à deformação. Eles explicam de forma clara a razão de a distância entre esses pontos ser a que usam tradicionalmente, medida proporcionalmente ao comprimento do casco. De forma rudimentar, mas claramente em termos mecânicos, eles explicam o que devem fazer no caso de ventania repentina, sabem por que o flutuador externo deve estar sempre voltado para o vento ou por que certo tipo de canoa bordeja* e outros não. Eles têm, com efeito, todo um conjunto de princípios de navegação corporificados em uma terminologia rica e complexa que se transmite pela tradição e é obedecida de forma tão racional e consistente quanto a ciência moderna o é por

---

* [N.T.] "Beat", no original: navegar com vento de través. Bordejar é um termo náutico que significa "navegar aos bordos, dirigir o navio alternadamente para um e outro lado do rumo que deve seguir, quando o vento é contrário" (Aulete online).

modernos marinheiros. Como poderiam navegar de outra forma sob condições notoriamente perigosas a bordo de suas frágeis embarcações primitivas?

Porém, mesmo mobilizando todo seu conhecimento sistemático e aplicando-o metodicamente, eles continuam à mercê de correntes marítimas poderosas e imprevisíveis, de arrecifes desconhecidos, de ventanias súbitas que acontecem mesmo em regiões de monção. É aqui que entra a magia nativa – usada na fase de construção da canoa, realizada no começo e ao longo das expedições, mobilizada em casos de real perigo. E se o moderno marinheiro, escudado pela ciência e pela razão, guarnecido de toda sorte de aparatos de segurança e navegando em vapores de aço, se mesmo ele tem uma singular tendência à superstição – o que não faz dele pré-lógico ou menos racional, nem o despoja de seus conhecimentos –, como podemos nos surpreender quando seu colega selvagem, em condições muito menos favoráveis, se apega ao conforto e à segurança da magia?

A pesca nas ilhas Trobriand e a magia a ela associada oferece uma prova decisiva e interessante. Nas lagunas vizinhas às aldeias, a pesca baseia-se em um método fácil e absolutamente confiável, o envenenamento, gerando ótimos resultados sem envolver incertezas e perigos. Nas franjas do mar aberto, por sua vez, a pesca não apenas pode ser perigosa como também seu rendimento depende grandemente do aparecimento ou não de cardumes. Significativamente, a magia não está presente nas situações em que o homem pode confiar completamente em seu conhecimento e habilidade, como é o caso da pesca nas lagunas; já no caso das atividades pesqueiras em mar aberto, perpassadas de perigos e incertezas, extensos rituais mágicos são realizados no intuito de prover segurança e garantir bons resultados.

De modo semelhante, os nativos sabem que a coragem, a força e a agilidade desempenham um papel decisivo na guerra. Mas também nesse caso a magia é praticada para que possam dominar o elemento do acaso e da sorte.

Em lugar algum a linha divisória entre causas naturais e sobrenaturais se encontra mais fina e intricada (mas ao mesmo tempo mais marcada, decisiva e instrutiva se acompanhada cuidadosamente) do que nas duas forças mais implacáveis do destino humano: a saúde e a morte. Para os melanésios, o estado natural das coisas é o saudável e, nessa medida, o corpo humano continuará funcionando perfeitamente caso não encontre obstáculos. Mas os nativos reconhecem com igual perfeição a existência de males naturais capazes de afetar a saúde ou até destruir o corpo. É fato consabido que venenos, ferimentos, queimaduras e quedas podem levar de maneira natural à incapacitação ou à morte. Trata-se não de uma questão de opinião particular desse ou daquele indivíduo, mas de algo que está consolidado no saber tradicional e até mesmo na crença, haja vista a concepção de que os mortos por obra da feitiçaria chegam ao mundo subterrâneo por um outro caminho que os mortos por causas "naturais". Além disso, sabe-se que o frio, o calor, o excesso de trabalho, de sol e de comida podem produzir estados enfermiços cujos tratamentos são naturais – exposição ao calor do fogo, massagens, vaporizações, elixires, entre outros. Sabe-se também que a velhice leva à decadência do corpo, a explicação nativa sendo a de que as pessoas muito velhas ficam fracas e seus esôfagos se fecham, e é por isso que morrem.

Mas essas causas naturais convivem com o vasto domínio da feitiçaria, considerado responsável pela grande maioria dos casos de doença e morte. A distinção entre feitiçaria e demais causas é clara em teoria e na maior parte dos casos práticos. Mas é preciso ter em mente que ela está sujeita ao que poderíamos chamar de perspectivas pessoais. Em outras palavras, quanto mais próxima uma pessoa está de um caso, mais "mágico" e menos "natural" ele será. Assim, um velho jamais irá imaginar um destino natural para si mesmo, temendo apenas a feitiçaria, ao passo que sua morte eventual deverá ser considerada pelos demais membros de sua comunidade como um acontecimento natural; e uma pessoa levemente adoentada irá diagnosticar seu próprio estado como causado pela feitiçaria, enquanto que os demais provavelmente dirão que ela deve ter comido demais, mastigado muitas nozes de bétel ou cometido alguma outra extravagância.

Mas quem entre nós realmente acredita que as próprias fragilidades corporais e a iminência da morte sejam tão somente incidentes naturais, nada mais que acontecimentos insignificantes em uma infinita cadeia causal? Para o mais racional dos homens civilizados, a saúde, a doença, a iminência da morte, flutuam em uma névoa de emoções cada vez mais densa e impenetrável à medida que as formas do destino se avizinham. É realmente assombroso que, no tocante a essas questões, os "selvagens" possam aceder a uma perspectiva tão sóbria e desapaixonada como essa de que são dotados.

Assim, em suas relações com a natureza e o destino, quer em sua exploração da primeira, quer em suas tentativas de se esquivar do segundo, o homem primitivo reconhece tanto as forças e agências naturais quanto as sobrenaturais e procura usá-las em seu benefício. Em qualquer ocasião em que a experiência lhe sugira que um esforço guiado pelo conhecimento possa ser útil em alguma medida, as primeiras não serão poupadas nem as segundas ignoradas. Ele sabe que a magia, sozinha, não é a responsável pelo crescimento de uma planta, assim como sabe que uma canoa precisa ser construída e conduzida de forma adequada para que possa flutuar e navegar. Sabe ainda que habilidade e bravura são necessárias caso ele pretenda sair vencedor de uma luta. Ele jamais deposita sua confiança apenas na magia. Inversamente, esta pode às vezes ser dispensada completamente – como, por exemplo, no acendimento da fogueira e em diversos ofícios e tarefas. Mas ele recorrerá à magia toda vez que não lhe reste senão reconhecer a impotência de seus conhecimentos e técnicas racionais.

Expus mais cedo o motivo pelo qual foi preciso substanciar meu argumento principalmente em materiais coletados no território clássico da magia, a Melanésia. Porém, os fatos aqui discutidos são tão fundamentais e as conclusões a que cheguei têm uma natureza tão geral que será tarefa fácil checá-los em qualquer relato moderno etnograficamente detalhado. A validade universal do que demostramos aqui pode ser facilmente comprovada com estudos comparativos sobre a magia agrícola e o trabalho nas lavouras, a construção de canoas, a arte da cura pela magia e por remédios naturais e as ideias sobre as causas da morte de outras regiões. Porém, como não foram feitas observações metódicas sobre o tema do conhecimento primitivo em particular, os dados de outros estudiosos teriam de ser selecionados a dedo e seus testemunhos, embora claros, seriam indiretos.

Optei por encarar o problema do conhecimento racional dos primitivos de forma direta: observando-os em suas principais tarefas, vendo-os passar do trabalho para a magia e vice-versa, entrando em suas mentes, dando ouvidos ao que eles dizem. A aproximação ao problema como um todo poderia ser feita por meio da grande via da linguagem, mas isso nos faria adentrar muito em questões de lógica, semasiologia* e teoria sobre linguagens primitivas. Se assim o fizéssemos, os termos que expressam ideias gerais como *existência*, *substância* e *atributo*, *causa* e *efeito*, *fundamental* e *secundário*; as palavras e as expressões utilizadas em atividades complexas como a navegação, a construção, a mensuração e a checagem; as descrições quantitativas e os numerais; as classificações detalhadas e precisas de animais, plantas e fenômenos naturais nos levariam exatamente à mesma conclusão: o homem primitivo é capaz de observar e pensar e conta com sistemas de conhecimento metódicos (ainda que rudimentares) inscritos em sua linguagem.

O exame de artifícios materiais e esquemas mentais que podem ser denominados de fórmulas e diagramas levariam a conclusões semelhantes. Métodos de apontamento dos pontos cardeais; a classificação das estrelas em constelações; a coordenação entre estas últimas e as estações do ano; a denominação dos meses lunares e das fases da lua** – todas essas conquistas são conhecidas pelo mais simples dos selvagens. Eles também traçam diagramas na areia ou na poeira, apontam esquemas usando pequenas pedras, conchas ou varetas dispostas no

---

* [N.T.] No original, "semasiology". Na antiga linguística, "o mesmo que semântica". O mesmo dicionário consigna ainda estas duas acepções: "estudo dos sinais e símbolos, das relações que mantêm entre si e do que representam" (sinônimo: sematologia); "estudo do sentido das palavras, que parte do significante para o significado" – por oposição à onomasiologia (Aulete online).

** [N.T.] No primeiro volume de seu *Coral Gardens and their Magic* (1935: 53-5; 50-1; 441-3), Malinowski esclarece melhor essa questão da nomeação das luas: estritamente ligadas ao trabalho nas roças, as treze luas que compõem o calendário lunar trobriandês recebem cada uma um nome específico.

chão, e planejam expedições e incursões de reconhecimento nesses mapas rudimentares. Coordenando espaço e tempo, é possível organizar grandes assembleias tribais, além de planejar grandes deslocamentos tribais sobre um vasto território[5]. O uso de folhas e varetas chanfradas e de outros recursos mnemônicos similares é bem conhecido e parece ser praticamente universal. "Diagramas" como estes são meios de reduzir uma área arredia e complexa da realidade a uma forma mais simples e manejável. Eles oferecem ao homem um controle mental relativamente fácil sobre ela. Nesse sentido, eles não seriam fundamentalmente similares, de uma maneira muito rudimentar, evidentemente, a fórmulas e "modelos" científicos avançados – sendo estes também paráfrases simples e portáteis de uma realidade abstrata ou complexa que oferecem ao físico civilizado um controle mental sobre ela?

Isso nos leva à segunda questão: podemos entender o conhecimento primitivo – como vimos, algo empírico e racional – como um estado rudimentar da ciência? Ou seria ele completamente estranho a ela? Se a ciência for entendida como um corpo de regras e concepções baseadas na e inferidas da experiência, incorporadas em inventos materiais, fixadas na tradição e mantidas por alguma forma de organização social – então não há dúvida de que os embriões e rudimentos da ciência já estavam presentes mesmo nas comunidades selvagens mais inferiores.

No entanto, a maioria dos epistemólogos não ficaria satisfeita com essa "definição mínima" de ciência, já que ela poderia ser igualmente aplicada às regras de uma arte ou ofício. Eles argumentariam que as regras da ciência devem ser explicitamente estabelecidas e estar abertas ao controle experimental e à crítica racional. Elas deveriam regular não apenas os comportamentos práticos mas ser também leis teóricas do conhecimento. Mesmo aceitando tais restrições, não há praticamente dúvidas de que muitos princípios do conhecimento selvagem são científicos também nesse sentido. O carpinteiro naval primitivo não apenas domina conhecimentos práticos sobre flutuação, nivelamento e equilíbrio, como obedece as suas leis quando navega e está ciente de seus princípios quando constrói a embarcação. Ele os transmite a seus ajudantes; ensina-lhes as regras tradicionais. E, de uma maneira simples e rústica, usando as mãos e peças de madeira, ele explica, através de seu vocabulário técnico limitado, algumas leis gerais da hidrodinâmica e do equilíbrio. É certamente verdade que a ciência não está separada dos ofícios manuais. Ela é apenas um meio para um fim, ela é selvagem, rústica e incipiente, mas apesar de tudo isso, trata-se da matriz de onde vieram os aprimoramentos mais tardios.

---

5. Ver Malinowski, *Argonautas do Pacífico Ocidental*, cap. XVI.

Mas se aplicarmos outro critério, o da atitude verdadeiramente científica, da busca desinteressada pelo conhecimento e pela compreensão das causas e razões, a resposta não será completamente negativa. Não há, claro, uma sede generalizada pelo conhecimento em uma comunidade selvagem. Novidades, como por exemplo assuntos europeus, lhes são completamente entediantes. O mundo tradicional de sua cultura engloba todos os seus interesses. Mas dentro dele podemos encontrar tanto o antiquário, apaixonadamente interessado por detalhes de costumes, linhagens e antigos acontecimentos, por mitos e narrativas, como também o naturalista, o observador paciente e meticuloso da floresta, do mundo marinho e da vida animal, capaz de generalizar e de articular longas cadeias dos eventos que observa. Podemos assim ter uma ideia do quanto o naturalista europeu tem aprendido com seus colegas selvagens a valorizar semelhante interesse pela natureza. Enfim, como bem sabe todo pesquisador de campo, encontramos entre os primitivos também o sociólogo, o informante exemplar, capaz de indicar com uma precisão e perspicácia impressionantes a função, a organização e a razão de ser de muitas instituições simples de sua tribo.

A ciência como força motriz, ao mesmo tempo crítica, renovadora e construtiva, não existe em nenhuma comunidade não-civilizada, evidentemente. Ali nunca se faz ciência de modo consciente. Mas, por esse critério, também não haveria lei, religião, ou governo entre os selvagens.

A questão de chamá-la de *ciência* ou apenas de *conhecimento empírico e racional* não é essencialmente importante neste contexto. Estivemos tentando até o momento compreender melhor se a realidade do selvagem é uma ou subdividida em dois domínios. Chegamos à conclusão de que há um domínio do profano distinto da província sagrada de seus cultos e crenças do qual fazem parte suas atividades práticas e posturas racionais. Tivemos a oportunidade de fazer um mapeamento dos dois domínios e de oferecer uma descrição mais detalhada de um deles. Passemos agora para o segundo.

III Vida, morte e destino nas crenças e cultos primitivos

Estamos agora no domínio do *sagrado*, das crenças e rituais religiosos e mágicos. Nossa revisão histórica de teorias nos deixou um tanto desconcertados diante de um caos de opiniões e uma pilha de fenômenos. Embora não tenha sido difícil incluir progressivamente espíritos e fantasmas, totens e acontecimentos sociais, morte e vida nos domínios da religião, esse processo, entretanto, ajudou a transformar a religião em algo cada vez mais confuso – tudo e ao mesmo tempo coisa nenhuma. Não se pode defini-la por meio de um objeto estrito, seja o "culto aos espíritos", o "culto de ancestrais" ou mesmo o "culto à natureza". Entre seus objetos estão o animismo, o animatismo, o totemismo e o fetichismo, mas ela não corresponde exclusivamente a nenhum deles. A definição em *-ismo* deve ser de pronto abandonada, pois a religião não está atrelada a qualquer objeto ou classe de objetos, embora possa eventualmente tocar e sacralizar todos eles. Como se viu, a religião tampouco coincide com a Sociedade ou com o Social, nem podemos nos satisfazer com indícios vagos de que ela está confinada à vida apenas, pois a morte abre o que talvez seja a maior janela para o outro mundo. O tema do "apelo a poderes superiores" serve apenas para distinguir a religião da magia, e não para defini-la em termos em gerais. Porém, mesmo essa ideia terá de ser ligeiramente modificada e suplementada.

Temos diante de nós, portanto, a tarefa de colocar alguma ordem nos fatos. Isso nos dará condições de determinar com maior precisão as características do domínio do *Sagrado* e de demarcá-lo vis-à-vis ao território do *Profano,* além de nos oferecer a oportunidade de especificar a natureza da relação entre magia e religião.

1 Os atos criativos da religião

Comecemos pelos fatos. Mas para que o alcance de nosso mapeamento não fique muito restrito, tomemos a "vida", o mais geral e mais vago dos índices, como guia. Basta um contato superficial com a literatura etnológica para qualquer um se convencer de que a fecundação, a gravidez, o nascimento, a puberdade, o casamento, a morte – fases fisiológicas e momentos críticos da vida humana – são efetivamente os elementos centrais de diversos rituais e crenças. Assim, é possível encontrar em quase toda tribo algum credo relacionado à fecundação – crenças na fecundação mágica, na reencarnação, no influxo de espíritos –, muitas vezes em associação com ritos e interditos. Durante a gravidez, a futura mãe deve respeitar certos tabus e submeter-se a cerimônias, prescrições que às vezes envolvem o marido. Diversos rituais mágicos são feitos tanto antes como depois do parto no intuito de prevenir perigos e desfazer feitiçarias; são também realizados ritos de purificação, festas comunais e cerimônias de apresentação dos recém-nascidos às forças superiores ou à comunidade. Mais tarde, os meninos – e, de forma bem menos frequente, as meninas – devem se submeter a longos rituais de iniciação, quase sempre envoltos em mistério e turvados por provações terríveis e cruéis.

Não é preciso aprofundar muito para notar que a vida humana está envolta em uma teia inextricável de crenças e rituais desde seus primórdios. Ambos se mostram fortemente atraídos pelos acontecimentos importantes da vida, cristalizando-se em torno deles, cobrindo-os com uma rígida camada de formalismo e ritualismo. Mas com que propósito? Apesar de não ser possível definir o culto e a crença por seus objetos, talvez suas funções possam ser apreendidas.

O exame mais detido dos fatos permite classificá-los preliminarmente em dois grupos principais. Comparemos o rito feito para prevenir a morte no parto com outro costume típico – a celebração da chegada de um recém-nascido. O primeiro rito é um meio para um fim; seu propósito prático é conhecido por todos que o praticam e pode ser facilmente esclarecido por qualquer informante nativo. Já a cerimônia pós-natal – digamos, a apresentação pública do recém-nascido, a festa de comemoração do acontecimento – não tem um propósito definido: não é um meio para um fim, mas um fim em si mesma. Ela expressa os sentimentos da mãe, do pai, dos espíritos, de toda a comunidade, mas não prenuncia algum evento futuro, nem pretende provocá-lo ou impedi-lo. Essa diferença será usada aqui como uma forma preliminar de distinção entre magia e religião. O ato mágico supõe sempre ideias e objetivos claros e diretos; já o propósito de uma cerimônia religiosa não visa um acontecimento futuro. Assim, só é possível ao sociólogo determinar a função, a *raison d'être* sociológica desse ato. A finalidade de um ritual mágico é sempre estabelecida pelo nativo; porém, de uma cerimônia religiosa, ele irá dizer que é feita porque esse é o costume, ou porque assim lhe foi ordenado, ou então irá narrar um mito ilustrativo.

Uma análise das cerimônias de iniciação nos permitirá apreender melhor a natureza e a função das cerimônias religiosas primitivas. Do amplo espectro de suas ocorrências, podemos detectar semelhanças impressionantes. Via de regra, há um período mais ou menos longo de preparativos e de reclusão ao qual os noviços devem se submeter. Em seguida, advém a iniciação propriamente dita – nela, após passarem por diversas provações, os jovens são enfim submetidos a algum tipo de mutilação corporal (incisões superficiais e extrações dentárias figuram entre as mais brandas; circuncisões são procedimentos mais severos; já algumas tribos australianas praticam uma forma de mutilação bem cruel e perigoso, a subincisão*). Esses ordálios envolvem geralmente a ideia de que o noviço morre e renasce – e alguns deles chegam a encenar [enact] mimeticamente esse processo. Mas a iniciação não se resume a esses ordálios; ela envolve algo menos explícito e dramático, mas que é, na verdade, seu aspecto mais importante: o ensino sistemático da mitologia e tradição sagradas, a revelação gradual dos mistérios tribais e a apresentação de seus objetos sagrados aos noviços.

Acredita-se geralmente que os ordálios e a transmissão dos mistérios tribais tenham sido instituídos por ancestrais lendários ou heróis culturais, ou por um Ser Superior com atributos sobre-humanos. Conta-se que esse Ser devora, ou mesmo mata, os noviços, por fim devolvendo-os já como homens iniciados; e, para o assombro de mulheres e crianças não iniciadas, sua voz é imitada pelo zu-

---

* [N.T.] Trata-se de um corte que vai da parte inferior do pênis até a uretra, fazendo com que parte dele fique "fendido".

nido dos *bull-roarers**. Por meio dessas ideias, a iniciação coloca o noviço em contato com forças e personagens mais elevados, como os Espíritos Guardiões e as Divindades Tutelares dos indígenas norte-americanos, o Grande Pai [All-Father] tribal de certos povos aborígines australianos ou os Heróis Míticos da Melanésia e alhures. Esta é a terceira característica fundamental dos ritos de passagem à idade adulta, juntamente com os ordálios e o ensino da tradição.

Mas qual é a função sociológica desses costumes, qual é seu papel na conservação e no desenvolvimento da civilização? Como vimos, são nessas cerimônias sancionadas por Seres Sobrenaturais que as tradições sagradas são transmitidas a noviços submetidos a condições de preparação e provação as mais extremas – as revelações tribais os iluminam a partir do mundo sombrio de seus medos, privações e suplícios corporais.

Percebamos que, em condições primitivas, a tradição é de supremo valor para a comunidade e nada importa tanto quanto a conformidade a ela e o espírito de conservação de seus membros. A ordem e a civilização só podem se manter pela adesão estrita aos costumes e aos saberes recebidos das gerações anteriores. Qualquer relaxamento quanto a isso enfraquece a coesão do grupo e põe em perigo seu conjunto cultural a ponto de ameaçar sua própria existência. O ser humano ainda não havia criado o aparato extremamente complexo da ciência moderna, que o permite hoje não só fixar os resultados da experiência em moldes imperecíveis, mas testá-los continuamente, moldá-los gradualmente até adquirirem formas mais adequadas e enriquecê-los constantemente através de novas contribuições. A conjunto de conhecimentos do homem primitivo, o tecido social em que vive, seus costumes e suas crenças, são frutos inestimáveis do aprendizado tortuoso de seus antepassados, obtidos a altos preços e mantidos a todo custo. Assim, dentre todas as qualidades do primitivo, a fidelidade à tradição é a mais importante; pois aquela sociedade que sacraliza sua tradição acaba por elevar de modo imensurável seu poder e sua capacidade de permanência. Por depositar sobre a tradição uma aura sacra e estampar o selo do sobrenatural sobre ela, essas práticas e crenças são "itens de sobrevivência" para o tipo civilizacional de onde floresceram.

É possível agora estabelecer a principal função das cerimônias de iniciação: elas são uma expressão ritual e dramática do poder e do valor supremos da tradição nas sociedades primitivas. Servem ainda para inculcá-los no espírito de

---

* [N.T.] Termo de difícil tradução, às vezes traduzido como "rombo" ou "aerofone livre", embora figure como uma das acepções do termo "zubidor" no *Dicionário do Folclore Brasileiro* de Luís da Câmara Cascudo. Émile Durkheim assim descreve o objeto em *As Formas Elementares da Vida Religiosa* (1996: 113): "por meio do laço a que estão suspensos, são girados rapidamente no ar de modo a produzir uma espécie de ronco idêntico ao que emitem os zumbidores que servem ainda hoje de brinquedo a nossas crianças".

cada geração, além de também operarem como meios extremamente eficazes de transmitir costumes tribais, assegurar a continuidade da tradição e manter a coesão tribal.

Contudo, ainda precisamos saber qual é a relação entre o fato puramente fisiológico do amadurecimento corporal assinalado por essas cerimônias e o aspecto social e religioso destas últimas. Notamos imediatamente que a religião faz algo que vai além, infinitamente além, da mera "sacralização de um momento crítico da vida". Ela transforma um acontecimento natural em uma transição social, acrescenta ao fenômeno da maturidade biológica a perspectiva mais ampla da passagem à vida adulta e suas decorrências: deveres, privilégios, responsabilidades e, sobretudo, o conhecimento da tradição e a comunhão com seres e coisas sagrados. Há, portanto, um elemento criativo nos rituais de natureza religiosa. Eles determinam não só um acontecimento social na vida do indivíduo, mas também uma metamorfose espiritual – e se ambos de fato remetem a um evento biológico, eles contudo ultrapassam-no em importância e significado.

A iniciação é um ato tipicamente religioso, e aqui podemos ver claramente como a cerimônia e seu propósito fazem um, como o fim é realizado na própria consumação do ato. Ao mesmo tempo, é possível perceber a função desses atos na sociedade, na medida em que criam hábitos mentais e usos sociais de valor inestimável para o grupo e sua civilização.

Outro tipo de cerimônia religiosa, o ritual de casamento é, ele também, um fim em si mesmo, pois cria um vínculo sancionado sobrenaturalmente que se superpõe ao fato primariamente biológico: a união de um homem e de uma mulher em uma parceria afetiva, econômica e reprodutiva duradoura que se faz presente também na criação da prole. Essa união, o casamento monogâmico, sempre existiu nas sociedades humanas – de modo que a antropologia moderna tem a ensinar às antigas hipóteses fantasiosas sobre a "promiscuidade" ou o "casamento grupal". Ao conferir ao casamento monogâmico o selo dos valores e do sagrado, a religião está oferecendo ainda outra dádiva à cultura humana. Isso nos leva à consideração das duas grandes necessidades humanas, a propagação e a nutrição.

2 A providência na vida primitiva

A propagação e a nutrição estão entre os interesses vitais mais fundamentais do ser humano. Sua relação com as crenças e práticas religiosas tem sido com frequência reconhecida, e até supervalorizada. Desde estudiosos mais antigos até a escola psicanalítica, o sexo, em particular, tem sido reiteradamente considerado como a principal fonte da religião. Considerando-se a força e incisividade que demonstra na vida humana em geral, o sexo exerce um papel surpreendentemente insignificante na religião. Se descontarmos a magia do amor e a presença do componente sexual em determinadas *performances* mágicas – fenômenos aliás não pertencentes ao domínio da religião –, restam-nos mencionar apenas certos atos licenciosos em festas sazonais ou em outras reuniões públicas, casos de prostituição em templos e, já no nível da barbárie e da baixa civilização, o culto de divindades fálicas. Ao contrário do que se poderia esperar, os cultos sexuais desempenham um papel insignificante na selvageria. Devemos lembrar igualmente que os atos de licenciosidade cerimonial não são meras permissividades, pois expressam uma atitude reverente diante das forças criativas e fertilizadoras encontradas no homem e na natureza, forças das quais depende a existência mesma da sociedade e da cultura. Fonte permanente de disciplina moral, a religião – que se mantém vigilante mesmo quando seu foco de incidência varia – volta sua atenção a essas forças. A princípio, ela apenas atrai estas últimas para sua esfera, mas posteriormente as reprime, consolidando enfim o ideal de castidade e a sacralização da ascese.

No tocante à nutrição, deve-se notar inicialmente que a alimentação é, para o primitivo, um ato cercado de prescrições e proibições específicas, de regras de etiqueta e envolto em uma intensidade emocional num grau para nós desconhecido. Os alimentos exercem um papel evidente em cerimônias de caráter distintamente religioso, não se limitando nem à magia alimentar, cujo propósito é preservar por mais tempo os víveres ou prevenir sua escassez, nem às diversas magias relacionadas à obtenção de alimentos. As oferendas rituais de primícias, as cerimônias da colheita, as grandes festas sazonais – nas quais o produto da colheita é reunido, exibido e, de algum modo, sacralizado – desempenham um papel importante entre os povos agricultores. Além disso, boas caçadas e pescarias e o início de suas respectivas estações são comemoradas por caçadores e pescadores com festins e cerimônias nas quais o alimento é tratado de maneira ritual e cultos ou oferendas a animais são feitos. A comunidade reconhece o valor do alimento e expressa seu contentamento em atos como esses, e a religião consagra por meio deles a atitude reverencial do homem ao pão de cada dia.

Para o homem primitivo – que mesmo sob condições propícias jamais está totalmente livre da ameaça da fome –, a abundância de comida é uma das condições básicas para uma vida normal. Essa fartura significa a possibilidade de um olhar que vá além das preocupações cotidianas, de voltar a atenção para os aspectos mais remotos, espirituais, da civilização. Dessa forma, se considerarmos que os alimentos são o principal elo entre o homem e seu entorno, e que, ao obtê-lo, ele sente as forças do destino e da providência, então será possível ver a importância não só cultural mas biológica do papel da religião primitiva na sacralização dos alimentos. Podemos ver nisso os germes daquilo que, nas formas mais elevadas de religião, resultou no sentimento de dependência da Providência e na gratidão e confiança a ela devotadas.

Dispostos contra o pano de fundo da atitude primeva de reverência religiosa à abundância providencial de alimentos, o sacrifício e a comunhão – duas formas básicas de ministrar ritualmente os alimentos – podem agora ser apreciados sob nova luz. Do ponto de vista dos avanços recentes no campo da psicologia econômica primitiva[6], parece inquestionável que a ideia de doação e a importância da troca de dádivas em todas as fases do contato social desempenham um papel importante no sacrifício – apesar da atual impopularidade desta teoria. Dado que o oferecimento de dádivas acompanha normalmente todos os contatos sociais entre os primitivos, uma parte da fatura geral é sacrificada e oferecida aos espíritos que visitam a aldeia, às divindades evocadas ou aos demônios que assombram um lugar consagrado, e o mesmo aconteceria com qualquer outro visitante ou anfitrião. Há, entretanto, subjacente a esse costume, um elemento religioso ainda mais profundo: o selvagem, ao partilhar sacrificialmente o alimento com suas divindades e espíritos, está também compartilhando com eles as forças benéficas da Providência, pois, apesar de ainda não entendê-las, ele já as percebe na medida em que a benevolência do mundo se mostra na disponibilidade do alimento e que sua abundância representa para esse selvagem os esboços iniciais e mais elementares da atuação da Providência. Assim, nas sociedades primitivas, as raízes das propiciações sacrificiais devem ser encontradas na psicologia da dádiva, que é para elas a comunhão dessa auspiciosa abundância.

O repasto sacramental é apenas outra expressão da mesma atitude mental, levada a efeito de forma mais apropriada pelo ato que mantém e renova a própria vida – o ato alimentar. Todavia, esse ritual parece ser extremamente raro entre os selvagens inferiores, e o sacramento da comunhão, prevalente em um nível de cultura em que a psicologia primitiva da alimentação já foi superada, adquiriu desde então um significado simbólico e místico distinto. Talvez o único caso de refeição sacramental – notório e descrito com algum detalhe – seja o chamado "sacramento totêmico" das tribos da Austrália Central. Trata-se de um caso que requer uma análise um pouco mais específica.

3 O interesse seletivo do homem pela natureza

Isso nos leva ao tema do totemismo, brevemente definido na primeira seção. Como já se pode notar, é preciso levantar as seguintes questões sobre o totemismo: primeiro, por que uma tribo primitiva escolhe como totens um número limitado de espécies (sobretudo plantas e animais)? De acordo com que princípios

---

6. Ver Malinowski, *Os Argonautas do Pacífico Ocidental* (1922) e o artigo sobre a "Economia Primitiva" publicado no *Economic Journal* (1921); cf. também o memorial de Thurnwald, "Die Gestaltung der Wirtschaftsentwicklung aus ihren Anfängen heraus" [As formas de desenvolvimento econômico desde seus primórdios] in: *Erinnerungsgabe für Max Weber* [Em Memória de Max Weber] (1923).

se faz essa seleção? Em segundo lugar, por que essa atitude seletiva se expressa nas crenças em torno da afinidade, em cultos de multiplicação e, principalmente, nas sanções negativas das interdições totêmicas e na prescrição de refeições rituais (tal como acontece no "sacramento totêmico" australiano)? Em terceiro e último lugar, por que existe um paralelo entre a subdivisão da natureza em um número limitado de espécies e a divisão da tribo em clãs correspondentes a essas espécies?

A psicologia da atitude primitiva relativa ao alimento e à abundância delineada acima e o nosso princípio sobre a mentalidade prática e pragmática do homem nos levam a uma resposta. Vimos que o alimento é o elo primário entre o primitivo e a providência. A necessidade de se alimentar e o desejo de abundância levaram o homem a se lançar em atividades econômicas como a coleta, a caça e a pesca, colorindo-as de emoções variadas e intensas. Os tribais interessam-se principalmente por espécies animais e vegetais que fazem parte de sua dieta básica. Para o homem primitivo, a natureza é uma despensa viva que deve ser reposta imediatamente – especialmente nos estágios mais inferiores da cultura – para que o alimento se encontre acessível quando tem fome. O trajeto que vai da natureza virgem ao estômago e, por essa via, à mente do selvagem é muito curto, e o mundo lhe parece um fundo homogêneo contra o qual se destacam as espécies animais e vegetais úteis e, acima de tudo, as comestíveis. Aqueles que viveram na selva com os nativos, participando ao lado deles de expedições de caça e coleta, navegando em suas canoas, passando noites enluaradas em bancos de areia aguardando a passagem de cardumes peixes ou o despontar de tartarugas, sabem o quão aguçado e seletivo é o interesse do selvagem, o quanto ele se aferra aos sinais, aos rastros, aos hábitos e peculiaridades de sua presa ao mesmo tempo que se mantém indiferente a qualquer outro estímulo. As espécies habitualmente procuradas formam um núcleo em torno do qual todos os interesses, impulsos e emoções de uma tribo tendem a se cristalizar. Um sentimento de caráter social se tece em torno de cada espécie, um sentimento que se expressa naturalmente no folclore, nas crenças e nos rituais.

Lembremos que o impulso responsável pelo fascínio demonstrado pelas crianças pequenas em relação aos pássaros, bem como por seu vivo interesse em animais e sua aversão a répteis, é o mesmo que assegura ao reino animal um lugar de destaque na natureza no caso dos primitivos. Elo de ligação entre o homem e a natureza, o animal ocupa uma posição singular na concepção selvagem de mundo, pois apresenta não só traços gerais de afinidade com o ser humano (emite sons, se locomove, tem um corpo e um rosto, manifesta emoções), mas também poderes superiores aos dele (o peixe respira sob a água, a ave sabe voar, o réptil consegue desaparecer no solo e rejuvenescer trocando de pele), superando-o frequentemente em força, agilidade e astúcia ao mesmo tempo que figura como sua presa incontornável.

O primitivo interessa-se profundamente pelas formas e atributos de animais de maior porte, quer tomá-los para si e, portanto, controlá-los como coisas úteis e comestíveis. Muitos desses animais são admirados e temidos. Tais interesses, ao convergirem, fortalecem-se mutuamente gerando um só resultado: a seleção, dentre as principais preocupações humanas, de um número limitado de espécies, as animais em primeiro lugar e as vegetais em segundo (objetos inanimados e artefatos são certamente uma formação secundária, uma inserção por analogia de elementos que nada têm a ver com a substância mesma do totemismo).

A natureza do interesse humano pelas espécies totêmicas também indica claramente o tipo de crença e de culto a ser esperado. O desejo de controlar uma espécie útil, comestível ou perigosa leva o primitivo a acreditar que exerce um poder especial sobre ela, que existe uma essência comum entre ele e a espécie animal ou vegetal; leva-o, enfim, à crença de que deve haver alguma afinidade entre eles. Por um lado, tal crença supõe certas considerações e restrições, a mais evidente sendo a proibição de matar e comer representantes das espécies totêmicas; por outro, concede ao ser humano a faculdade sobrenatural de contribuir de forma ritual para a abundância, vitalidade e crescimento da espécie.

Esse ritual tem como corolário atos de caráter mágico cujo propósito é assegurar a abundância. Como veremos, a tendência da magia em geral é se tornar especializada, exclusiva e compartimentada, e também hereditária no interior de uma família ou de um clã. No totemismo, a multiplicação mágica de cada espécie passa a ser naturalmente atribuição e privilégio de um especialista, que conta com a assistência de sua família. Com o tempo, as famílias tornam-se clãs, cada qual tendo como mago principal de seu totem o seu próprio chefe. O totemismo, em suas formas mais elementares (como as da Austrália Central), é um sistema de cooperação mágica, um conjunto de cultos práticos, cada qual com uma base social própria, mas todos tendo uma mesma finalidade: garantir a abundância na tribo. Nesse sentido, o aspecto sociológico do totemismo pode ser explicado pelos princípios da sociologia da magia primitiva em geral. O clã totêmico e sua correlação com o culto e a crença não corresponde senão a uma instância da magia compartimentada e da tendência do ritual mágico ser herdado por uma família. Essa explicação, formulada aqui de uma maneira um tanto condensada, busca mostrar que o totemismo enquanto crença, organização social e culto não é uma excrecência, uma consequência fortuita de algum acidente ou constelação especiais, mas o resultado natural de condições naturais.

Nossas questões encontram-se, então, respondidas: o interesse do homem em selecionar um número limitado de animais e plantas e o modo como esse interesse é expresso ritualmente e condicionado socialmente aparecem como consequências naturais da existência primitiva, das atividades correntes do selvagem e de suas atitudes espontâneas diante de objetos naturais. Do ponto de vista da sobrevivência, é vital que o interesse do homem pelas espécies que considera indispensáveis nunca diminua, que a crença em sua capacidade de controlá-las lhe dê força e resistência e o estimule a observar e conhecer os hábitos e propriedades de plantas e animais. O totemismo aparece assim como uma bênção concedida pela religião aos esforços do homem primitivo de lidar com o ambiente em que vive, à sua "luta pela existência". Além disso, o totemismo desenvolve sua devoção aos animais e plantas de que depende e por quem sente alguma gratidão, cujo consumo, entretanto, é necessário. E tudo isso deriva da crença na afinidade do homem com aquelas forças da natureza das quais depende primordialmente. Encontramos, portanto, um valor moral e um significado biológico no totemismo – esse sistema de crenças, práticas e arranjos sociais que, à primeira vista, parece ser apenas uma fantasia infantil, irrelevante, degradante entretida pelo selvagem.

4 *A morte e a reintegração do grupo*

De todas as fontes da religião, a morte – crise suprema e final da vida – é a mais importante. A morte é a porta de entrada para outro mundo não apenas no sentido literal. Para a maioria das teorias sobre a religião primitiva, todas (ou quase todas) as inspirações religiosas derivaram dela – e nisso as perspectivas ortodoxas estão, em suas linhas gerais, corretas. O homem vive sua vida sob a sombra da morte; ele, que se aferra à vida e desfruta de sua plenitude, só pode temer a ameaça de seu fim; ele, a quem a morte confronta, recorre à promessa da vida. A morte, e sua negação, a Imortalidade, sempre ensejaram os pressentimentos humanos mais atrozes. A extrema complexidade das reações emocionais à vida encontra necessariamente sua contrapartida na atitude humana diante da morte. Aquilo que esteve disperso pelo espaço e que havia se manifestado em uma sucessão de experiências e eventos ao longo da vida termina condensado numa crise que provoca uma explosão complexa e violenta de manifestações religiosas.

Mesmo entre os povos mais primitivos, a atitude diante da morte é infinitamente mais complexa e – devo acrescentar – mais parecida com a nossa do que se costuma supor. Antropólogos têm afirmado com frequência que o sentimento dominante entre os vivos é o de horror ao cadáver e receio do fantasma. Ninguém menos que Wilhelm Wundt fez desse par de atitudes o núcleo mesmo de todas as crenças e práticas religiosas. Todavia, essa ideia é apenas uma meia verdade – ou seja, não é nada verdadeira. As emoções são extremamente complexas e até mesmo contraditórias: os dois elementos dominantes – o amor pelo morto e a aversão ao cadáver; o apego apaixonado à personalidade que ainda persiste no corpo e o medo arrebatador do objeto macabro que restou – parecem se misturar e se reforçar mutuamente. Isso se reflete nos comportamentos espontâneos e nos procedimentos rituais ocasionados pela morte. Assim, nos cuidados com o cadáver, nas maneiras de dispô-lo, nas cerimônias pós-funerárias e rememorativas, os parentes mais próximos – a mãe lamentando o filho, a viúva diante do marido, os filhos diante do pai – demonstram de ordinário certo horror e medo misturados ao amor piedoso. Porém, esses elementos negativos jamais são os únicos, e nem mesmo chegam a dominar a cena.

Os procedimentos mortuários são notavelmente semelhantes em todo o mundo. Quando a morte se aproxima, os parentes mais próximos (e, às vezes, a comunidade inteira) se reúnem à volta do moribundo, transformando a morte – o ato mais privado que pode acontecer a um ser humano – em um evento público, tribal. Via de regra, uma certa diferenciação aparece imediatamente: alguns parentes achegando-se ao cadáver, outros fazendo preparativos para o encerramento e os desdobramentos da cerimônia, os demais provavelmente participando de ritos religiosos em algum local sagrado. Assim, em certas partes da Melanésia, os parentes verdadeiros ficam à distância, e somente os parentes por aliança se encarregam dos serviços funerários; já em algumas tribos da Austrália o que se observa é o arranjo inverso.

Imediatamente após a morte, lavam o corpo, untam-no e cobrem-no de adornos; por vezes, tapam seus orifícios corporais, prendem seus braços e amarram-lhe as pernas. Em seguida, colocam-no à vista de todos, e assim a fase mais importante – o luto imediato – começa. Aqueles que já testemunharam um caso de falecimento em um grupo selvagem e acompanharam seus efeitos e que podem comparar esses eventos com seus equivalentes em outros povos não civilizados devem ficar impressionados com a fundamental similaridade entre os procedimentos. Prantos e gemidos dolentes explodem de uma forma mais ou menos convencionalizada e dramatizada, e muitas vezes levam a cenas de pessoas puxando os próprios cabelos ou se arranhando. Tudo isso acontece publicamente e se associa a outros sinais visíveis de luto, como cabelos raspados ou desgrenhados, roupas estranhas ou rasgadas, borrões pretos ou brancos pelo corpo.

O luto imediato acontece em torno do cadáver. Este, longe de ser evitado ou temido, geralmente galvaniza as atenções piedosas. Expressões rituais de afeto e protestos de estima são frequentes. Em certos momentos, o corpo é colocado sobre os joelhos de pessoas sentadas, que o acariciam e o abraçam. Mas esses atos também são normalmente considerados perigosos e repulsivos, obrigações que se cumprem com algum custo. Passado um tempo, é preciso dar um destino ao cadáver. Em geral, os corpos ou são sepultados em uma cova (aberta ou fechada); ou são colocados em alguma caverna, plataforma ou árvore oca; ou então levados a um local desabitado e deixados sobre a superfície; também podem ser incinerados; ou acomodados em canoas e lançados ao mar.

Isso nos leva ao que é provavelmente o ponto mais importante – a tendência biface e contraditória de, por um lado, preservar o corpo, manter sua forma intacta ou reter partes dele e, por outro, desejar desfazer-se dele, tirá-lo do caminho, aniquilá-lo. A mumificação e a incineração são as duas pontas dessa tendência bifronte. Porém, não se pode considerar a mumificação, a incineração ou alguma outra forma intermediária como produtos de um mero acidente na crença, ou como elementos históricos de uma cultura que se universalizaram via difusão e contato apenas. Esses costumes expressam claramente a atitude mental fundamental do parente, do amigo ou do cônjuge, dividida entre o apego a todos os vestígios do morto e a aversão e o medo da terrível transformação acarretada pela morte.

Uma variante curiosa e radical dessa atitude ancipital [double-edged] se expressa morbidamente no sarco-canibalismo, o costume de partilhar piedosamente da carne do morto. Isso é feito com extrema repugnância e pavor, sendo geralmente acompanhado de crises violentas de vômito. Porém, ele também é visto como um ato supremo de reverência, amor e devoção. Trata-se realmente de uma obrigação considerada tão sagrada que, apesar das sanções severas impostas pelo governo branco, continua sendo realizada em segredo pelos melanésios da Nova Guiné onde estudei e pude testemunhá-la. É possível que a prática de besuntar o corpo com a gordura dos mortos, comum em tribos australianas e papuásias, não seja senão uma variante desse costume.

Em todos esses ritos, o desejo de manter o laço convive com a tendência paralela de romper o vínculo. Por um lado, considera-se o rito funerário como impuro e poluidor, e o contato com o cadáver como degradante e perigoso – cabendo aos participantes lavar e limpar seus corpos, remover os vestígios do contato e realizar lustrações rituais. Por outro lado, os rituais mortuários obrigam o homem a superar a repulsa, a controlar o medo, a garantir o triunfo da compaixão e do vínculo e, consequentemente, da crença na vida futura e na sobrevivência do espírito.

Com isso nos aproximamos de uma das funções mais importantes do culto religioso. Na análise precedente, enfatizei o papel das forças emocionais criadas pelo contato direto com a morte e com o cadáver, pois são elas as causas primárias e mais poderosas do comportamento dos vivos. Porém, conectadas a essas emoções e nascidas delas, estão a crença de que o morto inicia uma nova vida e a ideia de espírito. Reencontramos, assim, o tema inicial de nosso mapeamento dos fatos religiosos primitivos – o problema do animismo. Qual é a substância de um espírito e qual é a origem psicológica desta crença?

O selvagem teme intensamente a morte – provavelmente em decorrência de certos instintos profundamente arraigados, comuns a humanos e animais. Ele não deseja concebê-la como o fim; não consegue lidar com a ideia de cessação completa, de aniquilação. A ideia de espírito e de existência espiritual está à mão, suscitada por experiências como as que Tylor identificou e descreveu. Apoiado nela, o homem alcança a crença reconfortante na continuidade espiritual e na vida após a morte. Contudo, tal crença não se mantém ilesa no jogo complexo e ancipital entre medo e esperança que se enceta a cada aproximação da morte. Pressentimentos poderosos e terríveis se opõem à voz alentadora da esperança, ao intenso desejo de alcançar a imortalidade, à dificuldade, à virtual impossibilidade (no que compete a cada um) de enfrentar a aniquilação. O testemunho dos sentidos, a macabra decomposição do cadáver, o visível desaparecimento da personalidade, certas predisposições provavelmente instintivas ao medo e ao terror – tudo isso ameaça o homem com a ideia da aniquilação e desperta nele, em qualquer estágio da cultura, medos e pressentimentos latentes. É aqui, nesse jogo de forças emotivas, nesse supremo dilema entre a vida e a morte definitiva, que a religião entra em cena, selecionando o credo positivo, a noção reconfortante, as crenças culturalmente valiosas, como a crença na imortalidade, na independência do espírito em relação corpo, na continuação da vida após a morte. Por meio de cerimônias funerárias, da celebração e comunhão com os mortos e de cultos aos ancestrais, a religião dá forma e corpo às crenças de salvação.

Nessa medida, a crença na imortalidade é mais o resultado de um profundo estado emocional de revelação uniformizado pela religião do que uma doutrina filosófica primitiva. A convicção humana na continuação da vida é uma das dádivas supremas oferecidas pela religião, que avalia e escolhe a melhor das duas alternativas sugeridas pela autopreservação – a esperança na continuação da vida ou o medo da aniquilação. A crença em espíritos é uma consequência da crença na imortalidade. A paixão e o desejo intensos pela vida são a substância de que os espíritos são feitos, e não uma coisa difusa que assombra os sonhos e fantasias do homem primitivo. A religião salva o homem da rendição à morte e à desaparição, e, nesse sentido, os sonhos, sombras e visões são apenas meios de que ela se utiliza. O verdadeiro núcleo do animismo se encontra no fato emocional mais profundo da natureza humana: o desejo pela vida.

Assim, é possível conceber que os ritos fúnebres e o comportamento ritual imediatamente após a morte servem como modelos de atitude religiosa, enquanto as crenças na imortalidade, na continuidade da vida e no mundo do além podem ser vistas como protótipos de atos de fé. Trata-se aqui (e nas cerimônias religiosas descritas anteriormente) de atos autossuficientes, que cumprem sua finalidade em seu desempenho mesmo. As demonstrações rituais de consternação, as exéquias, o comportamento enlutado são canais de expressão das emoções dos parentes vivos e do sentimento de perda de todo o grupo. Eles endossam e reforçam os sentimentos naturais dos que ficaram; eles criam um acontecimento social a partir de um fato natural. E ainda que o luto, o desespero dramatizado e os cuidados com o cadáver tenham um fim em si mesmos, eles nem por isso deixam de cumprir uma importante função ou de ter um valor considerável para a cultura primitiva.

E qual seria essa função? As cerimônias de iniciação que vimos mais cedo cumprem a sua tornando sagrada a tradição; os cultos alimentares, os sacramentos e o sacrifício levam o homem à comunhão com a providência e com os poderes benéficos da abundância; o totemismo padroniza as atitudes práticas e proveitosas do primitivo no que diz respeito à seleção de elementos de seu entorno. Se nosso entendimento da função biológica da religião está correto, o ritual mortuário deve também cumprir um papel similar.

Em um grupo primitivo composto de um pequeno número de indivíduos, a morte de um homem ou de uma mulher não é um evento sem importância. Os parentes e amigos mais próximos têm sua vida emocional profundamente abalada. Uma pequena comunidade que se vê privada de um membro se encontra severamente mutilada, especialmente se o morto for alguém importante. Tal acontecimento quebra o curso normal da vida e abala as fundações morais da sociedade. Mais acima chamávamos a atenção para a existência de tendências poderosas – sucumbir ao medo e ao horror, abandonar o cadáver, deixar a aldeia, destruir todos os pertences do morto. Todos esses impulsos de fato existem, o que faz da possibilidade de sucumbir a eles algo extremamente perigoso, algo capaz de desintegrar um grupo, de destruir as bases materiais de uma cultura primitiva. A morte em uma sociedade primitiva é, portanto, muito mais que a subtração de um membro. Ao desencadear uma parte das forças instintivas profundas de autopreservação, a morte primitiva ameaça a coesão e a solidariedade mesmas do grupo, das quais dependem a organização da sociedade, a tradição, enfim, a cultura primitiva como um todo. E se o homem primitivo cedesse sempre aos impulsos desintegradores de sua reação à morte, seria impossível manter a civilização material ou dar continuidade à tradição.

Já vimos como a religião, ao sacralizar e, por conseguinte, padronizar aquele outro conjunto de tendências, concede ao homem o dom da integridade mental – função que cumpre também em termos coletivos. A religião é capaz de responder às ações desestabilizadoras do medo, da desesperança e da desmoralização e de oferecer os meios mais efetivos para a reintegração da abalada solidariedade do grupo e para o restabelecimento de sua moral: o cerimonial funerário que conecta os vivos ao corpo do morto e os vincula ao local da morte, a crença na existência do espírito, em sua boa influência ou má intenção, a crença nas obrigações associadas a uma série de cerimônias rememorativas e sacrificais.

Em resumo, a religião assegura a vitória da tradição e da cultura sobre a mera reação negativa de instintos contrariados.

Com os ritos relativos à morte, terminamos o levantamento dos principais tipos de atos religiosos. Os momentos críticos da existência nos serviram como fio condutor de nossa análise. Mas alguns temas laterais também foram abordados, como o totemismo, os cultos relativos ao alimento e à propagação, os sacrifícios e sacramentos, os cultos rememorativos de ancestrais e espíritos. Devemos agora retomar um tópico já mencionado, as festas sazonais e as cerimônias comunitárias ou tribais.

IV O caráter público e tribal dos cultos primitivos

O caráter festivo e público das cerimônias de culto é um aspecto proeminente da religião em geral. A maioria dos atos sagrados acontece em uma congregação. Com efeito, o solene conclave de fiéis unidos em oração, sacrifício, súplica ou agradecimento é o protótipo mesmo da cerimônia religiosa. A religião tem necessidade da comunidade integral para que seus membros possam cultuar juntos seus entes sagrados e suas divindades; a sociedade precisa da religião para a manutenção da lei e da ordem moral.

Nas sociedades primitivas, o caráter público dos cultos e a relação mútua entre a fé religiosa e a organização social são pelo menos tão pronunciados quanto nas culturas superiores. Basta olhar nosso inventário anterior dos fenômenos religiosos para se constatar que os atos que lhes caracterizam são todos públicos, coletivos e afetam geralmente a tribo inteira, absorvendo temporariamente todas as suas energias. É o caso das cerimônias de nascimento, dos ritos de iniciação, dos cuidados com o morto, do sepultamento, do luto, das celebrações, dos ritos sacrificiais e totêmicos. Essa dimensão pública, a reunião de grande um número de pessoas, ganha especial relevo nas festas anuais ou regulares em períodos de abundância, nas colheitas ou no auge da estação da caça ou da pesca. Essas festividades são ocasiões em que as pessoas se entregam à alegria, comemoram a fartura na caça e na colheita, encontram amigos e parentes e evocam a comunidade na plenitude de suas forças – tudo isso sob um clima de felicidade e harmonia. Às vezes, os mortos visitam essas festas. Espíritos de ancestrais e de parentes mortos retornam, recebem oferendas e libações sacrificiais, misturam-se aos vivos nos cultos e nas confraternizações festivas. Porém, mesmo quando não visitam o mundo dos vivos, os mortos são por eles rememorados, geralmente na forma de culto aos ancestrais. Além disso, uma vez que são frequentemente realizadas, tais festividades incorporam o ritual da colheita e outros cultos vegetais. Mas quaisquer que sejam os demais temas desses festivais, não há dúvida de que a religião exige a realização de festas sazonais, periódicas, que reúnem um grande número de pessoas e se caracterizam pelo clima de alegria, pelo aparato festivo, pela abundância de comida e pelo relaxamento de regras e tabus. Uma vez reunidos, os membros da tribo afrouxam as restrições usuais, em especial as barreiras de comedimento tipicamente características dos intercursos sociais e sexuais. Os apetites são satisfeitos, ou melhor dizendo, complacentemente saciados, havendo uma comparticipação nos prazeres, uma demonstração pública de tudo que consideram bom e agradável, compartilhados em um clima universal de generosidade. Ao interesse na fartura de bens materiais, acrescenta-se o interesse na reunião de um grande número de pessoas, no congraçamento, na tribo enquanto um corpo.

Ao lado desses fatos sobre as assembleias festivas periódicas, há uma série de outros elementos marcadamente sociais: o caráter tribal de quase todas as cerimônias religiosas; a universalidade social das regras morais; o aspecto contagioso do pecado; a importância da simples convenção e da tradição na religião e na moral primitivas, e, sobretudo, a identificação entre a tribo como unidade social e a religião tribal – isto é, a inexistência de sectarismos religiosos, dissensões ou heterodoxias no credo primitivo.

1 *A sociedade como a substância de Deus*

O conjunto desses fatos – e, particularmente, a questão da unidade religiosa que tocamos por último – revela o caráter tribal da religião. Isso nos faz lembrar da célebre formulação de Robertson Smith, segundo a qual a religião primitiva diz respeito à comunidade, e não ao indivíduo. Essa observação exagerada é em grande medida verdadeira. Porém, na ciência, saber onde está a verdade não é a mesma coisa que descobri-la e esclarecê-la. Quanto a isso, Robertson Smith não fez muito mais que formular um importante par de questões, a saber: por que o homem primitivo desempenha suas cerimônias em público? Qual é a relação entre a sociedade e a verdade revelada e cultuada pela religião?

Como se sabe, a resposta que certos antropólogos modernos oferecem a tais questões é ao mesmo tempo contundente, aparentemente conclusiva e extremamente simples. Durkheim e seus seguidores sustentam que a religião é social porque as suas Entidades, o seu Deus (ou Deuses), a Substância de que são feitas todas as coisas religiosas nada mais são que a própria Sociedade divinizada.

Essa teoria parece explicar muito bem a natureza pública do culto; a inspiração e o conforto que o homem, este animal social, obtém da congregação; a intolerância que caracteriza a religião, sobretudo em suas manifestações mais primitivas; força coesiva da moral, e outros fatos semelhantes. Essa explicação também satisfaz nosso moderno viés democrático, que na ciência social se manifesta na tendência em explicar tudo em termos de "forças coletivas", e não "individuais". Uma teoria como essa, que faz a *vox populi vox Dei* aparecer como a sóbria e científica verdade, certamente deve ser compatível com o homem moderno.

Entretanto, surgem dúvidas inevitáveis – e aliás muito sérias – quando se reflete sobre suas implicações. Todo aquele que vivencia a religião de forma profunda e sincera sabe que as situações religiosas mais intensas advêm quando estamos a sós, quando voltamos as costas para o mundo, quando nos afastamos mentalmente e nos concentramos, e não quando se está distraído em uma multidão. É possível que a religião primitiva seja assim tão carente da inspiração da solidão? Aquele que conhece os selvagens seja de forma direta, seja pelo estudo cuidadoso da literatura, não terá dúvida em dizer que é comum se passar por experiências solitárias na religião primitiva. É o que nos mostram fatos como a reclusão do noviço durante ritos de iniciação, as provações individuais impostas durante o ordálio e a reserva de um local isolado para a comunhão com espíritos, potências e divindades. E como vimos antes, a crença na imortalidade não pode ser explicada sem se levar em consideração o estado psíquico religioso do indivíduo, que encara sua morte iminente com medo e pesar. A religião primitiva também não deixa de ter os seus profetas, videntes, adivinhos e intérpretes. Esse conjunto de fatos certamente não comprova que a religião tenha um caráter exclusivamente individual, mas torna mais difícil entender como alguém pode considerá-la como *o Social* puro e simples.

Além do mais, ao contrário do que se passa com regras legais ou costumeiras, a moralidade se define essencialmente por ser efetivada pela consciência. O selvagem não respeita um tabu por medo das sanções sociais ou da opinião pública. Ele deixa de transgredi-lo não apenas porque teme ser terrivelmente punido por divindades ou forças sagradas, mas principalmente porque seu senso pessoal de responsabilidade e sua consciência o impedem. O animal totêmico proibido, a relação incestuosa ou não autorizada, os atos e alimentos interditados são por ele imediatamente considerados abomináveis. Pude observar os selvagens se afastarem de uma atividade ilícita com o mesmo horror e repugnância de um cristão afastando-se do que considera pecado. Ora, é indubitável que essa atitude mental se deve em parte à influência da sociedade, uma vez que a tradição tacha de repugnante o objeto da proibição. Tal atitude, entretanto, tem como palco o indivíduo e é posta em funcionamento pelas forças da mente individual. Logo, ela não é exclusivamente social, nem inteiramente individual, mas uma mistura dos dois.

Durkheim tenta fundamentar sua espantosa teoria de que a Sociedade é a matéria-prima da Divindade através da análise de festividades tribais primitivas. Ele se debruça especialmente sobre as cerimônias sazonais dos povos da Austrália Central. A causa de seus fenômenos religiosos é a "grande efervescência coletiva durante os períodos de concentração", e "a ideia religiosa nasce dessa efervescência."* Durkheim enfatiza, assim, a ebulição emotiva, a exaltação, a sensação de aumento do poder que perpassa cada indivíduo quando participa de tais assembleias. Entretanto, basta que se reflita um pouco para perceber que a intensifica-

---

* [N.T] Trata-se de referências ao capítulo VII (Parte 3) de *As Formas Elementares da Vida Religiosa* (1996: 221-2; 225). Segundo Durkheim, as sociedades australianas passam por dois períodos distintos: os de "concentração", mencionados por Malinowski, e os períodos de "dispersão".

ção das emoções e o sentimento de elevação experimentado pelo indivíduo não se limitam exclusivamente a reuniões coletivas ou a grandes aglomerações, nem mesmo nas sociedades primitivas. O amante diante de sua amada, o ousado aventureiro que supera seu medo enfrentando o perigo, o caçador atirando-se contra o animal selvagem, o artesão face a sua obra-prima – todos eles, não importa se selvagens ou civilizados, irão se sentir sob tais circunstâncias transfigurados, arrebatados, dotados de forças superiores. Há, sem dúvida, em muitas dessas experiências solitárias – em que o homem pressente a morte, se angustia ou se exalta de júbilo – um grande fluxo de inspiração religiosa. E mesmo que a maioria das cerimônias sejam públicas, boa parte da revelação religiosa se dá na solidão.

Por outro lado, certos atos coletivos nas sociedades primitivas são tão efervescentes e passionais quanto as cerimônias religiosas e ainda assim não possuem qualquer coloração religiosa. Presenciei na Melanésia tarefas coletivas nas plantações em que as pessoas, tomadas de espírito competitivo e de entusiasmo pelo trabalho, cantavam cadenciadamente, gritavam de alegria e se provocavam com motes de desafio. Tratava-se de atividades inteiramente profanas, e no entanto havia ali grande "efervescência coletiva"; e a sociedade, que "se revelava" nelas (tal como o faria em qualquer outra *performance* pública), não exibia qualquer grandiosidade religiosa ou aparência divina. Uma batalha, uma competição de canoas, um grande encontro tribal para fins de troca, um corrobori* laico australiano e uma briga de aldeia são, do ponto de vista social e também psicológico, todos eles exemplos de efervescências multidinárias. Contudo, nada de religioso é gerado nessas ocasiões. Desse modo, apesar de se afetarem reciprocamente, o *coletivo* e o *religioso* não são de modo algum coextensivos; e se, por um lado, é possível remeter grande parte da crença e inspiração religiosa a experiências solitárias, por outro, muitos contextos coletivos e efervescentes não portam qualquer sentido religioso, nem geram efeitos religiosos.

Se alargarmos ainda mais a definição de "sociedade" e a considerarmos como uma entidade permanente, que continua através da tradição e da cultura, cada geração formada pela anterior e moldada à sua semelhança através da transmissão social da civilização, não poderíamos então considerar a Sociedade como o protótipo da Divindade? Ainda assim os fatos da vida primitiva permaneceriam rebeldes a essa teoria, pois apenas parte da tradição – isto é, desse todo formado por normas e costumes sociais, regras práticas e teóricas, proibições, preceitos,

---

*[N.T] "Corrbboree" no original. Trata-se de uma celebração feita por povos aborígenes australianos. A origem do termo remete aos primeiros contatos entre colonos britânicos e certos grupos aborígenes falantes da língua Darug. Segundo Marcel Mauss, em seu pequeno texto "Les civilisations. Éléments et formes", o *corrobori* pode ser descrito como uma "obra-prima da arte dramática, musical e plástica, uma espécie de grande dança tribal, às vezes envolvendo centenas de dançarinos-atores e coros formados por tribos inteiras".

lendas e mitos – é religiosa, o resto sendo essencialmente profano. Como vimos na segunda seção deste ensaio, o conhecimento empírico e racional da natureza por parte do homem primitivo, base de suas artes e ofícios, de seus empreendimentos econômicos e de sua engenhosidade, constitui um domínio autônomo no interior da tradição social. A sociedade – enquanto guardiã da tradição laica, da dimensão profana – não pode ser o princípio religioso ou a Divindade, pois estes últimos pertencem ao domínio do sagrado apenas. Descobrimos, além disso, que uma das principais tarefas da religião primitiva é sacramentar, especialmente através de cerimônias de iniciação e da transmissão dos mistérios tribais, a parcela religiosa da tradição. Está claro, portanto, que a religião não pode derivar toda a sua sacralidade de uma fonte que se torna sagrada graças justamente à religião.

Com efeito, a identificação entre a "sociedade" e o Divino ou o Sagrado só se torna possível através de um jogo de palavras inteligente e da sofisticação ambígua do argumento. De fato, se equivalermos o social à moral e ampliarmos este conceito de modo a abranger todas as crenças, todas as regras de conduta, todos os ditames da consciência; se, além disso, personificarmos a Força Moral e a considerarmos como uma Alma Coletiva, então a identificação da Sociedade com a Divindade não precisa de muita habilidade dialética para ser defendida. Mas como as regras morais são apenas uma parte da tradição herdada pelo homem; como a moralidade não é idêntica à Força ou Ser de onde ela teria se originado; e como, enfim, o conceito metafísico de "Alma Coletiva" é antropologicamente infértil – não nos resta senão rejeitar a teoria sociológica da religião.

Resumindo, as ideias de Durkheim e sua escola não podem ser aceitas. Em primeiro lugar, a religião primitiva emerge em grande medida de fontes estritamente individuais. Em segundo lugar, se a sociedade considerada como uma multidão nem sempre tende a produzir crenças ou estados mentais religiosos, a efervescência coletiva, por sua vez, assume muitas vezes uma natureza inteiramente secular. Em terceiro lugar, a tradição, o somatório de certas regras e realizações culturais, abarca o Profano e o Sagrado, além de exercer, nas sociedades primitivas em particular, um rígido controle sobre ambos. Finalmente, a personificação da sociedade, a concepção de uma "Alma Coletiva", não têm qualquer fundamento real e, além disso, contrariam os métodos sadios da ciência social.

2 *A eficácia moral das crenças selvagens*

É preciso, no entanto, fazer justiça a Robertson Smith, Durkheim e suas respectivas escolas, e reconhecer que eles identificaram uma série de elementos importantes da religião primitiva. Acima de tudo, eles conseguiram avançar uma série de questões importantes ao superdimensionar o aspecto sociológico da fé primitiva: por que a maioria dos atos religiosos nas sociedades primitivas são realizados coletivamente e em público? Qual é o papel da sociedade no estabelecimento de regras de conduta moral? Por que tanto a moralidade e a crença quanto a mitologia e a tradição sagrada são compulsórias a todos os membros de uma tribo primitiva? Em outras palavras, por que existe apenas um corpo de crenças religiosas em cada tribo, e por que nenhuma diferença de opinião é tolerada?

Para dar uma resposta a essas questões, é necessário voltar ao nosso mapeamento dos fenômenos religiosos, não só para rever algumas de suas conclusões, mas, sobretudo, para focar a atenção na técnica que permite a expressão da crença e o estabelecimento da moralidade na religião primitiva.

Tomemos como ponto de partida o ato religioso por excelência, o cerimonial mortuário. Aqui o apelo à religião surge de uma crise individual: a proximidade da morte. Nunca o indivíduo necessitou mais do conforto da crença e do ritual do que no sacramento do viático, nos confortos finais oferecidos ao moribundo no fim de sua jornada pela vida – gestos esses muito disseminados em todas as religiões primitivas. Eles são feitos contra o medo opressivo, contra a dúvida corrosiva que afetam o selvagem tanto quanto o homem civilizado. Essa cerimônia confirma suas esperanças de que exista um além-mundo, de que ele não seja pior que a vida atual – de que é, na verdade, melhor. Todo o ritual expressa essa crença, essa atitude emocional de que o moribundo precisa, o melhor conforto possível em seu conflito final. Essa confirmação tem por atrás de si o peso da multidão e a pompa do ritual solene. Pois em todas as sociedades selvagens, a morte, como vimos, compele a comunidade inteira a se reunir, a cuidar dos moribundos e a cumprir suas obrigações para com ele. É claro que essas obrigações não criam laços emocionais com o processo que leva à morte – o que levaria apenas a um pânico desagregador. Pelo contrário, a linha de conduta ritual contradiz e se opõe a algumas das mais fortes emoções que podem incidir sobre o moribundo. Com efeito, toda a conduta do grupo exprime a esperança de salvação e imortalidade; isto é, expressa apenas uma das emoções conflitantes do indivíduo.

A tragédia não termina com a morte do ator principal, embora este saia de cena. Os enlutados permanecem no palco. Lançados num perigoso caos mental, quer sejam selvagens ou civilizados, sofrem de forma igual. Já analisamos esse tema e descobrimos que, divididos entre o medo e a piedade, o horror e a reverência, o amor e a aversão, eles se encontram em um estado psíquico que pode levá-los à desintegração mental. Intervindo nesse estado, a religião eleva o indivíduo através do que podemos chamar de cooperação espiritual nos ritos mortuários sagrados. Vimos que esses ritos exprimem o dogma da continuidade póstuma, bem como a atitude moral para com os mortos. O cadáver e, consequentemente, a pessoa morta podem ser objeto de horror tanto quanto de terna amorosidade. A religião reafirma a segunda deriva dessa atitude dupla, fazendo do cadáver um objeto de obrigações sagradas. O laço de união entre os recém-falecidos e os vivos é mantido, algo de imensa importância para a continuidade da cultura e a salvaguarda da tradição. Vemos então que a comunidade como um todo realiza os desígnios da tradição religiosa, e que estes – resultantes de um conflito individual e ao mesmo tempo uma solução para esse conflito – atuam [enact] novamente em benefício de alguns indivíduos apenas, os enlutados. Lembremos, além disso, que aquilo por que passam os vivos em tais ocasiões serve para prepará-los para a própria morte. A crença na imortalidade, vivenciada e praticada quando da morte de seu pai ou sua mãe, faz com que percebam mais claramente sua própria vida futura.

Diante de todos esses aspectos, é preciso fazer uma clara distinção entre a crença e a ética do ritual, por um lado, e os meios de colocá-las em vigor, a técnica que faz com que o indivíduo receba o conforto religioso. A crença salvífica na continuidade espiritual após a morte já está contida na mente individual; ela não é criada pela sociedade. A soma-total das tendências inatas, geralmente conhecida como "o instinto de autopreservação", está na raiz dessa crença. A crença na imortalidade está, como vimos, estreitamente ligada à dificuldade de se enfrentar a própria aniquilação ou a de uma pessoa próxima e amada. Essa tendência torna a ideia do desaparecimento integral da personalidade humana odiosa, intolerável, socialmente destrutiva. Mas essa ideia e o medo que ela desperta espreitam sempre a experiência individual, e a religião só pode removê-los negando-os no ritual.

Quanto a saber se isso é alcançado por uma Providência que guia diretamente a história humana, ou por um processo de seleção natural no qual a cultura que desenvolveu uma crença e um ritual relativos à imortalidade é a que sobrevive e se dissemina – essas são questões da alçada da teologia ou da metafísica. O antropólogo já fez o suficiente quando mostrou o valor de um determinado fenômeno para a integridade social e para a continuidade da cultura. Em todo caso, vê-se que o papel da religião nessa matéria é selecionar uma das duas alternativas sugeridas ao homem por seus dotes instintivos.

Uma vez realizada tal seleção, a sociedade é indispensável para sua efetuação [enactment]. O membro enlutado do grupo, entregue à tristeza e ao medo, é incapaz de confiar em suas próprias forças. Ele não conseguiria, somente por seus esforços, aplicar o dogma ao próprio caso. Aqui o grupo intervém. Outros membros, não afetados pela calamidade, não dilacerados mentalmente pelo dilema metafísico, podem responder à crise nos moldes ditados pela ordem religiosa, trazendo, assim, consolo ao aflito, conduzindo-o às experiências reconfortantes do cerimonial religioso. É fácil suportar os infortúnios – alheios. Por isso, o restante do grupo, a maioria que não foi afetada pelos espasmos de medo e horror, pode então ajudar a minoria aflita. Após passar pelas cerimônias religiosas, o enlutado ressurge transformado pela revelação da imortalidade, pela comunhão com o ente querido, pela ordem do além-mundo. A religião comanda nas atividades de culto, o grupo executa o comando.

Porém, como vimos, o conforto ritual não é artificial, nem uma fabricação de ocasião. Ele não é senão o resultado das duas tendências conflitantes que existem na reação emocional inata do homem à morte. A atitude religiosa consiste apenas na seleção e na afirmação ritual de uma dessas alternativas – a esperança em uma vida futura. Aqui a assembleia pública oferece uma evidência poderosa da crença. A pompa e a cerimônia públicas se efetivam pela potência contagiosa da fé, pela dignidade do consentimento unânime, pela veemência do comportamento coletivo. Uma multidão que realiza uma cerimônia sincera e digna contagia até mesmo o observador desinteressado, quanto mais o participante afetado.

Entretanto, é preciso sublinhar enfaticamente a distinção entre a colaboração social enquanto a única técnica necessária para a efetivação de uma crença, por um lado, e a criação da crença ou a consciência da sociedade sobre si mesma, por outro. A comunidade anuncia um certo número de verdades bem-definidas e dá conforto moral a seus membros, mas não proclama de modo vago e inane sua própria divindade.

A respeito de um outro tipo de ritual religioso, as cerimônias de iniciação, mostramos que o ritual estabelece a existência de algum poder ou personalidade do qual deriva a lei tribal e que é responsável pelas regras morais transmitidas ao noviço. A pompa das cerimônias e as adversidades da preparação e do ordálio são necessárias para tornar as crenças grandiosas, poderosas e marcantes. Trata-se da criação de uma experiência inesquecível, única na vida do indivíduo, através da qual lhe são ensinadas as doutrinas da tradição tribal e suas regras morais. A tribo inteira é mobilizada e toda a sua autoridade é acionada para dar testemunho do poder e da realidade das coisas reveladas.

Tal como ocorre na morte, aqui também estamos falando de uma crise na vida individual e do conflito mental a ela associado. Durante a puberdade, o jovem precisa testar sua força física, lidar com sua maturidade sexual e tomar seu lugar na tribo. Isso lhe acarreta expectativas, prerrogativas e tentações, mas, ao mesmo tempo, lhe impõe novos fardos. A solução adequada a esse conflito passa por sua conformação à tradição e por sua submissão à moralidade sexual da tribo e aos fardos da masculinidade – algo alcançado nas cerimônias de iniciação.

O caráter público dessas cerimônias contribui tanto para a grandeza da instância legisladora suprema, quanto para a homogeneidade e uniformidade no ensino da moral. Assim, elas se tornam uma forma de aprendizagem condensada de caráter religioso. Como acontece em qualquer forma de ensino, os princípios ensinados são meramente escolhidos, fixados e valorizados em função do que já se encontra nas aptidões individuais. Também aqui vemos que o aspecto público é uma questão de técnica e que o conteúdo do que é ensinado não é criado pela sociedade, mas já se encontra no indivíduo.

Em outros cultos ainda, como nos festivais de colheita, nas assembleias totêmicas, nas ofertas de primícias e na exibição cerimonial de alimentos, encontramos a religião sacralizando a abundância e a proteção e consolidando a atitude de reverência para com as forças benéficas exteriores. O caráter público do culto também aqui é necessário enquanto única técnica adequada para estabelecer o valor do alimento, da acumulação e da abundância. A exposição a todos, a admiração de todos, a rivalidade entre dois produtores quaisquer, são os meios pelos quais o valor é criado. Pois todo valor, seja religioso ou econômico, deve ter aceitação universal. Temos aqui novamente a seleção e ênfase de apenas uma das duas possíveis reações individuais. Pois os alimentos acumulados podem ser desperdiçados ou então armazenados; podem servir como incentivo ao consumo imediato e imprudente e à despreocupação em relação ao futuro, ou podem estimular o homem a inventar meios de acumular riqueza para fins culturalmente mais elevados. A religião imprime seu selo na atitude culturalmente valiosa ao mesmo tempo que a reforça por meio da encenação [enactment] pública.

O caráter público dessas festividades auxilia no cumprimento de outra função sociologicamente importante. Os membros de cada grupo que forma uma unidade cultural devem entrar em contato uns com os outros de tempos em tempos; contudo, além de poder fortalecer os laços sociais, esse contato também carrega consigo a possibilidade de atrito. O perigo é maior quando as pessoas passam por períodos de tensão, escassez e fome, quando seus apetites não estão satisfeitos e seus desejos sexuais estão em vias de aflorar. Uma festiva reunião tribal em momentos de abundância, quando todos estão em harmonia com a natureza e por conseguinte uns com os outros, assume, assim, o caráter de uma reunião realizada sob um clima moral, isto é, sob uma atmosfera de harmonia geral e boa vontade. A ocorrência de licenças ocasionais e o relaxamento de regras sexuais e de certas sanções de etiqueta nesses encontros provavelmente derivam do mesmo movimento. Todos os fatores de brigas e discussões devem ser neutralizados; sem isso, grandes reuniões tribais poderiam não terminar de forma pacífica. O valor moral da harmonia e da boa vontade é, pois, mais importante que os meros tabus negativos que constrangem os principais instintos humanos. Não há virtude maior que a caridade – quer nas religiões primitivas, quer nas mais elevadas, ela não só compensa como supera uma multiplicidade de pecados.

Talvez seja desnecessário entrar em detalhes sobre todos os outros tipos de atos religiosos. O totemismo – religião clânica que afirma a descendência comum ou a afinidade com o animal totêmico, que reivindica o poder coletivo do clã para controlar seu provimento, e que imprime em todos os membros do clã um mesmo tabu totêmico e uma atitude reverencial para com as espécies totêmicas –

culmina evidentemente em cerimônias públicas e possui um caráter distintamente social. A própria natureza do culto dos antepassados – cujo objetivo é unir em um só grupo de adoradores a família, o *sib* ou a tribo – implica a reunião destes em cerimônias públicas; caso contrário, não cumpriria sua função. Espíritos tutelares de grupos locais, de tribos ou de cidades; deuses departamentais; divindades funcionais ou locais – por sua definição mesma – devem ser cultuados pela aldeia, pela tribo, pela cidade, pelo ofício ou pela comunidade política.

Nos cultos que se situam na fronteira entre a magia e a religião – tal como cerimônias Intichiuma*, ritos de roçados coletivos, cerimônias haliêuticas ou venatórias – é óbvia a necessidade da *performance* em público, pois essas cerimônias, claramente distinguíveis das atividades práticas que inauguram ou acompanham, são também seus complementos. A cooperação em uma atividade prática tem como contrapartida a cerimônia comunal. Elas cumprem sua função cultural apenas quando reúnem um grupo de trabalhadores em um ato de adoração.

Com efeito, em vez de termos seguido concretamente todos os tipos de cerimônias religiosas, poderíamos ter formulado nossa tese em termos abstratos: dado que a religião gira em torno de atos vitais, e como estes dominam o interesse público de grupos cooperativos, toda cerimônia religiosa deve ser pública e realizada por grupos. Todas as crises da vida, todas as atividades importantes despertam o interesse público de comunidades primitivas, todas elas acompanhadas de suas cerimônias, mágicas ou religiosas. O mesmo corpo social que se articula para a condução de uma tarefa ou que é reunido por um acontecimento crítico também realiza o ato cerimonial. No entanto, um argumento abstrato como esse, por mais correto que seja, não teria permitido a percepção real do mecanismo de encenação pública dos atos religiosos que obtivemos aqui graças à nossa descrição concreta.

3 Contribuições individuais e sociais na religião primitiva

Somos assim forçados a concluir que a publicização é a indispensável técnica de revelação religiosa em comunidades primitivas. Devemos concluir igualmente que a sociedade nem é a autora das verdades religiosas e muito menos seu conteúdo autorrevelado. A necessidade da encenação [mise en scène] pública do dogma e da enunciação coletiva das verdades morais tem diversas causas, que resumiremos a seguir.

---

* [N.T.] Segundo Durkheim em *As Formas Elementares da Vida Religiosa* (1996), o Intichiuma é uma festa que domina o culto totêmico dos Arunta da Austrália Central. Composta de duas fases, o propósito da primeira é "assegurar a prosperidade da espécie animal ou vegetal que serve de totem ao clã" (1996: 351). Já na segunda fase, observa-se uma intensificação das interdições, reforçando o caráter sagrado do totem (v. 1996: 351 e 358, respectivamente).

Em primeiro lugar, a cooperação social é necessária para envolver de altivez solene o desvelamento das coisas sagradas e dos seres sobrenaturais. A comunidade, ao se engajar profundamente na encenação das formas do ritual, cria uma atmosfera de crenças homogêneas. Nessa ação coletiva, aqueles que, em uma dada situação, menos necessitam do conforto da fé e da afirmação da verdade, ajudam aqueles que necessitam delas. As forças maléficas e desintegradoras do destino são assim distribuídas por um sistema de proteção mútua em momentos de tensão e aflição espiritual. No luto, na crise da adolescência, em circunstâncias de perigo e de infortúnio iminente, em situações em que a prosperidade pode ser bem ou mal utilizada – nesses momentos, a religião padroniza a forma correta de pensar e agir, a sociedade recebe o veredito e o repete em uníssono.

Em segundo lugar, a *performance* pública do dogma religioso é indispensável para a manutenção da moral nas comunidades primitivas. Cada artigo de fé, como vimos, exerce uma influência moral. Ora, a moral, para ser ativa, deve ser universal. Em qualquer sociedade, a resistência dos laços sociais, a reciprocidade de serviços e obrigações, a possibilidade de cooperação, baseiam-se no fato de que cada membro sabe o que se espera dele; de que existe, em suma, um padrão universal de conduta. As regras morais só funcionam porque já estão previstas e se pode contar com elas de antemão. Nas sociedades primitivas, onde a aplicação da lei sob a forma de sentenças e penalidades praticamente não existe, o caráter automático e autoaplicante da regra moral é de suma importância na formação dos alicerces mesmos da organização e da cultura primitivas. Isso só é possível em uma sociedade onde a moral não se transmite de forma privada, onde inexistem códigos pessoais de conduta e honra, escolas de ética e diferenças de opinião moral. O ensino da moral deve ser aberto, público e universal.

Em terceiro e último lugar, a transmissão e a conservação da tradição sagrada exigem que a *performance* seja pública ou, no mínimo, coletiva. É essencial para qualquer religião que seu dogma possa ser considerado e tratado como absolutamente inalterável e inviolável. O crente deve estar firmemente convencido de que aquilo que ele é levado a aceitar como verdade se encontre seguro, esteja guardado em segurança, e seja transmitido exatamente como foi recebido e acima de qualquer possibilidade de falsificação ou alteração. Cada religião precisa de salvaguardas tangíveis e confiáveis que garantam a autenticidade da tradição. Nas religiões superiores, conhecemos a extrema importância da autenticidade dos escritos sacros e a preocupação suprema com a pureza do texto e com a verdade da interpretação. As raças nativas são obrigadas a confiar na memória humana. Ainda assim, mesmo sem livros, inscrições ou corpos de teólogos, elas não estão menos preocupadas com a pureza de suas narrativas, nem menos prevenidas contra alterações e distorções. Há apenas um fator capaz de impedir cortes constantes da linha do sagrado: a participação de um conjunto de pessoas na salvaguarda da tradição. A encenação pública do mito em certas tribos, a recitação oficial de histórias sagradas em certas ocasiões, a integração de elementos da crença nas cerimônias sagradas, a designação de corpos especializados na preservação de componentes da tradição – sociedades secretas, clãs totêmicos, critérios de senioridade –, todos são meios de salvaguardar a doutrina das religiões primitivas. Nota-se a existência de um tipo especial de organização social que visa a proteção de tudo aquilo que não é público nessa doutrina.

Essas considerações explicam igualmente a ortodoxia das religiões primitivas e justificam a sua intolerância. Em uma comunidade primitiva, não só a moralidade, mas também os dogmas devem ser os mesmos para todos os membros. Quando se concebiam os credos como superstições sem sentido, como faz-de-conta, como fantasias infantis ou doentias, ou, na melhor das hipóteses, como especulações filosóficas rudimentares, era difícil entender por que o selvagem se agarrava a eles com tanta obstinação e fidelidade. Mas a partir do momento que entendemos que cada cânone da crença selvagem é, para ele, uma força viva, que sua doutrina é a própria liga que entrelaça o tecido social – pois a moralidade, a coesão social e a integridade mental derivam deles –, torna-se mais fácil entender por que ele não pode arriscar-se à tolerância. Também fica claro que, quando se começa a tratar as "superstições" do selvagem levianamente, destrói-se com isso sua moralidade, quase sempre cancelando a possibilidade de colocar outra em seu lugar.

Desse modo, vemos claramente a necessidade da natureza eminentemente aberta e coletiva dos atos religiosos e da universalidade dos princípios morais, ao mesmo tempo que percebemos com igual clareza por que essas características são muito mais proeminentes nas religiões primitivas do que nas civilizadas. A participação pública e o interesse social em questões religiosas são, portanto, clara, concreta e empiricamente explicáveis, não havendo espaço para uma Entidade que se revelaria através de disfarces engenhosos aos seus adoradores, eles próprios mistificados e iludidos no ato mesmo da revelação. Ocorre que a presença do componente social na atuação religiosa é uma condição necessária, mas não suficiente; e que, sem a análise da mente individual, não podemos dar um passo na compreensão da religião.

Na Seção III, quando iniciamos nosso levantamento dos fenômenos religiosos, fizemos uma distinção entre magia e religião; porém, levamos a análise adiante deixando os ritos mágicos completamente de lado. Devemos, pois, retornar a esse importante domínio da vida primitiva.

V A arte da magia e o poder da fé

Magia – a própria palavra parece revelar um mundo de possibilidades misteriosas e inesperadas! Mesmo naqueles que não se entregaram ao ocultismo e à busca de atalhos até a "verdade esotérica" – interesses mórbidos saciados à vontade nos dias de hoje por reavivamentos caducos de crenças e cultos antigos e mal-compreendidos, disfarçados como "teosofia", "espiritismo" ou "espiritualismo", "pseudociências", -logias e -ismos variados –, mesmo nessas mentes lúcidas e científicas, íamos dizendo, o tema da magia exerce especial atração. Em parte porque talvez esperamos encontrar nela a quintessência dos anseios e da sabedoria do homem primitivo – e isso, seja o que for, vale a pena conhecer. Em parte porque a "magia" parece despertar em todos nós certas forças mentais latentes, alguma esperança remanente no milagroso ou certas crenças nas misteriosas potencialidades humanas antes adormecidas. Testemunha disso é o poder que as palavras "magia", "feitiço", "sortilégio", "bruxaria" e "encantamento" têm na poesia, domínio em que o valor intrínseco das palavras e as forças emocionais liberadas por elas ainda sobrevivem e se revelam com maior clareza.

No entanto, quando o sociólogo aborda a magia onde ela ainda reina suprema, ali onde ela pode ser encontrada plenamente desenvolvida até os dias de hoje – isto é, entre os selvagens paleolíticos atuais –, ele encontra, decepcionado, uma arte inteiramente discreta, prosaica, ou mesmo estouvada, aplicada por razões meramente práticas, governada por crenças rudimentares e superficiais e exercida através de uma técnica simples e monótona. Isso já estava indicado na definição de magia formulada acima, quando traçamos uma distinção entre esta e a religião. Àquela altura, descrevemo-la como um corpo de atos estritamente práticos que servem como um meio para um fim. Foi também o que encontramos quando tentamos distingui-la das artes práticas e do conhecimento empírico – todos eles tão enredados e aparentemente tão similares entre si que é preciso certo esforço para apreender a atitude mental e a natureza ritual específicas aos atos mágicos. A magia primitiva – como bem o sabem os antropólogos de campo – é extremamente monótona e pouco entusiasmante. Além disso, seus meios de ação são bem limitados, suas crenças, circunscritas e seus fundamentos, atrofiados. Se você acompanhar um rito, estudar um encantamento e compreender os princípios subjacentes à crença, à arte e à sociologia da magia, você irá conhecer não apenas todas as atividades de uma tribo, como também poderá, adicionando uma variante aqui e ali, estabelecer-se como praticante de magia em qualquer parte do mundo afortunada o suficiente para acreditar nessa agradável arte.

1 O rito e o encantamento*

Consideremos então um ato tipicamente mágico, isolando um bem conhecido e geralmente visto como uma *performance* padrão – a magia negra**. Dos diferentes tipos de magia negra encontrados na selvageria, a feitiçaria*** através de dardos mágicos talvez seja o mais difundido. Simula-se ritualmente o assesto ou o lançamento de um osso pontiagudo, de uma vareta, de um espinho de bicho ou de uma flecha na direção da pessoa a ser morta pela feitiçaria. Livros de magia oriental e antiga, relatos etnográficos e narrativas de viajantes nos fornecem uma infinidade de descrições sobre como realizar esse ritual. Porém, o contexto emocional, os gestos e as expressões do feiticeiro durante a *performance* raramente foram descritos – apesar de serem de grande importância. Se um espectador fosse repentinamente transportado para alguma parte da Melanésia e pudesse observar um feiticeiro em ação sem saber ao certo o que está observando, ele talvez pensasse se tratar de um lunático ou então de um alguém tomado de um sentimento descontrolado de ira. Isso porque parte essencial da *performance* ritual do feiticeiro não envolve apenas apontar o dardo para sua vítima: expressando profunda fúria, ele deve conduzi-lo pelo ar, manobrando-o como se o estivesse levando até a ferida para em seguida removê-lo com um puxão repentino. O que se passa ali não é apenas a simulação de um ato de violência, de laceração, pois os afetos violentos também devem ser encenados.

Vemos, assim, que a dramatização da emoção é a essência desse ato. Mas o que realmente se passa ali? Não pode ser a dramatização de seu objetivo final, pois nesse caso o mago teria que simular a morte da vítima, mas o estado emocional do executante, um estado que deve ser vivido mimeticamente e que corresponde de perto à situação ritual.

Poderia mencionar uma série de ritos similares a partir de minha própria experiência, e certamente muitos mais de outros registros. Assim, em outros tipos de

---

* [N.T.] "Spell", no original. Traduziremos o termo preferencialmente por "fórmula encantatória" ou "encantamento". A depender do contexto, poderá aparecer vertido como "feitiço". É importante aqui reter que Malinowski usa o termo (e suas variações) para designar sobretudo a elocução de um "texto" ou fórmula na qual certas palavras e frases devem ser pronunciadas. Ou, nas palavras do próprio Malinowski encontradas logo na sequência: "qualquer análise de atos de feitiçaria irá mostrar que o ritual gira em torno da recitação do encantamento [spell]. Tal fórmula é sempre o núcleo da *performance* mágica." Trata-se, enfim, do tema do "poder das palavras na magia" (título de um dos capítulos de *Argonautas do Pacífico Ocidental*) ou do "poder mágico das palavras" (como no ensaio homônimo de Stanley Tambiah [1968], publicado recentemente no volume *Cultura, pensamento e ação social*, desta Coleção).

** No original: black magic.

*** [N.T.] À diferença de Edward Evans-Pritchard em *Bruxaria, oráculos e magia entre os Azande* (1937), Malinowski não faz uma rígida distinção analítica entre bruxaria [witchcraft] e feitiçaria [sorcery].

magia negra, quando o feiticeiro ataca, mutila ou destrói ritualmente uma figura ou um objeto que simboliza a vítima, esse rito é, sobretudo, uma clara expressão de ódio e raiva. Na magia amorosa, quando o oficiante segura, corteja ou acaricia, simbolica ou factualmente, a pessoa amada ou algum objeto que a represente, ele está reproduzindo o comportamento de um amante com o coração partido que perdeu o bom senso e está tomado de paixão. Na magia de guerra, a raiva, a fúria do ataque, as paixões beligerantes, são frequentemente expressas de forma mais ou menos direta. Na magia de terror, no exorcismo dirigido contra os poderes das trevas e do mal, o mago se comporta como se ele próprio estivesse dominado pelo medo, ou pelo menos como se estivesse lutando violentamente contra ele. Gritos, tochas e armas geralmente são componentes essenciais desse rito. Já em um rito contra forças malignas que pude testemunhar, uma pessoa em estado de tremor ritual deve recitar um feitiço lentamente, como se estivesse paralisada pelo medo, e esse medo afasta o feiticeiro que se aproxima, apoderando-se dele.*

Geralmente, um princípio mágico racionaliza e explica esses atos – que são antes manifestações de emoções primárias. A parafernália e as substâncias usadas neles vão na mesma direção. Estas se conectam essencialmente pela via emotiva ao propósito de cada magia, e não intelectual. Na magia negra, esse é o caso das substâncias malcheirosas ou venenosas, das adagas e outros objetos perfuro-cortantes; na magia amorosa, dos aromas, flores e elixires extasiantes, e, na magia econômica, dos bens de valor.

Além desses ritos, nos quais um elemento dominante serve para exprimir uma emoção, existem outros em que o ato antecipa seus efeitos (nos termos de *sir* James Frazer, são ritos que imitam seu próprio resultado). Assim, em relação à magia negra melanésia, pude observar que uma das maneiras rituais de encerrar um feitiço consiste em diminuir o tom voz, emitir um estertor agonizante e cair ao chão simulando a rigidez de um cadáver. Mas creio não ser necessário acrescentar mais exemplos, pois tanto esse tipo de magia quanto a magia contagiosa foram descritas de modo brilhante e documentadas de forma exaustiva por Frazer. *Sir* James também indicou a existência de saberes tradicionais sobre substâncias mágicas desenvolvidos por uma pseudociência mágica, e baseados nas noções de similaridade e contágio e em afinidades e relações.

Já outros procedimentos rituais não se caracterizam pela imitação, antecipação ou expressão de alguma emoção ou ideia em particular. É o caso do

---

* [N.T] Nesta passagem dos *Argonautas do Pacífico Ocidental* (2018: 349; 566; 1976: 190; 313), Malinowski registra uma variação dessa prática: "A expressão 'tremer' […] refere-se à crença peculiar de que, quando um feiticeiro ou feiticeira se aproxima da vítima e esta os paralisa por meio de um contra-feitiço, eles perdem a direção e ficam parados, tremendo. […] Às vezes, […] o mago tem acessos de tremores e deve então ser alimentado com peixe assado […]. Os nativos dizem que ele treme como um *bisila* (bandeirola de pandano) e que isso mostra que a magia dele é boa, já que o tremular do pandano é um símbolo de velocidade."

executante que faz ventar ao se erguer e se dirigir diretamente ao vento; do indivíduo que transfere o feitiço para um substrato material que mais tarde será colocado em contato com a coisa ou pessoa a ser enfeitiçada. As propriedades do objeto material usado nesses ritos devem ser adequadas a seu uso: trata-se de substratos que melhor recebem, retêm e transmitem a virtude mágica, de envoltórios destinados a armazená-la e preservá-la até que seja aplicada em seu objeto.

Mas qual é a virtude mágica que figura não só neste último mas em qualquer rito mágico? Quer se trate da expressão da emoção, do rito de imitação e antecipação ou de um simples ato de invocação, há sempre um traço comum em todos eles: a transferência da força ou da virtude mágica ao objeto do encantamento. E o isso quer dizer? Que o que se transfere é sempre o poder contido na fórmula encantatória. E nunca é demais lembrar que essa fórmula [spell] é o elemento mais importante da magia [magic]. A fórmula mágica corresponde ao aspecto oculto da magia, é transmitida por filiação mágica e somente o praticante a conhece. Para os nativos, o conhecimento da magia significa conhecer esses encantamentos. Assim, qualquer análise de atos de feitiçaria irá mostrar que o ritual gira em torno da recitação do encantamento. Tal fórmula é sempre o núcleo da *performance* mágica.

O estudo do conteúdo das fórmulas mágicas primitivas revela que existem três elementos típicos associados à crença na eficácia mágica. Em primeiro lugar, os efeitos fonéticos – imitações de sons naturais como o zunido do vento, o ribombar do trovão, o murmúrio do mar, as vozes de diversos animais. Esses sons simbolizam certos fenômenos e, por isso, acredita-se que os produzem magicamente. Ou então podem expressar estados emocionais associados a intenções que devem ser realizadas por meios mágicos.

O segundo elemento, bastante comum nos encantamentos primitivos, corresponde ao uso de palavras que invocam, declaram ou ordenam o objetivo desejado. Assim, o feiticeiro irá mencionar todos os sintomas da doença que está infligindo; ou, no caso de fórmula letal, irá descrever qual será o destino de sua vítima. Na magia de cura, o mago irá oferecer imagens verbais de perfeita saúde e força física. Na magia econômica, o crescimento das plantas, a aproximação de animais e a chegada de cardumes serão retratados. Além disso, o mago se vale de palavras e frases que descrevem tanto as emoções decorrentes das condições estressantes de funcionamento de sua magia quanto as ações que darão vazão a essas emoções. Em tom furioso, o feiticeiro irá repetir frases como "eu quebro", "eu torço", "eu queimo", "eu destruo", enumerando em cada uma várias partes do corpo e órgãos internos de sua vítima. Em tudo isso vemos que os encantamentos são elaborados de acordo com o mesmo modelo dos ritos, e que as palavras são selecionadas pelas mesmas razões que orientam a escolha das substâncias mágicas.

Em terceiro lugar, há um elemento em quase todo encantamento para o qual não há correspondente no ritual. Refiro-me às alusões mitológicas, às referências aos ancestrais e aos heróis culturais de quem se receberam as fórmulas mágicas. Isso nos leva ao que talvez seja o ponto mais importante da questão – o aspecto tradicional da magia.

2 A tradição da magia

A tradição abarca um grande número de rituais e cultos mágicos e, como vimos insistindo, reina soberana na civilização primitiva. No caso de magias importantes, invariavelmente encontramos histórias que dão conta de sua existência. Essa narrativa nos informa o momento e o local em que o ser humano tomou posse de determinada magia e o motivo por que ela passa a pertencer a um grupo local, família ou clã. Mas tal história não é a história de suas origens. A magia jamais teve "origem", ninguém a inventou ou a construiu. A magia "foi" desde sempre um adjunto crucial naqueles processos e aspectos de vital interesse para o homem, mas que se encontram fora do alcance de seus esforços racionais ordinários. A fórmula mágica, o ritual e a coisa que eles governam são contemporâneos entre si.

Assim, na Austrália Central, a magia descende dos tempos do *alcheringa**, quando surgiu assim como tudo o mais. Na Melanésia, a magia emana de uma época em que a humanidade vivia no subsolo e era um conhecimento natural do homem ancestral. Em sociedades superiores, a magia provém com frequência de espíritos e demônios, e mesmo estes, via de regra, não a inventaram, mas a receberam. Nesse sentido, a crença na existência natural e primordial da magia é universal. Em contrapartida, encontramos a convicção de que a magia só irá conservar sua eficácia se permanecer absolutamente imaculada e inalterada em seu processo de transmissão. A menor alteração do modelo original seria desastrosa. Temos, então, a ideia de que há um nexo essencial entre o objeto e sua magia. Magia é uma qualidade do objeto, ou melhor, da relação entre o homem e o objeto, pois, embora jamais feita pelo homem, a magia é sempre feita para o homem. Por toda a tradição, por toda a mitologia, a magia só se encontra em posse do homem, e está presente apenas no conhecimento do ser humano ou de seres semelhantes ao homem. Ela implica o mago praticante tanto quanto o objeto a ser encantado e os meios de encantamento. Ela faz parte das possessões originais dos seres humanos primordiais, do *mura-mura*** ou do *alcheringa* australianos, da humanidade subterrânea dos melanésios, dos povos da mágica Idade de Ouro ao redor do mundo.

---

* [N.T.] Os Arunta dão o nome de *alcheringa* ao período em que ancestrais primordiais viveram. Ver Durkheim *As Formas Elementares da Vida Religiosa* (1996: 259-67).

** [N.T.] Noção semelhante à de *alcheringa*. Segundo os Dieri da Austrália meridional, trata-se do nome coletivo de um grupo de antepassados míticos responsáveis pela origem da tribo. Ver Durkheim *As Formas Elementares da Vida Religiosa* (1996: 269-70).

A magia é humana não apenas por sua personificação [embodiment], mas também por seu objeto: refere-se principalmente a atividades e circunstâncias humanas, como a caça, a pesca, os cultivos, as trocas comerciais, a vida amorosa, as doenças e a morte. Mais que à natureza, ela diz respeito à relação do homem com a natureza e às ações humanas sobre esta última. Além disso, os efeitos da magia não costumam ser concebidos como gerados por uma natureza influenciada pelo maravilhoso, sendo vistos usualmente como algo especificamente mágico, algo que só pode ser produzido pelo poder da magia, não pela natureza. As doenças mais graves, as paixões amorosas, a vontade de realizar uma troca cerimonial e outras manifestações similares no organismo e na mente humana são produtos diretos das fórmulas mágicas e do rito. A magia, portanto, não deriva da observação da natureza ou do conhecimento de suas leis. Ela é um dote primordial do ser humano que só pode ser conhecido através da tradição; a magia afirma o poder autônomo do homem de criar os fins almejados.

Nesse sentido, o poder da magia não é uma força universal que estaria em tudo, que fluiria por si mesma, ou quando solicitada. A magia é um poder singular, uma força única de sua espécie que reside exclusivamente no ser humano. Desencadeada apenas por ações humanas, ecoando somente através da voz humana, uma vez disparada pelo rito, a magia se difunde.

Vale a pena mencionar que o corpo humano, por ser o receptáculo da magia e o canal por onde ela passa, deve atender a várias condições. Sendo assim, o mago precisa respeitar toda sorte de tabus sob pena de o encantamento sair prejudicado. Isso é válido especialmente para certas partes do mundo, como a Melanésia, por exemplo, onde o encantamento se encontra no ventre do mago, sede da memória e da alimentação. Quando necessário, ele se eleva até a laringe, sede da inteligência, para em seguida ser liberado pela voz, o principal instrumento da mente humana. Nesse aspecto, não só a magia é um bem essencialmente humano, como também encontra nele de fato e literalmente seu santuário, podendo ser transmitida apenas por e entre humanos de acordo com regras muito estritas de filiação, iniciação e instrução mágicas. Portanto, ela não é jamais concebida como uma força da natureza que residiria nas coisas e que agiria independentemente do ser humano, nem como algo a ser descoberto e apreendido por procedimentos ordinários usados pelo homem na aquisição de seus conhecimentos sobre a natureza.

3 O *mana* e a virtude da magia

Tira-se daí a conclusão óbvia de que todas aquelas teorias que colocam o *mana* ou noções semelhantes na base da magia estão apontando para uma direção completamente errada. Pois se a virtude da magia, estando localizada exclusivamente no homem, só pode ser por ele mobilizada sob condições muito especiais e de uma maneira prescrita pela tradição, então certamente ela não é uma força como a descrita por Codrington. Isso porque, de acordo com esse autor, "esse *mana* não se fixa em nada, e pode ser transferido para praticamente qualquer coisa", atuando "em qualquer direção, tanto para o bem quanto para o mal [...], revelando-se na força física ou em qualquer tipo de potência e superioridade" humanas.* Ora, vê-se com clareza que essa força descrita por Codrington é praticamente o exato oposto da virtude mágica que encontramos na mitologia, no comportamento e na estrutura das fórmulas mágicas dos selvagens. Pois a verdadeira virtude da magia, tal como a entendo a partir da Melanésia, encontra-se fixada apenas na fórmula encantatória e no rito que a acompanha, e só pode ser "transferida para" algo caso sua transmissão ocorra segundo procedimentos estritamente definidos. Ela nunca age "em qualquer direção", mas apenas naquela especificada pela tradição. A virtude mágica jamais se revela na força física, ao passo que seus efeitos sobre o "poder e a superioridade" do homem são estritamente limitados e definidos.

Além disso, não há qualquer relação entre virtude mágica, concreta e especializada, e noções similares à de *mana* encontradas em certos povos indígenas norte-americanos. Diz-se de uma delas – a noção dakota de *wakan* – que "toda a vida é *wakan*, [a]ssim como tudo que manifesta força, seja de forma ativa, como os ventos e as nuvens que passam, seja persistindo de forma passiva, como uma pedra no meio do caminho. [...] Ela abarca todo mistério, toda potência secreta, toda divindade".** Já sobre o *orenda*, termo de origem iroquesa, sabe-se que "[e]sse poder é considerado uma propriedade de todas as coisas [–] das pedras, dos cursos d'água e das marés, das plantas e das árvores, dos animais e do homem, do vento e das tempestades, das nuvens, dos trovões e dos relâmpagos. [...] O espírito rudimentar do homem o considera a causa eficiente de todos os fenômenos, de todas as atividades que se manifestam em seu redor".***

Levando-se em consideração o que já está estabelecido sobre a essência do poder mágico, nem precisaríamos lembrar que não há muita coisa em comum entre as noções semelhantes ao *mana* e a virtude específica da fórmula mágica e do rito. Vimos que a tônica de toda crença mágica passa pela nítida distinção

---

* [N.T.] Codrington, Robert H. *The Melanesians. Studies in their Anthropology and Folk-lore*. Oxford: Claredon Press (1891: 118; 119), citado em Durkheim *As formas elementares da vida religiosa* (1996: 197).

** [N.T.] Riggs, Stephen. *Tah-koo Wah-kon, or, The Gospel Among the Dakotas*. Boston: Congregational Sabbath-School (1869: 56) *apud* Dorsey, James. *A Study of Siouan Cults*. 11th Annual Report of the Bureau of American Ethnology. Government Printing Office, Washington (1894: 433 § 95); por sua vez citado em Durkheim *As formas elementares da vida religiosa* (1996: 196; 195).

*** [N.T.] Hewitt, John "Orenda and a definition of religion" *American Anthropologist*, N.S. 4(1) (1902: 36; 33), citado em Durkheim em *As formas elementares da vida religiosa* (1996: 196).

entre a força tradicional da magia e as demais forças e poderes de que o homem e a natureza estão dotados. Noções como *wakan*, *orenda* e *mana* – que abarcam, além da magia, toda sorte de forças e poderes – são simplesmente casos de uma antiga generalização de um conceito metafísico rudimentar, também encontrado em várias outras palavras selvagens. Apesar de extremamente importantes para nossa compreensão da mentalidade primitiva, tais noções, no que diz respeito a nossos dados atuais, abrem somente um problema sobre as relações entre as primeiras noções de "força", a "virtude mágica" e o "sobrenatural". Com as poucas informações de que dispomos, é impossível decidir qual é o significado básico destas concepções compostas: força física e eficácia sobrenatural. No que diz respeito às noções norte-americanas, a ênfase parece recair na primeira, já nas australianas e melanésias, na segunda. Quero deixar claro que toda tentativa de entendimento da mentalidade nativa deve dedicar-se primeiro a estudar e a descrever os tipos de comportamento, assim como explicar o vocabulário nativo por meio de suas vidas e costumes. Em termos de conhecimento, não há guia mais falacioso que a linguagem, e no que diz respeito à antropologia, o "argumento ontológico" é especialmente perigoso.

Foi necessário entrar nos detalhes desse problema, pois a teoria do *mana* como essência da magia e da religião primitivas tem sido tão brilhantemente defendida e ao mesmo tempo tão imprudentemente utilizada que se faz necessário reconhecer, primeiro, que nosso conhecimento sobre o *mana*, em especial na Melanésia, é um tanto contraditório, e, particularmente, que quase não existem dados que mostrem como essa noção se insere nos cultos e nas crenças religiosas ou mágicas.

Porém, uma coisa é certa: a magia não nasce de uma concepção abstrata de poder universal que teria sido posteriormente aplicada a casos concretos. Não há dúvida de que ela surgiu de forma independente em várias situações reais. Cada tipo de magia, nascido de suas próprias condições e das respectivas situações de tensão emocional, deve sua existência ao fluxo espontâneo de ideias e à reação humana espontânea. A uniformidade dos processos mentais de cada caso foi responsável por certos aspectos universais da magia e por noções gerais que encontramos na base do pensamento e comportamento mágicos. Será preciso então analisar as circunstâncias da magia e as experiências que proporcionam.

4 Magia e experiência

Até o momento, temos lidado sobretudo com ideias e concepções nativas sobre a magia. Isso nos conduziu à simples constatação do selvagem de que a magia confere ao homem o poder sobre certas coisas. É preciso agora analisar essa crença do ponto de vista do observador sociológico. Revisitemos, então, o tipo de situação em que a magia pode ser encontrada. Uma pessoa envolvida em uma série de atividades práticas encontra-se numa situação difícil: um caçador não consegue abater suas presas; um navegador perde os ventos mais propícios; um construtor de canoas precisa lidar com algum material de resistência duvidosa; um homem saudável subitamente se sente sem forças. Qual é atitude natural do ser humano diante de tais condições se deixarmos de lado o recurso à magia, à crença e ao ritual? Desamparado por seus conhecimentos, sem saber o que fazer de suas experiências passadas e habilidades técnicas, ele percebe sua impotência. No entanto, o desejo se agarra a ele ainda mais fortemente; a ansiedade, o medo e a expectativa provocam uma tensão em seu organismo que o leva a agir de algum modo. Quer seja selvagem ou civilizado, conhecedor da magia ou completamente ignorante de sua existência, a única coisa que lhe dita a razão – a imobilização passiva – é também a última coisa que ele pode aceitar. Seu sistema nervoso e seu organismo inteiro o impelem a realizar alguma atividade substitutiva. Obcecado pela imagem do objetivo a ser alcançado, ele se torna capaz de vê-lo e de senti-lo. Seu organismo reproduz os atos sugeridos pelas previsões esperançosas e ditadas pelas intensas emoções e paixões que experiencia.

Uma pessoa tomada de indignação impotente ou dominada por um ódio contido cerra os punhos espontaneamente e avança em imaginação sobre seu inimigo enquanto balbucia ameaças e impropérios. O enamorado que sofre por sua inatingível e indiferente beldade a vê em seus delírios, dirige-se a ela, demanda e recebe sua atenção, sente-se aceito, trazendo-a de encontro ao peito em seus sonhos. O pescador ansioso fica a imaginar a presa capturada em sua rede, o caçador inquieto vê em imaginação o animal sendo atingido por sua lança, chama-o pelo nome, descreve em palavras a visão de sua magnífica captura ou põe-se a imitar em gestos o que anseia. Aquele que se encontra perdido na escuridão dos bosques ou da selva, assombrado por temores supersticiosos, vê ao seu redor demônios que lhe assombram, dirige-se a eles, tenta afastá-los, assustá-los, ou se encolhe de medo como um animal que tenta se salvar fingindo-se de morto.

Essas reações à emoção avassaladora ou ao desejo obsessivo são respostas naturais baseadas em um mecanismo psicofisiológico universal. Elas dão vazão ao que poderia ser chamado de expressões emocionais prolongadas por atos e palavras, a gestos ameaçadores de cólera impotente acompanhada de xingamentos, à encenação [enactment] espontânea do fim a ser alcançado em uma situação de impasse prático, aos gestos apaixonados de carinho da pessoa enamorada, e assim por diante. Esses atos e palavras espontâneas permitem à pessoa antever imagens dos resultados esperados, ou expressar sua paixão em gestos incontroláveis, ou então despejar palavras que dão vazão ao desejo e antecipam seu desfecho.

Qual seria então o processo puramente intelectual, a crença formada durante essa livre irrupção de emoções em palavras e atos? Em primeiro lugar, surge uma imagem clara do fim desejado, da pessoa odiada, do perigo ou do fantasma temidos. Cada imagem vem misturada com seu afeto específico, e isso nos leva a assumir uma atitude ativa para com cada uma dessas. Quando o afeto atinge o ponto de ruptura em que homem perde o controle de si, sua fala e seu comportamento cego permitem o fluxo de sua tensão fisiológica reprimida. Mas toda essa descarga está orientada para imagem do fim almejado. Ela fornece a força motriz da reação e parece organizar e direcionar palavras e atos para um objetivo definido. O ato substitutivo que permite o fluxo do afeto e que é fruto da impotência assume subjetivamente todo o valor de uma ação real, que aconteceria naturalmente caso as emoções não fossem contidas.

À medida que a tensão é dispendida em palavras e gestos, os delírios obsessivos desvanecem-se; o objetivo desejado parece mais próximo; recuperamos nosso equilíbrio e reestabelecemos a harmonia em nossa vida. Resta a convicção de que as imprecações e os gestos de fúria endereçados à pessoa odiada atingiram seu alvo; de que as súplicas amorosas ou os abraços imaginados não permaneceram sem resposta; de que a visão da consecução bem-sucedida de nossa tarefa não pode senão influenciar positivamente o problema a ser resolvido. No caso do medo, à medida que a emoção que nos levou a um comportamento frenético diminui gradualmente, percebemos que foi justamente esse comportamento que afastou os terrores. Em suma, trata-se de uma forte experiência emocional dispendida em um fluxo puramente subjetivo de imagens, palavras e comportamentos que deixa atrás de si uma certeza muito profunda de sua realidade, de que houve uma espécie de conquista positiva e prática, que se chegou a ela como que por meio de um poder revelado ao homem. Esse poder, nascido da obsessão mental e fisiológica, parece algo externo que se apodera da pessoa; e o feitiço espontâneo, o rito espontâneo e a crença espontânea na eficácia desse poder emergem para os primitivos e os espíritos crédulos e não instruídos de todas as eras como revelações imediatas de forças exteriores e claramente impessoais.

Quando comparamos esse ritual espontâneo e essa algaravia de paixões e desejos transbordantes com o ritual mágico fixado pela tradição e com os princípios inscritos nas fórmulas e substâncias mágicas, a impressionante semelhança entre seus respectivos efeitos revela que cada um não é independente do outro. O ritual mágico e a maioria dos princípios da magia e de suas fórmulas e substâncias foram revelados ao homem através daquelas experiências passionais que o assaltam nos impasses de sua vida instintiva e de suas atividades práticas, através daquelas brechas e rachaduras no muro sempre imperfeito da cultura que o ser humano erige entre si e os perigos e tentações de seu destino. Creio ser preciso reconhecer nesses aspectos não apenas uma das fontes, mas o próprio manancial da crença na magia.

Assim, cada tipo de ritual mágico corresponde em grande medida a um ritual espontâneo de expressão de emoções ou de antecipação do resultado desejado. Já a maioria dos elementos da fórmula encantatória – comandos, invocações, metáforas – corresponde a um fluxo natural de palavras – impropérios, súplicas, exorcismos, enumerações de anseios não realizados. Pode-se traçar um paralelo entre cada crença na eficácia mágica e uma daquelas ilusões da experiência subjetiva, ilusões estas poderosas e marcantes para o homem simples de toda cultura e, sobretudo, para a mente selvagem primitiva, mas passageiras – embora não inexistentes – na mente do racionalista civilizado.

Nesses sentido, os fundamentos da crença e prática mágicas não caem do céu, mas se devem a uma série de experiências reais nas quais a capacidade de atingir o fim desejado é revelada ao homem. Devemos agora levantar as seguintes questões: qual é a relação entre as promessas contidas em tais experiências e seu cumprimento na vida real? Mesmo que sejam plausíveis para o homem primitivo, como as alegações falaciosas da magia conseguiram permanecer incólumes por tanto tempo?

A resposta a essas questões passa, em primeiro lugar, pelo fato bastante conhecido de que, na memória humana, o testemunho de um caso positivo irá sempre ofuscar um negativo. Um ganho compensa facilmente muitas perdas. Por isso as instâncias que afirmam a magia destacam-se muito mais que aquelas que a negam. Mas existem outros fatos que confirmam – através de testemunhos reais ou falsos – as alegações da magia. Vimos que o ritual mágico deve ter se originado de uma revelação obtida em uma experiência real. O homem que, a partir dessa experiência, concebeu, formulou a essência de uma nova *performance* mágica, transmitindo-a a seus concidadãos – agindo, convém lembrar, sempre de boa-fé – deve ter sido sem dúvida alguém genial. E aqueles que herdaram e praticaram essa magia sem nunca deixar de reconstruí-la e aperfeiçoá-la, convictos que estivessem simplesmente seguindo a tradição, foram certamente homens de grande inteligência, energia e capacidade empreendedora; os mesmos homens que costumam se sair bem em todas as emergências. Trata-se de um fato bem estabelecido que magia e personalidades marcantes andam de mãos dadas em todas as sociedades selvagens. Assim, há uma coincidência entre magia, sucesso individual, habilidade, bravura e tenacidade mental. Não admira que a magia seja considerada uma fonte de sucesso.

O renome pessoal do mago e o papel importante que desempenha no fortalecimento da crença na eficácia da magia têm como resultado um fenômeno interessante – algo que poderíamos chamar de *mitologia corrente* [current mythology] da magia. Cria-se em torno de cada grande mago uma aura feita de relatos sobre o caráter espantoso de suas curas e das mortes que infligiu, sobre suas capturas, êxitos e conquistas na magia do amor. Nas sociedades selvagens, esses relatos formam a espinha dorsal da crença na magia, pois, apoiada nas experiências emocionais vivenciadas por todos, a crônica corrente dos milagres mágicos coloca as alegações da magia acima de qualquer suspeita ou intriga. Além do apelo à tradição, além dos laços filiativos com seus antepassados, todo mago de renome cria seu acervo pessoal de feitos assombrosos.

O mito, portanto, não é um produto morto de eras passadas, sobrevivendo apenas como uma narrativa anódina. É uma força viva, produzindo constantemente novos fenômenos, sempre cercando a magia de novos testemunhos. A magia se move no passado glorioso da tradição, mas também cria um terreno fértil para a criação e renovação mítica. Tal como há um corpo fixo e padronizado de lendas compondo o folclore da tribo, há também uma corrente de narrativas – de um gênero muitas vezes afim às do período mitológico – que fluem livremente a partir das circunstâncias atuais*. A magia é a ponte entre a idade de ouro das habilidades e engenhos primordiais e os poderes miraculosos dos tempos atuais. Daí a grande presença de alusões míticas nas fórmulas que, recitadas, liberam as forças do passado, lançando-as no presente.

Agora é possível ver o papel e o significado da mitologia sob uma nova luz. O mito não é uma especulação selvagem sobre as origens das coisas, nascido de um interesse filosófico. O mito também não é produto da contemplação da natureza – uma espécie de representação simbólica de suas leis. Ele é a afirmação histórica de um daqueles eventos que atesta, de uma vez por todas, a verdade de uma forma de magia em particular. Às vezes ele é o registro contemporâneo de uma revelação mágica vinda diretamente do primeiro homem a experimentá-la em alguma circunstância dramática. Com mais frequência, o mito é um mero esclarecimento sobre como a magia veio a pertencer a um clã, a uma comunidade ou a uma tribo. Em todos os casos, é a garantia da veracidade da magia, o certificado de sua linha de filiação e a chancela à suas pretensões de validade. Como vimos, o mito é o resultado natural da fé humana, pois todo poder deve dar sinais de sua eficiência, deve agir e ter sua agência reconhecida para que as pessoas possam crer em sua virtude. Toda crença engendra sua mitologia, pois não há fé sem milagres, e o mito principal narra simplesmente o milagre primordial da magia.

Acrescente-se de imediato que o mito está ligado não só à magia, mas a qualquer forma de poder ou reivindicação sociais. É sempre utilizado para justificar obrigações ou privilégios extraordinários, grandes desigualdades sociais ou o grande fardo da posição social [rank], seja a mais alta ou a mais baixa. Os relatos míticos também rastreiam as origens das crenças e poderes religiosos. O

---

* [N.T.] Encontramos aqui uma inconsistência entre o texto originalmente publicado em 1925 e a versão que consta na coletânea de 1948 da qual a presente edição deriva. Tudo leva a crer que se trata de um erro tipográfico. Nesse sentido, optamos por traduzir o texto original de 1925 dada a evidente falta de sentido do trecho correspondente de 1948.

mito religioso, no entanto, é antes um dogma manifesto, é a crença no mundo subterrâneo, na gênese, na natureza das divindades tecida na forma de uma narrativa. Já o mito sociológico, especialmente em culturas primitivas, está geralmente embebido de lendas sobre as fontes do poder mágico. Pode-se dizer sem exagero que a mitologia mais típica e mais desenvolvida nas sociedades primitivas é a da magia; é possível afirmar também sem exagero que a função do mito não é explicar, mas afiançar; não é satisfazer a curiosidade, mas assegurar a confiança no poder; não é tecer tramas, mas consolidar a validade da crença*. A profunda ligação entre mito e culto e a função pragmática do mito no sancionamento e vigilância da crença têm sido tão negligenciadas em favor da teoria etiológica ou explicativa do mito que foi necessário insistir nesse aspecto.

5 *Magia e ciência*

Foi preciso fazer uma digressão para o campo da mitologia desde que chegamos à conclusão de que o mito é engendrado pelo triunfo real ou imaginário da feitiçaria. Mas o que dizer de seus insucessos? Pois falhas e fracassos ainda acontecem, apesar da força que a magia extrai da crença espontânea e do ritual espontâneo de desejo intenso ou emoção frustrada, apesar da força que o prestígio pessoal lhe oferece e do poder social e do sucesso habitual do mago e praticante. Porém, estaríamos subestimando enormemente a inteligência, a lógica e o senso de experiência do selvagem se pensássemos que ele não está ciente dessas falhas ou que deixa de levá-las em consideração.

Em primeiro lugar, a magia está cercada de condições rigorosas: é preciso saber a fórmula mágica de cor, é preciso que a efetuação do rito seja irrepreensível, é necessária uma adesão irrestrita às observâncias e tabus aos quais o mago está preso. Se algum desses fatores for negligenciado, a magia, consequentemente, irá fracassar. Contudo, mesmo se a magia for feita de maneira perfeita, os seus efeitos podem ser igualmente desfeitos – pois qualquer magia pode ser acompanhada de contramagia. Se a magia, como mostramos, deriva da união do desejo inabalável do homem com o capricho traiçoeiro do acaso, então pode – ou melhor, deve – haver uma magia para qualquer desejo (seja ele positivo ou negativo). Ora, o terreno das ambições sociais e mundanas, dos esforços para se obter bons augúrios e benefícios do acaso caracteriza-se por um clima de rivalidade, inveja e rancor. Sorte, riqueza ou mesmo saúde são uma questão de grau e de comparação – assim, se o seu vizinho possuir mais animais de criação, tiver mais esposas ou gozar de mais saúde e poder do que você, tudo o que você é, tudo o que possui fará você sentir-se apequenado. A natureza humana é tal que o

---

* [N.T.] Ver nota anterior.

homem pode ter seu desejo satisfeito tanto pelas contrariedades por que passa o outro quanto por sua própria prosperidade. Esse jogo sociológico entre desejo e contradesejo, ambição e rancor, sucesso e inveja, encontra paralelo no jogo entre magia e contramagia, ou entre magia branca e magia negra.

Na região em que estudei esse problema de perto, a Melanésia, constatei a firme crença de que não há ato mágico que não tenha como resposta um contra-ato – que pode, se mais forte, anular completamente os efeitos do primeiro. A verdade é que, em certas modalidades de magia – na magia da saúde e na da doença, por exemplo –, as fórmulas mágicas vêm em pares. Um feiticeiro que aprende uma *performance* capaz de causar uma certa doença irá aprender ao mesmo tempo a fórmula e o rito capazes de anular os efeitos de sua magia maligna. Em relação à magia amorosa, por um lado, os nativos creem que, se dois encantamentos diferentes disputam o mesmo coração, prevalecerá o mais forte; por outro, existem fórmulas mágicas proferidas com a finalidade de alienar os sentimentos da namorada ou esposa de outrem. É difícil dizer se essa dualidade da magia pode ser constatada de modo consistente em todo o mundo e não só em Trobriand. Por outro lado, não restam dúvidas de que forças gêmeas positivas e negativas, luminosas e sombrias, existem em todos os lugares. Os fracassos da magia podem sempre ser colocados na conta de um lapso de memória, de uma *performance* negligente, de um descuido na observância de tabus ou, finalmente, da ação de uma contramagia feita por outra pessoa.

Torna-se agora possível abordarmos de um modo mais completo a relação entre magia e ciência esboçada anteriormente. A magia é similar à ciência na medida em que conta com um objetivo definido, intimamente ligado aos instintos, necessidades e objetivos humanos. A arte mágica está voltada para a consecução de finalidades práticas. Como as demais artes e ofícios, a magia também se orienta por uma teoria, por um sistema de princípios que estabelecem como o ato deve ser conduzido para ser eficaz. Analisando fórmulas, rituais e substâncias mágicas, descobrimos que são governados por uma série de princípios gerais. Tanto a ciência quanto a magia desenvolveram uma técnica especial. Como nas outras artes, na magia, o homem pode desfazer o que fez, ou consertar o dano que causou. Na magia, com efeito, a proporção entre luz e escuridão parece muito mais equânime e a probabilidade de que os efeitos da feitiçaria sejam anulados pela contrafeitiçaria é bem maior do que em qualquer outra arte ou ofício práticos. Nesse sentido, magia e ciência apresentam algumas similaridades, e, seguindo *sir* James Frazer, parece-nos adequado denominar a magia de pseudociência.

Não é difícil de detectar o caráter espúrio dessa pseudociência. A ciência, mesmo a representada pelo conhecimento primitivo do homem selvagem, baseia-se na experiência normal e universal da vida cotidiana; experiência adquirida na luta por subsistência e segurança que o homem empreende com a natureza, fundada na observação e calcada na razão. A magia baseia-se na experiência específica de estados emocionais nos quais o homem observa não a natureza, mas a si próprio. Neles, a verdade não é revelada pela razão, mas pelo jogo de emoções que atravessam o organismo humano. A ciência está fundada na convicção de que a experiência, o esforço e a razão são válidos. A magia assenta-se sobre a crença de que as expectativas não falham, nem os desejos enganam. As teorias do conhecimento são ditadas pela lógica; as da magia, pelas associações de ideias sob influência do desejo. É fato que o corpo de conhecimentos racionais e o corpo de saberes mágicos se inscrevem em tradições distintas, em cenários sociais diferentes e em tipos de atividade específicos; diferenças essas prontamente reconhecidas pelos selvagens. O primeiro constitui o domínio do profano; o outro, cercado de observâncias, mistérios e tabus, corresponde à metade do domínio do sagrado.

6 *Magia e religião*

Tanto a magia quanto a religião emergem e funcionam em situações de pressão emocional: em momentos críticos da vida, diante de aspectos ainda não completamente dominados de atividades importantes, diante da morte, durante a iniciação aos mistérios tribais, em face à infelicidade amorosa ou quando sentimentos de ódio não são satisfeitos. Tanto uma quanto a outra mostram que só se pode superar empiricamente essas situações e impasses através do ritual e da crença no domínio do sobrenatural. O aspecto religioso desse domínio abarca crenças em espíritos e fantasmas, pressentimentos primordiais da providência e guardiões dos mistérios tribais; já a fração mágica compreende a força e a virtude primordiais da magia. A magia e a religião baseiam-se estritamente na tradição mitológica e estão imersas em uma atmosfera na qual seus poderes miraculosos são revelados constantemente. Ambas estão cercadas de tabus e observâncias que demarcam suas atividades vis-à-vis os atos do mundo profano.

Mas o que distingue a magia da religião? Tomamos como nosso ponto de partida a mais clara e tangível das distinções: definimos, dentro do domínio do sagrado, a magia como uma arte prática cujos atos são apenas meios para um fim definido que se espera obter na sequência; e, ainda dentro do território do sagrado, definimos a religião como um corpo de atos autossuficientes, eles próprios sendo o cumprimento de suas finalidades. Podemos agora acompanhar essa diferença em suas camadas mais profundas. A arte prática da magia dispõe de uma técnica limitada e circunscrita à fórmula encantatória, ao rito e à *performance* do oficiante, isto é, à trindade mágica costumeira. A religião, com seus aspectos e propósitos complexos, não dispõe de tal técnica simples; sua unidade não se encontra na forma de seus atos, nem mesmo na uniformidade de seus temas e objetos, mas sim na função que cumpre e no valor de suas crenças e rituais. Já a crença na magia, fazendo jus à sua evidente natureza prática, é extremamente simples: tal crença supõe sempre o poder humano de causar determinados efeitos através de encantamentos e ritos específicos. Já a religião implica todo um mundo sobrenatural de fé: o panteão de espíritos e demônios, as forças totêmicas benéficas, o espírito guardião, o grande deus tribal, a ideia de vida após a morte contribuem para a criação de uma segunda realidade, uma realidade sobrenatural. Ademais, a mitologia da religião é mais variada e complexa, e também mais criativa. Essa mitologia normalmente se organiza em torno de princípios de fé variados e tece a partir deles cosmogonias, narrativas sobre as façanhas de heróis culturais, deuses e semideuses. Já a mitologia da magia, por mais importante que seja, é uma incessante ostentação das conquistas humanas primordiais.

Na magia – arte específica orientada para fins específicos –, cada uma de suas formas vieram a ser possuídas em um dado momento pelo homem e foram transmitidas por filiação direta de geração a geração. Por isso, a magia vem sendo manipulada por especialistas desde os tempos primordiais, e a primeira profissão da humanidade foi a de mago ou feiticeiro. Já a religião primitiva é um domínio universalmente acessível em que cada um participa de forma ativa e isônoma. Cada membro da tribo deve submeter-se ao ritual de iniciação, passando então a iniciar os demais. Todos eles entram em luto, lamentam, sepultam e rememoram; em contrapartida, cada um, chegada sua hora, será também motivo de luto e rememoração. Os espíritos existem para todos, e todos tornam-se espíritos. A única especialização relacionada à religião – a mediunidade primitiva – não é uma profissão, mas um dom pessoal. A correlação entre magia negra e branca é outro fator que distingue a feitiçaria da religião, já que nos estágios primitivos desta última há pouco contraste entre bem e mal, entre forças benéficas e maléficas. Isso se deve também ao caráter prático da magia, que visa a resultados quantitativos claros, ao passo que a religião primitiva, embora essencialmente moral, precisa lidar com acontecimentos fatais e irremediáveis, com forças e seres sobrenaturais, o que faz da possibilidade de voltar atrás ou de desfazer o que foi feito pelo homem algo alheio a ela. À luz da antropologia, a máxima de que os deuses teriam sido criados primordialmente pelo medo certamente não é verdadeira.

A fim de captar a diferença entre religião e magia e obter uma visão clara da constelação trigonal composta pela magia, religião e ciência, é preciso delinear brevemente a função cultural de cada uma. Já examinamos o valor e a função do conhecimento primitivo. Trata-se, com efeito, de um aspecto de fácil entendimento. A ciência, o conhecimento primitivo, ao familiarizar o homem com o ambiente circundante e ao permitir que ele use as forças da natureza, confere ao ser humano uma imensa vantagem biológica, colocando-o muito acima de todo o resto da criação. A função e o valor da religião foram abordados anteriormente em nosso levantamento dos credos e cultos selvagens. Mostramos ali que a fé religiosa estabelece, fixa e aprimora as atitudes mentais consideradas valiosas, tal como a reverência pela tradição, a harmonia com o ambiente, a coragem e a confiança diante de dificuldades e da perspectiva da morte. Inscrita e preservada nos cultos e cerimoniais, tal crença tem um imenso valor biológico e revela ao homem primitivo a verdade – no sentido mais amplo e pragmático desse termo.

E qual seria a função cultural da magia? Vimos que os instintos, as emoções e as atividades práticas levam o homem a situações aparentemente sem saída, onde certas lacunas em seu conhecimento e certas limitações de sua incipiente capacidade de observação e de raciocínio o pegam de surpresa em um momento crítico. A reação do organismo humano diante de tais circunstâncias se dá por meio de crises espontâneas que engendram comportamentos rudimentares e crenças incipientes em sua eficácia. A magia seleciona essas crenças e ritos rudimentares e os padroniza sob formas tradicionais permanentes. Assim, a magia supre o homem primitivo de ritos e crenças pré-formatados, de técnicas mentais e práticas específicas, capazes de preencher as perigosas lacunas que o desafiam em atividades importantes e situações críticas. Ela permite ao homem executar com segurança tarefas importantes, assim como o ajuda a manter o equilíbrio e integridade mental em seus acessos de raiva, em sua agonia amorosa, em seus espasmos de ódio, desespero e ansiedade. A função da magia é ritualizar o otimismo humano, acentuar sua fé na vitória da esperança sobre o medo. A magia valoriza mais a confiança do que a dúvida, a firmeza mais do que a vacilação, o otimismo mais do que o pessimismo.

Olhando de longe e do alto das posições confortáveis oferecidas por nossa civilização avançada, não é difícil observar toda a rudeza e a irrelevância da magia. Porém, sem o seu poder e a sua orientação, o homem primitivo não teria superado obstáculos práticos, nem conseguiria avançar em direção aos estágios mais elevados da cultura. Daí a presença universal e a enorme ascendência da magia nas sociedades primitivas. Daí a nossa conclusão de que a magia é um adjunto invariavelmente presente em qualquer atividade importante. Creio que devemos ver nela a encarnação da sublime insensatez da esperança; esperança que é, até o momento, a melhor escola de caráter para o homem.[7]

---

7. *Notícia Bibliográfica*. As obras mais importantes sobre Religião, Magia e Conhecimento Primitivos referenciadas direta ou indiretamente neste texto são: E. B. Tylor, *Primitive Culture*, 4ª edição, 2 vols., 1903; J. F. McLennan, *Studies in Ancient History,* 1886; W. Robertson Smith, *Lectures on the Religion of the Semites,* 1889; A. Lang, *The Making of Religion,* 1889, e *Magic and Religion,* 1901. Embora os dados e algumas de suas conclusões dessas obras estejam desatualizados, elas continuam sendo inspiradoras e merecem ser estudadas.

As obras a seguir, por sua vez, são recentes e correspondem às perspectivas mais modernas: J. G. Frazer, *The Golden Bough*, 3ª. ed., em 12 vols., 1911-14 (e também a edição resumida, 1 Vol.) [*O Ramo de Ouro,* publicado em português em edição resumida pelo Círculo do Livro em 1982 com

Prefácio de Darcy Ribeiro e Introdução de Mary Douglas], *Totemism and Exogamy*, 4 vols., 1910; *Folk-Lore in the Old Testament*, 3 vols., 1919; *The Belief in mortality and the Worship of the Dead*, 3 vols. (até o momento) 1913-24.

Juntamente com estas obras de Frazer, deve-se ler duas excelentes contribuições de E. Crawley: *The Mystic Rose*, 1902, e *The Tree of Life*, 1905. Também acerca da história da moralidade, há duas obras extremamente importantes: E. Westermarck, *The Origin and Development of the Moral Ideas*, 2 vols., 1905, e L. T. Hobhouse, *Morals in Evolution*, 2ª ed., 1915. Adicionalmente: D. G. Brinton, *Religions of Primitive Peoples*, 1899; K. Th. Preuss, *Der Ursprung der Religion und Kunst* [A Origem da Religião e da Arte], 1904 (em "Globus," seriado); R. R. Marett, *The Threshold of Religion*, 1909; H. Hubert et M. Mauss, *Melanges d'histoire des religions*, 1909; A. van Gennep, *Les Rites de passage*, 1909 [*Os Ritos de Passagem*, publicado no Brasil pela editora Vozes em 1977]; J. Harrison, *Themis* (1910-2); I. King, *The Development of Religion*, 1910; W. Schmidt, *Der Ursprung der Gottesidee* [A origem da idéia de Deus], 1912; E. Durkheim, *Les Formes Elementaires de la Vie Religieuse*, 1912 [*As Formas Elementares da Vida Religiosa*, São Paulo: Martins Fontes (1996)]; P. Ehrenreich, *Die Allgemeine Mythologie* [Mitologia Geral], 1910; R. H. Lowie, *Primitive Religion*, 1925.

Encontrar-se-á um inventário enciclopédico de fatos e opiniões na volumosa *Volkerpsychologie* (1904 ff.) de Wilhelm Wundt; a *Encyclopedia of Religion and Ethics* de J. Hastings é excelente e indispensável para o estudioso sério. O Conhecimento Primitivo é discutido particularmente em Lévy-Bruhl, *Les fonctions mentales dans les sociétés inférieures*, 1910 [*As Funções Mentais nas Sociedades Inferiores*, Niterói: Teodoro Editor (formato ebook)]; F. Boas, *The Mind of Primitive Man*, 1910 [*A Mente do Ser Humano Primitivo*, Petrópolis: Vozes (2010)]; R. Thurnwald, "Psychologie des Primitiven Menschen" [Psicologia dos Homens Primitivos], in *Handbuch der Vergleichenden Psychologie* [Manual de Psicologia Comparada] organizada por G. Kafka, 1922; A. A. Goldenwasser, *Early Civilization*, 1923. Ver também R. H. Lowie, *Primitive Society*, 1920; e A. L. Kroeber, *Anthropology*, 1923.

Para informações mais completas sobre os nativos da Melanésia, que desempenharam um papel importante nas descrições anteriores, ver R. H. Codrington, *The Melanesians*, 1891; G. G. Seligman, *The Melanesians of British New Guinea*, 1910; R. Thurnwald, *Forschungen auf den Solominseln und Bismarckarchipel* [Estudos sobre as Ilhas Salomão e o Arquipélago de Bismarck], 2 vols., 1912, e *Die Gemeinde der Bánaro* [A Comunidade de Bánaro], 1921; Bronislaw Malinowski, *The Natives of Mailu*, 1915 (traduzido em *R. Soc. of S. Australia*, vol. XXXIX); "Baloma", artigo publicado em *Journal of the Royal Anthropology Institute*, 1916 [consta desta coletânea]; *Argonauts of the Western Pacific*, 1922 [*Os Argonautas do Pacífico Ocidental*, São Paulo: Ubu (2018) / São Paulo: Abril Cultural. Coleção Os Pensadores (1976)]; e três artigos publicados em *Psyche*, III., 2; IV., 4; V., 3, 1923-5.

2
O mito na psicologia primitiva

Dedicatória a *sir* James Frazer

Tivesse eu o poder de evocar o passado, voltaríamos cerca de vinte anos no tempo até uma antiga cidade eslava. Refiro-me à Cracóvia, a velha capital da Polônia e a sede da primeira universidade da Europa oriental. Poderia então mostrar-vos um estudante deixando, certamente angustiado, os prédios medievais da faculdade. Trazia em seus braços, como único consolo a seus problemas, três livros verdes, cujas capas portavam as célebres marcas douradas, o belo desenho estilizado de ramo de visco* [mistletoe] – o símbolo do 'Ramo de Ouro'.

Acabara de receber ordens de abandonar por um tempo minha pesquisa em química e física devido a problemas de saúde, mas fui autorizado a acompanhar uma linha de estudos alternativa de meu agrado e decidi então fazer uma primeira tentativa de ler uma obra-prima escrita originalmente em língua inglesa. Meu desassossego talvez tivesse diminuído se pudesse olhar para o futuro e prever a ocasião presente, em que tenho o grande privilégio de proferir diante de uma audiência tão distinta uma palestra em homenagem a sir James Frazer na própria língua do 'Ramo de Ouro'.

Pois mal começara a ler essa grande obra e já me encontrava nela imerso nela e dela cativo. Percebi, assim, que a antropologia, como apresentada por sir James Frazer, é uma grande ciência, digna de tanta devoção quanto qualquer de suas disciplinas-irmãs mais antigas e mais exatas – e desde então devoto-me a servir à antropologia frazeriana.

Estamos aqui reunidos para celebrar o festival totêmico anual do 'Ramo de Ouro'; para reviver e fortalecer os laços da união antropológica; para comungar com a fonte e o símbolo de nosso interesse e afeição pela antropologia. Não sou senão vosso humilde porta-voz ao expressar nossa comum admiração ao grande escritor e a suas obras clássicas – O Ramo de Ouro, Totemismo e Exogamia, Folclore no Antigo Testamento, Provação de Psiquê *e* A Crença na Imortalidade. *Tal como acontece com um mago*

---

* [N.T.] *Viscum Album* L. Alguns dicionários especializados também consignam as variações "erva-de-passarinho", "azevinho", "agárico" e ou mesmo o tupi "guirarepoti" – muito embora as espécies de referência possam variar significativamente. No contexto da obra de Frazer, trata-se de uma planta com propriedades curativas para diversos povos do mundo e que desempenha um papel fundamental ao longo de seus diversos volumes.

de uma tribo selvagem real, preciso recitar todos os itens da fórmula para que o espírito das obras (o seu 'mana') possa estar entre nós.

Em tudo isso minha tarefa é agradável e de certa forma fácil, uma vez que vai implícita em qualquer coisa que eu diga minha homenagem a quem sempre considerei como o 'Mestre'. Por outro lado, isso também dificulta minha tarefa, pois, tendo eu recebido tanto, temo não ter o suficiente para retribuir à altura. Decidi, portanto, manter-me tranquilo enquanto vos dirijo a palavra, deixando que outro fale através de mim; um outro que, tal como sir James o foi para nós, fora para ele uma inspiração e um velho amigo. Esse outro, mal preciso dizer, é o moderno representante do homem primitivo, o selvagem contemporâneo, cujos pensamentos, cujos sentimentos, cuja vitalidade mesma povoam todos os escritos de Frazer.

Em outras palavras, não tentarei servir-me de minhas próprias teorias. Em vez disso, pretendo apresentar alguns resultados de meu trabalho de campo antropológico realizado no noroeste da Melanésia. Irei restringir-me, ademais, a um tema sobre o qual sir James Frazer não se debruçou particularmente, mas em que sua influência se mostra tão proveitosa quanto naqueles outros tantos assuntos que tomou para si.

[O trecho acima corresponde às considerações iniciais de uma conferência em homenagem a *sir* James Frazer realizada na Universidade de Liverpool em novembro de 1925.]

I O papel do mito na vida

Através do exame de uma cultura melanésia típica e do acompanhamento das opiniões, tradições e comportamentos de seus nativos, pretendo mostrar qual é o alcance da tradição sagrada – do mito – em suas atividades e qual a força de seu controle sobre o comportamento social e moral dos membros dessa cultura. Em outras palavras, a tese apresentada por este estudo é a de que existe uma estreita ligação entre a palavra, os mitos, os contos sagrados [sacred tales] da tribo e sua organização social, seus atos rituais, seus feitos morais e inclusive suas atividades práticas.

De modo a prover um pano de fundo para nossa descrição dos fatos melanésios, farei aqui um pequeno resumo do estado atual da ciência dos mitos. Mesmo um levantamento superficial já bastaria para mostrar que não há como queixar-se de monotonia nessa literatura, pois as opiniões são variadas e as polêmicas, acerbas. Para ficarmos apenas com as recentes teorias propostas para explicar a natureza do mito, da lenda e dos contos de fadas [fairy-tale], devemos colocar no topo da lista, pelo menos no que diz respeito às suas produções e à sua afetação, a chamada escola da mitologia da Natureza [Nature-mythology], que floresce sobretudo na Alemanha. Os pesquisadores dessa escola defendem que o homem primitivo está altamente interessado pelos fenômenos naturais e que tal interesse teria um caráter proeminentemente poético, contemplativo e teórico. Em suas tentativas de retratar e interpretar as fases da lua, ou as trajetórias regulares (mas não coincidentes) do sol no firmamento, o homem primitivo estaria construindo rapsódias simbólicas nas quais esses fenômenos da natureza apareceriam personificados. Para os autores dessa escola, os mitos teriam como núcleo ou realidade última algum fenômeno ou alteridade natural. Estes últimos estariam entremeados no conto de uma forma tão elaborada que chegariam às vezes a ficar quase irreconhecíveis ou imperceptíveis. Não há muita concordância entre esses estudiosos quanto ao tipo de fenômeno natural que encontraríamos na base da maioria das produções mitológicas. Há mitólogos lunares extremistas que, de tão alucinados com sua ideia, afirmam que nenhum outro fenômeno – a não ser o satélite noturno da Terra – pode se prestar à interpretação rapsódica selvagem. A Sociedade para o Estudo Comparativo do Mito, fundada em Berlim em 1906 – e que conta com apoiadores famosos como Ehrenreich, Siecke, Winckler e muitos outros –, seguiu operando sob o signo da lua. Já estudiosos como Frobenius por exemplo considera que o homem primitivo tece seus contos simbólicos em torno de um único objeto – o sol. Há também toda uma escola meteorológica reunindo intérpretes que consideram os ventos, as condições climáticas e as cores do firmamento como a essência do mito. A ela pertencem célebres autores da geração anterior, entre os quais Max Müller e Kuhn. Alguns desses mitólogos de departamento lutam ferozmente por seu princípio ou corpo celestiais; outros, no entanto, possuem um gosto mais católico e estão prontos a concordar que o homem primevo preparou seu caldo mitológico reunindo todos os corpos celestiais.

Tentei apresentar de forma justa e plausível a interpretação naturalista do mito, mas o fato é que essa teoria me parece uma das abordagens mais extravagantes que antropólogos e humanistas vieram a propor – e isso é bem significativo. Ela recebeu críticas absolutamente demolidoras do grande psicólogo Wilhelm Wundt, mostrando-se também completamente insustentável à luz de qualquer trabalho de *sir* James Frazer. Apoiando-me em minha pesquisa sobre os mitos correntes entre os selvagens, devo dizer que o homem primitivo não demonstra senão escassos interesses autenticamente científicos ou artísticos pela natureza. Há pouco espaço para o simbolismo em suas ideias e contos, e certamente o mito não é uma rapsódia sem utilidade, tampouco a exsudação sem propósito de imaginações vãs, mas uma força cultural industriosa e de extrema importância. Nesse sentido, essa teoria não só ignora a função cultural do mito como atribui ao primitivo uma série de interesses imaginários, além de confundir diversos tipos de narrativas claramente distinguíveis – a fábula* [fairy-tale], a lenda, a saga, e o conto sagrado [sacred tale] –, isto é, o mito.

---

* [N.T]. Ou "conto de fadas". Entenda-se, uma narrativa fantástica não necessariamente voltada para crianças ou envolvendo entes como "fadas".

Contrastando fortemente com essa abordagem que torna o mito naturalista, simbólico e imaginário, temos uma teoria que considera o conto sagrado como um registro histórico verdadeiro do passado. Essa concepção, apoiada recentemente pela assim chamada Escola Histórica na Alemanha e nos Estados Unidos, representada em solo inglês por Rivers, corresponde apenas a uma parte da verdade. Não se pode negar que a história (assim como o ambiente natural) deixou uma marca profunda em todas as conquistas culturais e, por conseguinte, nos mitos. Porém, entender a mitologia como um mero conjunto de crônicas é tão incorreto quanto considerá-la como um corpo de especulações do naturalista primitivo. Ela também dota o homem primitivo de uma espécie de impulso científico e de uma sede de conhecimento. Embora o selvagem exiba traços tanto do antiquário quanto do naturalista, ele é sobretudo alguém que se dedica ativamente a uma série de tarefas práticas, alguém que precisa lidar com vários empecilhos. Seus interesses estão em sintonia com essa postura pragmática mais geral. A mitologia – o corpo de saberes sagrados [the sacred lore] da tribo – é, como veremos, um poderoso meio de assistência ao homem primitivo; um meio que lhe permite unir as duas pontas de seu patrimônio cultural. Veremos, além disso, que os enormes serviços prestados pelo mito à cultura primitiva são feitos em conexão com o ritual religioso, com o princípio sociológico e com a moralidade. Acontece, porém, que a religião e a moralidade pouco se valem do interesse pela ciência ou pela história e, nesse sentido, o mito se baseia em toda uma outra atitude mental.

A estreita ligação entre religião e mito, negligenciada por muitos estudiosos, foi reconhecida por outros, entre os quais psicólogos como Wilhelm Wundt, sociólogos como Émile Durkheim, Henri Hubert e Marcel Mauss, antropólogos como Crawley e humanistas clássicas como Jane Harrison. Eles compreenderam a conexão íntima existente entre o mito e o ritual, entre a tradição sagrada e as normas da estrutura social. Em maior ou menor medida, todos esses autores foram influenciados pelos trabalhos de *sir* James Frazer. Apesar do fato de que o grande antropólogo britânico e a maioria de seus seguidores tenham compreendido claramente a importância ritual e sociológica do mito, os fatos que irei apresentar nos permitirão esclarecer e formular mais precisamente os princípios essenciais de uma teoria sociológica do mito.

As controvérsias, as divisões e as avaliações dos mitólogos eruditos poderiam ser objeto de um levantamento ainda mais extenso. A ciência da mitologia tem sido o ponto em que se encontram diversas vertentes acadêmicas. O humanista clássico, por exemplo, deve decidir por si mesmo se Zeus é a lua, ou o sol, ou um personagem estritamente histórico; se sua esposa de olhos bovinos está associada à estrela da manhã, a uma vaca ou à personificação do vento (considerando-se a proverbial loquacidade das esposas). Todas essas questões ainda são recolocadas na berlinda e são rediscutidas por diversas tribos de arqueólogos, desde os especialistas dos caldeus e egípcios aos dos peruanos e maias, passando pelos dos indianos e chineses. O historiador e o sociólogo, o crítico literário e o gramático, o germanista e o romanista, o eslavista e o estudioso dos celtas as discutem – cada um com sua confraria. A mitologia também não está a salvo dos lógicos e dos psicólogos, dos metafísicos e dos epistemólogos – para não falar dos turistas vindos da teosofia, da astrologia moderna, da cientologia cristã... Por último, temos o psicanalista; ele chega para nos ensinar finalmente que o mito é um devaneio [day-dream] da raça, que sua explicação só é possível se deixarmos de lado a natureza, a história e a cultura e mergulharmos profundamente nas águas sombrias do subconsciente, onde a exegese psicanalítica habitualmente encontra sua parafernália e seus símbolos. Assim, quando o pobre antropólogo e o estudioso do folclore chegam finalmente ao banquete, não encontram sequer migalhas!

Se consegui transmitir-lhes uma impressão de caos e confusão e inspirar-lhes uma sensação de atolamento nessa inacreditável controvérsia mitológica com toda a poeira e o barulho que ela acarreta, então obtive o resultado desejado. Gostaria agora de convidá-los a sair do gabinete fechado do teórico para me acompanhar em meu voo mental até o período em que passei com uma tribo melanésia da Nova Guiné. Ali, remando na laguna, observando os nativos cuidando de suas hortas sob um sol canicular, seguindo-os pelas regiões de floresta e pelos meandros desenhados pelas praias e recifes, passaremos a aprender sobre suas vidas. Observaremos ainda suas cerimônias, feitas sob a brisa vespertina ou no cair da tarde, compartilharemos com eles suas refeições e, ao redor de suas fogueiras, iremos escutar suas histórias.

Um dentre os muitos participantes da disputa mitológica, o antropólogo tem a vantagem singular de ser capaz de parar e se colocar no lugar do selvagem toda vez que suas teorias se intrincam e que o fluxo de sua eloquência argumentativa se esgota. O antropólogo não está fadado a lidar com pequenos vestígios culturais, tábuas incompletas, textos danificados e inscrições fragmentárias. Não há necessidade de preencher lacunas imensas com comentários volumosos, mas conjecturais. O antropólogo tem o criador de mitos ao alcance da mão. Além de poder registrar da forma mais completa possível o relato e suas variantes, e de consultá-lo seguidas vezes, o antropólogo conta também com uma série de comentadores confiáveis. Mais ainda: ele tem à disposição a plenitude da própria vida de onde o mito emergiu. E, como veremos, esse contexto vivo não nos fornece menos conhecimentos sobre o mito do que a própria narrativa mítica.

O mito tal como existe em uma comunidade selvagem, isto é, em sua forma viva primitiva, não é apenas uma narrativa que se conta – ele é uma realidade que se vive. Ele não é uma ficção no mesmo sentido em que o são nossos romances e novelas; é uma realidade vivida que aconteceu na primavera dos tempos e que desde então continua influenciando os destinos dos homens e do mundo. O mito é para selvagem o que as histórias bíblicas sobre a Criação, a Queda, a Redenção pelo Sacrifício de Cristo na Cruz o são para o cristão inteiramente devotado a suas crenças. Assim como nossas histórias sagradas estão vivas em nossos rituais e em nossa moralidade, e tal como governa nossa fé e controla nossas condutas, o mesmo ocorre com o mito para o selvagem.

Restringir o estudo do mito ao mero exame de textos tem sido particularmente prejudicial para a compreensão adequada de sua natureza. Aqueles mitos da antiguidade clássica, de antigos livros sagrados orientais e de fontes similares chegam até nós despidos do contexto vivo da fé, não permitem que se recorra aos comentários de seus seguidores autênticos, não contam com conhecimentos coetâneos sobre suas formas de organização social, suas práticas morais e costumes populares – ou seja, no mínimo sem todas as informações que o pesquisador de campo moderno pode facilmente obter. Além disso, não há dúvida de que a forma literária em que esses contos atualmente se encontram sofreu transformações bem consideráveis nas mãos de escribas, comentadores, sacerdotes eruditos e teólogos. É necessário voltar à mitologia primitiva, para compreender o segredo de sua vida através de um mito ainda vivo, antes de ser mumificado pela sabedoria sacerdotal nos altares indestrutíveis, mas inertes, das religiões mortas.

Estudado vivo, o mito, como veremos, não é simbólico, mas a expressão imediata de seu objeto mesmo; não é uma explicação que satisfaz a um interesse científico, mas a ressurreição de uma realidade primeva sob uma forma narrativa, contada para satisfazer a profundos desejos religiosos, a ânsias morais, a obrigações e diretivas sociais, e mesmo a exigências práticas. O mito cumpre uma função indispensável na cultura primitiva: ele exprime, aprimora e codifica a crença; salvaguarda e faz cumprir a moralidade; atesta a eficácia do ritual e contém regras práticas para a orientação do homem. O mito é, portanto, um ingrediente vital da civilização. Não é uma historieta estéril, mas uma força ativa arduamente trabalhada; não se trata de uma explicação intelectual, nem de uma imagem artística, mas de uma certificação pragmática [pragmatic charter] da crença e da sabedoria moral primitiva.

Tentarei provar todas essas afirmações através do estudo de vários mitos. Entretanto, para que nossa análise seja conclusiva, é preciso antes dar conta não apenas do mito, mas também do conto de fadas, da lenda e do registro histórico.

Flutuemos em imaginação sobre as lagunas trobriandesas[341] e penetremos na vida dos nativos; observemo-los em seus afazeres e em seus jogos e prestemos

---

1. As ilhas Trobriand conformam um arquipélago de coral localizado a nordeste da Nova Guiné. Pertencendo à raça papuomelanésia, a aparência física, a capacidade mental e a organização social dos trobriandeses apontam para uma combinação entre traços Oceânicos e algumas características de culturas papuásias menos desenvolvidas, situadas na grande ilha da Nova Guiné.
Para um relato detalhado dos Massim setentrionais, dos quais os trobriandeses representam uma seção, ver o clássico tratado de C. G. Seligman, *Melanesians of British New Guinea* (1910). Essa obra

atenção em suas histórias. Em fins de novembro, a estação das chuvas está se instalando. Não há quase o que fazer nas hortas, a temporada de pesca ainda não está em pleno andamento, as futuras expedições ultramarinas assomam no horizonte e o espírito festivo próprio às danças e aos festins da colheita ainda se faz presente. Os nativos respiram um clima de sociabilidade; têm o tempo na mão, com as condições climáticas frequentemente os mantendo em suas casas. Passemos o entardecer junto aos moradores de umas das aldeias de Trobriand e sentemo-nos à beira da fogueira. Seu brilho bruxuleante atrai um número cada vez maior de pessoas à medida que a noite cai, acendendo o vozerio. E, uma vez que estamos na temporada das *fábulas* [fairy tales], não tardará surgir um pedido para que alguém conte uma história. Se for bom contador, os risos não demorarão a surgir, assim como as réplicas e interrupções, transformando sua história inicial no espetáculo esperado.

Nessa época do ano, contos populares [folk-tales] específicos – chamados de *kukwanebu* – são habitualmente recitados nas aldeias. Apesar de não serem levados muito a sério, paira uma certa crença de que a recitação desses contos influencia positivamente as roças recém-plantadas. Para que esse efeito se produza, uma breve cantiga, cujo conteúdo faz alusão a certas plantas selvagens muito férteis, denominadas *kasiyena**, deve sempre ser recitada no final.

Cada história "pertence" a um membro da comunidade e somente seu "dono" pode recitá-la, mesmo sendo elas de conhecimento público. Elas, no entanto, podem ser apresentadas e ensinadas a outra pessoa, a quem se autoriza recontá-la. Mas nem todos os "donos" conseguem empolgar e suscitar boas risadas – um dos principais objetivos dessas histórias. Um bom narrador deve tentar agradar a plateia; deve gesticular, variar de entonação ao sabor dos diálogos e ser afinado ao cantar suas cantigas. Algumas dessas narrativas são "para adultos"; darei um ou dois exemplos de outras.

Dentre elas, há uma sobre o resgate heroico de uma donzela em apuros. Duas mulheres saem à procura de ovos de passarinho. Uma delas encontra um ninho sob uma árvore, mas logo é advertida pela companheira: "esses aí são ovos de cobra, não mexa nisso"; "oh, não! são de passarinho!", replica a primeira, que os leva consigo. Ao retornar, a mãe cobra se depara com o ninho vazio e se põe a procurar os ovos. Ela entra na aldeia mais próxima entoando uma cantiga:

"Devagar pela vereda serpenteio,
 Ovos de passarinho não é errado comer;
 Proibido é mexer com ovos do amigo"

---

mostra ainda a relação dos trobriandeses com outras raças e culturas da própria Nova Guiné ou em suas adjacências. Um breve relato também pode ser encontrado em Malinowski, *Os Argonautas do Pacífico Ocidental* (1922).

* [N.T.] "Kasiyena" é um tipo de inhame. Ver Malinowski *Coral Gardens and their Magic*, v. 2, p. 153.

É uma longa jornada, pois a serpente deve ser acompanhada de aldeia em aldeia e recitar sua cantiga em todas elas. Entrando, enfim, na aldeia das duas mulheres, ela avista a culpada preparando seus ovos, enrosca-se nela e entra em seu corpo. A vítima vai ao chão, desamparada e ferida. O herói, contudo, não demorará em socorrê-la. Um homem de uma aldeia vizinha sonha com a situação dramática, chega depressa, arranca a serpente e a corta em pedaços. Por sua proeza, ele recebe um duplo prêmio, casando-se com as duas mulheres.

Outra história nos conta sobre um homem e suas duas filhas. Eles formavam uma família feliz e moravam na região dos arquipélagos de corais situados ao norte, mas partiram a bordo de uma canoa rumo ao sudoeste; a certa altura, dão com as encostas íngremes e selvagens da ilha rochosa de Gumasila. O pai encontra uma plataforma onde deita e acaba dormindo. Um ogro, vindo da floresta, depara-se com ele e o devora. Uma das filhas consegue escapar; mas a outra é capturada e violentada pelo monstro. Ela recebe da irmã um pedaço de cipó de ratã*; quando o ogro adormece, serram-no ao meio e fogem.

Na aldeia de Okopukopu, na cabeceira de um regato, mora uma mulher com seus cinco filhos. Uma arraia gigantesca sai do riacho e vai se arrastando até a casa da mulher. Ela entra na cabana e, ao som de uma canção, arranca-lhe um dedo. Um de seus filhos tenta matá-la, mas não consegue. Nos dias seguintes, os demais continuam tentando – até que, ao quinto dia, o filho caçula consegue matar o peixe gigante.

Um piolho e uma borboleta embarcam numa espécie de avião; o piolho é o passageiro, a borboleta é a aeronave e o piloto. Voando sobre o oceano, bem no meio do caminho entre a praia de Wawela e a ilha de Kitava, o piolho emite um som muito alto, a borboleta estremece de susto e ele cai ao mar e morre afogado.**

Um homem tem uma sogra canibal e é suficientemente descuidado para sair, deixando-a a cuidar de seus três filhos. A sogra, naturalmente, tenta devorá-los, mas eles escapam a tempo. Do alto de uma palmeira, eles conseguem (a história é um pouco longa) mantê-la à distância até que o pai apareça para matá-la. Existem outras histórias – uma delas é sobre uma visita ao Sol; outra sobre um ogro

---

* [N.T.] "Lawyer-cane", no original. Trata-se de planta trepadeira pertencente à subfamília das Calamoideae, comuns na Oceania e na Austrália. Possuem ramos sarmentosos, conferindo-lhes um aspecto nodoso ou mesmo serrilhado.

** [N.T.] Em uma passagem de *A vida sexual dos selvagens*, Malinowski esclarece melhor no que consiste esse "som": "No conto do piolho e da borboleta, a piada se refere ao barulho retumbante que o piolho emite pelo reto, explosão esta que o faz cair das costas da borboleta e acabar se afogando no mar".

destruidor de hortas; uma terceira conta sobre uma mulher tão gananciosa que rouba a comida das distribuições funerárias*, e assim por diante.

Não se trata aqui de focalizar apenas o texto das narrativas, pois é preciso também atentar para suas referências sociológicas. É evidente que o texto tem extrema importância, mas é o contexto que lhe dá vida. Como vimos, a maneira como se conta uma história é o que a torna consideravelmente mais interessante e lhe confere um caráter próprio. A entonação, a pantomima, o estímulo e a resposta da plateia – a natureza mesma da *performance* – são tão significativos para os nativos quanto o texto da narrativa. O sociólogo, quanto a isso, deve seguir a deixa dos nativos. Além disso, é preciso situar a *performance* em seu devido enquadramento temporal: o momento do dia, a estação do ano, ao fundo, as hortas brotando, à espera da próxima lida e a leve influência da magia das fábulas. Devemos também ter em mente o contexto sociológico das posses privadas, a função socializante e o papel cultural da ficção recreativa. Todos esses elementos são igualmente relevantes e devem ser estudados tanto quanto o texto das narrativas. Essas histórias não vivem no papel, mas perpassam a vida nativa; assim, quando um estudioso as compila sem evocar a atmosfera na qual florescem, o que se oferece não é senão um pedaço da realidade mutilada.

Irei abordar agora outra categoria de histórias. Não há uma época específica para elas, nem um modo convencionado de contá-las; sua recitação não tem o caráter de uma *performance*, nem produzem efeitos mágicos. Mesmo assim, esses contos são mais importantes que os da categoria precedente. São vistos como verdadeiros e contêm informações mais valiosas e mais relevantes que as do *kukwanebu*. Quando uma comitiva faz uma expedição marítima ou uma visita a uma terra distante, é comum que os mais jovens, bastante interessados nas paisagens, nas novas pessoas e comunidades ou mesmo em seus costumes, fiquem maravilhados e façam perguntas. Os mais velhos e experientes, por sua vez, irão comentar e informar – e isso sempre assume a forma de uma narrativa concreta. É possível que um velho lhes conte sobre suas próprias experiências, sobre seus entreveros e expedições, sobre magias famosas e extraordinários feitos econômicos, misturando provavelmente memórias paternas, lendas e rumores que passaram por várias gerações. Assim se conserva por anos a fio a memória de episódios de seca e de fome avassaladoras, de dificuldades, disputas e crimes que exasperaram a população.

Relembram-se diversos casos sobre navegantes que se desviaram de suas rotas e arribaram em terras de canibais e de tribos hostis. Algumas histórias viraram

---

* [N.T.] Sobre essas prestações, ver Malinowski *Os Argonautas do Pacífico Ocidental*, p. 272 (Ubu)/142 (Abril): "[...] essas distribuições constituem pagamento pelos serviços funerários. O parente materno mais próximo do morto tem de oferecer presentes em alimentos a todos os habitantes da aldeia por sua participação no luto [...]"

canções, outras se transformaram em lendas históricas. O charme, a habilidade e a *performance* de dançarinos famosos são temas notórios de canções e histórias. Há ainda contos sobre ilhas vulcânicas remotas, sobre fontes termais onde outrora banhistas incautos foram cozinhados até a morte, sobre terras misteriosas habitadas por pessoas completamente diferentes, sobre estranhas aventuras vividas por navegantes em mares distantes; para não dizer daqueles sobre polvos e peixes gigantes, pedras saltitantes e feiticeiros disfarçados. Além disso, contam-se histórias, algumas recentes, outras antigas, sobre videntes e visitantes da terra dos mortos, enumerando seus feitos mais famosos e significativos. Há também histórias associadas a fenômenos naturais: uma canoa petrificada, um homem transformado em rocha e uma mancha vermelha na rocha de coral deixada por um grupo que comeu demasiada noz de bétel.

Temos aqui contos variados que podem ser subdivididos em *relatos históricos* – de eventos diretamente testemunhados pelo narrador, ou referendados por alguém dotado de viva memória), *lendas* – caracterizadas por uma solução de continuidade no testemunho, mas que ainda assim se enquadram no âmbito de experiências normais vividas pela tribo – e *contos de ouvi-dizer* [hearsay tales]* sobre terras distantes ou acontecimentos antigos que estão fora da área de abrangência da cultura atual. Para os nativos, porém, todas essas categorias estão imperceptivelmente mescladas e são designadas pelo mesmo termo – *libwogwo*. Elas são consideradas verdadeiras, não são recitadas em *performances*, nem servem de entretenimento durante períodos específicos. Além disso, seus temas apresentam uma unidade substancial – todos são particularmente estimulantes para os nativos e estão associados à guerra, à aventura, às atividades econômicas, às danças e ao intercâmbio cerimonial. E, uma vez que as narrativas registram grandes feitos em todas essas atividades, elas acabam beneficiando certos indivíduos e seus descendentes ou mesmo uma comunidade inteira, mantendo-se, assim, vivas pela ambição destes cujos ancestrais elas vangloriam. As histórias que dão conta de aspectos pitorescos das paisagens têm muitas vezes um contexto sociológico, isto é, elas discriminam quais clãs e famílias realizaram tal ou qual proeza. Quando tal contexto está ausente, elas não são senão fragmentos isolados, comentários sobre alguma característica natural a que seguem atrelados como sobrevivências.

---

* [N.T.] Uma tradução menos informal, porém pouco prática, de "hearsay tale" seria "conto a partir de *rumores*" ou "conto a partir de *testemunhos indiretos*", já que o termo "hearsay" pode tanto designar uma informação ainda não comprovada (um boato, ou, literalmente, algo que se "ouviu dizer"), quanto indicar algo testemunhado por outra pessoa que não o falante (um testemunho de segunda--mão). Outro fator que contribuiu para nossa escolha vem do fato de que há autores que trabalham particularmente com a noção de "rumor", porém com sentido diverso do de Malinowski, e em contexto africano (v. Wilson Trajano Fº. "Rumores. Uma narrativa da nação". *Série Antropologia* 143, 1993, e Pamela Stewart e Andrew Strathern. *Witchcraft, sorcery, rumors and gossip*. Cambridge University Press, 2004, por exemplo.)

Tudo isso aponta mais uma vez para o fato claro de que não podemos compreender inteiramente a natureza sociológica de uma história, o significado de seu texto ou a atitude e o interesse que desperta nos nativos se nos atermos somente à estrita transcrição da narrativa. Esses contos estão vivos na memória das pessoas, no modo como são contados e, particularmente, nos complexos interesses que os mantêm vivos, que fazem com que o narrador recite com orgulho ou pesar, que fazem com que o ouvinte o acompanhe avidamente, melancolicamente, com esperança ou ambição. A leitura meticulosa da história não basta para revelar a essência de uma *lenda*, ou mesmo de uma *fábula*; para tanto, é necessário um estudo conjunto da narrativa e de seu contexto na vida social e cultural dos nativos.

No entanto, somente quando passamos à terceira e mais importante categoria de contos, os *contos sagrados* ou *mitos*, e a contrastamos com as lendas, que a natureza dessas três categorias ganha contornos mais definidos. Essa terceira categoria é chamada pelos nativos de *liliu* – mas devo advertir que estou aqui apenas reproduzindo tal e qual a classificação e a nomenclatura dos próprios nativos, limitando-me a alguns comentários sobre sua exatidão. Essa categoria de histórias é bem distinta das outras duas. Se as narrativas do primeiro tipo são contadas para fins de entretenimento e as da segunda categoria contêm afirmações sérias e prestam contas a ambições sociais, as terceiras são consideradas não só verdadeiras, mas também veneráveis e sagradas, e desempenham um papel cultural de grande importância. O *conto popular* [folk-tale]*, como sabemos, é uma *performance* sazoneira e um ato de sociabilidade. A *lenda*, resultante do contato com uma realidade inusitada, provoca a abertura de horizontes históricos passados. O *mito* entra em jogo quando o rito, a cerimônia e a regra social ou moral exigem justificação, garantia de sua antiguidade, realidade e sacralidade.

Nos ensaios subsequentes deste volume, iremos examinar em detalhe uma série de mitos. Por enquanto, observemos rapidamente os temas de alguns mitos típicos. Considere-se, por exemplo, a festa anual do retorno dos mortos. Para essa ocasião, são feitos preparativos cuidadosos e, em especial, uma enorme exibição de alimentos. Quando a festa está próxima, contam-se histórias sobre como a morte começou a castigar os homens e como o poder do rejuvenescimento eterno foi perdido. Os nativos contam por que os espíritos não permanecem com eles ali; por que é preciso que eles deixem a aldeia; esclarecem, também, por que eles retornam uma vez por ano. Além disso, no período de preparação de uma expedição marítima, magias especiais acompanham a inspeção de velhas canoas e a construção de outras novas. Nessas ocasiões, os encantamentos aludem a mitos; e mesmo os atos sagrados contêm elementos que só se tornam

---

* [N.T.] O autor denomina aqui de "conto popular" uma narrativa cujas características ele descrevera mais acima como *fábula* ou *kukwanebu*.

compreensíveis quando se conta a história da canoa voadora, de sua magia e ritual. No que tange às trocas cerimoniais, as regras, a magia ou mesmo as rotas geográficas estão associadas a mitologias correspondentes. A crença acompanha toda cerimônia, magia e ritual importante e a crença se desdobra em relatos de precedentes concretos. A união é muito íntima, pois o mito não é visto apenas como um comentário com informações adicionais, mas uma garantia, um guia legítimo [charter], muitas vezes até mesmo um manual prático para as atividades com as quais está conectado. Por outro lado, a organização social, as cerimônias, os costumes e os rituais contêm às vezes referências diretas ao mito, e são vistos como produtos de um acontecimento mítico. O fato cultural é um monumento no qual o mito se encontra corporificado. O mito, por sua vez, é considerado a verdadeira causa da regra moral, do agrupamento social, do rito ou do costume. Tais histórias são, portanto, componentes essenciais da cultura. A existência e a influência dos mitos não transcendem apenas o mero ato de sua narração; os mitos não se limitam a extrair sua substância da vida e de seus interesses – eles governam e controlam muitos fatores culturais; eles formam o alicerce dogmático da civilização primitiva.

Talvez este seja o ponto mais importante da tese aqui defendida: sustento haver uma categoria especial de histórias, consideradas sagradas, corporificadas no ritual, na moralidade e na organização social; defendo serem elas componentes essenciais e ativos da cultura primitiva. Não é um interesse sem propósito que anima tais histórias; tampouco elas vivem como narrativas fictícias ou mesmo verdadeiras. Elas são, para os nativos, a afirmação de uma realidade primordial, maior e mais importante. Trata-se daquilo que determina a vida, as atividades e as trajetórias atuais da humanidade; e seu conhecimento fornece ao homem não só o motivo para a ação moral e ritual, mas também as indicações sobre como executá-las.

Para deixar bem claro o ponto em questão, comparemos mais uma vez nossas conclusões com as perspectivas correntes da antropologia moderna, não para realizar uma crítica ociosa de outras opiniões, mas para que possamos conectar nossos resultados com o estado atual do conhecimento, dar o devido reconhecimento ao que nos foi legado e indicar de forma clara e precisa os pontos em que diferimos.

Tendo em vista esses propósitos, considero mais apropriado citar um argumento ao mesmo tempo sintético e conceituado. Para tanto, selecionei a definição e a análise de C. S. Burne e J. L. Myres em *Notes and Queries on Anthropology* [*Guia Prático de Antropologia*]. No tópico sobre "Histórias, provérbios e canções", somos informados de que, "nesta seção, incluímos diversas atividades *intelectuais* [...]" que "representam as primeiras tentativas de exercer a razão, a imaginação e a memória." Não sem certa apreensão, indagamos – o que foi feito da emoção, do interesse e da ambição, do papel social dessas histórias e da profunda ligação das mais sérias dentre estas com os valores culturais? Após classificarem as histórias de modo breve e convencional, passamos a saber que os contos sagrados, os "*mitos*, apesar de fantasiosos e improváveis para nós, são, entretanto, contados de boa-fé, pois pretendem (assim crê o narrador) explicar, através de algo concreto e inteligível, uma ideia abstrata; noções tão vagas e complicadas quanto as de Criação; Morte; distinções entre raças ou espécies animais; as diferentes ocupações masculinas e femininas; a origem de ritos e costumes, de objetos naturais notáveis e monumentos pré-históricos, o significado dos nomes de pessoas ou lugares. Tais histórias são chamadas às vezes de *etiológicas*, uma vez que têm como propósito explicar por que algo existe ou acontece."[2]

Temos aqui uma amostra de tudo que a moderna ciência antropológica em seu auge tem a dizer sobre o tema. Mas os melanésios concordariam com essa opinião? Certamente que não. Eles não pretendem "explicar" ou tornar "inteligível" algo que acontece em seus mitos – quanto mais uma ideia abstrata. Até onde se sabe, não há registro de casos desse tipo, seja na Melanésia, seja em qualquer outra comunidade selvagem. As próprias palavras são comentários concretos das poucas ideias abstratas nativas de que são a expressão. Quando verbos como deitar, sentar, levantar descrevem o ser; quando as ideias de causa e efeito são expressas por palavras cujo sentido é "fundação" e "passado que repousa sobre a fundação"; quando vários substantivos concretos tendem para o sentido de espaço, a palavra e sua relação com a realidade concreta tornam a ideia abstrata suficientemente "inteligível". Nem os trobriandeses, nem quaisquer outros nativos concordariam com a ideia de que "Criação; Morte; distinções entre raças ou espécies animais; as diferentes ocupações masculinas e femininas" seriam "noções vagas e complicadas". Nada é mais familiar aos nativos do que as diferentes ocupações do sexo masculino e feminino; não há nada a ser *explicado* a esse respeito. Entretanto, apesar de familiares, tais diferenças são às vezes incômodas, desagradáveis, ou pelo menos limitadoras, havendo a necessidade de justificá-las, de atestar sua antiguidade e seu caráter real, de reforçar, em suma, sua validade. A morte, desafortunadamente, não é algo vago, abstrato ou de difícil apreensão. Ela é bem real, assombrosamente real e concreta, algo de fácil compreensão para qualquer um que tenha passado por uma experiência na família ou pelo pressentimento de sua presença. Se a morte fosse vaga ou irreal, o homem não teria sequer o desejo de referir-se a ela; entretanto, a ideia de morte está impregnada de horror, de um desejo de eliminar sua ameaça, de uma vaga esperança de que ela possa ser, não explicada, mas aceitável, transformada em algo irreal e até mesmo negada. Zelador da crença na imortalidade, na eterna juventude, na vida

---

2. Ver *Notes and Queries on Anthropology*, pp. 210-211 [da 4ª edição, publicada em 1912].

além-túmulo, o mito não é uma reação intelectual a um quebra-cabeça, mas um patente ato de fé, nascido da mais íntima reação instintiva e emocional a uma ideia terrível e espantosa. Da mesma forma, as histórias sobre "a origem de ritos e costumes" também não são contadas para meramente explicar sua existência. Não há nelas qualquer teor explicativo, em nenhum sentido do termo. Elas declaram um precedente, que é um ideal e uma garantia para a permanência de ritos e costumes, e por vezes fornecem instruções práticas para os procedimentos.

Por conseguinte, não nos resta senão discordar de cada aspecto dessa ótima, embora concisa, expressão da visão contemporânea sobre o mito. Essa definição cria uma categoria de narrativa imaginária e irreal, o mito etiológico. Ela tem como correlato uma vontade inexistente de explicação, faz uma existência fútil passar como "tarefa intelectual", alheia aos interesses pragmáticos que caracterizam a cultura nativa e a organização social. O tratamento como um todo nos parece impróprio, pois o mito é tratado como mera história, considerado como uma burocrática tarefa intelectual primitiva, arrancado do contexto vivido, estudado a partir do que aparenta em sua transcrição textual, e não a partir do que faz na vida real. Tal definição tornaria impossível perceber claramente a natureza do mito ou formular uma classificação satisfatória dos contos populares [folk-tales]. Na verdade, teríamos também que discordar da definição de lenda e da fábula [fairy tale] oferecida na sequência pelos autores em *Notes and Queries on Anthropology*.

Mas essa perspectiva seria especialmente desastrosa para a eficiência do trabalho de campo, já que deixaria o observador satisfeito com a mera transcrição das narrativas. O texto de uma história pode esgotar seu teor intelectual; mas o aspecto funcional, cultural e pragmático de qualquer conto indígena manifesta-se tanto na encenação [enactment], na corporificação e no contexto relacional quanto no texto. É mais fácil passar a história para o papel do que observar as formas difusas e complexas pelas quais ela permeia a vida nativa, ou analisar sua função pela observação das vastas realidades sociais e culturais em que ela se infiltra. Isso explica porque sabemos tão pouco sobre a natureza mesma do mito mesmo quando temos tantos textos transcritos.

Podemos, portanto, aprender uma importante lição com os trobriandeses, aos quais retornaremos agora. Iremos acompanhar em detalhe alguns de seus mitos a fim de confirmar nossas conclusões de forma indutiva, mas precisa.

II Mitos de origem

Podemos partir do começo das coisas e examinar alguns mitos de origem. Originalmente, contam os nativos, habitava-se o lado interior do mundo. Nesse mundo subterrâneo, a vida humana era semelhante em todos os aspectos à que encontramos hoje na superfície da terra. A humanidade se organizava em aldeias, clãs e distritos; possuía distinções estatutárias e privilégios conviviam com reivindicações. Os homens tinham posses e dominavam saberes mágicos. Dotados de artes tais, eles emergiram, instaurando por esse ato mesmo certas leis que regulam o uso da terra, a cidadania, as prerrogativas econômicas e os empreendimentos mágicos. Os homens trouxeram com eles toda a sua cultura para mantê-la sobre a terra.

Existem diversos locais especiais – grutas, bosques, amontoados de pedras, afloramentos de corais, nascentes, cabeceiras de regatos – chamados de "buracos", "aberturas", ou de "casas" pelos nativos. Dessas "aberturas" saíram os primeiros casais (uma irmã, chefe de família, e um irmão, seu guardião) que tomaram posse das terras e foram responsáveis pelo caráter totêmico, fabril, mágico e sociológico das comunidades surgidas a partir de então.

A questão da hierarquia, que desempenha um papel importante na sociologia nativa, foi resolvida pela emergência de uma abertura especial chamada Obukula, próxima à aldeia de Laba'i. Esse evento foi notável na medida em que, contrariando o andamento usual (uma "abertura" originária para cada linhagem), emergiram dessa abertura em Laba'i representantes dos quatro clãs principais, um após o outro. Além disso, a chegada desses representantes foi acompanhada de um acontecimento aparentemente trivial, mas que é, na realidade mítica, muito importante. Franqueando seu caminho pela terra como uma iguana, primeiro veio *Kaylavasi*, o animal do clã Lukulabuta. A iguana logo subiu em uma árvore, e lá permaneceu como mera espectadora do que viria acontecer. Logo em seguida surgiu o Cão, animal do clã Lukuba, originalmente o detentor da posição [rank] mais alta. O terceiro a aparecer foi o Porco, representante do clã Malasi, atual ocupante do posto mais elevado. Por último, emergiu o totem do clã Lukwasisiga, representado em algumas versões pelo Crocodilo, em outras pela Serpente; já outras o identificam ao Possum*, havendo ainda variantes que sequer fazem-lhe menção. O Cão e o Porco rodeavam o lugar, e o Cão, avistando um fruto de *noku*, foi farejá-lo e o comeu na sequência. O Porco, então, disse: "acabaste de comer *noku*, comeste imundície. És malnascido, és um plebeu. Serei eu o chefe, serei eu o *guya'u*." Desde então a chefia real tem sido exercida pelo subclã Tabalu, o mais elevado do clã Malasi.

Para compreender esse mito, não basta atentar para o diálogo entre o Cão e o Porco, aparentemente sem sentido ou mesmo trivial. Assim que passamos a conhecer a sociologia nativa, a extrema relevância da colocação, a psicologia da identificação totêmica e o fato de que a alimentação e as interdições clânicas e

---

* [N.T] "Opossum" no original, cuja tradução usual seria "gambá". Mas como, a rigor, só existem gambás nas Américas (família Didelphidae), utilizei-me de um termo comum em inglês para designar membros da sub-ordem dos Phalangeriformes, os "possums" – que seriam os equivalentes australásios dos gambás do continente americano.

hierárquicas que a cercam são o principal indicador da natureza social do homem, começamos a entender como esse incidente – ocorrido quando a humanidade estava em *statu nascendi* – estabeleceu de uma vez por todas a relação entre os dois clãs rivais. A devida compreensão desse mito exige que tenhamos um bom conhecimento da sociologia, religião, costumes e concepções de cada um. Então, e só então, será possível apreciar o significado que essa narrativa tem para os nativos, e em que condições ela vive entre eles. Quando convivemos com os nativos e aprendemos sua língua, é comum encontrá-lo ativo nas discussões e disputas sobre a relativa superioridade dos clãs, ou nos debates sobre diversas interdições alimentares que são objeto frequente de delicadas questões de casuística. E o mais importante, se entrarmos em contato com comunidades em que o processo histórico de difusão da influência do clã Malasi ainda está em andamento, iremos nos deparar com esse mito enquanto uma força ativa.

É interessante notar que o primeiro e o último animal a aparecer – a iguana e o totem do clã Lukwasisiga – não foram mobilizados desde o início; o que significa que a lógica dos acontecimentos e o princípio numérico não são observados com tanto rigor no raciocínio do mito.

Se por um lado o mito sobre a superioridade relativa dos quatro clãs – o mito principal de Laba'i – é objeto de alusões frequentes por toda a tribo, por outro, os mitos locais menores não estão menos vivos e ativos em suas respectivas comunidades. Quando uma comitiva visita uma aldeia distante, ela ficará a par não apenas dos contos históricos lendários, mas sobretudo do regimento [charter] mitológico dessa comunidade, de seu poderio mágico, de suas ocupações características, de sua posição na ordenação totêmica. Caso ocorra ali uma disputa de terra, uma querela sobre uma questão mágica, uma transgressão no regulamento da pesca ou em outros privilégios, será ao testemunho do mito que recorrerão.

Permitam-me mostrar concretamente como um típico mito de origem local seria recapitulado durante o curso normal da vida nativa. Acompanhemos um grupo de visitantes chegando a uma das aldeias de Trobriand. Eles se reuniriam diante da casa do chefe, no centro da aldeia. Muito provavelmente, o local originário estaria ali por perto, indicado por um afloramento de coral ou um amontoado de pedras. Esse lugar seria assinalado, os nomes do casal de irmãos ancestrais seriam mencionados, e talvez se dissesse que o irmão construiu sua casa no local onde hoje se encontra a habitação do chefe. Os ouvintes nativos evidentemente saberiam que a irmã teria morado em outra casa próxima, pois ela jamais poderia compartilhar o mesmo teto com o irmão.

Como informação complementar, os anfitriões poderiam dizer que foram os antepassados que trouxeram consigo os materiais, os implementos e métodos da manufatura local. Na aldeia de Yalaka, por exemplo, teriam sido os procedimentos de queima e extração da cal contida nas conchas. Para Okobobo, Obweria e

Obowada, os antepassados trouxeram o conhecimento e os instrumentos para polir as rochas mais resistentes. Em Bwoytalu, as ferramentas do entalhador, o dente de tubarão embutido e a ciência de sua fabricação vieram do subterrâneo com os primeiros ancestrais. Na maioria dos lugares, os monopólios econômicos remontam, portanto, ao surgimento autóctone. As aldeias de estatuto mais elevado receberam insígnias de sua nobreza hereditária; em outras, deu-se o aparecimento do animal associado ao subclã local. Algumas comunidades entretiveram uma política de rivalidade mútua desde o princípio. A dádiva suprema trazida do mundo interior para este mundo é a magia; mas isso será tratado em breve mais detidamente.

Se um espectador europeu estivesse ouvindo nada além das informações que circulassem entre os nativos, elas fariam pouco sentido para ele. Com efeito, isso poderia levá-lo a sérios mal-entendidos. Pois a emergência simultânea do par de irmãos poderia fazê-lo seja suspeitar de uma alusão mitológica ao incesto, seja procurar pelo laço matrimonial originário e se perguntar quem seria o marido da irmã. A primeira suposição seria completamente errônea e daria uma falsa impressão sobre a relação específica entre irmão e irmã, na qual o primeiro protetor indispensável e a segunda, igualmente imprescindível, é a responsável pela transmissão da linhagem. Apenas a plena compreensão das ideias e instituições matrilineares pode dar corpo e sentido à menção pura e simples dos dois nomes ancestrais, tão significativos para um ouvinte nativo. Se o observador estrangeiro quiser saber quem era o marido da irmã e como ela veio a ter filhos, ele se depararia com uma série de ideias totalmente estranhas: a irrelevância sociológica do pai, a ausência de quaisquer ideias sobre a reprodução fisiológica, o complicado e incomum sistema de casamentos matrilinear e ao mesmo tempo patrilocal.[3]

A relevância sociológica desses relatos sobre as origens só se tornaria clara para um pesquisador europeu que tivesse apreendido as noções jurídicas nativas sobre cidadania local e direitos hereditários à terra, aos campos de pesca e aos ofícios locais. Pois, de acordo com os princípios legais da tribo, todos esses direitos estão sob o monopólio da comunidade local e somente os descendentes pela linha feminina da primeira ancestral podem reivindicá-los. O mesmo observador ficaria ainda mais atônito caso viesse a saber mais tarde que existem várias outros "buracos" nessa mesma aldeia além da originária. Somente ao estudar os detalhes concretos e os princípios da sociologia nativa ele enfim se familiarizaria

---

3. Para uma exposição detalhada da psicologia e da sociologia do parentesco e da descendência, ver os artigos "The Psychology of Sex and the Foundations of Kinship in Primitive Societies", "Psycho-analysis and Anthropology" e "Complex and Myth in Mother Right", publicados na revista de psicologia *Psyche* (Out. 1923; Abr. 1924; e Jan. 1925). O primeiro ensaio também se encontra em *The Father in Primitive Psychology* (Psyche Miniature, 1926).

com a noção de comunidades de aldeias compósitas [compound village communities], isto é, comunidades formadas pela fusão de diversos subclãs.

Fica claro, então, que o mito transmite ao nativo muito mais do que o mero conteúdo da narrativa; que apenas as diferenças concretas locais realmente importantes aparecem na narrativa; que o verdadeiro sentido, os mínimos detalhes, estão contidos nos fundamentos tradicionais da organização social; e que o nativo compreende tudo isso não por ter ouvido narrativas míticas fragmentadas, mas porque vive dentro do tecido social de sua tribo. Em outras palavras, é o contexto da vida social, a percepção gradual do nativo de que tudo que lhe é ordenado tem um precedente e um modelo antiquíssimo, algo que lhe fornece os mínimos detalhes e o sentido integral dos mitos de origem.

É preciso, portanto, que o observador se familiarize completamente com a organização social dos nativos se quiser realmente apreender seu aspecto tradicional. Desse modo, os relatos curtos que falam sobre as origens locais, por exemplo, se tornarão perfeitamente claros para ele. Ele também verá nitidamente que cada um deles é apenas uma parte, bem insignificante aliás, de uma história muito maior, que não pode ser compreendida senão a partir da vida nativa. O que realmente importa nessa história é sua função social. Ela transmite, exprime e reforça o fato fundamental da unidade local e da unidade de parentesco do grupo de descendentes de uma mesma ancestral. Aliada à convicção de que apenas o compartilhamento dessa descendência e dessa emergência na terra confere pleno direito à esta, a narrativa sobre as origens contém literalmente a certidão [charter] legal da comunidade. Assim, mesmo quando os membros de uma comunidade conquistada por um grupo vizinho eram expatriados de suas terras, seu território permanecerá intacto. Passado certo tempo, após a cerimônia de paz, eles eram autorizados a regressar a suas terras, a reconstruir sua aldeia e a cultivar suas roças novamente.[4] O sentimento tradicional de uma ligação real e íntima com a terra; a concretude do convívio diário com os locais originários reais; a continuidade histórica entre as ocupações, privilégios e características distintivas e os primórdios mitológicos – tudo isso evidentemente contribui para a coesão, para o patriotismo aldeão, para o sentimento de união e parentesco na comunidade. No entanto, ainda que a narrativa da emergência originária sirva para integrar e consolidar a tradição histórica, os princípios legais e os costumes diversos, é preciso ter em mente que o mito de origem representa apenas uma pequena parcela de todo um complexo de concepções tradicionais. Nesse sentido, se, por um lado, é verdade que o mito é real na medida em que exerce sua função social, por outro, assim que começamos a estudar essa função social do mito, reconstituindo

---

4. Para uma apreciação desses fatos, ver Malinowski, "War and Weapons among the Trobriand Islanders", publicado em *Man* (Jan. 1918), e Seligman, *Melanesians of British New Guinea* (1910, pp. 663-668).

com isso seu pleno significado, somos gradativamente levados a elaborar a teoria completa da organização social nativa.

Um dos fenômenos mais interessantes associados ao precedente e ao regimento [charter] tradicionais é o da adaptação do mito e do princípio mitológico aos casos que violam patentemente o fundamento mesmo dessa mitologia. Essa violação sempre ocorre quando as reivindicações locais de um clã autóctone, isto é, um clã que emergiu no local, são revogadas por um clã imigrante. Isso cria um conflito de princípios, pois é evidente que o princípio segundo o qual o território e a autoridade pertencem àqueles que são literalmente filhos da terra não deixa espaço para recém-chegados. Em contrapartida, os autóctones – usando esse termo novamente no sentido literal* da mitologia nativa – não conseguirão oferecer muita resistência a um subclã de alto escalão que decida se assentar em uma nova localidade. O resultado é uma categoria específica de narrativas mitológicas, que dão conta e justificam situações anômalas. A força dos diversos princípios legais e mitológicos manifesta-se no fato de os mitos de justificação conterem ainda acontecimentos e opiniões antagônicos e logicamente inconciliáveis, buscando apenas camuflá-los sob algum fácil incidente conciliatório claramente fabricado *ad hoc*. O estudo de narrativas desse tipo é extremamente interessante, seja porque nos oferece uma visão em profundidade da psicologia nativa da tradição, seja porque nos incita a reconstruir o passado histórico da tribo – embora seja necessário ceder a essa tentação com o cuidado e ceticismo devidos.

Nas ilhas Trobriand, quanto mais alta a posição de um subclã totêmico, maior o seu poder de expansão. Apresentemos os fatos antes de passarmos à sua interpretação. O subclã de estatuto mais alto é o Tabalu, do clã Malasi. Atualmente, ele se encontra governando uma série de aldeias: Omarakana, sua capital; a aldeia gêmea de Kasanayi, e Olivilevi, uma aldeia fundada há cerca de três "reinados", na sequência de uma derrota da capital. Duas aldeias já foram governadas pelos Tabalu: a extinta Omlamwaluwa e aldeia de Dayagila. O mesmo subclã, portando seu nome e reivindicando a mesma descendência – embora sem conservar todos os interditos distintivos, nem usufruir de todas as insígnias –, encontra-se governando as aldeias de Oyweyowa, Gumilababa, Kavataria e Kadawaga, localizadas na parte ocidental do arquipélago (a última na pequena ilha de Kayleula). Já a aldeia de Tukwa'ukwa foi ocupada apenas recentemente, há cerca de cinco "reinados". Por último, alegando afinidade com os Tabalu, um subclã homônimo governa Sinaketa e Vakuta, duas grandes e poderosas comunidades meridionais.

---

* [N.T.] O que coincide com a etimologia do termo – "*autokhthon*": "*autos*", próprio; "*khthon*", terra (ver Antônio Geraldo da Cunha. *Dicionário etimológico da língua portuguesa*. Rio de Janeiro: Lexicon, p. 192).

O segundo fato importante relativo a essas aldeias e seus governantes é que o clã dominante não reivindica ter emergido em nenhuma dessas comunidades, cujos membros detêm a posse da terra, praticam a magia local e exercem o poder. Todos eles dizem ter emergido acompanhados pelo porco ancestral do buraco histórico de Obukula, na costa noroeste da ilha, nas proximidades da aldeia de Laba'i. A partir dali, de acordo com sua tradição, espalharam-se por todo o distrito.[5]

Figuram nas tradições desse clã alguns fatos decididamente históricos que devem ser devidamente isolados e registrados: a fundação da aldeia de Olivilevi há três "reinados"; o estabelecimento dos Tabalu em Tukwa'ukwa há cinco "reinados"; a tomada de Vakuta há cerca de sete ou oito "reinados". Por "reinado" quero dizer a duração do governo de um chefe. Dado que, em Trobriand, a exemplo do que certamente ocorre na maioria das tribos matrilineares, um homem é sucedido por seu irmão mais novo, a duração média de um "reinado" é evidentemente bem menor do que o período de uma geração, sendo igualmente uma forma de medir o tempo bem menos confiável, pois há diversos casos em que ele não é mais curto. Esses contos históricos em particular detalham na íntegra como, quando, por que motivo e pelas mãos de quem os povoamentos foram feitos, e por isso são testemunhos sóbrios e factuais. Assim, é possível obter de informantes distintos o relato pormenorizado do que se passou no tempo de seus pais ou avós, quando o chefe Bugwabwaga de Omarakana, após uma guerra malsucedida, precisou fugir com toda a sua comunidade para o extremo sul, para o local onde uma aldeia provisória foi erguida. Depois de alguns anos, ele retornou para realizar a cerimônia de pacificação, reconstruindo Omarakana. Entretanto, seu irmão mais novo não o acompanhou, e erigiu uma aldeia permanente, Olivilevi, lá permanecendo. O relato, que pode ser confirmado em detalhe por qualquer adulto perspicaz do distrito, é obviamente uma afirmação histórica tão confiável quanto o possível em uma comunidade selvagem. Os dados sobre Tukwa'ukwa, Vakuta etc., também são de natureza similar.

O que eleva a confiabilidade de tais relatos a um nível indubitável é sua base sociológica. Deixar a própria terra após uma derrota é uma regra geral do costume tribal. Além disso, uma característica da vida social é o casamento entre chefes de outras aldeias e mulheres tabalu, através do qual essas aldeias se tornam o local-sede de pessoas de mais alto posto. A técnica desse procedimento tem uma importância considerável, valendo a pena, assim, descrevê-la em detalhe. Em Trobriand, o casamento é patrilocal: é sempre a esposa quem deve se mudar para a comunidade do marido. Em termos econômicos, o casamento implica a

---

5. O leitor interessado em entender esses detalhes geográficos e históricos deve consular o mapa IV de *Argonauts of the Western Pacific*, p. 51 [*Argonautas do Pacífico Ocidental*, p. 102 (Ubu)/385 (Abril)].

troca permanente entre alimentos, oferecidos pela família da esposa, e bens de valor, fornecidos pelo marido. Artigos alimentares são especialmente abundantes nos campos centrais de Kiriwina, governados por chefes da mais elevada posição, estabelecidos em Omarakana. Já os valiosos ornamentos de conchas, cobiçados pelos chefes, são produzidos nos distritos costeiros do oeste e do sul. Do ponto de vista econômico, portanto, a tendência sempre foi, e continua sendo, o casamento entre mulheres de alta posição e os chefes influentes em aldeias como Gumilababa, Kavataria, Tukwa'ukwa, Sinaketa e Vakuta.

Até o momento, tudo se passou estritamente conforme o estabelecido na lei tribal. Contudo, assim que a mulher tabalu se estabelece na aldeia de seu marido, seu posto e, muitas vezes, sua influência o eclipsa. Caso ela tenha filhos homens, estes serão membros legítimos da comunidade paterna até a adolescência. Serão os indivíduos de sexo masculino mais importantes da comunidade. No contexto trobriandês atual, o pai, por razões afetivas, sempre deseja que os filhos continuem em sua comunidade, mesmo depois de adultos; a comunidade sente que todo o seu prestígio estará aumentando. A maioria quer que isso se mantenha. A minoria, os herdeiros legítimos do chefe local, a saber, seus irmãos e os filhos* de suas irmãs, não ousam se opor. Assim, se não houver motivos especiais para os filhos de alta posição retornarem a sua aldeia de direito – a de sua mãe –, eles permanecerão na comunidade paterna e irão governá-la. Caso tenham irmãs, elas também poderão ficar e se casar na aldeia, iniciando assim uma nova dinastia. Ainda que não de modo imediato, eles gradualmente adquirem todos os privilégios, honrarias e funções até então conferidos ao chefe local. Serão chamados de "donos" da aldeia e de suas terras, presidirão conselhos, decidirão sobre aquelas questões comunitárias que necessitem de uma decisão, e, acima de tudo, assumirão o controle da magia e dos monopólios locais.

Os fatos recém-resenhados correspondem todos a observações estritamente empíricas. Vejamos agora as lendas mobilizadas para ampará-los. Segundo uma delas, duas irmãs, Botabalu e Bonumakala, saíram da abertura originária de Laba'i. Elas seguiram imediatamente para o distrito central de Kiriwina, chegando a Omarakana, onde se estabeleceram. Ali, foram recebidas pela mulher encarregada da magia e das leis locais, e foi assim que se deu a sanção mitológica a seus direitos sobre a capital (retornarei a isso oportunamente). Passado um tempo, houve um desentendimento entre elas sobre as folhas de bananeira usadas nos belos saiotes de palha. A irmã mais velha ordenou então que a caçula fosse embora, o que entre os nativos é uma grande ofensa. Disse ela: "Eu ficarei aqui e respeitarei todos os interditos. Vá embora, e coma porco-do-mato e peixe *katakayluva*." Eis a razão

---

* [N.T.] No original, "sons": filhos do sexo masculino. Em todo este trecho, deve-se ter em mente tal distinção de gênero mesmo nos plurais.

por que os chefes dos distritos costeiros não guardam os mesmos tabus, apesar de gozarem da mesma posição. A mesma história é contada pelos nativos das aldeias do litoral, com a diferença de que é a irmã caçula quem pede à mais velha para permanecer em Omarakana e observar todos os tabus e ela mesma segue para o oeste.

A versão contada em Sinaketa, por sua vez, fala de três mulheres ancestrais pertencentes ao subclã Tabalu – a mais velha permaneceu em Kiriwina, a do meio se estabeleceu em Kuboma e a caçula seguiu para em Sinaketa, levando consigo os discos de conchas *Kaloma*, responsáveis pelo início da indústria local.

Todas essas observações se referem apenas a um subclã do clã Malasi. Os demais subclãs desse clã – cerca de uma dúzia, segundo meus registros – ocupam todos uma posição inferior. Eles são locais, isto é, não emigraram para seu território atual. Alguns deles, os da aldeia de Bwoytalu, pertencem ao que poderíamos chamar de uma classe de párias, a uma categoria de pessoas especialmente desprezadas. São vistos pelos demais nativos como pertencendo a uma categoria inteiramente diferente, apesar de portarem o mesmo nome genérico, de compartilharem um mesmo totem e de conviverem lado a lado com gente das mais altas posições em ocasiões cerimoniais.

Antes de passarmos à reinterpretação, ou reconstituição histórica, desses fatos, apresentarei os dados relativos aos outros três clãs. Em relação ao clã Lukuba, possivelmente o segundo em importância, dois ou três de seus subclãs ocupam um nível imediatamente inferior ao dos Tabalu de Omarakana. Os ancestrais desses subclãs são Mwauri, Mulobwaima e Tudava, todos saídos da abertura principal nas proximidades de Laba'i, da qual vieram os quatro animais totêmicos. Eles se mudaram na sequência para centros importantes em Kiriwina e nas ilhas vizinhas de Kitava e Vakuta. Como vimos, de acordo com o mito principal sobre a emergência, o clã Lukuba ocupava o posto mais alto, antes que o incidente envolvendo o cão e o porco invertesse a ordem. Além disso, a maioria dos personagens ou animais mitológicos pertencem ao clã Lukuba. O grande herói cultural Tudava, também reconhecido como ancestral pelo subclã homônimo, é um Lukuba. A maioria dos heróis míticos relacionados às formas cerimoniais de comércio e aos contatos intertribais pertencem também ao mesmo clã[486]; e o mesmo pode ser dito da maior parte da magia econômica da tribo. Mesmo em Vakuta, onde foram recentemente eclipsados (quando não deslocados) pelos Tabalu, os Lukuba ainda são capazes de se afirmar: eles mantiveram o monopólio da magia e, apoiando-se na tradição mítica, continuam afirmando sua real superioridade em relação aos usurpadores. Há muito menos subclãs de baixo estatuto entre eles do que entre os Malasi.

---

6 Ver *Argonauts of the Western Pacific*, p. 321 [*Argonautas do Pacífico Ocidental*, pp. 430-1 (Ubu) /240 (Abril)].

Sobre a terceira grande divisão totêmica, o clã Lukwasisiga, há bem menos a dizer quanto à mitologia e ao papel cultural ou histórico. No principal mito de origem, ou são deixados de lado, ou seus ancestrais humanos ou animais são obrigados a desempenhar um papel insignificante. Eles não possuem uma forma de magia especialmente importante e estão claramente ausentes de qualquer referência mitológica. O único papel importante que desempenham é no grande ciclo do herói Tudava, em que o ogro Dokonikan pertence ao totem dos Lukwasisiga. O chefe da aldeia de Kabwaku, que também é o chefe do distrito de Tilataula, pertence a esse clã. O distrito de Tilataula esteve sempre em uma relação de potencial hostilidade para com distrito de Kiriwina, e os chefes de Tilataula eram os rivais políticos dos Tabalu, o subclã de maior estatuto. De tempos em tempos os dois entravam em guerra. Independentemente do lado perdedor que precisava fugir, a paz era sempre restaurada por uma reconciliação cerimonial, com cada província retornando às suas respectivas posições. Os chefes de Omarakana sempre tiveram um estatuto superior, exercendo uma espécie de domínio geral sobre o distrito hostil, mesmo após uma vitória desse rival. Os chefes de Kabwaku eram, em certa medida, obrigados a obedecê-los. E se, nos velhos tempos, uma pena capital tivesse de ser afligida, o chefe de Omarakana delegava essa execução a seu potencial inimigo. A superioridade de fato dos chefes de Omarakana derivava da posição [rank] que ocupavam. Mas o poder que exercem e o temor que inspiravam em todos os demais nativos remetiam, em grande medida, à importante magia da chuva e do sol mobilizada por eles. Nesse sentido, os membros de um subclã dos Lukwasisiga eram inimigos potenciais e vassalos a serviço desses chefes máximos – ainda que na guerra fossem seus iguais. E se em tempos de paz a supremacia tabalu era inconteste, na guerra o subclã Toliwaga de Kabwaku era normalmente considerado o mais temível e eficiente. No geral, os membros do clã Lukwasisiga eram vistos como interioranos (*kulita'odila*)*. Um ou dois outros subclãs desse clã gozavam de uma posição bem elevada e se casavam frequentemente com os Tabalu de Omarakana.

O quarto grande clã, o Lukulabuta, é composto apenas por subclãs de baixa posição. Trata-se do clã menos numeroso, e a única magia a que estão associados é a feitiçaria.

No que diz respeito à interpretação histórica desses mitos, deparamo-nos desde o início com uma questão fundamental: devemos considerar os subclãs que

---

* [N.T.] No original, "land-lubber": palavra que designa tanto aqueles que habitam a parte seca de um território (em oposição ao litoral), quanto aqueles desacostumados com o mar, ou que se portam como novatos em atividades ligadas ao mar (ao contrário do marinheiro, do pescador etc.). Esse último sentido se aproxima um pouco ao de "desajeitado", "simplório", "tabaréu". Em *Argonautas do Pacífico Ocidental*, p. 298 (Ubu)/158 (Abril), Malinowski se utiliza do termo "kulila'odila" (sic) para se referir aos habitantes das "aldeias do interior".

figuram na lenda e no mito como meros representantes de ramos locais de uma cultura homogênea, ou podemos atribuir-lhes um significado mais ambicioso e entendê-los como representantes de várias culturas, ou seja, como unidades formadas por diferentes ondas migratórias? Caso aceitemos a primeira alternativa, todos os mitos, dados históricos e fatos sociológicos corresponderiam simplesmente a pequenos movimentos e mudanças internos, não havendo mais nada a acrescentar a esse respeito que já não tenha sido observado.

Em apoio à hipótese mais ambiciosa, podemos insistir que, de acordo com a principal lenda sobre a emergência, a origem dos quatro clãs se deu em um local muito sugestivo. Laba'i se localiza na costa noroeste, o único local acessível a navegantes vindos da região onde predominam os ventos de monção. Ademais, em todos os mitos, o fluxo das migrações, a tendência da influência cultural e os périplos dos heróis culturais se orientam do norte para o sul, e geralmente, mas de modo menos uniforme, do oeste para o leste. Essa é a direção desenhada pelo grande ciclo de histórias sobre Tudava; essa é a direção que encontramos nos mitos sobre migração; tal é a direção que se verifica na maioria das lendas sobre o Kula. Assim, é plausível supor que uma influência cultural tenha se disseminado a partir da costa setentrional do arquipélago; uma influência que pode ser acompanhada ao leste até a ilha de Woodlark, e ao sul até o arquipélago de D'Entrecasteaux. Tal hipótese é sugerida pelo componente agonístico presente em alguns mitos, e que pode ser encontrado, por exemplo, entre o cão e o porco, entre Tudava e Dokonikan, entre o irmão canibal e o não canibal. A aceitação dessa hipótese implica um esquema como este: a camada mais antiga corresponderia aos clãs Lukwasisiga e Lukulabuta – o clã dos Lukulabuta foi o primeiro a emergir mitologicamente; ambos são relativamente autóctones na medida em que não são clãs de navegadores; suas comunidades se encontram geralmente no interior; sua ocupação principal é a agricultura. A atitude majoritariamente hostil do principal subclã dos Lukwasisiga, o Toliwaga, em relação aos Tabalu, que seriam evidentemente os imigrantes mais recentes, pode se encaixar nessa hipótese. É também plausível que o monstro canibal que foi enfrentado por Tudava, o herói e inovador cultural, pertença ao clã Lukwasisiga.

Afirmei expressamente que são os subclãs, e não os clãs, que devem ser considerados como unidades migratórias. Pois trata-se de um fato incontroverso que o grande clã, composto de diversos subclãs, não é senão uma unidade social pouco definida, perpassada por clivagens culturais de importância. O clã Malasi, por exemplo, inclui tanto o subclã de posição mais elevada, o Tabalu, quanto os subclãs mais desprezados, o Wabu'a e o Gumsosopa da aldeia de Bwoytalu. A hipótese histórica das unidades migratórias ainda teria de explicar as relações entre subclãs e clã. Parece-me que os subclãs menores devem ter chegado antes e que a assimilação totêmica que sofreram é consequência de um processo geral de reorganização sociológica ocorrido após a chegada de imigrantes influentes e poderosos como os Tabalu e os Tudava.

A reconstrução histórica requer, por conseguinte, uma série de hipóteses auxiliares, cada qual devendo ser plausível, mas permanecer arbitrária, cada suposição acrescentando uma dose considerável de incerteza. A reconstrução é um jogo mental, atraente e absorvente, que muitas vezes se impõe espontaneamente ao pesquisador de campo, mas que permanece fora do campo da observação e da inferência rigorosa – desde que o dito pesquisador mantenha sua capacidade de observação e seu senso de realidade sob controle. No esquema aqui desenvolvido, os fatos da sociologia trobriandesa, o mito e os costumes se acomodam naturalmente. Entretanto, não atribuo uma importância crucial a ele, assim como não creio que mesmo o conhecimento mais exaustivo de um distrito autorize o etnógrafo a outra coisa senão a realizar reconstruções cautelosas e tentativas. Talvez um cotejamento muito mais amplo entre esses esquemas possa mostrar seu valor, ou então sua rematada inutilidade. É possível que tais esquemas só tenham alguma importância enquanto hipóteses de trabalho, estimulando uma compilação cuidadosa e minuciosa da tradição, das lendas e das diferenças sociológicas.

No que diz respeito à teoria sociológica dessas lendas, a reconstrução histórica é irrelevante. Qualquer que seja a realidade oculta de seu passado não registrado, os mitos mais servem para cobrir certas inconsistências criadas por acontecimentos históricos do que para registrá-los com exatidão. Certos aspectos dos mitos associados à dispersão dos poderosos subclãs mostram-se fiéis à vida, já que neles estão registrados fatos inconsistentes entre si. Os incidentes que removem, ou então ocultam, essas inconsistências são muito provavelmente fictícios. Vimos certos mitos variarem de acordo com o local em que são narrados; em outros casos, os incidentes dão realce a direitos e reinvindicações que, no entanto, não existem.

Nesse sentido, a abordagem histórica do mito é interessante por mostrar que o mito, tomado como um todo, não é uma história precisa e desapaixonada, uma vez que é sempre feito de maneira *ad hoc* para cumprir uma determinada função sociológica, glorificar um certo grupo ou justificar alguma situação anômala. Tal perspectiva também nos mostra que, para a mente nativa, a história imediata, a lenda semi-histórica e o mito no sentido estrito se encontram superpostos, formando uma série contínua e cumprindo efetivamente a mesma função sociológica.

Isso nos remete a nosso argumento original de que o realmente importante no mito é sua atualidade [actuality] retrospectiva, constante e viva. Para o nativo, o mito não é nem história fictícia, nem relato de um passado morto; é a afirmação de uma realidade maior e ainda parcialmente viva. O mito está vivo na medida em que sua lei, sua moral, seu precedente ainda regem a vida social dos nativos. Está claro que o mito funciona especialmente ali onde existe uma tensão sociológica – em situações em que há grande diferença de poder e de posição [rank], em questões de precedência e subordinação e, sem sombra de dúvida, em contextos onde profundas transformações históricas ocorreram. Muita coisa pode ser considerada factual, embora devamos sempre questionar até que ponto é possível fazer uma reconstrução histórica a partir do mito.

Podemos certamente descartar tanto a interpretação explicativa quanto a simbólica desses mitos de origem. Os personagens e seres que encontramos neles são o que de fato parecem ser, e não símbolos de realidades encobertas. Quanto à suposta função explicativa desses mitos, estes não satisfazem a nenhuma curiosidade, não lidam com algum problema, nem contêm qualquer teoria.

III Mitos da morte e do ciclo recorrente da vida

Em certas versões dos mitos de origem, a existência da humanidade subterrânea é comparada à existência de espíritos humanos após a morte no mundo espiritual atual. Desse modo, ocorre uma aproximação mitológica entre o passado primordial e o destino atual de cada homem – outro daqueles vínculos com a vida que consideramos tão importantes para o entendimento do valor cultural e da psicologia do mito.

O paralelo entre a existência espiritual e a condição primordial pode ser levado ainda mais longe. Após a morte, os fantasmas dos mortos se mudam para a ilha de Tuma. Lá, eles entram na terra através de uma abertura especial – uma espécie de inversão da emergência originária. Ainda mais significativo é o fato de que, após um período de existência espiritual em Tuma (o mundo subterrâneo), o espírito envelhece e se torna grisalho e enrugado; e de que ele precisa então rejuvenescer por meio da troca da pele. O mesmo se passava com os humanos nos tempos primordiais, quando viviam no subterrâneo. Quando estes vieram pela primeira vez à superfície, ainda não haviam perdido essa capacidade; homens e mulheres podiam viver uma juventude eterna.

Contudo, eles perderam essa faculdade devido a um acontecimento aparentemente banal, mas importante e fatídico. Houve um tempo em que uma velha vivia com a filha e a neta na aldeia de Bwadela – três gerações de genuína descendência matrilinear. A avó e a neta saíram um dia para tomar banho num canal do estuário. A garota ficou na margem, mas a velha se afastou até não ser mais vista. Ela removeu sua pele que, levada pela maré, ficou presa em um arbusto. Transformada em uma jovem, ela voltou para onde estava sua neta. A garota não a reconheceu. Tinha medo dela, e pediu-lhe que fosse embora. A velha, humilhada e irritada, voltou para o local onde se banhara, procurou por sua velha pele, vestiu-a novamente e retornou para a neta. Dessa vez, a menina a reconheceu aliviada, dizendo-lhe: "fiquei com medo, pois uma moça esteve aqui. Eu a mandei embora." A avó respondeu: "não, você não quis me reconhecer. Muito bem, você irá envelhecer; e eu vou morrer." Elas voltaram para casa, onde a filha cozinhava. A velha disse à filha: "Fui me banhar e a maré levou embora minha pele. Sua filha não me reconheceu, me expulsou. Não irei mudar de pele, e todos nós vamos envelhecer; vamos todos morrer."

Depois disso, os humanos perderam o poder de trocar de pele e de permanecer jovens. Os únicos animais que mantiveram essa capacidade foram os "animais de baixo" – serpentes, caranguejos, iguanas e lagartos: isso porque os humanos também já viveram no subterrâneo. Esses animais saíram de lá e ainda são capazes de mudar de pele. Tivesse o homem vivido acima da superfície, seriam os "animais de cima" – pássaros, raposas-voadoras e insetos –, aqueles capazes de mudar de pele e de rejuvenescer.

Aqui termina o mito tal como é contado habitualmente. Às vezes, os nativos acrescentam outros comentários que traçam paralelos entre os espíritos e a humanidade primordial; em outros momentos, enfatizam o tema da regeneração dos répteis; há ocasiões, enfim, que contam apenas incidente da perda da pele. A história é, em si mesma, trivial e sem importância, e continuaria o sendo aos olhos de qualquer um que não a analisasse contra o pano de fundo dos diversos costumes, concepções e ritos associados à morte e à vida futura. O mito, evidentemente, não é senão a crença desdobrada e dramatizada na antiga capacidade humana de rejuvenescimento e na perda desse poder.

Assim, através do conflito entre a neta e a avó, a humanidade teve que se submeter aos processos de decadência e de debilitação provocados pelo envelhecimento. Isso não equivale, entretanto, ao cumprimento integral do destino inexorável reservado ao homem, uma vez que velhice, decadência física e debilitação não significam a morte para os nativos. Para entendermos o ciclo inteiro de suas crenças é necessário estudar os fatores de doença, decadência e morte. O trobriandês é definitivamente um otimista em suas atitudes para com a saúde e a doença. Força, vigor, saúde perfeita são para ele o estado natural que só pode ser afetado ou perturbado por um acidente ou por uma causa sobrenatural. Pequenos incidentes como a fadiga, a insolação, a indigestão ou a exposição podem causar danos menores e temporários. Uma pessoa pode morrer ou ficar mutilada se cair de um rochedo ou de uma árvore, se for envenenada, ou atingida por uma lança durante uma batalha. A questão de se saber se esses e outros acidentes (como afogamentos, ataques de crocodilo ou de tubarão) estariam ou não relacionados à feitiçaria está sempre aberta para os nativos. Contudo, eles não têm qualquer dúvida de que todas as doenças graves, e, sobretudo, fatais, são causadas por vários veículos e formas de feitiçaria. A que mais prevalece entre elas é a feitiçaria ordinariamente praticada por magos, capazes de infligir através de suas fórmulas e ritos quase todo o repertório das patologias comuns, com a exceção de epidemias e doenças fulminantes.

As fontes de bruxaria são sempre procuradas em alguma influência vinda do sul. Há dois locais no arquipélago de Trobriand onde se diz que a feitiçaria teria se originado, ou melhor, onde ela teria aportado, vinda do arquipélago de D'Entrecasteaux. Um deles seria a mata de Lawaywo, localizada entre as aldeias de Ba'u e Bwoytalu; o outro corresponde da ilha meridional de Vakuta. Ambos os distritos são ainda vistos como os mais temíveis centros de bruxaria.

Habitado pelos melhores marceneiros e pelos tecelões mais experientes, o distrito de Bwoytalu, cujos membros são também conhecidos por ter como alimento abominações como a arraia e o porco-do-mato, ocupa um lugar social especialmente baixo na ilha. Esses nativos são endógamos há muito tempo, e representam provavelmente a camada de cultura autóctone mais antiga da ilha. A feitiçaria chegou a eles através de um caranguejo vindo do arquipélago sul. Esse animal aparece nas descrições seja emergindo de um buraco na mata de Lawaywo, seja caindo do céu sobre o mesmo local. Quando ele chegou, um cão e um homem apareceram. O caranguejo era vermelho, pois continha feitiçaria dentro dele. O cão, ao avistá-lo, tentou mordê-lo, mas acabou sendo morto pelo caranguejo. Este acabou matando também o homem, mas ao vê-lo teve pena – "seu ventre se condoeu" – e o trouxe de volta à vida. O homem então ofereceu a seu assassino e salvador uma grande retribuição, um *pokala*, pedindo ao crustáceo que lhe desse a magia. Isso foi feito. Imediatamente, o humano usou a feitiçaria para matar seu benfeitor. Na sequência, ele mata um parente materno próximo – obedecendo uma regra observada até hoje, ou pelo menos assim se crê. Depois disso, esse homem passou a ser o pleno detentor da bruxaria. Atualmente, os caranguejos são negros, pois a feitiçaria os deixou; entretanto, eles também são difíceis de morrer, por terem sido outrora os senhores da vida e da morte.

Um mito similar é contado na ilha meridional de Vakuta. Ele narra a aventura de um ser humanoide ardiloso que entrou em um pedaço de bambu na costa setentrional da ilha de Normanby e que foi levado pela correnteza rumo ao norte até a costa próxima ao promontório de Yayvau, ou Vakuta. Um homem da aldeia vizinha de Kwadagila ouviu uma voz vinda do bambu e foi ver do que se tratava. Um demônio saiu de dentro dele e ensinou-lhe feitiçarias. De acordo com meus informantes do sul, este foi o verdadeiro ponto de partida da magia negra. Ela chegou ao distrito de Ba'u em Bwoytalu a partir de Vakuta, e não diretamente dos arquipélagos do sul. Outra versão da tradição vakuta sustenta que o *tauva'u* chegou a Vakuta não em um bambu, mas por um aparato maior. Em Sewatupa, na costa norte da ilha de Normanby, havia uma grande árvore onde diversos seres malévolos costumavam ficar. Ela foi derrubada e caiu sobre o oceano, ficando sua base em Normanby, seu tronco e seus galhos suspensos sobre o mar e sua copa em Vakuta. Seria por isso que a feitiçaria está mais disseminada no arquipélago sul; que o mar dessa região está repleto de peixes vivendo nos ramos e galhos da árvore e que a costa sul de Vakuta é o lugar onde a feitiçaria desembarcou nas ilhas Trobriand. Pois na copa da árvore viviam três seres malévolos, dois machos e uma fêmea, e foram eles que deram aos habitantes algumas magias.

Essas histórias míticas não são senão um elo da corrente de crenças em que está envolto o destino final dos seres humanos. A compreensão dos incidentes míticos e a percepção de sua importância só é possível quando se os conecta com o conjunto completo de crenças no poder e no teor da bruxaria e com os sentimentos e temores que ela suscita. As histórias que explicitam o advento da feitiçaria não exatamente esgotam nem dão conta de todos os perigos sobrenaturais. Na crença nativa, não são feiticeiros do sexo masculino que provocam doenças e mortes repentinas, mas bruxas voadoras que agem do modo diverso e possuem um caráter mais sobrenatural. Não fui capaz de localizar um mito primordial sobre a origem desse tipo de bruxaria. Por outro lado, as características e as maneiras de proceder dessas bruxas estão cercadas por um ciclo de crenças que formam o que poderia ser chamado de mito corrente ou persistente [standing or current myth]. Não irei aqui reapresentá-las em detalhe, pois um relato completo pode ser encontrado em meu *Argonautas do Pacífico Ocidental*.[7] Não obstante, é importante perceber que a aura de poderes sobrenaturais em torno das pessoas consideradas bruxas dá origem a um fluxo contínuo de histórias. É possível ver essas narrativas como mitos menores, gerados pela forte crença nos poderes sobrenaturais. Histórias similares são contadas sobre os feiticeiros do sexo masculino, os *bwaga'u*.

Finalmente, as epidemias são atribuídas à ação direta de espíritos malévolos, os *tauva'u*, com frequência considerados em termos mitológicos como a fonte de toda a bruxaria, conforme vimos. Esses seres malévolos têm como residência fixa o sul, mas, ocasionalmente, podem se mudar para o arquipélago de Trobriand. Invisíveis para os seres humanos comuns, eles caminham à noite pelas aldeias, chocalhando suas cabaças de cal e batendo ruidosamente seus tacos de madeira. Onde quer que esses sons sejam ouvidos, o medo recai sobre os habitantes, pois aqueles que os *tauva'u* atacam com suas armas de madeira morrem, e uma invasão como essa está sempre associada a grandes mortandades. Assim, as aldeias são tomadas por doenças epidêmicas, *leria*. Em alguns casos, os espíritos malévolos podem se transformar em répteis, tornando-se, assim, visíveis aos

---

7. Ver cap. X, *passim*: especialmente pp. 236-248 [pp. 332-347 (Ubu)/180-189 (Abril)]; ver também pp. 320, 321 [pp. 429, 430 (Ubu)/240 (Abril)] e 393 [518 (Ubu)/288-9 (Abril)].

olhos humanos. Nem sempre é fácil diferenciá-lo do réptil ordinário, porém, é de crucial importância fazê-lo, uma vez que um *tauva'u* ferido ou maltratado se vinga infligindo a morte.

Ora, em torno desse mito persistente – desse conto doméstico sobre um acontecimento que não está situado no passado e que ocorre contemporaneamente – estão agrupadas inúmeras histórias concretas. Algumas delas se deram até mesmo durante minha estadia em Trobriand. Houve uma grave disenteria certa vez; e o primeiro surto de (provavelmente) gripe espanhola irrompeu em 1918. Nessas ocasiões, diversos nativos relataram haver escutado os *tauva'u*. Avistou-se um lagarto gigante em Wawela e uma pessoa o matou; mas logo em seguida ela própria morreu, e uma epidemia grassou a aldeia. Enquanto estive em Oburaku, aldeia já repleta de doentes, um *tauva'u* de verdade [real *tauva'u*] foi visto pela tripulação da canoa em que me encontrava. Uma grande serpente multicor surgiu no remanso, mas desapareceu misteriosamente quando nos aproximamos. Só não consegui enxergar tal maravilha porque sou míope, e talvez por não saber como procurar um *tauva'u*. Histórias como esta podem ser obtidas às dúzias em todas as comunidades. Um réptil dessa monta deve ser colocado em uma plataforma, e diante dele devem ser dispostos bens de valor. Nativos que realmente o testemunharam me asseguraram que isso não é infrequente, embora eu mesmo nunca tenha visto algo do gênero. Conta-se, além disso, que diversas bruxas haviam tido relações sexuais com os *tauva'u*, e que atualmente há um caso desse tipo.

No que diz respeito a essa crença, vemos como mitos menores são constantemente gerados pela grande narrativa esquemática. Nesse sentido, no que concerne aos vetores de doença e morte, a crença, as narrativas ostensivas correspondentes e os pequenos acontecimentos sobrenaturais constantemente registrados pelos nativos formam um todo orgânico. Essas crenças não são, evidentemente, teorias ou explicações. Elas consistem, por um lado, em todo um complexo de práticas culturais, pois não só se acredita que há quem pratique feitiçaria: ela é efetivamente praticada, pelo menos em sua versão masculina. Por outro lado, tal complexo abrange as respostas pragmáticas do homem à doença e à morte; exprime suas emoções, seus pressentimentos; influencia seu comportamento. Mais uma vez, a natureza do mito nos parece muito distante de uma mera explicação intelectual.

Estamos agora em plena posse das ideias nativas sobre os fatores que, no passado, cortaram a capacidade humana de rejuvenescimento, e que, no presente, abreviam sua própria existência. Aliás, a conexão que existe entre as duas perdas é apenas indireta. Os nativos creem que, embora a feitiçaria possa atingir crianças, jovens e adultos além dos idosos, são estes últimos os mais facilmente afetados por ela. Nesse aspecto, a perda da capacidade de rejuvenescer preparou o terreno para a feitiçaria.

Houve um tempo em que as pessoas envelheciam, morriam, depois tornavam-se espíritos e ainda assim permaneciam nas aldeias com os vivos – e mesmo atualmente rondam as casas quando retornam às suas aldeias durante o festival anual do *milamala*. Certo dia, porém, o espírito de uma velha que morava com os seus agachou-se sob um dos estrados das camas. Sua filha, que estava servindo os membros da família, deixou derramar um pouco de sopa quente da tigela de coco sobre o espírito da velha, que se revelou e repreendeu a filha. Esta última retorquiu: "Pensei que a senhora tivesse ido embora; achei que só retornaria uma vez ao ano, durante o *milamala*." O episódio feriu os sentimentos do espírito, que disse: "Retornarei a Tuma para viver no subterrâneo." A velha então cortou um coco ao meio, guardou a metade com os três furos e deu a outra à filha: "Estou te dando o pedaço que é cego, você portanto não poderá me ver. Vou levando a metade com os olhos, assim poderei te ver quando retornar com os outros espíritos." Eis por que os espíritos são invisíveis, ainda que eles mesmos consigam ver os humanos.

Esse mito faz referência à celebração sazonal do *milamala*, período de festas em que os espíritos retornam às suas aldeias. Há outro mito, mais revelador, que dá conta de como foi instituído o *milamala*. Uma mulher de Kitava morreu, deixando uma filha, que estava grávida. Ela teve o bebê, mas como não tinha leite suficiente para amamentá-lo, pediu a um moribundo da ilha vizinha que levasse uma mensagem para sua mãe na terra dos espíritos a fim de que a falecida pudesse levar comida para seu neto. O espírito da mulher encheu uma cesta com espíritos de alimentos e voltou entoando estes lamentos: "De quem é a comida que levo? É de meu neto, a quem vou entregar. Eu vou lhe dar esse alimento." Ao chegar na praia de Bomagema, em Kitava, deixou ali a cesta, dizendo à filha: "Eu trouxe a comida, conforme o homem me disse. Mas estou fraca, tenho medo que as pessoas achem que sou uma bruxa." Em seguida, assou um dos inhames e deu ao neto. Foi até a mata e fez um roçado para a filha. Mas quando ela voltou de lá, a filha teve um calafrio: o espírito de sua mãe parecia uma feiticeira. Pediu então que sua mãe fosse embora: "Volte para Tuma, para a terra dos espíritos; as pessoas daqui vão dizer que a senhora é uma bruxa." O espírito da mãe disse, queixando-se: "Por que me manda embora? Pensei que ficaria com vocês e que faria roças para meu neto." Mas a filha respondeu: "Vá embora, volte para Tuma." A velha então pegou um coco e o dividiu ao meio. Deu a metade sem olhos para a filha e ficou com a outra metade, dizendo a esta que, uma vez por ano, ela e mais outros espíritos viriam durante o *milamala* para ver as pessoas nas aldeias, mas que não seriam vistos por elas. E foi assim que o festival anual veio a ser o que é.

Para que possamos compreender essas narrativas mitológicas, é indispensável cotejá-las com as crenças nativas a respeito do mundo dos espíritos, com as práticas associadas à temporada do *milamala* e com as relações entre o mundo dos vivos e o mundo dos mortos tais como aquelas existentes nas formas nativas de espiritualismo[518]. Após a morte, todos os espíritos seguem para o mundo subterrâneo, em Tuma. Eles precisam passar por Topileta, o guardião do mundo espiritual. O recém-chegado oferece uma dádiva valiosa, o equivalente espiritual de algum bem de valor que lhe servira de adorno no momento de sua morte. Quando encontra os demais espíritos, ele é recebido por amigos e parentes que morreram antes dele, dando notícias sobre o mundo da superfície. Ele então se entrega à vida de espírito, que é semelhante à existência terrena, embora às vezes as descrições dessa vida se tinjam de esperança e desejo, tornando-a uma espécie de Paraíso. Mas mesmo os nativos que a descrevem assim não demonstram qualquer pressa em alcançá-la.

A comunicação entre os espíritos e os vivos se dá de diversas formas. Muitas pessoas já viram espíritos de seus parentes ou amigos, especialmente na ilha de Tuma e em locais próximos. Além disso, existem atualmente – e, pelo visto, desde tempos imemoriais – homens e mulheres que fazem longas expedições ao mundo subterrâneo, seja por meio do transe ou, com menor frequência, do sonho. Eles participam da vida dos espíritos, levando e trazendo notícias, informações, e mensagens importantes. Mas, acima de tudo, eles estão sempre prontos a levar dádivas como alimentos e bens de valor do mundo dos vivos até os espíritos. Essas pessoas mostram a outros homens e mulheres a realidade do mundo dos espíritos; elas também oferecem uma boa dose de conforto àqueles que perderam entes queridos e que estão sempre ansiosos para receber notícias de seus mortos.

Na época do festival anual do *milamala*, os espíritos saem de Tuma e se dirigem para suas antigas aldeias. Uma plataforma alta é erigida especialmente para eles, de onde observam os afazeres e o divertimento de seus conterrâneos. Grandes quantidades de comida são colocadas à mostra, alegrando seus corações tanto quanto os dos vivos. Durante o dia, objetos de valor são colocados em esteiras diante das cabanas do chefe e das pessoas ricas e importantes. Uma série de interdições são respeitadas na aldeia para que os espíritos invisíveis fiquem protegidos de acidentes. Não se deve derramar líquidos quentes, pois os espíritos, tal como a velha no mito, podem se queimar. A fim de se evitar que um *Baloma* – um espírito – se machuque, ninguém pode se sentar, ou cortar madeira dentro da aldeia, ou ficar brincando com lanças e paus, ou arremessar coisas... Afinal, os espíritos indicam sua presença não apenas através de sinais agradáveis que expressam sua

---

[8.] Uma exposição desses fatos se encontra em Malinowski, "Baloma; Spirits of the Dead in the Trobriand Islands", publicado no *Journal of the Royal Anthropological Institute*, 1916. [Trata-se do próximo ensaio deste volume.]

satisfação. Um ligeiro aborrecimento pode se fazer notar através de odores desagradáveis; já irritações mais graves podem tomar a forma de acidentes, danos materiais ou mau tempo. Em ocasiões como essas – e também naquelas em que o médium entra em transe ou em que alguém está próximo da morte –, o mundo dos espíritos parece bem próximo e real para os nativos. É certo que o mito se acomoda a essas crenças como algo intrínseco a elas. Há uma correspondência íntima e direta entre as relações dos humanos com os espíritos – expressas nas crenças e experiências religiosas atuais – e os diversos incidentes do mito. Também nesse caso o mito pode ser considerado como constituindo o pano de fundo maior de uma perspectiva contínua, que vai desde os medos, arrependimentos e preocupações individuais – passa pelo cenário costumeiro da crença e por vários casos concretos narrados a partir da experiência particular e da memória das gerações passadas – e chega até a época em que se acredita ter ocorrido pela primeira vez um fato semelhante.

Apresentei os fatos e os mitos de um modo que implica a existência de um vasto e coerente esquema de crenças. É claro que tal esquema não existe de forma explícita no folclore nativo. Mas ele corresponde a uma realidade cultural definida, na medida em que todas as manifestações concretas de crenças, sentimentos e pressentimentos nativos a respeito da morte e da vida após a morte são coerentes entre si e formam uma grande unidade orgânica. As diversas ideias e narrativas aqui resumidas reverberam umas nas outras, sendo seus paralelos apontados e suas interconexões evidenciadas de forma espontânea pelos nativos. Mitos, crenças e experiências religiosas associadas a espíritos e ao sobrenatural participam de fato de um mesmo objeto. A atitude pragmática correspondente pode ser atestada pelas tentativas de comunhão com o mundo subterrâneo. Os mitos são apenas uma parte desse todo orgânico; são desdobramentos narrativos que explicitam certos pontos cruciais da crença nativa. Quando examinamos os temas que são transpostos em narrativas, descobrimos que todos eles estão se referindo ao que podemos chamar de verdades negativas ou particularmente desagradáveis: a perda da capacidade de rejuvenescimento, o aparecimento de doenças, a morte por feitiçaria, a retirada dos espíritos do contato permanente com os vivos e, finalmente, o reestabelecimento parcial da comunicação com os mortos. Também notamos que os mitos desse ciclo são mais dramáticos e logicamente mais organizados que os mitos de origem, mantendo-se, contudo, complexos. Sem pretender aprofundar-me na questão, creio que essas características se devam ao fato de que as narrativas que tratam do destino humano contêm um registro metafísico mais profundo ou um apelo emocional mais forte se comparadas a enunciados e preceituários [charters] sociológicos.

De qualquer forma, podemos ver que o acesso do mito a esses temas não se explica por uma maior curiosidade ou por alguma característica mais problemática, mas sim pela importância pragmática e pela tonalidade emocional. Descobrimos que as ideias elaboradas pelos mitos e desdobradas em narrativas são especialmente dolorosas. Em uma dessas histórias, aquela sobre a instituição do *milamala* e o retorno periódico dos espíritos, são o comportamento ritual do homem e os tabus observados em relação aos espíritos que estão em questão. Os temas desenvolvidos nesses mitos são suficientemente claros em si mesmos, não é necessário "explicá-los". Além disso, o mito nem sequer desempenha parcialmente essa função. O que ele realmente faz é transformar um pressentimento emocionalmente avassalador, por trás do qual espreita, mesmo para o nativo, a ideia de uma fatalidade inevitável e impiedosa. O mito oferece, antes de mais nada, uma clara compreensão dessa ideia. Em segundo lugar, ele sintoniza um grande e vago sentimento de apreensão ao compasso de uma realidade conhecida e trivial. O tão-desejado poder da juventude eterna e a capacidade de rejuvenescimento que neutraliza o avanço da idade e da decadência foram perdidos devido a um pequeno incidente que uma mulher e uma criança teriam os meios para evitá-lo. A separação do morto de seus entes queridos é entendida como tendo sido causada pelo uso desatento de uma tigela de coco e por uma pequena discussão. A doença, por sua vez, é concebida como algo que veio de um pequeno animal e que deve sua origem a um encontro fortuito entre um homem, um cão e um caranguejo. Elementos como o erro humano, a culpa e o azar assumem grandes proporções. Por outro lado, o inevitável, a sorte e o destino são reduzidos ao nível das falhas humanas.

Para compreender esse aspecto, convém ter claro que a verdadeira atitude emocional do nativo diante da morte, seja sua própria ou de seus entes queridos, não se orienta unicamente por sua crença ou noções míticas. O forte temor da morte, o desejo de adiá-la, a profunda tristeza causada pela partida de seus queridos parentes, desmentem o credo otimista e a ideia de fácil acesso ao além inerentes aos costumes, noções e rituais nativos. Nos momentos seguintes à morte de alguém, ou quando a morte parece iminente, não há como deixar de notar um abalo na fé. Em longas conversas com vários doentes graves, e em particular com meu amigo Bagido'u, que se encontrava com tuberculose, pude sentir em todos eles – expressos discretamente e rudemente formulados, mas presentes de forma inequívoca – o mesmo pavor perante o inevitável fim, a mesma tristeza melancólica diante da transitoriedade e das coisas boas da vida e o mesmo questionamento sobre a possibilidade de esquivar-se definitivamente desse destino, ou ao menos de adiá-lo só mais um pouco. Essas mesmas pessoas, no entanto, também se agarravam à esperança que suas crenças lhes proviam, cobrindo o grande vazio emocional que se estendia diante delas com a textura vibrante de seus mitos, narrativas e crenças sobre o mundo dos espíritos.

IV Mitos da magia

Permitam-me discutir mais detalhadamente uma outra categoria de narrativas míticas – a dos mitos ligados à magia. A magia é, de múltiplos pontos de vista, o aspecto mais importante e mais misterioso da atitude pragmática do homem primitivo perante a realidade. Trata-se de um dos problemas que desperta os mais vívidos e controversos interesses dos antropólogos nos dias atuais. Foi *sir* James Frazer quem lançou as bases para seu estudo, erguendo em seguida, com sua célebre teoria da magia, um magnífico edifício.

O papel desempenhado pela magia no noroeste da Melanésia é tão importante que até mesmo o observador mais superficial percebe logo sua enorme influência. Sua incidência, contudo, não é tão evidente à primeira vista. Embora a magia pareça estar disseminada por toda parte, existem certas atividades bastante importantes e vitais em que é possível notar nitidamente sua ausência.

Jamais um nativo iria abrir uma roça de inhame ou de taro sem mobilizar a magia. Entretanto, certos cultivos importantes, como o do coco, da banana, da manga e da fruta-pão estão desprovidos de magia. Na pesca, a atividade econômica mais importante depois da agrícola, encontramos em algumas de suas variedades uma magia altamente desenvolvida. Assim, a perigosa pesca do tubarão, a procura pelo imprevisível *kalala* ou pelo *to'ulam* estão embebidas de magia. Já a pesca com veneno, igualmente relevante, mas baseada em um método fácil e confiável, não envolve magia alguma. A construção da canoa – uma atividade cercada de dificuldades técnicas, que requer esforços coordenados e que conduz a atividades sempre perigosas – envolve um ritual complexo, profundamente ligado à tarefa e considerado absolutamente indispensável. Já a construção de casas, uma empresa igualmente difícil do ponto de vista técnico, mas que não envolve perigo, nem acaso, nem formas de cooperações complexas como as exigidas para a construção de uma canoa, não está associada a qualquer forma de magia. O entalhamento da madeira, uma indústria de grande importância, é em certas comunidades um ofício bastante difundido, aprendido desde a infância e acessível a todos. Nessas comunidades, não há magia relacionada a esse ofício. Já um tipo diferente de entalhe, a escultura artística em ébano e em madeira de lei – praticada apenas por pessoas com habilidades artísticas e técnicas especiais – tem sua própria magia, considerada como a principal fonte de inspiração e destreza. Nas relações comerciais, uma forma de troca cerimonial conhecida como *kula* é cercada de importantes rituais mágicos, ao passo que a magia está ausente de certas formas menores de escambo, de natureza integralmente comercial. Por outro lado, de acordo com as crenças nativas, a guerra, as relações amorosas e certas manifestações do destino e da natureza (como doenças, ventos e clima) são quase inteiramente governadas por forças mágicas.

Mesmo esse breve levantamento nos leva a uma importante generalização, e nos servirá como um ponto de partida conveniente. Podemos encontrar a magia ali onde a sorte, o acaso e a tensão emocional entre esperanças e medos estejam amplamente presentes. Não a encontraremos em atividades confiáveis, seguras, e bem controladas por métodos racionais e procedimentos técnicos. Ela pode ser encontrada, ainda, em situações que envolvem claro perigo. Em contraste, não há magia onde a segurança absoluta elimina qualquer possibilidade de presságio. Esse é o fator psicológico. Mas a magia também cumpre uma outra função sociológica de grande importância. Como tentei mostrar alhures, a magia é um componente ativo na organização e sistematização do trabalho. A magia também fornece a principal força de controle na atividade de caça. A função cultural integral da magia consiste, portanto, em preencher lacunas e contornar inadequações em atividades de grande importância ainda não dominadas completamente pelo homem. Para tanto, ela faz com que o homem primitivo acredite firmemente em sua capacidade de sucesso. Além disso, a magia oferece a ele uma técnica mental e pragmática inequívoca em qualquer situação em que os meios ordinários não sejam suficientes ou adequados. Por conseguinte, ela torna o homem capaz de executar com confiança suas tarefas mais vitais e de manter a calma e a integridade mental sob circunstâncias que, sem o suporte da magia, iriam desmoralizá-lo ao expor seu desespero e ansiedade, seu medo e hostilidade, sua mágoa impotente ou seu fracasso amoroso.

Nesse sentido, a magia se assemelha à ciência na medida em que tem um objetivo bem definido e intimamente ligado a instintos, necessidades e atividades humanas. A arte mágica está orientada para o cumprimento de objetivos práticos; e, como ocorre em qualquer arte ou ofício, também ela é regida por uma teoria e por um sistema de princípios que estabelecem como desempenhar uma ação de modo eficaz. Há, portanto, diversas semelhanças entre magia e ciência, permitindo que, tal como o fez *sir* James Frazer, denominemos a primeira de pseudociência.

Observemos mais de perto a natureza da arte mágica. A magia, em todas as suas formas, é composta por três ingredientes essenciais: as *performances* mágicas sempre envolvem palavras, quer sob a forma de canções, quer apenas pronunciadas; certos atos cerimoniais são sempre realizados; e, por fim, a cerimônia sempre é conduzida por um oficiante. Assim, para analisar a natureza da magia, devemos distinguir a fórmula, o rito, e o papel do oficiante. Pode-se notar desde já que, na região da Melanésia em pauta, a fórmula encantatória [spell] é de longe o componente mais importante da magia. Para os nativos, conhecer a magia significa conhecer a fórmula encantatória; assim, em qualquer ato de bruxaria, o ritual está concentrado em torno do proferimento do encanto. O rito e a competência do oficiante são apenas fatores coadjuvantes usados para preservar e lançar o feitiço apropriadamente. Isso é muito importante do ponto de vista da nossa discussão atual, pois a fórmula mágica está intimamente relacionada com o saber tradicional e, mais especificamente, com a mitologia[9].

Encontramos em quase todos os tipos de magia alguma narrativa que dá conta de sua existência. Essa narrativa nos conta quando e onde o homem tomou posse de tal ou qual fórmula mágica, como um grupo local a obteve e como ela foi sendo passada adiante. Contudo, essa história não é a das origens da magia. A magia nunca teve uma "origem"; ela jamais foi criada ou inventada. A magia simplesmente *existiu* desde o começo. Sempre foi um adjunto essencial a todos aqueles processos e coisas pelos quais o homem se interessa de maneira vital, e que, no entanto, escapam a seus esforços racionais habituais. O feitiço, o rito, e o objeto que estes governam são contemporâneos entre si.

A essência da magia reside, portanto, em sua integridade tradicional. A magia só pode ser eficaz se for transmitida de uma geração a outra sem qualquer perda ou falha em sua integridade, mantendo-se íntegra desde os primórdios até o oficiante atual. Em suas viagens pelo tempo, a magia exige, assim, uma linha de descendência impecável; algo como um passaporte da tradição. Isso é fornecido pelos mitos da magia. O modo como o mito dota de valor e validade a *performance* mágica e se funde com a crença na eficácia da magia será melhor ilustrado por um exemplo concreto.

Como se sabe, as relações amorosas e a atração que um sexo provoca no outro cumprem um papel importante na vida desses melanésios. Como em muitas outras raças dos mares do sul, seu comportamento nesse quesito se caracteriza por ser bem livre e acessível, sobremaneira antes do casamento. O adultério, entretanto, é uma transgressão sujeita à punição, e as relações entretidas no interior de um mesmo clã totêmico são rigorosamente interditadas. Porém, o crime mais grave de todos aos olhos nativos é o incesto, qualquer de suas formas. A simples ideia de relacionamento incestuoso entre irmãos de sexos opostos inspira-lhes o mais violento horror. Um irmão e uma irmã – unidos pelo mais estreito laço de parentesco nessa sociedade matriarcal – não sequer podem conversar livremente, não devem jamais brincar um com o outro, nem trocar sorrisos. Além disso, qualquer alusão a um deles na presença do outro é considerada de extremo mau gosto. Por outro lado, fora do clã a liberdade viceja e as buscas amorosas assumem uma variedade de formas interessantes ou mesmo atraentes.

Acredita-se que a atração sexual e o poder de sedução residem da magia do amor. Os nativos consideram que essa magia se encontra fundamentada em um

---

[9]. Ver *Argonauts of the Western Pacific*, pp. 329; 401 et seq. [*Argonautas do Pacífico Ocidental*, pp. 438-9; 526-7 et seq. (Ubu)/245-6; 294 et seq (Abril)] e "Magic, Science and Religion" in *Science, Religion and Reality* (1925), coletânea com ensaios de vários autores, pp. 69-78. Neste volume, ver o ensaio "Magia, Ciência e Religião", pp. XXX.

acontecimento dramático do passado, narrado pelo estranho e trágico mito do incesto entre irmãos, sobre o qual farei a seguir apenas uma breve menção [10]. O mito conta a história de dois jovens que moravam com a mãe em uma aldeia. Mas um acidente acontece: a garota inalou uma forte poção amorosa que seu irmão havia preparado para outra pessoa. Loucamente apaixonada, ela sai em busca do irmão e acaba por seduzi-lo em uma praia deserta. Tomados de vergonha e remorso, deixam de comer e de beber e se isolam em uma gruta, onde morrem. Uma erva aromática despontou por entre seus esqueletos entrelaçados – erva que é o ingrediente mais poderoso das infusões usadas na magia do amor.

O mito da magia, em grau maior do que os demais tipos de mito selvagem, justifica as pretensões sociológicas de seu detentor, modela o ritual e avaliza a veracidade da crença ao fornecer o modelo para a confirmação miraculosa subsequente.

Nossa descoberta da função cultural do mito mágico confirma plenamente a brilhante teoria sobre as origens do poder e da realeza desenvolvida por *sir* James Frazer nas partes iniciais de seu *Ramo de Ouro*. De acordo com *sir* James, os primórdios da supremacia social se devem principalmente à magia. Tendo mostrado como a magia está associada às demandas locais, à afiliação sociológica e à descendência direta, forjamos, assim, mais um elo da cadeia causal que conecta tradição, magia e poder social.

V Conclusão

Ao longo deste ensaio, procurei provar que o mito é, acima de tudo, uma força cultural. Porém, ele não é só isso. O mito, evidentemente, é também uma narrativa, e nesse sentido comporta um aspecto literário. Apesar de enfatizado de modo indevido pela maior parte dos estudiosos, não podemos negligenciar totalmente esse aspecto. O mito contém germes do que mais tarde será a tragédia, o romance e a epopeia, e tem sido usado nesses gêneros pelo gênio criativo dos povos e pela atenta arte da civilização. Vimos que alguns mitos não são senão afirmações frias e sucintas, quase sem nexo e desprovidas de incidentes dramáticos. Já outros – como o mito de amor, o mito da canoa mágica, o mito de expedição marítima – são eminentemente histórias dramáticas. Se houvesse espaço, eu poderia recontar aqui a longa e elaborada saga de Tudava, o herói cultural que matou um ogro, vingou sua mãe e realizou uma série de tarefas culturais[11]. Se compararmos es-

---

10. Para a apresentação completa desse mito ver Malinowski, *Sex and repression in primitive society* (1926) [*Sexo e repressão na sociedade primitiva* (ed. Vozes, 1973)], no qual suas coordenadas sociológicas são extensamente discutidas.

11. Para um dos principais episódios do mito de Tudava, ver Malinowski, "Complex and myth in mother right", *Psyche* vol. V (1925), pp. 209-210.

sas narrativas, talvez seja possível mostrar por que certas formas de mito se prestam a uma posterior elaboração literária e por que outras permanecem artisticamente infecundas. Questões de precedência sociológica, de titulação legal, de ascendência linhageira e de demandas locais não se aprofundam no domínio das emoções humanas e, portanto, carecem de elementos de valor literário. Por outro lado, a crença, seja na magia, seja na religião, está intimamente associada aos desejos mais profundos do homem, a seus medos e esperanças, a suas paixões e sentimentos. Mitos de amor e de morte, narrativas sobre a perda da imortalidade, sobre o fim da Idade do Ouro e a expulsão do Paraíso, mitos de incesto e de feitiçaria – todos estes jogam com os próprios elementos que compõem as artes da tragédia, da lírica e do romance. Nossa teoria, a teoria da função cultural do mito, ao dar conta da íntima relação entre mito e crença e ao revelar a estreita ligação entre ritual e tradição, pode ajudar a aprofundar nossa compreensão das potencialidades literárias da narrativa selvagem. Não poderei elaborar aqui esse tema, certamente fascinante.

Em nossas considerações preliminares, havíamos desautorizado e descartado duas teorias correntes sobre o mito: a visão de que o mito seria uma interpretação rapsódica de fenômenos naturais; e a doutrina de Andrew Lang segundo a qual o mito seria essencialmente uma explicação, uma espécie de ciência primitiva. Nossa abordagem mostrou que nenhuma dessas atitudes mentais são dominantes na cultura primitiva e que elas não conseguem explicar a forma das histórias sagradas primitivas, nem seu contexto sociológico ou sua função cultural. Mas quando damos conta de que o mito serve principalmente para estabelecer uma certificação [charter] sociológica, ou um modelo moral retrospectivo de comportamento, ou o supremo milagre primordial da magia – fica claro que devemos encontrar nas lendas sagradas o interesse pela natureza e o elemento da explicação. Um precedente irá balizar ou responder pelos casos subsequentes, embora vá fazê-lo por meio de um encadeamento de ideias completamente diferente da relação científica entre causa e efeito, entre motivo e resultado. Quanto ao interesse pela natureza, ele se torna óbvio quando nos apercebemos da importância da mitologia da magia e do evidente atrelamento da magia às preocupações econômicas do homem. A esse respeito, aliás, vê-se que a magia está muito distante de ser uma rapsódia desinteressada e contemplativa dos fenômenos naturais. Entre mito e natureza, é preciso interpor dois segmentos: o do interesse pragmático do homem em certos aspectos do mundo exterior e o da necessidade humana de complementar com magia o controle empírico e racional de certos fenômenos.

Permitam-me afirmar mais uma vez que lidei neste ensaio com o mito selvagem, e não com o mito cultural. Acredito que o estudo das funções e do funcionamento do mito em sociedades primitivas deve antecipar as conclusões tiradas dos materiais provenientes das civilizações superiores. Parte desse material chegou até nós apenas sob a forma de textos literários isolados, sem qualquer indicação sobre seu contexto social ou sobre seu enquadramento na vida real. Tal quadro resume o estado da mitologia de povos clássicos antigos e de civilizações extintas do Oriente. No que diz respeito ao estudo do mito, o estudioso clássico deve aprender com o antropólogo.

A ciência do mito em culturas avançadas contemporâneas – na civilização atual da Índia, Japão, China, e, por último mas não menos importante, em nossa própria civilização – bem pode se inspirar no estudo comparativo do folclore primitivo. A cultura civilizada, por sua vez, pode fornecer à mitologia selvagem acréscimos e explanações importantes. Esse tema se situa muito além dos limites do presente estudo. Mas gostaria de sublinhar que a antropologia deve ser não apenas o estudo dos costumes selvagens à luz de nossa mentalidade e cultura, mas também o estudo de nossa própria mentalidade e cultura a partir da perspectiva distante tomada de empréstimo do homem da Idade da Pedra. Ao conviver mentalmente por um tempo com pessoas de uma cultura muito mais simples que a nossa, podemos nos ver à distância, podemos ganhar um novo senso de proporção sobre nossos costumes, crenças e instituições. Se a antropologia puder inspirar em nós algum senso de proporção e nos prover de um senso de humor mais fino, terá ela então todo o direito de se reivindicar como uma grande ciência.

Terminada a recensão dos fatos e o acompanhamento de suas consequências, nos resta apenas sumariá-los brevemente. Procurei mostrar que as histórias que circulam em uma comunidade nativa – ou seja, o folclore – vivem no contexto cultural da vida tribal, e não apenas no conteúdo narrado. Quero dizer com isso que as ideias, emoções e desejos associados a uma determinada história não são experimentados apenas quando ela é narrada, mas também quando o equivalente dessa história é atuado, encenado [enacted], em certos costumes, regras morais ou procedimentos rituais. E aqui se revelam diferenças consideráveis entre os vários tipos de história: um simples *conto* [tale] de beira de fogueira apresenta um contexto sociológico tênue, ao passo que uma *lenda* se aprofunda muito mais na vida tribal da comunidade. O *mito*, por sua vez, cumpre uma função mais importante: como afirmação da realidade primordial que subsiste ainda na vida atual e como justificativa pelo precedente, o mito fornece um modelo retrospectivo de crença mágica, organização sociológica e valores morais. Ele não é, portanto, o simplesmente narrado, assim como não é uma forma de ciência, nem um ramo da arte ou da história, nem tampouco um conto explicativo. O mito cumpre uma função *sui generis*, intimamente ligada à natureza da tradição, à conservação da cultura, à relação entre o antigo e o novo e à atitude humana para com o passado. A função do mito, em suma, é fortalecer a tradição e dotá-la de maior valor e prestígio, na medida em que a remete ao mundo dos acontecimentos primordiais – a uma realidade melhor, mais elevada e mais sobrenatural.

O mito é, pois, um ingrediente indispensável a toda cultura. Como vimos, ele se regenera constantemente; cada mudança histórica cria sua própria mitologia, cuja relação com o fato histórico é, contudo, apenas indireta. O mito é um reiterado subproduto [by-product] da crença ativa (que necessita de milagres); do *status* social (que requer precedentes); da regra moral (que exige sanções).

Nossa tentativa de formular aqui uma nova definição de mito talvez tenha sido demasiadamente ambiciosa. Nossas conclusões implicam um novo método de operar a ciência do folclore, pois mostramos que ela não pode negligenciar o ritual, a sociologia ou mesmo a cultura material. Devemos tirar os contos populares, as lendas e os mitos da vida achatada que levam no papel e recolocá-los na realidade tridimensional da vida plena. Quanto ao trabalho de campo antropológico, pleiteamos obviamente um novo método de coleta de evidências. O antropólogo deve renunciar ao conforto de sua espreguiçadeira de varanda e sair dos sobrados dos missionários, das estações administrativas ou dos bangalôs dos colonos, onde se acostumou a coletar relatos de informantes e a anotar suas histórias, munido de caneta e papel, e às vezes de uísque e refrigerante, preenchendo folhas e mais folhas com textos selvagens. Ele deve ir para as aldeias, observar os nativos trabalhando nas roças, nas praias, nas matas. Deve também navegar com eles até ilhotas distantes e terras e tribos estrangeiras, observando-os na pesca, nas trocas comerciais e nas expedições cerimoniais além-mar. As informações devem chegar até ele com o sabor de suas próprias observações da vida nativa, e não espremidas a conta-gotas de informantes relutantes. O trabalho de campo pode ser feito em primeira ou em segunda mão, mesmo entre os selvagens, em meio a palafitas, não muito longe da caça a cabeças e do canibalismo reais. A antropologia ao ar livre, em contraste com a anotação de boatos e relatos de terceiros, é um trabalho árduo, mas nem por isso deixa de ser também algo bem divertido. Somente essa antropologia pode nos fornecer uma visão panorâmica do homem e da cultura primitiva. Essa antropologia nos mostra que o mito, longe de ser uma atividade mental improdutiva, é um ingrediente vital na relação prática com o ambiente.

Porém, o mérito dessas proposições não é meu, mas, uma vez mais, de *sir* James Frazer. A teoria da função ritual e sociológica do mito já estava presente n'*O Ramo de Ouro*; eu apenas acrescentei uma pequena contribuição, na medida em que pude testá-la, comprová-la e documentá-la a partir de meu trabalho de campo. Tal teoria está implícita no tratamento frazeriano da magia; em sua magistral exposição da grande importância dos ritos agrícolas; no lugar central que os cultos da vegetação e da fertilidade ocupam em *Adonis, Attis, Osiris* e em

Spirits of the Corn and of the Wild*. Nesses trabalhos e em muitos outros, *sir* James Frazer indicou a íntima relação entre palavra e ato presente na fé primitiva; mostrou também que as palavras das narrativas e das fórmulas encantatórias e os atos rituais e cerimoniais são as duas faces da crença primitiva. A profunda questão filosófica de Fausto sobre a preeminência do dizer ou do fazer parece-nos falaciosa. A gênese do homem é a gênese do pensamento articulado e do pensamento atuado, posto em ação. Sem as palavras – quer enquadradas em uma conversa racional, quer lançadas na forma de feitiços mágicos, quer nas súplicas dirigidas a divindades superiores –, o homem não teria sido capaz de embarcar nessa grande odisseia de aventuras e conquistas culturais.

---

* [N.T] Malinowski faz referência aqui à Parte IV e à Parte V de *The Golden Bough (O Ramo de Ouro)*, respectivamente. Subdivididas em dois tomos cada uma, a Parte IV corresponde aos Volumes 5-6 e a Parte V aos Volumes 7-8 da referida obra. Para maior clareza, eis a composição integral de *The Golden Bough* (dotada de 7 partes distribuídas em 13 volumes): Vols. 1-2. Parte I (em 2 tomos). "The magic art and the evolution of kings"; Vol. 3. Parte II. "Taboo and the perils of the soul"; Vol. 4. Parte III. "The dying god"; Vols. 5-6. Parte IV (em 2 tomos) "Adonis, Attis, Osiris. Studies in the history of oriental religion"; Vols. 7-8. Parte V (em 2 tomos) "Spirits of the corn and the wild"; Vol. 9. Parte VI. "The scapegoat"; Vols. 10-11. Parte VII (em 2 tomos) "Balder the Beautiful. The fire festivals of Europe and the doctrine of the external soul"; Vol. 12. "Bibliography and General Index" e, encerrando a série, o Vol. 13. "Aftermath and supplement", de 1936.

3
BALOMA: OS ESPÍRITOS DOS MORTOS NAS ILHAS TROBRIAND[2]

Entre os nativos de Kiriwina, a morte é o ponto de partida de duas séries de eventos quase independentes uma da outra. A morte ocorre a um indivíduo; sua alma (*baloma* ou *balom*) deixa o corpo e vai para outro mundo, onde existe como sombra. Sua morte também é uma questão que merece atenção da comunidade dos vivos. Seus membros lamentam essa morte, enlutam-se e empreendem uma série interminável de festins. Via de regra, essas festividades consistem na distribuição de alimentos não cozidos; ainda que, mais raramente, sejam feitas festas em que o alimento é cozido e comido prontamente. Intimamente ligadas ao dever do luto, da lamentação e da tristeza, essas cerimônias se organizam em

---

2. Este artigo contém parte dos resultados do trabalho etnográfico realizado na Nova Guiné Britânica, em associação com a Bolsa de Viagem Robert Mond (University of London) e a Bolsa Constance Hutchinson da London School of Economics (University of London), e contou com o auxílio do Departamento de Relações Exteriores da Comunidade Britânica.
O autor passou cerca de dez meses (maio de 1915-março de 1916) em Omarakana e nas aldeais vizinhas, em Kiriwina (ilhas Trobriand), onde conviveu com os nativos e ergueu sua tenda. Por volta de outubro de 1915, já havia adquirido conhecimento suficiente da língua falada em Kiriwina para dispensar um intérprete. O autor deseja agradecer o auxílio recebido do sr. Atlee Hunt, Secretário do Departamento de Relações Exteriores da Comunidade Britânica, e do dr. C.G. Seligman, Professor de Etnologia na University of London. A lhaneza e o encorajamento incessantes do dr. Seligman foram de grande ajuda do começo até o final do trabalho, e sua obra *The Melanesians of British New Guinea* serviu de base sólida para o presente estudo. *Sir* Baldwin Spencer, KCMG [Cavaleiro-Comendador da Ordem de São Miguel e São Jorge], gentilmente leu partes do manuscrito e ofereceu sugestões valiosas em diversos pontos importantes.
[N.T. Por ocasião de sua primeira publicação (ver *The Journal of the Royal Anthropological Institute of Great Britain and Ireland* vol. 46, 1916), o presente texto vinha precedido do seguinte sumário:
    I. Comentários gerais a respeito da independência das práticas mortuárias e o bem-estar dos espíritos; duas formas de espírito ou fantasma – o *baloma* e o *kosi*; as *mulukuasi*, seres terríveis que assombram os entornos de um cadáver.
    II. A viagem do espírito (*baloma*) ao mundo do além; sua chegada e recepção em Tuma, a ilha dos espíritos.
    III. Comunicação entre os *baloma* e os vivos; encontros reais em caminhadas; comunicação por meio de sonhos e visões; a natureza dos *baloma* e dos *kosi*.
    IV. O retorno dos espíritos a suas aldeias durante a festa anual, a *milamala*.
    V. Papel desempenhado pelos espíritos na magia; referências a ancestrais nos encantamentos mágicos.
    VI. Crenças na reencarnação.
    VII. Ignorância da fisiologia da reprodução.
    VIII. Algumas considerações gerais sobre a sociologia da crença.]

torno do corpo do morto. Contudo – ponto importante para nossa descrição –, essas atividades e cerimônias sociais não têm qualquer ligação com o espírito do morto. Elas não são realizadas para enviar uma mensagem de amor e pesar ao *baloma* (espírito) ou para impedir seu retorno; elas não têm qualquer influência sobre seu bem-estar, nem afetam sua relação com os vivos.

É possível, portanto, discutir as crenças nativas na vida após a morte sem tocar no tema das cerimônias mortuárias e de luto. As primeiras são extremamente complexas e, para serem devidamente descritas, seria necessário um conhecimento profundo do sistema social nativo[3]. Neste texto serão descritas as crenças relativas aos espíritos dos mortos e à vida após a morte.

Logo após a sua saída do corpo, acontece algo notável com o espírito. Em termos gerais, isso pode ser descrito como uma espécie de cisão. Na verdade, há duas crenças que, embora sejam obviamente incompatíveis, existem lado a lado. Em uma delas, o *baloma* (que é a principal forma do espírito do homem morto) vai para "Tuma, uma pequena ilha situada a uns quinze quilômetros a noroeste das ilhas Trobriand"[4]. Essa ilha é também habitada pelos vivos, que moram em uma grande aldeia também chamada Tuma, e é frequentemente visitada pelos nativos da ilha principal. A outra crença afirma que o espírito leva uma existência curta e precária após a morte perto da aldeia e dos locais usualmente assombrados pelo morto, como a sua horta, a praia, ou um poço. Sob essa forma, o espírito é chamado de *kosi* (pronuncia-se às vezes *kos*). A ligação entre o *kosi* e o *baloma* não é muito clara, e os nativos não veem problemas em conciliar qualquer inconsistência quanto a isso. Os informantes mais inteligentes são capazes de explicar as inconsistências, mas essas tentativas "teológicas" não concordam entre si, e não parece haver uma versão ortodoxa que predomine.[5] As duas crenças, porém, existem lado a lado em termos de força dogmática; são consideradas verdadeiras, influenciam as ações humanas e regulam seu comportamento. Sendo assim, as pessoas ficam genuinamente assustadas com os *kosi*, ainda que não de forma muito intensa, e algumas das ações observadas no luto, bem como o destino dado aos mortos, supõem a crença na jornada do espírito até Tuma, juntamente com alguns de seus detalhes.

---

3. Para uma análise da sociologia de Kiriwina, ver Seligman, *The Melanesians of British New Guinea*, caps. XLIX-LII, pp. 660-707, e o cap. LIX para a descrição das práticas mortuárias. O professor Seligman fornece também um panorama das crenças nativas sobre vida após a morte (cap. LV). Seu material, coletado em outro local do distrito, será citado de agora em diante.

4. Seligman, *The Melanesians of British New Guinea*, p. 733.

5. Versões variadas serão discutidas abaixo. A natureza do *baloma* e do *kosi* e o material, por assim dizer, de que são feitos – sombra, reflexo ou corpo – serão também abordados abaixo. Por ora, consideramos suficiente dizer que o *baloma* é certamente visto com tendo a mesma aparência de uma pessoa viva.

O corpo do morto é adornado com todos os seus ornamentos, e os bens de valor nativos que ele possuía são colocados a seu lado. Isso é feito para que ele possa carregar a "essência" ou "parte espiritual" de suas riquezas para o outro mundo. Tais procedimentos implicam a crença em Topileta, a versão nativa de Caronte, a quem o espírito paga a "passagem" (ver abaixo).

Fantasma de um morto, o *kosi* pode ser encontrado na estrada próxima de sua aldeia ou em sua horta, ou pode ser ouvido batendo nas casas dos seus amigos e parentes por alguns dias após a morte. As pessoas têm um claro receio de encontrar um *kosi* e estão sempre vigilantes, mas não ficam realmente aterrorizadas com isso. O *kosi* aparenta ter o humor de um duende frívolo, mas inofensivo, pregando pequenos truques, importunando e assustando as pessoas como alguém assustaria de brincadeira um outro na escuridão. Ele pode jogar pedrinhas em qualquer pessoa que esteja passando pelo local de sua assombração. Os passantes podem também escutar seus nomes sendo chamados ou ouvir risos vindos do escuro. Mas o *kosi* jamais fará um mal de verdade. Ninguém jamais se feriu, e muito menos morreu, por causa de um *kosi*. O *kosi* também não se vale desses métodos horríveis usados para assustar pessoas, bem conhecidos em nossas histórias de fantasmas.

Lembro-me bem da primeira vez que ouvi falar do *kosi*. Era uma noite escura, e eu e mais três nativos voltávamos de uma aldeia vizinha, onde um homem havia morrido naquela tarde e sido enterrado em nossa presença. Estávamos caminhando em fila indiana quando de repente um dos nativos parou e todos começaram a falar, olhando ao redor com evidente curiosidade e interesse, mas sem um pingo de terror. Meu intérprete explicou-me que escutaram um *kosi* na horta de inhame que acabáramos de atravessar. Fiquei impressionado com a forma banal com que os nativos trataram o incidente sinistro, e tentei perceber até que ponto eles estavam levando a sério a suposta aparição e de que maneira eles reagiam emocionalmente a ela. Não parecia haver a menor dúvida de que a situação fora real, e fiquei sabendo depois que, apesar de ser muito comum ver ou ouvir um *kosi*, ninguém tem medo de ir sozinho a uma horta escura onde se ouviu algum barulho provocado pelo *kosi*. Ninguém tampouco sente aquele medo intenso, opressor, quase paralisante, bem conhecido por todos que experimentaram ou estudaram o medo de fantasmas tal como o concebemos na Europa. Os nativos não contam de modo algum qualquer "história de fantasmas" que mencione os *kosi*. Eles apenas relatam brincadeiras inócuas, e mesmo as crianças pequenas não parecem ter medo deles.

Em termos gerais, é notável que não exista um medo supersticioso da escuridão ou qualquer relutância em se andar sozinho à noite. Algumas vezes, cheguei a mandar garotos, de dez anos de idade no máximo, buscarem sozinhos à noite algum objeto deixado de propósito a uma boa distância, e pude atestar que esses meninos eram impressionantemente destemidos, bastando um pouquinho de tabaco para que se prontificassem. Adultos e jovens andam sozinhos à noite entre aldeias alguns quilômetros distantes uma da outra sem que encontrem outra pessoa pelo caminho. Ora, como tais excursões geralmente têm a ver com alguma aventura amorosa proibida, o envolvido prefere caminhar mata adentro para evitar esbarrar com outras pessoas. Lembro-me de haver encontrado mulheres sozinhas andando pela estrada ao anoitecer, mas todas elas já eram mais velhas. A estrada que leva de Omarakana (e várias outras aldeias não muito afastadas da costa oriental) à costa passa pelo *raiboag*, espinhaço de coral coberto por densa mata, caminho sinuoso e pedregoso perpassado por rochedos e ravinas e cercado de cavernas – um tipo de ambiente bem estranho à noite. Mas os nativos frequentemente vão e voltam de lá sozinhos à noite. Não há dúvida de que há uma variação individual, uns tendo mais medo do que outros, mas, em geral, quase não se observa entre os kiriwinianos aquele pavor nativo da escuridão sempre apontado em relatos.[6]

Contudo, quando acontece uma morte numa aldeia, esse medo supersticioso aumenta enormemente. Não é o *kosi*, no entanto, que o desperta, mas sim seres muito menos "sobrenaturais": as feiticeiras invisíveis chamadas *mulukuausi*. Elas são mulheres, vivas, com quem se pode encontrar e conversar no dia a dia, mas que possuiriam o poder de se tornar invisíveis, de enviar um "emissário" de seus corpos ou de viajar grandes distâncias pelo ar. Sob essa forma não corpórea elas são extremamente virulentas, poderosas e também onipresentes.[7] A qualquer um que aconteça ficar exposto a elas, certamente será atacado.

Elas são especialmente perigosas no mar, e sempre que há uma tempestade e uma canoa corre perigo, as *mulukuausi* estão por ali procurando por presas. Ninguém sonharia, portanto, em fazer uma viagem mais distante – como a rota que vai do sul para o arquipélago D'Entrecasteaux, ou do leste para as Marshall Bennet ou para a ainda mais distante ilha de Woodlark – sem saber o *kaiga'u*, magia poderosa concebida para afastar e desorientar as *mulukuausi*. Mesmo quando se constrói uma grande *waga* (canoa de alto mar) chamada *masawa*,

---

6. Fiquei impressionado com a enorme diferença entre os kiriwinianos e os Massim setentrionais e os Mailu, uma tribo da costa meridional da Nova Guiné que visitei durante uma estadia de seis meses na Papua, entre 1914-15. Os Mailu demonstram um medo evidente da escuridão. Perto do final da minha estadia, visitei a ilha Woodlark, e os nativos dali, pertencentes ao mesmo grupo dos kiriwinianos (um grupo que Seligman denomina de Massim setentrionais), diferem tão claramente dos Mailu quanto a isso a ponto de chamar-me a atenção já na primeira noite que passei na aldeia de Dikoias. Ver Malinowski, "The natives of Mailu. Preliminary results of the Robert Mond research work in British New Guinea", *Transactions of the Royal Society of South Australia*, vol. XXXIX, 1915.

7. Ver G. G. Seligman, *The Melanesians of British New Guinea*, cap. XLVII, para uma descrição de mulheres maléficas similares de um outro distrito (dos Massim meridionais). Não irei me deter apresentando detalhes das crenças nas *mulukuausi*, mas tenho a impressão de que os nativos não têm muita certeza se se trata de um "emissário" ou um "duplo" que deixa o corpo da bruxa ou se é ela própria que transita de forma invisível. Ver também Malinowski. "The natives of Mailu", p. 653 e a nota da p. 648.

certas fórmulas devem ser proferidas para reduzir o perigo representado por essas terríveis mulheres.

Elas também são perigosas em terra, onde atacam as pessoas e devoram suas línguas, olhos e pulmões (*lopoulo*, pode ser traduzido como "pulmões", mas também designa as "entranhas" em geral). Todos esses dados pertencem, no entanto, ao capítulo sobre feitiçaria e magia maléfica, sendo apenas mencionados neste ponto, em que as *mulukuausi* estão sob nosso foco, porque dizem respeito aos mortos. Pois as *mulukuausi* possuem instintos verdadeiramente macabros. Sempre que um homem morre, elas formam imediatamente um enxame e se alimentam de suas entranhas. Elas comem seus *lopoulo*, sua língua, seus olhos – todo o seu corpo, na verdade, tornando-se depois disso mais perigosas do que nunca para os vivos. Reúnem-se ao redor da casa onde o homem morto vivia e tentam entrar nela. Antigamente, quando o cadáver era exposto no meio da aldeia em um jazigo semicoberto, as *mulukuausi* se aglomeravam nas árvores da aldeia e de seus arredores.[8] Quando o corpo é levado para um túmulo para ser enterrado, usa-se magia para afastar as *mulukuausi*.

As *mulukuausi* estão intimamente ligadas ao cheiro da carne podre, e ouvi muitos nativos afirmarem que, enquanto corriam perigo no mar, percebiam nitidamente o cheiro de *burapuase* (carniça) – sinal de que essas mulheres malévolas estavam lá.

As *mulukuausi* são objeto de verdadeiro terror. As áreas próximas do túmulo ficam absolutamente desertas quando a noite se aproxima. O meu primeiro contato com as *mulukuausi* se deu por meio de uma experiência real. Bem no início de minha estadia em Kiriwina, observava a carpidura ao redor de uma sepultura recém-feita. Depois do pôr do sol, todos os enlutados se retiraram para a aldeia, e quando me acenaram de longe insisti em ficar para trás, pensando que poderia haver alguma cerimônia que eles quisessem realizar na minha ausência. Passados uns dez minutos da minha vigília, alguns homens voltaram com o meu intérprete, que tinha ido antes para a aldeia. Ele explicou-me o assunto, sendo muito sério sobre o perigo das *mulukuausi*, acrescentando, contudo, que, por conhecer os brancos e seus costumes, não estava tão preocupado comigo.[9]

---

8. O funeral preliminar foi abolido recentemente pelo Governo, juntamente com o enterro no centro da aldeia.

9. Deve-se notar que o túmulo se situava antigamente bem no meio da aldeia, e que em torno dele se mantinha uma vigília atenta, tendo como um de seus propósitos proteger o cadáver dessas aves de rapina. Agora que a sepultura fica fora da aldeia, a vigília teve de ser abandonada e as *mulukuausi* podem presar o cadáver à vontade. Parece haver uma associação entre as *mulukuausi* e as árvores altas em que gostam de se empoleirar, de modo que o local atual de sepultamento, situado entre as árvores altas da mata (*weika*) em volta de cada aldeia, é algo especialmente odioso para os nativos.

Sente-se um grande medo das *mulukuausi* mesmo no interior e nas imediações da aldeia onde alguém morreu, e à noite os nativos se recusam a andar pela aldeia ou a entrar na mata e nas hortas próximas. Muitas vezes perguntei aos nativos sobre o perigo real de se andar sozinho à noite logo após a morte de alguém, e nunca houve a menor dúvida de que os únicos seres a serem temidos eram as *mulukuausi*.

II

Como já abordamos o *kosi*, fantasma frívolo e pacífico do morto que desaparece após alguns dias de existência inócua, e as *mulukuausi*, mulheres macabras e perigosas que se alimentam de matéria podre e atacam os vivos, podemos agora passar à principal forma assumida pelo espírito – o *baloma*. Considero-o a forma principal porque os *baloma* levam uma existência positiva e bem definida em Tuma; porque voltam de tempos em tempos às suas aldeias; porque foram vistos e visitados em Tuma por pessoas despertas e também adormecidas, assim como por aquelas que estavam quase mortas mas voltaram à vida novamente; porque desempenham um papel notável na magia nativa, sendo objeto de oferendas e uma forma de propiciação; e, finalmente, porque afirmam sua realidade da maneira mais radical, voltando ao mundo dos vivos por meio da reencarnação, tendo assim uma existência contínua.

O *baloma* deixa o corpo imediatamente após a morte e vai para Tuma. O trajeto e o meio de locomoção são essencialmente os mesmos que uma pessoa viva tomaria para ir da sua aldeia para Tuma. Tuma é uma ilha, por isso é preciso pegar uma canoa. Um *baloma* de uma aldeia costeira embarcaria diretamente em uma canoa e atravessaria para a ilha. Um espírito de uma aldeia do interior iria para uma das aldeias costeiras, de onde é costume embarcar para Tuma. Assim, de Omarakana, uma aldeia situada quase no centro da região norte de Boiowa (a ilha principal do grupo Trobriand), o espírito iria para Kaibuola, uma aldeia na costa norte, de onde é fácil navegar até Tuma, especialmente durante a estação sudeste, quando o vento alísio do sudeste sopra fatalmente, levando a canoa em poucas horas. Em Olivilevi, uma grande aldeia na costa leste que visitei durante a *milamala* (a festa anual dos espíritos), os *baloma* devem ficar acampados na praia, onde chegam com suas canoas, sendo estas de qualidade "espiritual" e "imaterial", embora talvez tais expressões impliquem mais coisas que as concebidas pelos nativos. Mas uma coisa é certa: nenhuma pessoa comum, em circunstâncias normais, veria tais canoas ou qualquer coisa pertencente a um *baloma*.

Como vimos no início, quando um *baloma* deixa a aldeia e seus entes queridos, sua conexão com eles é cortada. Pelo menos por um tempo, ele não toma conhecimento de seus lamentos, nem estes influenciam de alguma forma seu bem-estar. Seu coração está dolorido, e ele chora por aqueles que ficaram. Na praia de Tuma, há uma pedra chamada Modawosi, na qual o espírito se senta e chora, olhando em direção à costa onde fica Kiriwina. Não tarda e outro *baloma* o escuta. Seus parentes e amigos vêm em sua direção, agacham-se a seu lado e juntam-se às suas lamentações. Todos ali veem claramente que já partiram, lamentando-se ao pensar em suas casas e em todos aqueles que deixaram. Alguns lastimam e pranteiam, outros *baloma* entoam um cântico monótono, exatamente como se faz durante a grande vigília mortuária (*iawali*) quando da morte de alguém. Em seguida, o *baloma* recém-chegado vai a um poço chamado Gilala[10], e ali enxágua os olhos, o que faz dele invisível[11]. Dali, o espírito segue para Dukupuala, um lugar no *raiboag* onde há duas pedras chamadas Dikumaio'i. O *balom* toca nessas duas pedras; a primeira responde emitindo um som alto (*kakupuana*), enquanto a segunda repercute fazendo a terra tremer (*ioiu*). Os *baloma* ouvem esse som, reúnem-se ao redor do recém-chegado e lhe dão as boas-vindas a Tuma.[12]

No decorrer dessa passagem o espírito tem que encarar Topileta, o chefe das aldeias dos mortos. Meus informantes não foram capazes de dizer exatamente em que estágio Topileta encontra o estrangeiro, mas deve ser em algum momento do início de suas aventuras em Tuma, porque Topileta não mora muito longe da pedra Modawosi e age como uma espécie de Cérbero ou São Pedro, pois é ele quem admite o espírito no mundo do além [nether world], podendo até mesmo recusar sua admissão. Sua decisão, porém, não se baseia em considerações morais de qualquer tipo: está simplesmente condicionada a sua satisfação com o pagamento feito pelo recém-chegado. Após a morte, os parentes enlutados adornam o cadáver com todos os ornamentos nativos que o falecido possuía. Eles também colocam sobre seu corpo os demais *vaigu'a* (bens de valor)[13], primeiramente, suas lâminas de machado cerimoniais (*beku*). O espírito deve levá-las consigo para Tuma – em seu aspecto "espiritual", é claro. Os nativos explicam de forma simples e exata: "assim como o *baloma* da pessoa vai embora e seu corpo permanece, assim o *baloma* das joias e das lâminas de machado vão para Tuma,

---

10. Esse poço está situado não muito longe da costa, no *raiboag*, espinhaço de rocha coral coberto por matas, que se estende em forma de anel por quase todas as ilhas menores do arquipélago e pela maior parte da grande ilha de Boiowa. Todas as pedras e o poço aqui mencionados são reais e podem ser vistos pelos mortais.

11. Apenas um dos meus interlocutores apontou-me essa propriedade das águas de Gilala. Os demais não sabiam a razão dessa ablução, mas confirmaram sua existência.

12. Isso contradiz a afirmação de que os *baloma* se reúnem em torno do recém-chegado, juntando-se a ele em sua lamentação. Ver a seção VIII *infra* para alguns apontamentos sobre essas inevitáveis inconsistências.

13. Os nativos distinguem nitidamente entre os *vaigu'a* (bens de valor) e os *gugu'a* (demais ornamentos e objetos menos valiosos). Os principais objetos classificados como *vaigu'a* serão enumerados mais tarde neste ensaio.

apesar de os objetos ficarem."[14] O espírito carrega esses objetos de valor em um pequeno cesto e presenteia Topileta apropriadamente. Diz-se que tal pagamento é feito para indicar o caminho adequado para Tuma. Topileta pergunta ao recém-chegado a causa da sua morte. Há três categorias – morte como resultado de magia maléfica, morte por envenenamento, e morte na guerra. Há também três caminhos que levam a Tuma, e Topileta indica o caminho adequado de acordo com a forma que a morte ocorreu. Não há nenhuma virtude especial associada a esses caminhos, embora meus informantes fossem unânimes em dizer que a morte na guerra seria uma "morte boa", que a morte por veneno não seria tão boa, enquanto que a morte por feitiçaria seria a pior. Essas qualificações significam que um homem prefere uma morte à outra; e embora não exista qualquer atributo moral ligado a uma ou outra forma, um certo glamour associado à morte na guerra e o pavor da feitiçaria e da doença influenciam decerto essas preferências.

Uma forma de suicídio está classificada na mesma categoria da morte na guerra. Trata-se do suicídio em que a pessoa sobe numa árvore e se joga de lá (cujo nome nativo é *lo'u*). Esta é uma das duas formas de suicídio existentes em Kiriwina e é praticada tanto por homens como por mulheres. O suicídio parece ser muito comum.[15] É praticado como um ato de justiça, não em relação a si mesmo, mas em relação a algum parente próximo que tenha sido causador de alguma ofensa. Como tal, trata-se de uma das instituições legais mais importantes entre os nativos. Porém, a psicologia subjacente não é tão simples; não poderemos, no entanto, discutir aqui em detalhe esse notável conjunto de fatos.

Além do *lo'u*, há o suicídio por envenenamento, no qual se utiliza veneno de pesca (*tuva*).[16] Aqueles que morrem dessa forma seguem o segundo caminho, o

---

14. Em termos práticos, o cadáver é cuidadosamente despojado de todos os objetos de valor imediatamente antes do enterro. Cheguei a ver até mesmo pequenos brincos de conchas serem tirados dos lóbulos das orelhas, artigos que os nativos não hesitariam em vender por um cigarro (três vinténs). Por ocasião de um enterro de um menino pequeno em que estive presente, um cinto muito pequeno e barato de *kaloma* (discos de conchas) foi deixado sobre o corpo por engano, havendo uma grande consternação e uma séria discussão sobre a necessidade ou não de se desenterrar o corpo.

15. Durante minha estadia, um jovem suicidou-se ao modo *lo'u* numa aldeia vizinha. Embora tenha visto o cadáver algumas horas após a morte e estivesse presente no velório, no enterro e em todas as cerimônias mortuárias, só depois de alguns meses soube que ele tinha cometido suicídio, e nunca descobri o motivo. O reverendo E. S. Johns, chefe da Missão Metodista nas ilhas Trobriand, informou-me que às vezes registrava até dois suicídios por semana (por veneno) em Kavataria, um grupo de grandes aldeias situadas na vizinhança do Posto Missionário. O sr. Johns contou-me que há epidemias de suicídios e que estes têm sido fomentados pela descoberta por parte dos nativos do poder do homem branco em neutralizar o veneno. O propósito do suicídio é punir os vivos, ou alguns dentre estes.

16. Esse veneno é preparado com raízes de uma planta (trepadeira) cultivada localmente. Como ele age de forma não muito rápida, se os vomitórios forem administrados apropriadamente e a tempo, mortes como essas geralmente são evitadas.

do veneno, juntamente com os que foram assassinados pela vesícula de um peixe venenoso, *soka*.

Pessoas que morreram por afogamento seguem o mesmo caminho que aquelas mortas na guerra. Considera-se também o afogamento como sendo uma "boa morte".

Há enfim o grupo daqueles que foram mortos por feitiçaria maléfica. Os nativos admitem a possibilidade de existir doenças causadas por fatores naturais, distinguindo-as do enfeitiçamento causado por magia maléfica. No entanto, de acordo com a visão prevalecente, só este último pode ser fatal. Assim, a terceira estrada para Tuma inclui todos os casos de "morte natural" no nosso sentido da palavra – mortes que não decorreram de um claro acidente. Para as mentes nativas, tais mortes são, em regra, devidas à feitiçaria[17]. Os espíritos das mulheres seguem os mesmos três caminhos que os espíritos dos homens. A esposa de Topileta, Bomiamuia, mostra-lhes o caminho. Eis o que podemos dizer sobre as diferentes categorias de morte.

Um homem ou uma mulher que não conseguisse pagar a taxa necessária ao porteiro do mundo interior [underworld] se daria muito mal. Tal espírito, ao ser desligado de Tuma, seria banido para o mar e transformado em um *vaiaba*, um peixe mítico que possui cabeça e cauda de tubarão e corpo de arraia. No entanto, o perigo de ser transformado em *vaiaba* não é algo que paira incessantemente sobre a mente nativa. Pelo contrário, ao investigar, apurei que tal desastre, se de fato ocorre, acontece raramente, e meus informantes não souberam mencionar nenhum caso ocorrido. Quando perguntados então como sabiam, deram a resposta costumeira – "conversa antiga" (*tokunabogu livala*). Após a morte, em suma, não há ordálios, não há prestação de contas a se dar a alguém, não há provas a se submeter, e, de maneira geral, não há dificuldades no caminho dessa vida para a outra.

Quanto à natureza de Topileta, o professor Seligman escreve: "Topileta se parece com o homem em todos os aspectos, exceto por suas orelhas enormes que estão sempre abanando. Ele pertence, de acordo com um relato, ao clã Malasi, e parece levar a vida ordinária de um habitante de Trobriand". Essa informação

---

17. Parece haver alguma possibilidade de morte devido à velhice, especialmente no caso de homens e mulheres idosos sem importância. Em diversas ocasiões, quando perguntava a causa da morte de uma pessoa, recebia como resposta que "ela era muito velha e fraca e simplesmente morreu". Mas quando perguntei se M'tabalu, um homem muito velho e decrépito, chefe de Kasana'i, iria morrer em breve, disseram-me que, se nenhum *silami* (encantamento maléfico) fosse lançado sobre ele, não havia razão para que ele não continuasse a viver. Nesse ponto, é preciso lembrar que um *silami* é uma coisa privada, algo de que não se deve falar a não ser com amigos íntimos. Deve-se enfatizar que a "ignorância da morte natural" é a atitude típica geral expressa nos costumes e refletida em instituições legais e morais existentes, e não algum tipo de enunciado apodítico absoluto que exclui quaisquer contradições ou incertezas.

foi recolhida numa ilha vizinha, Kaileula (chamada pelo professor Seligman de Kadawaga), mas coincide inteiramente com o que me foi dito em Kiriwina sobre Topileta. O professor Seligman anota ainda que

> "ele [Topileta] tem certos poderes mágicos, causando terremotos na hora que quiser; e quando envelhece, fabrica remédios que restauram sua juventude, a de sua esposa e de seus filhos.
> Os chefes, no entanto, mantêm sua autoridade em Tuma. Topileta, embora seja o ser mais importante de Tuma [...], é visto como tão diferente dos demais chefes mortos que não se pode dizer, num sentido corriqueiro, que ele governe os mortos; foi decerto difícil descobrir que Topileta exerce alguma autoridade no outro mundo".[18]

Topileta é, com efeito, um complemento intrínseco de Tuma, mas, descontado seu encontro inicial com os espíritos, não interfere de modo algum em seus atos. Os chefes decerto mantêm a sua posição, embora meus informantes não soubessem dizer exatamente se eles exercem alguma autoridade.[19] Topileta é, ademais, o verdadeiro dono ou mestre das aldeias e da terra dos espíritos em Tuma.[20] Há três aldeias no mundo do além – Tuma propriamente dita, Wabuaima e Walisiga. Topileta é o *tolivalu* (mestre da aldeia) de todas as três, mas meus informantes não souberam dizer se isso é um mero título ou se Topileta pode dispor sobre assuntos importantes. Também não se sabia se as três aldeias tinham alguma ligação com os três caminhos que conduzem a esse mundo.

Tendo passado por Topileta, o espírito entra na aldeia em que ele vai morar dali em diante. Ele sempre encontra alguns de seus parentes, e estes podem ficar com ele até que uma casa seja encontrada ou construída para o recém-chegado. Os nativos imaginam essa situação como sendo idêntica ao que se passa no mundo dos vivos quando um homem precisa se mudar para

---

18. Seligman, *The Melanesians of British New Guinea*, p. 733.

19. A distinção entre posição [rank] e autoridade é importante na sociologia kiriwiniana. Os membros da seção Tabalu do clã Malasi ocupam a mais alta posição. O chefe desse clã tem autoridade sobre a aldeia de Omarakana e, de certa forma, sobre uma grande parte da ilha principal e algumas ilhas adjacentes. Se tal chefe conservará essa autoridade em Tuma após a morte pareceu duvidoso a To'uluwa, atual chefe de Omarakana. Contudo, não havia a menor dúvida de que ele e os demais Tabalu, e qualquer outro trobriandês, manteriam suas respectivas posições e suas pertenças aos clãs e subclãs correspondentes. Para melhor compreender esse aspecto, consulte-se o excelente relato do sistema social trobriandês em Seligman, *The Melanesians of British New Guinea*, caps. XLIX-LIII.

20. Para uma maior compreensão dessa afirmativa, o leitor deve ter conhecimento do sistema social dos kiriwinianos (ver Seligman, *The Melanesians of British New Guinea*, caps. XLIX-LIII). Há uma ligação muito estreita entre cada aldeia e uma determinada seção de um clã. Quase sempre, tal seção descende de um ancestral, que surgiu da terra naquele local. De qualquer forma, o chefe dessa seção é visto sempre como o mestre ou o dono da terra (*tolipuaipucaia*, de *toli*, prefixo que denota domínio, posse, e *puaipuaia*, terra, solo, território).

outra aldeia – um acontecimento nada raro em Trobriand. Durante um tempo, o forasteiro fica muito triste e chora. Mas ocorrem esforços resolutos por parte dos demais *baloma*, especialmente do sexo oposto, no sentido de deixá-lo mais à vontade em sua nova existência, encorajando-o a formar novos laços e relacionamentos e a esquecer os antigos. Meus informantes (que eram todos homens) foram unânimes em afirmar que um homem recém-chegado a Tuma se torna imediatamente alvo de investidas do sexo frágil e (ao menos no mundo dos mortos) inseguro. No início, o espírito recém-chegado quer chorar pelos que ficaram, então seus parentes *baloma* o protegem, dizendo: "espera um pouco, dê um tempo a ele; deixe-o lamentar". Se ele tinha um casamento feliz e deixou uma viúva de quem gosta, quer naturalmente entregar-se ao luto por mais tempo. Tudo em vão! Parece que há muito mais mulheres do que homens no outro mundo (novamente, trata-se da opinião estritamente masculina), e que elas são muito impacientes com lutos muito longos. Se não forem bem-sucedidas de outra forma, elas recorrem à magia, o meio mais poderoso de se conquistar o afeto de outra pessoa. As mulheres-espírito de Tuma não são menos experientes, e nem mais escrupulosas, no uso de encantos amorosos do que as mulheres vivas de Kiriwina. O pesar do forasteiro logo se torna coisa do passado, e ele aceita a oferenda chamada *nabuoda'u* – uma cesta composta de *bu'a* (sementes de bétele), *mo'i* (pimenta de bétele) e ervas aromáticas, acompanhada das palavras "*kam paku*". Uma vez aceita, o casal é formado.[21] Há a possibilidade de alguém esperar sua viúva chegar em Tuma, mas meus informantes não se mostraram inclinados a pensar que muitos fariam isso. A culpa disso recai, no entanto, inteiramente sobre as beldades de Tuma, que usam uma magia tão potente que nem mesmo a fidelidade mais ferrenha consegue resistir.

Em todo caso, o espírito acostuma-se a uma existência feliz em Tuma, onde passa outra existência[22] até morrer novamente. Mas essa nova morte também não é uma aniquilação completa, como veremos na sequência.

---

21. Essa corte, tal como descrita por meus informantes, remete a um modo de formação de parceiros sexuais chamado *katuyausi*. As *katuyausi* são expedições amorosas nas quais moças solteiras de uma aldeia vão juntas até outra aldeia para passar a noite com rapazes locais. Um jovem solteiro que se interesse por uma das garotas oferece a ela (através de um intermediário) um pequeno presente (pentes, discos de conchas ou anéis de casca de tartaruga) acompanhado das palavras "*kam paku*". Se for aceito, os dois dormem juntos. Tais expedições, embora bem estabelecidas e sancionadas pelos costumes, causam vivo desgosto nos jovens das aldeias de onde saem as *katuyausi*, terminando, via de regra, numa grande surra infligida às moças locais.

22. Não há dúvida de que a concepção nativa de duração de uma "vida" não é tão delimitada quanto a nossa.

III

Até que isso ocorra, os *baloma* não ficam de forma alguma totalmente sem contato com o mundo dos vivos. Eles visitam suas aldeias natais de vez em quando e são visitados por amigos e parentes vivos. Alguns destes últimos possuem a faculdade de entrar diretamente no mundo obscuro dos espíritos. Outros são capazes de ter lampejos apenas dos *baloma*, de ouvi-los, de vê-los à distância ou na escuridão – só o suficiente para reconhecê-los e ter certeza absoluta de que são *baloma*.

Tuma (do mundo dos vivos) é uma aldeia para onde os nativos de Kiriwina vão periodicamente. Em Tuma, e nas ilhas adjacentes, as conchas de tartaruga e os grandes búzios brancos (*Ovulum ovum*) são abundantes; de fato, essa pequena ilha é a principal fonte desses importantes ornamentos para as aldeias do norte e leste de Kiriwina.[23] Por isso, Tuma é frequentemente visitada por gente da ilha principal.

Todos os meus informantes de Omarakana e das aldeias vizinhas conhecem muito bem Tuma. E praticamente todos já haviam tido alguma experiência com os *baloma*. Um homem viu uma sombra no crepúsculo recuar quando se aproximou dela; outro ouviu uma voz conhecida etc. etc. Bagido'u, homem extraordinariamente inteligente do subclã Tabalu, mago das hortas de Omarakana e meu melhor informante para todos os assuntos relacionados à sabedoria e tradição antigas, já viu vários espíritos, e não tinha a menor dúvida de que alguém que ficasse em Tuma por um tempo não teria dificuldade em ver algum de seus amigos falecidos. Um dia, enquanto Bagido'u estava tirando água de um poço no *raiboag* (mata rochosa) de Tuma, um *baloma* tocou nas suas costas; quando ele se virou, viu uma sombra recuando no mato e ouviu um som de estalo, semelhante ao que é feito com a boca quando um nativo quer chamar o outro. Em outra noite, Bagido'u estava dormindo numa cama em Tuma e de repente se viu tirado dela e colocado no chão.

Certa feita, uma grande comitiva foi para Tuma juntamente com To'uluwa, o chefe de Omarakana. Eles estavam se acomodando não muito longe da pedra Modawosi quando viram um homem ali parado. Imediatamente reconheceram Gi'opeulo, um grande guerreiro e um homem de força e coragem indomáveis, que havia morrido recentemente numa aldeia que fica a cerca de cinco minutos de Omarakana. Quando se aproximaram, ele desapareceu, mas ainda assim ouviram nitidamente: "*bu kusisusi bala*" ("vocês ficam, eu vou") – forma usual de se dizer "adeus". Outro de meus informantes estava em Tuma bebendo água em

---

23. Outra referência importante é a ilha de Kaileula.

uma das grandes grutas aquáticas tão típicas do *raiboag* quando escutou uma garota chamada Buava'u Lagim dizer seu nome.

Ouvi falar de muitos outros incidentes semelhantes. É digno de nota que os nativos fizeram a distinção entre *baloma* e *kosi* em todos esses casos – isto é, eles estavam certos de que se tratava de *baloma*, e não de *kosi*, embora o comportamento um tanto quanto frívolo (tirar da cama um homem respeitável, cutucar suas costas) não fosse essencialmente diferente das maneiras de um *kosi*. Ainda assim, essas aparições e brincadeiras dos *baloma* não inspiravam nos nativos qualquer tipo de "horror". Eles não pareciam ter mais medo deles – diferentemente do que acontece com os europeus em relação a seus próprios fantasmas – do que dos *kosi*.

O contato dos vivos com o mundo dos espíritos não se resume a esses vislumbres intermitentes. Eles são postos em contato com os *baloma* de maneira muito mais íntima através dos privilegiados que visitam pessoalmente a terra dos mortos. O professor Seligman observa que "há pessoas que dizem ter visitado Tuma e retornado ao mundo da superfície".[24] De ambos os sexos, pessoas assim não são raras, embora haja aquelas mais famosas e outras pouco conhecidas. Em Omarakana, a aldeia onde eu morava, a mais conhecida era uma mulher, Bwoilagesi, uma das filhas do falecido chefe Numakala, irmão e predecessor de To'uluwa, o atual chefe de Omarakana. Ela havia visitado (e aparentemente continua a visitar) a Tuma dos mortos, sendo capaz de ver e falar com os *baloma*. Ela também voltou de lá com uma canção *baloma*, que é cantada com muita frequência pelas mulheres de Omarakana.

Há também um homem, Moniga'u, que vai a Tuma de tempos em tempos e traz notícias dos espíritos. Embora conhecesse ambos muito bem, não consegui obter deles nenhuma informação detalhada de suas andanças em Tuma. Ambos se sentiam muito desconfortáveis com esse assunto e retorquiam as minhas perguntas de modo displicente e com afirmações triviais. Tive a forte impressão de que eles não conseguiam fornecer detalhes, de que tudo o que sabiam já haviam dito a todos, sendo, portanto, de conhecimento público, à semelhança da canção mencionada acima[25] e de diversas mensagens de espíritos a suas famílias. Bwoilagesi – com quem falei uma vez sobre esse assunto na presença de seu filho, Tukulubakiki, um dos nativos mais simpáticos, decentes e inteligentes que conheci – afirmou que nunca se lembra do que viu, embora se lembre do que lhe foi dito. Ela não vai a pé ou de canoa a Tuma; apenas adormece e se vê em meio aos *baloma*. Ela e seu filho estavam bastante convictos de que a canção fora dada a ela pelos *baloma*. Mas estava claro que se tratava de um assunto doloroso para Tu-

---

24. Seligman, *The Melanesians of British New Guinea*, p. 734.

25. Outras pessoas também trouxeram de Tuma canções similares.

kulubakiki, especialmente quando eu insistia sobre pormenores. Não encontrei nenhum caso em que minha interlocutora tenha se beneficiado economicamente das suas façanhas em Tuma, embora seu prestígio tenha aumentado imensamente, apesar da existência de um ceticismo esporádico, apesar de perceptível.

Para dois de meus informantes, no entanto, as pessoas que alegam ter visto um *baloma* estão contando rematadas mentiras. Um deles, Gomaia, um rapaz de Sinaketa (uma aldeia situada na metade sul da ilha), disse-me que um dos mais conhecidos visitantes de Tuma é Mitakai'io, de Oburaku. Entretanto, mesmo ele era um impostor. Mitakai'io costumava vangloriar-se de ir a Tuma para fazer suas refeições. "Estou com fome agora e vou a Tuma. Lá tem muita comida – bananas maduras, inhame e taro à disposição; peixes e porcos também, além de muita noz-de-areca e pimenta de bétele. Vou comer em Tuma toda hora". Não é difícil prever a força de imagens como essa no imaginário nativo, o crescimento do prestígio pessoal do parlapatão e o açulamento da inveja nos mais ambiciosos. A forma mais comum de vaidade ou ambição entre os nativos é a bazófia. Um aldeão ordinário pode pagar com a vida se tiver muita comida ou uma boa horta, especialmente se ele se gabar muito ao exibi-las.

Ao que parece, Gomaia não gostava da cabotinagem de Mitakai'io e queria desmascará-lo. Ofereceu-lhe então uma libra: "te darei uma libra se me levar a Tuma." Mas Mitakai'io satisfez-se com muito menos. "Seu pai e a sua mãe sempre sentem sua falta. Eles querem te ver. Me dê dois cigarros que eu irei vê-los, levarei tabaco para eles. Tive com seu pai e ele me disse: 'traz para mim o tabaco do Gomaia'". Mas Mitakai'io não estava com pressa em levar Gomaia para o outro mundo. Gomaia deu-lhe o par de cigarros, mas quem os fumou foi o próprio feiticeiro. Quando Gomaia descobriu, ficou muito indignado. Insistiu em ir a Tuma, prometendo dar-lhe o dinheiro assim que retornasse de lá. Mitakai'io então lhe deu três tipos de folhas e lhe pediu para esfregá-las em todo o corpo e ingerir uma pequena porção. Assim o fez Gomaia, indo dormir em seguida. Mas ele não foi a Tuma. Isso fez com que Gomaia ficasse cético. Mitakai'io, apesar de não ter recebido o dinheiro, manteve entretanto seu prestígio em geral.

O mesmo Mitakai'io expôs outro vidente menor, de nome Tomuaia Lakuabula. Havia uma arenga duradoura entre os dois, e Mitakai'io por diversas vezes externou opiniões depreciativas sobre Tomuaia. No fim, foi preciso propor um teste para resolver a querela. Tomuaia prometeu ir a Tuma e trazer alguma prova de que esteve lá. No entanto, o que realmente ele fez foi entrar no mato e roubar um punhado de nozes de bétele de Mourada, o *tokaraiwaga valu* (chefe da aldeia) de Oburaku. O próprio Tomuaia comeu várias nozes, mas reservou uma para uso futuro. À noite, ele disse à sua esposa: "coloca minha esteira sobre o catre; ouço os *baloma* cantar; em breve estarei com eles; vou me deitar". Em seguida, começou a cantar. Os homens lá fora o ouviam e diziam uns aos outros:

"quem está cantando é Tomuaia, mais ninguém." Foi o que lhe disseram no dia seguinte, mas Tomuaia replicou-lhes que não era ele que estiveram ouvindo, mas o canto de diversos *baloma*, aos quais se uniu.

Quando o sol estava para nascer, Tomuaia colocou na boca a noz de bétele restante, já guardada para esse fim. Ao raiar do dia, levantou-se e saiu de casa. Tirando a noz de bétele da boca, alardeava: "fui a Tuma e trouxe de lá uma noz de bétele." Todos ficaram muito impressionados com a prova. Mas Mourada e Mitaikai'io, atentos a seus passos na noite anterior, sabiam que ele tinha roubado um punhado de nozes e o desmascararam. Desde então, Tomuaia não fala mais sobre Tuma. Anotei esta história exatamente como a ouvi de Gomaia; o que fiz aqui foi transcrevê-la. Contudo, em sua narrativa, as perspectivas dos nativos muitas vezes não conservam sua exatidão. Parece-me provável que o relato de meu informante tenha condensado ocasiões distintas. Todavia, o que interessa neste momento é a atitude psicológica dos nativos relacionada ao "espiritismo": alguns indivíduos eram sensivelmente céticos quanto a isso; já entre a maioria, a crença era sólida. Essas histórias também evidenciavam que o elemento-chave dessas peregrinações a Tuma era – meus amigos céticos não podiam ser mais claros – o benefício material que os videntes conseguiam angariar.

Uma forma ligeiramente diferente de comunicação com os espíritos se dá na forma de crises breves, durante as quais a pessoa fala com o *baloma*. Não sou capaz de definir sequer de modo aproximado a base psicológica ou patológica desses fenômenos. Infelizmente, eles só foram levados ao meu conhecimento no final da minha estadia, cerca de quinze dias antes da minha partida, ainda assim de forma inesperada. Certa manhã, ouvi o que me pareceu ser uma discussão exaltada vinda do outro lado da aldeia. Sempre atento para registrar "documentos" sociológicos, de minha tenda, perguntei aos nativos do que se tratava. Eles me responderam que Gumguya'u – um homem respeitável e tranquilo – estava falando com os *baloma*. Corri para o local, mas, chegando tarde demais, encontrei-o exausto em sua cama, aparentemente dormindo. O incidente não despertou nenhum interesse, pois, como me disseram, falar com os *baloma* era algo habitual para Gumguya'u. A conversa, travada num tom alto e estridente, soava como um monólogo agressivo. Comentava-se que o assunto dizia respeito à grande regata cerimonial que ocorrera dois dias antes. Tal disputa é sempre realizada quando uma nova canoa é construída, sendo dever do chefe, seu organizador, preparar uma grande *sagali* (distribuição cerimonial de comida) em conjunto com as celebrações. Os *baloma*, de um modo um tanto impessoal e vago, estão sempre interessados nas festividades, e cuidam de que a fartura de comida seja garantida. Qualquer escassez, resultante da negligência ou do azar do organizador, é motivo de desgosto para os *baloma*, que o responsabilizam por isso, mesmo que a culpa não tenha sido dele. Então, nesta ocasião, os *baloma* se aproximaram de Gumguya'u com a intenção de expressar forte desaprovação à modesta *sagali* feita naquele dia na praia. O organizador da festa era, naturalmente, To'uluwa, o chefe de Omarakana.

Os sonhos também desempenham certo papel no comércio entre os *baloma* e os vivos. Casos de sonhos com os *baloma* talvez aconteçam mais logo após a morte de uma pessoa, circunstância em que o espírito vem e dá a notícia a qualquer amigo ou parente próximo que não esteja nas proximidades. Mais, os *baloma* frequentemente aparecem às mulheres em sonho para lhes contar que ficarão grávidas. Durante a *milamala*, a festa anual, é comum que parentes falecidos visitem as pessoas em sonho. No primeiro dos casos mencionados (espíritos que aparecem a amigos ou parentes logo depois que morrem), há certa flexibilidade e algum "simbolismo", como tem sido comum na interpretação dos sonhos em todas as épocas e civilizações. Como no episódio em que um grupo grande de rapazes de Omarakana foi trabalhar numa plantação na Baía de Milne, extremo leste do território da Nova Guiné. Entre eles estava Kalogusa, um dos filhos do chefe To'uluwa, e Gumigawa'ia, um plebeu de Omarakana. Certa noite, Kalogusa sonhou que sua mãe, uma senhora de idade, uma das dezesseis esposas de To'uluwa, moradora de Omarakana, veio até ele e lhe disse que havia morrido. Ele ficou muito triste, mostrando-se muito pesaroso. (A história foi-me contada por um dos que estavam no grupo). Todos os demais sabiam que "algo deve ter acontecido em Omarakana". Quando souberam a caminho de casa que a mãe de Gumigawa'ia havia morrido, não ficaram espantados, encontrando nesse fato uma explicação para o sonho de Kalogusa.

Parece-me apropriado discutir aqui a natureza dos *baloma* e sua relação com os *kosi*. De que eles são feitos? De uma substância igual ou diferente? São sombras? espíritos? ou são pensados como tendo uma natureza material? Pode-se fazer todas essas perguntas aos nativos, os mais inteligentes dentre eles as compreenderão sem dificuldade e as discutirão com o etnógrafo, demonstrando considerável discernimento e interesse. Mas tais discussões provaram-me inequivocamente que, ao lidar com essas questões e outras semelhantes, não estamos mais no domínio da crença propriamente dito, mas adentramos em uma categoria bem distinta de ideias nativas. Aqui, o nativo mais especula do que crê convictamente; especulações que não são para ele algo a ser levado muito a sério, que não lhe causam problemas se são ou não ortodoxas. Apenas aqueles nativos excepcionalmente inteligentes irão tocar em tais questões, mas nesse caso estarão expressando opiniões pessoais mais do que princípios positivos. Mesmo no caso desses nativos, não há nada em seu vocabulário ou estoque de ideias que corresponda ao menos aproximadamente a nossas ideias de "substância" ou de "natureza", embora o termo *u'ula* guarde certa semelhança com a noção de "causa", de "origem".

Você pode perguntar: "o que é o *baloma*? seu corpo é como o nosso, ou diferente? se diferente, diferente de que maneira?" Pode ainda levantar o problema de que o corpo permanece e o *baloma* desencarnado vai embora. A tais perguntas a resposta será quase sempre a de que o *baloma* é como um reflexo (*saribu*) na água (ou, para o kiriwiniano moderno, um espelho), e que o *kosi* é como uma sombra (*kaikuabula*). Tal distinção – o caráter "refletivo" do *baloma* e a natureza sombria do *kosi* – corresponde à visão corriqueira, mas não é de forma alguma a única. Às vezes, diz-se que ambos são semelhantes ao *saribu*, ou então à *kaikuabula*. Sempre tive a impressão de que essas respostas não eram exatamente uma definição, mas um símile. Com isso quero dizer que os nativos não estavam nada certos de que um *baloma* é feito da mesma matéria que um reflexo; eles sabiam, de fato, que um reflexo é um "nada", que é uma *sasopa* (mentira), que não há nenhum *baloma* nele: o *baloma* é apenas "algo parecido com um reflexo" (*baloma makawala saribu*). Quando colocados contra paredes metafísicas por perguntas do tipo "como é possível que um *baloma* venha tirar satisfação com alguém?"; "como ele pode se alimentar ou fazer amor se é como um *saribu*?"; "como um *kosi* pode bater à porta de uma casa, jogar pedras ou tocar em uma pessoa se ele é uma sombra?", os mais inteligentes respondiam mais ou menos assim: "bem, os *baloma* e os *kosi* são semelhantes ao reflexo e à sombra, mas também são parecidos com os homens e se comportam da mesma forma que os humanos". Discutir com eles era difícil.[26] Informantes menos inteligentes ou menos pacientes tendiam a encolher os ombros em um "não sei"; já outros obviamente se interessavam pelas especulações, improvisavam comentários, perguntavam sua opinião, travando logo uma espécie de discussão metafísica. Mas nenhuma dessas ideias lançadas como que de improviso chegavam a ser especulações de maior monta; apenas orbitavam em torno de concepções mais gerais como as que tangenciamos mais cedo.

É preciso deixar claro que todos os meus informantes endossariam certos princípios. Não há a menor dúvida de que um *baloma* conserva a aparência da pessoa que ele representa, de modo que, quando se vê um *baloma*, é possível reconhecer a pessoa que foi. Os *baloma* vivem uma vida humana; envelhecem; comem, dormem, amam, tanto quando estão em Tuma quanto nas visitas que fazem às suas aldeias. Sobre todos esses pontos os nativos não tinham a menor dúvida. Observe-se que esses princípios se referem às ações dos *baloma*, descrevem seu comportamento. Deve-se notar igualmente que alguns desses princípios – como a crença de que os *baloma* precisam se alimentar, por exemplo – supõem certos comportamentos por parte dos vivos (compare-se com a

---

26. Para contemporizar com essas "inconsistências", basta lembrarmo-nos de que encontramos as mesmas dificuldades em nossas próprias ideias sobre fantasmas e espíritos. Quem acredita em espíritos ou fantasmas jamais duvida que esses entes são capazes de falar ou mesmo de agir; de dar batidas na mesa ou estremecer as pernas da mesa, de levantar objetos etc.

descrição da *milamala*, mais abaixo). O único princípio praticamente geral sobre os *baloma* e os *kosi* sustenta que os primeiros são como reflexos e os segundos, sombras. Registre-se enfim que esse duplo símile corresponde respectivamente ao caráter aberto, definido e permanente dos *baloma* e à natureza vaga, precária e noturna dos *kosi*.

Contudo, mesmo nas relações básicas entre os *baloma* e os *kosi*, encontramos discrepâncias essenciais – discrepâncias que não concernem apenas a seus caráteres, mas remetem até mesmo a suas existências relativas. A visão mais geral é de longe a de que os *baloma* vão direto para Tuma e os outros espíritos, os *kosi*, rondam por um curto período. Tal visão admite duas interpretações: ou há dois espíritos no homem vivo e ambos deixam o corpo na morte, ou então o *kosi* é uma espécie de espírito secundário, que aparece apenas quando se morre, estando ausente no corpo vivo. Os nativos entenderam essa questão como se sua formulação fosse esta: "será que o *baloma* e o *kosi* ficam no corpo o tempo todo? ou, ao contrário, quem está no corpo é apenas o *baloma*, e o *kosi* só aparece na morte"? Todavia, as respostas foram todas vacilantes e contraditórias; uma mesma pessoa dava respostas diferentes a depender do momento – prova melhor não há de que se está no campo da pura especulação improvisada.

Além dessa concepção mais geral, conheci várias pessoas que asseguraram mais de uma vez que o *kosi* é o primeiro estágio de um desenvolvimento, transformando-se em *baloma* depois de alguns dias. Neste caso, haveria apenas um espírito, que subsiste por um tempo após a morte ao redor de sua casa e que depois se vai. Apesar de ser mais simples e mais plausível, essa crença era de longe a menos saliente. Contudo, era suficientemente desenvolvida e independente para evitar que a outra crença se tornasse exclusiva ou mesmo ortodoxa.

Uma variação interessante da primeira versão (a existência concomitante dos *baloma* e dos *kosi*) obtive de Gomaia, um de meus melhores informantes. Ele estava certo de que apenas aqueles que haviam sido feiticeiros (*bwoga'u*) durante a vida geravam um *kosi* após a morte. Entretanto, não é muito difícil ser um *bwoga'u*. Qualquer pessoa que conheça algum *silami* (encantamento maligno) e que tenha o hábito de praticá-los é um *bwoga'u*. Segundo Gomaia, os outros (as pessoas comuns) não se tornam *kosi*; mas apenas *baloma*, indo para Tuma. Já quanto a todas as demais características – a natureza própria dos baloma e dos *kosi*, o comportamento, a existência incerta –, Gomaia convergia com as concepções gerais. Vale a pena registrar sua versão, pois se trata de um nativo muito inteligente, cujo pai foi um grande mago e *bwoga'u*, e cujo *kadala* (tio materno) também é feiticeiro. Mais, há uma grande convergência entre sua versão e a concepção corrente de que o *bwoga'u* perambula pela noite à espreita, de que este é, juntamente com as *mulukuausi*, o grande terror da noite. Como vimos acima, as *mulukuausi* têm um "duplo" ou "emissário" chamado *kakuluwala* – algo que o *bwoga'u*, forma ainda mais virulenta de ser humano maligno, versado em feitiçaria, não têm –, que deixa seu corpo e viaja de modo invisível. Essa crença em um "duplo" ou "emissário" é paralela a outra, segundo a qual as *mulukuausi* são capazes de se deslocar de forma corpórea.

De um modo geral, isso mostra que a questão sobre a natureza dos *baloma* e dos *kosi* e das suas relações mútuas não se cristalizaram em uma doutrina ortodoxa e bem-definida.

A relação dos *baloma* com corpos humanos vivos é ainda menos clara para os nativos. Eles não são capazes de dar respostas precisas a perguntas como: "o *baloma* reside em alguma parte do corpo (cabeça, barriga, pulmões)? Ele pode sair do corpo durante a vida? Quem viaja nos sonhos é o *baloma*? É o *baloma* de certas pessoas que vai a Tuma?" Embora as duas últimas perguntas sejam em geral respondidas afirmativamente, trata-se de afirmações muito pouco convincentes, sendo evidente que tais especulações não encontram apoio na tradição ortodoxa. Eles situam a inteligência, a memória e a sabedoria no corpo e sabem a localização de cada uma dessas faculdades intelectuais; mas não sabem localizar os *baloma*. Com efeito, tendo a achar que eles conjecturam um duplo se desprendendo do corpo do morto, e não uma alma habitando o corpo durante a vida. No entanto, estou certo de que essas ideias não se encontram cristalizadas, de que são mais sentidas do que formuladas, de que incidem mais sobre as ações dos *baloma* do que remetem a discussões analíticas a respeito de sua natureza e diferentes condições de existência.

Outro ponto sobre o qual parece não haver uma resposta definitiva e dogmática diz respeito à real morada dos espíritos. Residem eles na superfície da terra, na ilha de Tuma, vivem no subsolo, ou em outro lugar? Há várias opiniões, e os respectivos adeptos foram bem firmes na defesa dos seus pontos de vista. Assim, de vários informantes, incluindo Bagido'u, um homem muito sério e confiável, recebi a resposta de que os *baloma* vivem na ilha de Tuma, que suas aldeias estão em algum lugar lá, exatamente como os *baloma* acampam nas vizinhanças das aldeias de Kiriwina quando retornam anualmente durante a *milamala*. As três aldeias dos mortos mencionadas anteriormente partilham a superfície da ilha com a aldeia de Tuma dos vivos. Os *baloma* são invisíveis, assim como tudo o que lhes pertence, razão pela qual suas aldeias podem estar ali sem ficarem no caminho de ninguém.

Outro ponto de vista sustenta que os *baloma* na verdade descem para um "mundo subterrâneo" e vivem em Tumaviaka (Grande Tuma). Há duas versões dessa concepção, uma das quais fala de uma espécie de mundo subterrâneo de dois andares. Quando um *baloma* morre no final de sua primeira existência espiritual, ele desce para o nível ou estrato mais profundo, único local de onde pode retornar ao mundo material (ver a seção VI *infra*, Reencarnação). A maioria rejeita essa teoria, sustentando que existe apenas um andar no mundo de baixo. Uma colocação do professor Seligman vai na mesma direção: "os espíritos dos mortos não permanecem no mundo de cima com os vivos, mas descem ao outro mundo abaixo da terra".[27] Essa ideia de que haveria uma Tuma subterrânea parece harmonizar-se melhor com a ideia dominante em Kiriwina, segundo a qual os primeiros seres humanos saíram de buracos na terra. O professor Seligman teve até acesso à explicação de que "o mundo fora originalmente colonizado a partir de Tuma, e Topileta era quem enviava homens e mulheres ao mundo de cima, ainda que ele próprio tenha ficado no mundo de baixo".[28] Que eu não tenha me deparado com tal explicação não surpreende se levarmos em consideração a grande diversidade de perspectivas sobre certos assuntos, o estatuto particular de Tuma e sua relação com o mundo dos vivos sendo um exemplo disso. A informação de Seligman corrobora a opinião de que a versão mais ortodoxa é a de que a aldeia dos mortos seja "subterrânea", embora, como já foi dito, a questão ela mesma não esteja dogmaticamente resolvida na crença nativa.

IV

Voltemos ao comércio entre os seres humanos vivos e os espíritos. Tudo o que foi dito acima sobre esse assunto se refere ao que se passa em sonhos ou visões, ou a lampejos rápidos e discretos do mundo dos espíritos que acometem pessoas em condições mentais normais e em vigília. Tal tipo de relação pode ser descrita como privada e acidental. Não se trata de algo regulado por normas costumeiras, embora, naturalmente, esteja sujeito a um certo modo de perceber as coisas e se conforme a um certo tipo de crença. Também não se trata de algo público: casos como esses não são partilhados coletivamente pela comunidade e não estão vinculados a um cerimonial. Mas há ocasiões em que os *baloma* visitam a aldeia ou participam de certas funções públicas – ocasiões em que são recebidos pela comunidade, quando são objeto de uma atenção estritamente oficial e regulada pelo costume, cumprindo seu papel em atividades mágicas.

Assim, todo ano após a colheita, há uma pausa marcante nas atividades de cultivo, pois o manejo mais sistemático das novas hortas ainda não pode ser feito. Nesse intervalo, acontece uma temporada de dança, festa e celebração geral chamada de *milamala*. Durante a *milamala*, os *baloma* estão presentes nas aldeias. Eles saem de Tuma em comitiva e seguem para suas próprias aldeias, onde foram feitos preparativos para recebê-los, plataformas especiais foram erguidas para acomodá-los e dádivas tradicionais lhes são oferecidas; onde, enfim, após

---

27. *The Melanesians of British New Guinea*, p. 733.

28. *Ibid.*, p. 679.

lua cheia, são feitas cerimônias pouco cerimoniosas que lhes fornecem a deixa de que devem partir.

Os *baloma* também desempenham um papel importante na magia. Nomes de espíritos ancestrais são recitados nos encantamentos mágicos; na verdade, tais invocações são provavelmente a característica mais proeminente e persistente dos encantamentos mágicos. Além disso, em certas atividades mágicas, são feitas oferendas aos *baloma*. Há traços da crença de que os espíritos ancestrais têm alguma participação na promoção dos fins de determinadas operações mágicas; com efeito, o único componente cerimonial (no sentido mais estrito) das *performances* mágicas que pude detectar foram essas oferendas aos *baloma*.[29]

Gostaria de acrescentar que, ao contrário do que se verifica em algumas outras tribos da Nova Guiné, não há uma associação entre o *baloma* de uma pessoa morta e os restos mortais de seu corpo, tais como o crânio, a mandíbula, os ossos do braço e da perna, os cabelos, que são levados pelos parentes e usados como tachos de cal, colares e espátulas de cal, respectivamente.[30]

Os fatos relacionados à *milamala* e ao papel mágico dos espíritos serão agora abordados em detalhe.

A festa anual, a *milamala*, é um fenômeno social e mágico-religioso muito complexo. Ela pode ser chamada de "festa da colheita", pois é realizada após as colheitas de inhame, e os celeiros estão cheios. Surpreendentemente, não há referências diretas, ou mesmo indiretas, às atividades dos roçados durante a *milamala*. Não há nada nessa festa – realizada depois da safra das antigas hortas e enquanto as novas aguardam a colheita – que implique uma retrospectiva sobre o cultivo das hortas do ano anterior ou alguma expectativa sobre a produção do ano seguinte. A *milamala* é a temporada da dança. A dança dura geralmente apenas a fase da lua da *milamala*, mas pode ser estendida para mais uma lua, ou mesmo duas. Esse período extra é chamado de *usigula*. Nenhuma dança propriamente dita ocorre em outras épocas do ano. A abertura da *milamala* se dá com apresentações cerimoniais ligadas à dança e aos primeiros toques dos tambores. Evidentemente, esse período anual de festa e dança é também acompanhado por uma nítida intensificação da vida sexual. Além disso, acontecem visitas cerimoniais entre aldeias, e retribuições de visitas associadas a dádivas e a transações como as de compra e venda de danças.

---

29. "Cerimonial no sentido mais estrito" em oposição ao mero pronunciamento do encantamento sobre um determinado objeto.

30. Os Mailu da costa meridional, por exemplo. Ver Malinowski, "The natives of Mailu. Preliminary results of the Robert Mond research work in British New Guinea", *Transactions of the Royal Society of South Australia*, vol. XXXIX, 1915, p. 696.

Antes de abordar o tema mesmo da presente seção – a descrição do papel desempenhado pelos *baloma* na *milamala* – parece necessário esboçar um panorama do período festivo; caso contrário a descrição detalhada dos *baloma* poderia ficar fora de foco.

A *milamala* ocorre imediatamente após as colheitas, que por sua vez têm um caráter nitidamente festivo, embora lhes falte a dimensão prazerosa, fundamental para o kiriwiniano. Entretanto, o nativo passa por momentos de enorme alegria e divertimento ao trazer a colheita para casa. Ele ama sua horta e tem verdadeiro orgulho de suas safras. Antes de as colheitas serem estocadas em armazéns especiais, que são de longe os edifícios mais visíveis e pitorescos de uma aldeia, o kiriwiniano as exibe em várias oportunidades. Assim, quando se colhem os *taitu* (uma espécie de inhame) – de longe o cultivo mais importante nessa parte do mundo –, eles são cuidadosamente limpos de toda a terra, sua cabeleira é raspada com conchas e em seguida são colocados uns sobre os outros, formando grandes magotes que se estreitam à medida que vão ganhando altura. Choupanas ou abrigos especiais são construídos nas hortas para protegê-los do sol, e ali mesmo são exibidos – ao centro, uma grande pilha cônica, feita com os produtos mais selecionados; à volta dela, várias pilhas menores, compostas por *taitu* de menor qualidade e por tubérculos que servirão de muda. A limpeza e a seleção desses tubérculos levam dias ou mesmo semanas, pois devem ser engenhosamente empilhados para que sua forma geométrica seja perfeita e para que os melhores fiquem visíveis. Esse trabalho é feito pelo dono do roçado e por sua esposa, se for casado. Grupos de moradores da aldeia passeiam pelas hortas, visitando-se e admirando os inhames em exposição, e as conversas giram em torno de comparações e elogios.

Os inhames podem permanecer desse jeito nas hortas por algumas semanas, depois das quais são levados para a aldeia. Esses procedimentos têm um caráter nitidamente festivo, com os carregadores se decorando com folhas, ervas aromáticas, pinturas faciais, embora reservem o "traje completo" para os dias de dança. Quando os *taitu* chegam à aldeia, são recebidos com uma ladainha em que uma pessoa diz certas palavras e as demais respondem com um coro estridente. Normalmente, eles entram nas aldeias correndo; depois todo o grupo se ocupa em organizar os *taitu* em montes cônicos exatamente iguais aos que estavam nas hortas. As pilhas são erigidas no grande círculo que forma o centro da aldeia e são colocadas em frente aos armazéns de inhame, onde os tubérculos serão finalmente estocados.

Mas antes que isso aconteça, os inhames ainda ficarão expostos por mais ou menos uma quinzena, durante a qual serão novamente contabilizados e admirados. Eles são cobertos com folhas de palmeira para protegê-los do sol. Assim, há mais um dia festivo na aldeia, quando todas as pilhas são colocadas dentro dos armazéns de inhame. Isso é feito em um dia, embora o transporte dos inhames até a aldeia abarque vários dias. Essa descrição dá uma ideia da considerável intensificação no ritmo da vida da aldeia no momento da colheita, especialmente porque os *taitu* provêm muitas vezes de outras aldeias, a colheita sendo uma época em que até comunidades distantes visitam umas às outras.[31]

Quando a comida é finalmente guardada nos armazéns, há uma pausa nos trabalhos nas hortas, pausa esta ocupada pela *milamala*. A cerimônia que inaugura todo o período festivo é ao mesmo tempo uma "consagração" dos tambores. Antes disso, não se pode tocar tambor publicamente. Após a inauguração, os tambores já podem ser usados, e a dança começa. Como na maioria das celebrações em Kiriwina, a cerimônia consiste em uma distribuição de alimentos (*sagali*). O alimento é disposto em pilhas, e, no caso desta cerimônia, cozido; as pilhas colocadas em gamelas de madeira ou em cestos. Em seguida, uma pessoa se aproxima e, para cada pilha, diz em voz alta um nome.[32] A esposa ou outra parente do sexo feminino do homem cujo nome foi chamado recebe o alimento e o leva para a casa dele, sendo comido ali. Tal cerimônia (chamada de distribuição de *sagali*) não nos parece um grande festim, especialmente quando o clímax – entendendo o clímax de um festim como sendo a refeição ela mesma – jamais ocorre comunitariamente, estando reservado ao círculo familiar apenas. Mas o elemento festivo se encontra nos preparativos, na reunião dos alimentos selecionados, em fazer de tudo isso uma propriedade comunal (pois cada um tem que contribuir com sua parte para a estocagem geral, que por sua vez deve ser dividida igualmente entre todos os participantes), e, por último, na distribuição pública. Essa distribuição é a cerimônia de abertura da *milamala* – à tarde, os homens se paramentam e realizam a primeira dança.

A partir de agora a vida na aldeia transcorre de forma distinta. As pessoas não vão mais às hortas, nem realizam algum outro trabalho regular, como a pesca ou a construção de canoas. Pela manhã, a aldeia está animada, reunindo os reclusos que não foram trabalhar e, muitas vezes, os visitantes de outras aldeias. Mas as verdadeiras festividades começam mais tarde. Quando as horas mais quentes do dia terminam, por volta das três ou quatro horas da tarde, os homens colocam seus adornos de cabeça, feitos de um grande número de penas brancas de cacatua, presas em crespos cabelos negros, dos quais se projetam em todas as direções como farpas de porco-espinho, formando grandes auréolas brancas ao redor de suas cabeças. Um certo toque de cor e acabamento é dado ao todo por uma plu-

---

31. Neste breve relato de caráter puramente descritivo, evitei deliberadamente o uso de terminologias sociológicas. O sistema complexo de obrigações hortícolas mútuas é uma característica supinamente interessante da economia social de Kiriwina cuja descrição se dará em outra oportunidade.

32. Neste e em outros casos não irei me deter em detalhes sociológicos não relacionados diretamente com o objeto deste artigo.

magem de penas vermelhas que se sobrepõe ao halo branco. Em contraste com a bela variedade de diademas de penas encontrados em muitos outros distritos da Nova Guiné, os kiriwinianos têm apenas esse tipo de decoração, que é repetido invariavelmente por todos os indivíduos e em todas as formas de dança. Mas se a considerarmos envolta de mechas de penas de casuar, encimadas por plumas vermelhas e inseridas no cinto e em braçadeiras, a aparência geral do dançarino tem um encanto extraordinário. Com o movimento rítmico da dança, a ornamentação parece misturar-se com o dançarino, as mechas negras de pontas vermelhas tonalizam bem com a pele castanha. O diadema branco e a fisionomia castanha tendem a se transformar num todo harmonioso e fantástico, com um quê de selvagem, mas de forma alguma grotesco, movendo-se ritmicamente contra a paisagem ao sabor de um canto monótono e melodioso e da batida cadenciada dos tambores.

Em certas danças usa-se um escudo pintado, em outras os dançarinos levam em suas mãos serpentinas feitas de folhas de pandano. O costume masculino de se usarem saiotes de palha femininos desfigura (para um gosto europeu) estas últimas, de ritmo muito mais lento. A maioria das danças são circulares, com os tocadores de tambor e os cantores parados no meio do círculo e os dançarinos se movimentando à sua volta.

As danças cerimoniais com ornamentação plena jamais são realizadas à noite. Quando o sol se põe, os homens dispersam-se e tiram as penas que lhes decoravam. Os tambores param por um tempo, dando lugar ao principal repasto do dia. Já em plena noite, os tambores voltam a soar e os participantes, agora sem adornos, dispõem-se em círculo. Às vezes, cantam uma música feita para dançar e tocam em uma batida propriamente dançante, e então as pessoas executam a dança costumeira. Mas em geral, especialmente tarde da noite, o canto cessa, não mais se dança, e apenas a batida regular dos tambores continua noite adentro. As pessoas, homens, mulheres e crianças, agora se juntam e circulam em pares ou em trios ao redor do centro onde estão os tocadores – mulheres com filhos pequenos nos braços ou ao peito, anciões e anciãs de mãos dadas com seus netos, todos em roda com uma persistência inquebrantável, um após outro, fascinados pela batida rítmica dos tambores, engajados num círculo sem fim nem finalidade. De vez em quando, os dançarinos entoam um longo ganido de terminação aguda "Aa... a; Eee... e"; nesse momento os tambores silenciam, e o infatigável carrossel parece liberto temporariamente de seu encanto, sem, contudo, se romper ou parar de se mover. Logo, porém, os tocadores retomam sua música, interrompida sem dúvida para o deleite dos dançarinos mas para o desespero do etnógrafo, que se vê diante de uma noite de terrível vigília! Esse *karibom*, como é chamado, dá às crianças pequenas a oportunidade de brincar, correndo e pulando por entre a lenta corrente de adultos; permite ao menos que os anciões e anciãs desfrutem de uma espécie de arremedo da dança; é também o momento adequado para as investidas amorosas entre os jovens.

As danças e o *karibom* se repetem dia após dia e noite após noite. No decorrer da fase quarto-crescente da lua, o caráter festivo se intensifica, assim como aumentam a frequência, a duração e o cuidado na realização das danças ornamentais; as danças começam mais cedo e o *karibom* dura quase a noite inteira. A vida aldeã como um todo se modifica e se intensifica. Grandes comitivas de jovens de ambos os sexos visitam as aldeias vizinhas. Presentes são trazidos de longe, podendo-se encontrar pessoas na estrada carregando bananas, cocos, porções de taro e de nozes-de-areca. Algumas visitas cerimoniais importantes são feitas. Uma aldeia convida oficialmente a outra através do chefe. Em algumas dessas visitas realizam-se transações importantes, como a compra de danças, na medida em que estas são sempre monopolizadas e têm de ser compradas a um preço considerável. Essas transações são uma parte da história nativa, e serão contadas durante anos e ao longo de gerações. Tive a sorte de estar presente em uma das visitas em que se realiza esse tipo de transação. Ela envolve sempre uma série de visitas, e em todas elas o grupo visitante (sendo sempre o dos vendedores) apresenta oficialmente a dança. É dessa forma que os espectadores aprendem a dança, e alguns deles até participam da apresentação.

Celebram-se todas as grandes visitas oficiais com presentes consideráveis, que são sempre oferecidos aos convidados pelos anfitriões. Estes, por sua vez, visitarão seus antigos convidados e receberão deles dádivas de retribuição.

No final da *milamala*, recebem-se visitas quase diárias de aldeias bem distantes. Antigamente, tais visitas tinham um caráter muito complexo. Eram certamente amistosas, sendo esta a pretensão, mas havia sempre um risco por detrás dessa cordialidade oficial. A comitiva visitante vinha sempre armada e exibia, nessas ocasiões, toda uma gama de armas "cerimoniais". É verdade que nos dias atuais o porte de armas não está ainda inteiramente suprimido. Contudo, devido à influência do homem branco, tais armas atualmente não passam de itens de decoração e de exibição. Pertencem a essa categoria de armas todas as grandes espadas abastonadas de madeira, algumas das quais lindamente esculpidas em madeira maciça; os cajados esculpidos e as lanças curtas e ornamentais – todas bem conhecidas através de coleções museográficas da Nova Guiné. Servem igualmente para ostentar e fazer negócios. Vaidade, exibição de riqueza, de bens valiosos, finamente ornamentados, estão entre as principais paixões do kiriwiniano. "Marchar" com altivez empunhando uma grande espada de madeira de aspecto letal, mas bem esculpida e pintada de branco e vermelho, faz parte da essência do que é considerado diversão para um jovem kiriwiniano, pintado para festa, com seu nariz branco despontando do rosto completamente enegrecido, com um "olho negro" ou com o rosto atravessado por curvas bastante complexas. Em tempos idos, demandava-se frequentemente aos jovens o uso de tais armas, e mesmo hoje é possível recorrer a elas no frêmito incandescente da paixão. Seja no caso de o rapaz estar interessado numa garota, seja na situação inversa, as investidas amorosas devem ser conduzidas com muita habilidade, do contrário podem gerar rusgas. Mulheres e suspeitas de práticas mágicas são os principais fatores de brigas e disputas, e a intensificação geral da vida tribal durante a *milamala* abria e ainda abre um terreno propício para esses tipos de conflito.

O entusiasmo atinge seu ápice à medida que a lua cheia se aproxima. É também o período em que as exposições de alimentos enfeitando as aldeais chegam a seu máximo. Os *taitu* não são retirados dos armazéns de inhame, embora seja possível vê-los ali através das brechas largas entre as vigas que formam as grades dos armazéns. Bananas, taro, cocos etc. estão dispostos de uma maneira que será descrita em detalhe a seguir. Ocorrem igualmente exibições de *vaigu'a*, os bens de valor nativos.

A *milamala* termina na noite da lua cheia. Os tambores não deixam de ser tocados imediatamente, mas a dança propriamente dita é completamente interrompida – à exceção de ocasiões em que a *milamala* se prolonga por um período extra de danças chamado *usigola*. Já o monótono e insípido *karibom* costuma ser realizado noite após noite durante meses após a *milamala*.

Já passei por duas temporadas de *milamala*: uma vez em Olivilevi, a "capital" de Luba, um distrito na parte sul da ilha, onde a *milamala* acontece um mês antes da realizada em Kiriwina propriamente dita. Em Luba, pude testemunhar apenas os últimos cinco dias da *milamala*, mas em Omarakana, a principal aldeia de Kiriwina, acompanhei todos os procedimentos, do início ao fim. Naquela ocasião, entre outras coisas, To'uluwa reuniu todos os homens de Omarakana para uma grande visita à aldeia de Liluta, a fim de vender a dança *rogaiewo* para essa comunidade.

Passemos agora ao aspecto da *milamala* diretamente relacionado ao assunto tratado neste artigo, a saber, o papel assumido pelos *baloma* nessas festividades, ocasiões em que fazem sua visita anual a suas aldeias de origem.

Os *baloma* sabem em que momento essa festa ocorre, pois é realizada sempre na mesma época do ano, na primeira metade do ciclo lunar, também chamada de *milamala*. Tal como o calendário em geral, essa lua é determinada pela posição das estrelas. Em Kiriwina propriamente dita, a lua cheia da *milamala* cai na segunda metade de agosto ou na primeira metade de setembro.[33]

---

33. A ordenação do calendário nas ilhas Trobriand se complica pelo fato de haver quatro distritos, cada um dos quais situando o início do ano, isto é, o fim da lua *milamala*, em momentos distintos. Em Kitava, ilha a leste da principal do arquipélago, por exemplo, a *milamala* é celebrada a certa altura de junho ou junho. Já nos distritos ocidentais e meridionais de Bwoiowa – a ilha principal – e em algumas ilhas a leste (Kaileula e outras), o evento ocorre em julho e agosto. Na sequência, a *milamala* é realizada

Quando esse período se aproxima, os *baloma*, no primeiro vento favorável que houver, navegam de Tuma para suas aldeias nativas. Não está muito claro para os nativos o paradeiro dos *baloma* durante a *milamala*. Eles provavelmente ficam nas casas de seus *veiola*, ou seja, de seus parentes maternos. É possível, também, que eles, ou alguns deles, tal como faria uma comitiva de parentes próximos de outra aldeia ou de outra ilha, acampem na praia, próximos a suas canoas, caso a praia não ser muito distante.

De todo modo, é na aldeia que são feitos os preparativos para recebê-los. Assim, em aldeias onde mora um chefe, são erguidas plataformas especiais – altas, mas pequenas – para o *baloma* do *guya'u* (chefe), chamadas *tokaikaya*. O chefe deve sempre ocupar fisicamente uma posição mais alta do que os moradores comuns. Não consegui apurar por que as plataformas para o espírito do *guya'u* são tão altas (medem de cinco a sete metros de altura).[34] Além dessas plataformas, são feitos vários outros preparativos para a montagem da exposição dos bens de valor e dos alimentos, cujo propósito é agradar aos *baloma*.[35]

A exibição de bens de valor é chamada de *ioiova*. Geralmente, há uma plataforma coberta menor nas proximidades das casas destinadas ao chefe da aldeia – ou chefes, no plural, na medida em que às vezes há mais de um. Ela é chamada de *buneiova*, e nela são exibidos seus bens de valor, riquezas cujo nome nativo é *vaigu'a*. Grandes lâminas polidas de machado, discos feitos de dentes de porco ou imitações, cordões de conchas vermelhas discoides, grandes braceletes de búzios – estes, e estes somente, são considerados *vaigu'a* genuínos. Tudo isso

---

em agosto ou setembro nos distritos orientais e centrais da ilha principal, na região chamada pelos nativos de Kiriwina. Por fim, temos Vakuta, ilha ao sul de Bwoiowa, que realiza a *milamala* em setembro ou outubro. A festa, e com ela todo o calendário, se move ao longo de um intervalo de quatro luas em cada distrito. Parece que as datas dos trabalhos nas hortas também variam, seguindo o compasso do calendário. Os nativos foram categóricos quanto a isso. Porém, durante o ano em que estive em Bwoiowa, verifiquei que as hortas estavam mais avançadas em Kiriwina do que no distrito ocidental, apesar da primeira estar uma lua à frente do segundo. As datas das luas são fixadas pela posição das estrelas de acordo com as artes astronômicas dominadas especialmente pelos nativos de Wawela, aldeia litorânea localizada na metade meridional da ilha principal. O reverendo M. K. Gilmor informou-me que o aparecimento nos recifes próximos a Vakuta de um certo anelídeo marinho, chamado localmente de *palolo* (*Eunice viridis*), é um fator muito importante na regulagem do calendário nativo – chegando, de fato, a decidir casos que dão margem a dúvidas. O *palolo* aparece nos dias que antecedem a lua cheia, ocorrendo no começo de novembro ou final de outubro – período da *milamala* de Vakuta. Os nativos de Kiriwina me disseram, contudo, que confiam inteiramente nos conhecimentos astronômicos dos wawelianos.

34. Até onde vi, não se construiu nenhuma *tokaikaya* em Omarakana ou em Olivilevi durante a *milamala*. O costume está em declínio, sua construção demandando uma considerável dose de trabalho e incômodo. Não obstante, pude ver uma *tokaikaya* na aldeia de Gumilababa, onde mora um chefe de alta posição social – Mikakata, *guya'u* da estirpe *tabalu*.

35. Não poderei examinar aqui até que ponto vaidade e estética são fatores que estimulam, para além e por trás desse propósito manifesto, a realização dessas mostras.

é colocado na plataforma, sendo os colares de *kaboma* (conchas vermelhas em forma de disco) pendurados sob a cobertura da *buneiova*, de modo a ficarem facilmente à vista. Na ausência de *buneiova*, pude observar algumas plataformas cobertas temporárias sobre as quais os bens de valor ficavam expostos. Essa exposição acontece durante os últimos três dias de lua cheia, quando os objetos são colocados de manhã e retirados à noite. O que se espera quando se visita uma aldeia durante a *ioiova* é observar as coisas expostas, manuseá-las mesmo, perguntar-lhes o nome (cada peça de *vaigu'a* tem um nome específico), e, claro, expressar grande admiração.

Além da exposição de bens valiosos, há uma grande mostra de alimentos, o que dá um aspecto muito mais "vistoso" e festivo às aldeias. Para isso, são erguidos longos andaimes de madeira chamados *lalogua*. Um *lalogua* é constituído por estacas verticais com cerca de dois a três metros de altura ao longo das quais são dispostas uma ou duas fileiras de horizontais. Nessas peças horizontais são colocados cachos de bananas, porções de taro, inhames de tamanho excepcional e cocos. Tais estruturas circundam o pátio central (*baku*), local de dança e centro de toda a vida cerimonial e festiva de cada aldeia. A temporada em que passei em Bwoiowa foi excepcionalmente modesta, e os *lalogua* só ocupavam um espaço de trinta a sessenta metros, circundando apenas um terço, ou menos, de um *baku*. Diversos informantes me disseram, no entanto, que em um bom ano eles chegavam a circunscrever não apenas o pátio central e passavam também em torno da rua concêntrica ao *baku*, ou mesmo contornavam o exterior da aldeia até a "estrada principal", isto é, o caminho que leva à outra aldeia. Diz-se que os *lalogua* são construídos para agradar aos *baloma*, que se zangam toda vez que as exposições de alimentos são escassas.

Tudo isso é apenas um espetáculo que deve proporcionar aos *baloma* um prazer puramente estético. Contudo, esses espíritos recebem provas de afeição mais substantivas, como no caso das oferendas de alimento. O primeiro repasto que lhes é oferecido ocorre durante o *katukuala*, o festim de abertura da *milamala*, que marca o início efetivo do período festivo. O *katukuala* consiste na distribuição de alimentos cozidos e é feito no *baku*, onde a comida é fornecida a todos os membros da aldeia e redistribuída entre eles.[36] Esses alimentos são expostos aos espíritos quando colocados no *baku*. Eles partilham da "substância espiritual" do

---

36. Trata-se de uma das diversas formas de distribuição de alimento (cujo nome genérico é *sagali*), formas estas associadas a quase todos os aspectos da vida social das ilhas Trobriand. Geralmente, um ou dois clãs preparam a *sagali* e os demais recebem os alimentos. Assim, durante o *katukuala*, o clã Malasi é o primeiro a distribuir a comida, enquanto os *lukulabuta*, os *lukuasisiga* e os *lukuba* recebem. Alguns dias depois, acontece um outro *katukuala* em que a ordenação clânica se inverte. Os arranjos duais entre os clãs variam de acordo com o distrito. Em Omarakana, os Malasi preponderam de tal modo que formam eles próprios uma metade e os três demais clãs a outra. Não é possível fazer aqui um exame detalhado da mecânica social e de outros aspectos da *sagali*.

alimento exatamente no mesmo sentido de que levam para Tuma o *baloma* dos bens valiosos que adornam os mortos. O momento do *katukuala* (que está ligado à inauguração das danças) marca o início do período festivo também para os *baloma*. As plataformas a eles reservadas são, ou deveriam ser, colocadas no *baku*. Diz-se que eles se põem a assistir e a apreciar as danças, embora sua presença seja de fato muito pouco notada.

Em todos os dias, a comida é preparada cedo. Na casa de cada homem, ela é exposta para os *baloma* em pratos de madeira grandes e delicados (*kaboma*). Após cerca de uma hora, a comida é retirada e dada a algum amigo ou parente, que, por sua vez, presenteará o doador com um prato equivalente. Os chefes têm o privilégio de dar nozes de bétele e porcos aos *tokay* (plebeus) e de receber em troca peixes e frutas.[37] Esse alimento, oferecido aos *baloma*, e posteriormente dado a um amigo, é chamado de *bubualu'a*. Ele é colocado geralmente sobre um estrado de dormir e a pessoa que deixa ali o *kaboma* diz as seguintes palavras: "*balom' kam bubualua*". Uma característica universal de todas as dádivas e oferendas em Kiriwina é a de que são acompanhadas de alguma declaração oral.

Silakutuva é o nome do prato de raspas de coco exibido para os *baloma* (com as palavras "*balom' kam silakutuva*") e que é depois dado de presente a alguém.

É digno de nota que o alimento dos *baloma* jamais sirva de refeição ao homem que o oferece e que seja sempre presenteado depois que os *baloma* estiverem satisfeitos.

Por fim, na tarde que antecede a partida dos *baloma*, prepara-se um pouco de comida; cocos, bananas, taros e inhames são reservados, e os *vaigu'a* (bens de valor), colocados em uma cesta. Quando se escuta a batida característica dos tambores que compõem o *ioba*, ou seja, o afugentamento dos espíritos, esses itens já podem ser dispostos do lado de fora. O propósito é permitir que os espíritos levem o *baloma* desses objetos como presentes de despedida (*taloi*). Esse costume é chamado de *katubukoni*. Não é indispensável que tais itens sejam colocados na frente das casas (*okaukueda*), uma vez que os *baloma* podem também buscá-los no interior das casas. Essa explicação me foi fornecida quando procurei por essas dádivas na frente das casas e vi apenas em um lugar (em frente à casa do chefe) umas poucas machadinhas de pedra.

Como dito acima, a presença dos *baloma* na aldeia não é uma questão de grande importância para os nativos quando comparada a acontecimentos tão obcecantes e fascinantes como as danças, os festins e a licenciosidade sexual que

---

37. É claro que os chefes terão porcos suficientes antes de oferecer algum a um *tokay*. Mas é interessante notar que os privilégios do chefe têm muito mais a ver com a liberdade de dar do que com a liberdade de consumir. A vaidade é uma paixão tão intensa quanto a cobiça – embora essa reflexão talvez não contenha toda a verdade sobre o assunto.

se desenrolam de forma bem intensa ao longo da *milamala*. Todavia, não se ignora completamente a existência dos *baloma*, nem seu papel é puramente passivo, como se se resumisse à mera admiração do que acontece ou à satisfação de comer o alimento que recebem. Os *baloma* mostram sua presença de muitas maneiras. Assim, no período em que estão nas aldeias, é notável o número de cocos que caem, não por si mesmos, mas porque foram arrancados pelos *baloma*. Na época da *milamala* de Omarakana, dois enormes cachos de cocos caíram bem perto da minha tenda. Um dos aspectos agradáveis dessa atividade dos espíritos é o fato de que essas drupas são consideradas propriedade pública, de modo que mesmo eu bebi gratuitamente água de coco graças aos *baloma*.

Até os pequenos cocos verdes que caem prematuramente o fazem muito mais vezes durante a *milamala*. Trata-se de uma demonstração de descontentamento dos *baloma*, invariavelmente causado pela pouca quantidade de alimentos. Os *baloma* ficam com fome (*kasi molu*, "a fome deles"), e a demonstram. Interferindo nas danças e festins, o mau tempo, as chuvas e tempestades durante a *milamala* são outras formas, e mais eficazes, de que se utilizam os espíritos para expressarem seu humor. De fato, em minha estadia, a lua cheia, tanto em agosto quanto em setembro, caiu em dias úmidos, chuvosos e tempestuosos. Baseados na experiência, meus informantes puderam me mostrar a ligação entre a escassez de alimentos e uma *milamala* ruim, por um lado, e entre a raiva sentida pelos espíritos e o mau tempo, por outro. Os espíritos podem até ir além, gerando secas, e comprometer assim as colheitas do ano seguinte. Tal é a razão pela qual vários anos ruins se sucedem com frequência – pois um ano ruim e colheitas magras impossibilitam a preparação de uma boa *milamala*, enraivecendo novamente os *baloma*, que por sua vez prejudicam as colheitas do próximo ano, e assim por diante em um *circulus vitiosus*.

Afora isso, de tempos em tempos, os *baloma* aparecem em sonhos durante a *milamala*. É comum que parentes, especialmente os recentemente falecidos, apareçam em sonhos. Eles geralmente pedem comida, e são presenteados com *bubualu'a* ou *silakutuva*. Às vezes eles trazem alguma mensagem. Na aldeia de Olivilevi, aldeia principal de Luba, distrito ao sul de Kiriwina, a *milamala* (a qual testemunhei) estava muito pobre, não havendo quase nenhuma exposição de comida. O chefe, Vanoi Kiriwina, teve um sonho. Ele fora a uma praia distante cerca de meia hora da aldeia e vira uma grande canoa ocupada por espíritos navegando em direção à orla, vinda de Tuma. Dirigiram-se a ele zangados: "o que você está fazendo em Olivilevi? Por que não nos dá comida e água de coco para beber? Mandamos essa chuva constante porque estamos bravos. Preparem muita comida amanhã; iremos nos alimentar e haverá bom tempo; e em seguida vocês dançam". Sonho bem real: no dia seguinte, qualquer um podia ver um punhado de areia branca na soleira (*okaukueda*) da *lisiga* (casa do chefe) de Vanoi. Nenhum de meus informantes, entre os quais o próprio Vanoi, soube me dizer com clareza qual seria a ligação entre essa areia e o sonho. Teria sido trazida pelos espíritos ou por Vanoi em sua existência e caminhada oníricas? Estavam certos, no entanto, de que a areia era uma prova da irritação dos *baloma* e da realidade do sonho. Infelizmente, a profecia sobre o bom tempo malogrou completamente e não houve dança naquele dia, pois chovia a cântaros. Talvez os espíritos não estivessem exatamente satisfeitos com a quantidade de comida oferecida naquela manhã!

Mas os *baloma* não são completamente materialistas. Eles não se ressentem apenas da escassez de alimentos e das ofertas modestas; eles também zelam pela manutenção rigorosa dos costumes, punindo por meio de seu descontentamento qualquer infração às regras tradicionais costumeiras que devem ser observadas durante a *milamala*. Assim, informaram-me que os espíritos desaprovaram fortemente a frouxidão e lentidão na observância da *milamala* naquele momento. Outrora, ninguém trabalhava no campo, nem se envolvia em outras tarefas durante o período festivo. Todos tinham que estar focados no prazer, na dança e na licenciosidade sexual para agradar aos *baloma*. Atualmente, as pessoas lidam com suas hortas, ou ficam à toa, matando o tempo, ou continuam preparando o madeirame para a construção de casas ou para a confecção de canoas – e os espíritos não gostam disso, e sua raiva arruína a *milamala*, resultando em chuvas e tempestades. Foi o que aconteceu em Olivilevi e, mais tarde, em Omarakana. Em Omarakana, havia ainda outro fator relacionado à raiva dos *baloma*: a presença do etnógrafo ali. Escutei por diversas vezes alusões e comentários de reprovação da parte dos anciãos e do próprio chefe, To'uluwa. O fato é que eu havia comprado, ao passar por várias aldeias, cerca de vinte escudos de dança (*kaidebu*); meu propósito era ver como as danças de *kaidebu* eram realizadas. Ocorre que, em Omarakana, havia apenas uma dança sendo apresentada, a *rogaiewo*, dança em que se utilizam *bisila* (galhardetes de pandano). Eu havia distribuído os *kaidebu* entre a *jeunesse dorée** de Omarakana. Bastante encantados com a novidade (eles não tinham *kaidebu* suficientes para realizar adequadamente a dança nos últimos cinco anos pelo menos), esses jovens começaram imediatamente a dançar a *gumagabu*, uma dança em que esses escudos são utilizados. Isso configura grave violação das regras costumeiras (embora eu não soubesse na época), pois deve haver uma cerimônia inaugural para cada nova forma de dança.[38] Tal omissão foi muito ressentida pelos *baloma*, e por isso o mau tempo, os cocos caídos etc. Esse episódio foi frequentemente retomado a meu desfavor.

---

* NT. Em francês no original. Ao pé da letra, significa "juventude dourada". Designa jovens bem-nascidos e charmosos.

38. Assim, as danças geralmente são inauguradas com a iniciação dos tambores (*katuvivisa kasausa'u*), associada ao *katukuala*. Os *kaidebu* devem ser iniciados separadamente, por uma *katuvivisa kaidebu*.

Após os *baloma* terem desfrutado de sua visita por duas ou quatro semanas (há uma data fixa para o término da *milamala*, o segundo dia depois da lua cheia; entretanto, ela pode começar a qualquer momento entre a lua cheia anterior e a lua nova), eles devem deixar sua aldeia natal e voltar para Tuma.[39] Esse retorno é obrigatório e é induzido pelo *ioba*, isto é, o afugentamento cerimonial dos espíritos. Na segunda noite após a lua cheia, cerca de uma hora antes do nascer do sol, com o canto do capuchinho* (*saka'u*) e o aparecimento da estrela da manhã (*kubuana*), a dança, que já durava a noite inteira, cessa, e então começa um toque de tambores peculiar, o *ioba*.[40] Os espíritos conhecem o toque e se preparam para a viagem de volta. O poder desse toque é tal que se alguém o tocasse algumas noites antes, todo os *baloma* deixariam a aldeia e iriam para suas casas no mundo do além. O toque do *ioba* é, portanto, rigorosamente interditado enquanto os espíritos estão na aldeia. Assim, não consegui convencer os rapazes de Olivilevi a me dar uma amostra desse toque enquanto ocorria a *milamala*, ao passo que havia conseguido testemunhar uma bela *performance* do *ioba* em Omarakana alguns meses antes da *milamala*, numa época em que não havia espíritos na aldeia. Durante o toque do *ioba*, os nativos se dirigem aos *baloma*, exortam-lhes a partir, despedindo-se deles.

"*Baloma, O!*
Bukulousi, O!
Bakalousi ga
Yuhuhuhu...."

"Ó espíritos, vão-se embora! nós não iremos (nós ficaremos)!" O último termo parece ser apenas uma espécie de grito, cujo propósito é despertar os *baloma* preguiçosos e estimulá-los a partir.

Esse *ioba*, realizado conforme se disse acima – antes do nascer do sol na noite do *Woulo* – é o principal. Ele se destina a afugentar os espíritos fortes, aqueles que podem andar. No dia seguinte, antes do meio-dia, há outro *ioba*, chamado de *pem*

---

39. Cada dia de lua cheia recebe um nome. Assim, o dia (e a noite) de lua cheia é chamado de *Yapila* ou *Kaitaulo*. O dia anterior recebe o nome de *Yamkevila*; o dia antes deste, de *Ulakaiwa*. O dia seguinte à lua cheia chama-se *Valaita*; o dia seguinte a este, *Woulo*. O *ioba* ocorre na noite do *Woulo*.

* NT. "Leatherhead" no original. Também referido como "friarbird", daí a tradução acima. Trata-se, provavelmente, de um pássaro melifagídeo do gênero *Philemon*.

40. Os tambores dos kiriwinianos são: (1) o grande tambor (tamanho normal do tambor neoguineense), chamado *kasausa'u* ou *kupi* (termo também obsceno que designa a *glans penis* [glande]); e (2) o pequeno tambor, cerca de um terço menor do que o primeiro, chamado *katunenia*. As batidas são combinações desses dois tambores, cada um – *kupi* e *katunenia* – levando sua voz própria. Pode-se notar a batida do *ioba* da seguinte forma:

ioba, ou seja, "mandar embora o coxo"; seu objetivo é livrar a aldeia dos espíritos das mulheres e das crianças, dos fracos e dos aleijados. Sua execução é a mesma, com a mesma batida e as mesmas palavras.

Em ambos os casos, o *cortège* começa no ponto mais distante da aldeia, onde a estrada para Tuma encontra a mata ao redor da aldeia (*weika*), de modo a "varrer" todas as regiões da aldeia. Os participantes atravessam a aldeia, permanecendo por um tempo no *baku* (pátio central), e então partem em direção à outra ponta, onde começa a estrada que leva da aldeia para Tuma. Ali o *ioba* termina, sempre ao ritmo de uma forma peculiar de dança, a *kasawaga*.[41]

Isso conclui a *milamala*.

As informações aqui apresentadas foram recolhidas e anotadas antes de eu ter a oportunidade de testemunhar o *ioba* em Olivilevi. O relato é exato, detalhado e completo. Fui até mesmo informado por meus interlocutores que os tambores são tocados apenas pelos jovens e que os homens mais velhos não participam tanto do *ioba*. No entanto, em nenhum momento do meu trabalho de campo deparei-me com uma necessidade tão forte de testemunhar eu mesmo os acontecimentos quanto no caso dessa cerimônia, quando fiz o sacrifício de levantar-me às três da manhã para assisti-la. Estava preparado para testemunhar um dos momentos mais importantes e sérios de todo o ciclo habitual de eventos anuais; encontrava-me certamente na expectativa de observar a atitude psicológica dos nativos para com os espíritos, seu assombro, sua devoção etc. Imaginei que tal crise, associada a uma crença bem definida, se expressaria abertamente, ganhando contornos de "acontecimento". Quando cheguei ao *baku* (pátio central), meia hora antes do nascer do sol, os tambores ainda estavam tocando e ainda havia alguns participantes dançando sonolentamente ao redor dos tocadores – não a dança tradicional, mas ao sabor do ritmo mais lento do *karibom*. Quando o canto do *saka'u* foi ouvido, as pessoas começaram a ir embora silenciosamente – os jovens em pares. Ficaram ali para se despedir dos *baloma* apenas cinco ou seis pirralhos e seus tambores, eu e meu informante. Dirigimo-nos até a *kadumalagala valu* – a entrada do caminho que leva à outra aldeia, e começamos a espantar os

---

41. Há principalmente dois tipos de dança em Boiowa: as danças circulares, em que a orquestra (tambores e cantadores) fica no centro e os dançarinos giram em torno, sempre em sentido anti-horário. (Esse tipo de dança apresenta ainda os seguintes subtipos: [a] danças com *bisila* – termo que designa galhardetes feitos com pandano –, caracterizadas por movimentos lentos, [b] danças com *kitatuva* – isto é, duas porções de folhas –, marcadas por movimentos rápidos, e [c] danças com *kaidebu* – escudos de madeira pintados –, cujos movimentos também são rápidos. Nas danças com *bisila*, mulheres podem participar, embora isso aconteça muito excepcionalmente; ainda assim, todos os participantes estão vestidos com saiotes femininos.) O segundo tipo de danças são as *kasawaga*, em que apenas três homens dançam, imitando movimentos de animais de forma bem convencionada e sem pretensões de corresponder à realidade. Essas danças não são circulares, não são (via de regra) acompanhadas por canções e sua orquestra é composta de cinco tambores *kupi* e um *katunenia*.

baloma. Uma atuação mais indigna não posso imaginar, tendo em conta que se dirigia a espíritos ancestrais! Mantive-me à distância para não influenciar o *ioba* – mas havia pouco a ser influenciado ou maculado pela presença de um etnógrafo! Os garotos de seis a doze anos de idade tocavam os tambores, e os menorzinhos se dirigiam aos espíritos repetindo certas palavras de que já estava a par graças a meus informantes. Suas falas continham a mesma mistura de arrogância e timidez dirigidas a mim quando se me aproximavam com comentários jocosos ou a rogar por um pouco de tabaco – com uma atitude semelhante à daqueles garotos que saem pela rua praticando alguma estripulia sancionada pela tradição, como no Dia de Guy Fawkes ou ocasiões desse tipo. E desse jeito passaram pela aldeia, onde não se via quase nenhum adulto. Lamentações vindas de uma casa onde alguém havia morrido recentemente era o único outro sinal de que o *ioba* estava acontecendo. Disseram-me que era o *ioba* era o momento adequado para a lamentação, já que os *baloma* dos parentes próximos estavam deixando a aldeia. O *pem ioba* realizado no dia seguinte foi algo ainda mais patético: garotos riam e faziam piadas, velhos assistiam e davam risadas, pondo-se a zombar dos pobres espíritos claudicantes que deviam ir embora. Contudo, não há dúvida de que o *ioba*, enquanto evento, enquanto um momento crítico na vida tribal, tem sua importância, e jamais deve deixar de ser feito.[42] Como já foi dito, ele só deve ser realizado no momento apropriado, sendo o toque de tambor que o caracteriza uma coisa com que não se deve brincar, mesmo que não haja traços de sacralidade ou de circunspecção em sua execução.

Há um fato em relação ao *ioba* que deve ser mencionado aqui, pois de certa forma ele parece qualificar a asserção geral feita no início deste artigo – a de que não há relação entre as cerimônias mortuárias e a sina do espírito que partiu. O fato em questão é o de que o arremate do luto (chamado "lavagem da pele", *iwini wowoula*, literalmente "ele ou ela lava a pele") sempre acontece depois da *milamala*, no dia seguinte ao *ioba*. A ideia subjacente parece ser a de que o luto continua durante a *milamala*, pois o espírito está lá para assisti-la, e assim que esse espírito vai embora, a "pele é lavada". No entanto, estranhamente, jamais um nativo ofereceu voluntariamente tal explicação ou mesmo a endossou. Claro, se você perguntar a alguém "por que você faz a lavagem da pele logo após o *ioba*?", a resposta será invariavelmente *"tokua bogwa bubunemasi"* – "é nosso antigo costume". É preciso então desviar do assunto para depois fazer a pergunta direcionada. A resposta dos nativos neste caso (e para todas as perguntas direcionadas que contêm uma afirmação falsa ou duvidosa) via de regra é uma negativa, embora eles possam considerar sua questão como uma ideia nova, tentando esclarecer

---

42. Quando uma aldeia está de luto (*bola*) e com os tambores interditados, usa-se uma concha (*ta'iuo*) no *ioba* – que deve ser realizado mesmo sob tais circunstâncias.

um pouco mais o problema. Todavia, percebe-se imediatamente que o fato de eles levarem em consideração e aquiescerem não é a mesma coisa que o endosso direto de uma afirmação. Nunca tive a menor dificuldade em detectar se uma opinião correspondia a uma visão tradicional, ortodoxa, bem estabelecida, ou se se tratava de uma ideia nova para a mente nativa.[43]

Podemos avançar alguns apontamentos gerais sobre a atitude nativa em relação aos *baloma* durante a *milamala* a partir dessa descrição detalhada. Essa atitude é caracterizada pela maneira como os nativos falam sobre os *baloma* ou se comportam durante as *performances* cerimoniais. Trata-se de elementos menos tangíveis que os da tradição, além de mais difíceis de serem descritos, mas têm estatuto de fatos e como tais devem ser reconhecidos.

Durante sua estadia, os *baloma* jamais atemorizam os nativos, e não há o menor incômodo com sua presença. Os pequenos truques praticados por eles a fim de demonstrarem raiva (ver acima) são feitos em plena luz do dia e não comportam nada de "estranho".

---

43. O horror às perguntas direcionadas [leading questions], diversas vezes encontrado nas recomendações e instruções voltadas ao trabalho de campo, é, de acordo com minha experiência, um dos preconceitos mais equivocados. "Perguntas direcionadas" representam um risco quando se trata de um informante desconhecido, durante a meia hora inicial ou no máximo algumas horas de seu trabalho com ele. Contudo, qualquer trabalho como este – envolvendo um informante recente e ainda confuso – não vale a pena ser registrado. O nativo deve saber que você pretende obter dele informações exatas e detalhadas. Depois de uns dias, um bom informante irá discordar de você e corrigi-lo, mesmo quando você cometer um *lapsus linguae*. Imaginar que uma pergunta direcionada seja perigosa nesse contexto de desembaraço não tem qualquer fundamento. Ademais, o trabalho realmente etnográfico se movimenta muito mais em um terreno composto por detalhes factuais, os quais, via de regra, podem ser verificados pela observação – mais uma razão para ver que as perguntas direcionadas não representam risco algum. Os únicos casos em que perguntas diretas são realmente necessárias, as únicas instâncias em que elas são a única ferramenta de que dispõe o etnógrafo, são aquelas situações em que se quer saber qual é a interpretação nativa de uma cerimônia, em que se deseja obter a opinião do informante sobre algum fato ou matéria. Assim, as perguntas direcionadas são absolutamente necessárias. Você pode perguntar a um nativo qual é sua opinião sobre tal e tal cerimônia e esperar anos a fio por uma resposta (mesmo que você a formule na língua nativa). O que você estaria fazendo seria algo como pedir a um nativo que assuma a sua postura e enxergue as coisas de uma perspectiva etnográfica. Além disso, seria patentemente impossível trabalhar sem perguntas direcionadas em casos em que se lida com fatos que se encontram fora do alcance da observação imediata, como costumes de guerra e alguns objetos técnicos obsoletos, sem o que se deixaria escapar aspectos importantes. Assim, como não há qualquer motivo palpável para que não se recorra a perguntas direcionadas, trata-se de um erro evidente estigmatizá-las. A investigação etnológica e a perquirição judicial são essencialmente diferentes, na medida em que a testemunha, nesta última, deve expressar sua opinião própria, pessoal, ou relatar suas impressões, circunstâncias em que a sugestão pode atuar com facilidade; já na investigação etnológica, espera-se que o informante forneça conhecimentos solidificados e cristalizados, que concorram para o esboço de certas atividades tradicionais, uma crença ou uma opinião fundada na tradição. Nestes casos, perguntas direcionadas só são perigosas quando se está lidando com informantes inescrupulosos, ignorantes ou preguiçosos – circunstâncias nas quais o melhor a se fazer é descartá-los completamente.

As pessoas perambulam sozinhas de aldeia em aldeia durante a noite, ao passo que nos dias seguintes à morte de alguém o sentimento é de medo evidente (ver acima). Com efeito, estamos em um período de aventuras amorosas que implicam caminhadas solitárias e casais passeando. O momento mais intenso da *milamala* coincide com a lua cheia, fenômeno que naturalmente reduz ao mínimo o temor supersticioso da noite. A ilha toda se alegra com a luz da lua, com a batida forte dos tambores e com as canções que ressoam de todos os lugares, a ponto de uma pessoa escutar a música de outra aldeia quando se afasta do raio de ação de sua própria. Não nos encontramos sob uma atmosfera fantasmagórica e pesada, não há qualquer traço de assombrações – justo o contrário. Os nativos estão alegres e um tanto frívolos – vivem num clima de contentamento e alegria.

Além disso, deve-se notar que, embora exista certo grau de contato entre os vivos e os espíritos (por meio de sonhos etc.), estes últimos jamais devem influenciar de modo significativo o curso dos acontecimentos tribais. Não se observa nenhum traço de divinação ou de aconselhamento espiritual, nem qualquer outra forma tradicional de contato que pudesse ser importante.

Além a ausência de medo supersticioso, inexistem interditos ao comportamento dos vivos em relação aos espíritos. Podemos afirmar com segurança que não se demonstra muito respeito para com eles. Não há qualquer acanhamento para conversar sobre os *baloma*, nem para mencionar os nomes de espíritos presumivelmente presentes na aldeia. Como dissemos acima, os nativos não só se divertem com os espíritos coxos, como os comportamentos dos *baloma* são, de fato, alvo de qualquer tipo de piada.

Nesse sentido, quase não há sentimentos pessoais dirigidos aos espíritos, com exceção de casos de pessoas que faleceram há pouco tempo. Não existem preparativos especiais para um *baloma* específico, nem recepções apenas dirigidas a um em particular, exceto talvez em casos de presentes de comida pedidos em sonhos por um determinado *baloma*.

Em suma, os *baloma* retornam para suas aldeias natais como visitantes que chegam de fora. Em grande medida, deixam-se os *baloma* por sua própria conta. Bens valiosos e alimentos são expostos para eles. Os nativos não ficam pensando neles a toda hora; nem eles ocupam o lugar mais importante nas expectativas e pensamentos nativos sobre a *milamala*. Não há o menor ceticismo habitando o pensamento do mais civilizado dos nativos quanto à presença real dos *baloma* na *milamala*. Ao mesmo tempo, sua presença enseja quase nenhuma reação emocional.

Eis o que temos a dizer sobre a visita dos *baloma* por ocasião da *milamala*. Em contrapartida, a influência desses espíritos sobre a vida tribal pode ser exercida de uma outra forma – no papel por eles desempenhado na magia.

V

A magia ocupa um enorme espaço na vida tribal dos kiriwinianos (assim como na vida da maioria dos povos nativos). Todas as atividades econômicas importantes estão bordadas de magia – sobretudo aquelas que envolvem perigo, acaso e aventura. O cultivo das hortas está completamente embalado pela magia; todo um leque de encantamentos está associado à caça; a pesca abriga elaborados sistemas mágicos, especialmente quando associada ao risco e seus resultados dependam da sorte e não estejam absolutamente garantidos. A fabricação de canoas conta com uma longa lista de encantamentos que devem ser recitados em diversos estágios da tarefa, na derrubada da árvore, na escavação do cockpit e, finalmente, por ocasião da pintura, da amarração e do lançamento da embarcação. Contudo, esse tipo de magia só é usado quando se está construindo grandes canoas de alto-mar. As pequenas canoas, usadas apenas em lagunas e águas costeiras, locais que não oferecem perigos, são patentemente ignoradas pelo mago. O clima – chuvas, sol, ventos – precisa obedecer a um grande número de encantamentos, sendo especialmente suscetível ao chamado de alguns eminentes especialistas, ou melhor, famílias de especialistas, que recebem esses encantos por sucessão hereditária. Em tempos de guerra – quando ainda existiam batalhas, ou seja, anteriormente à administração do homem branco – os kiriwinianos se beneficiavam da arte de algumas famílias de peritos, que haviam herdado magias de guerra de seus ancestrais. E, evidentemente, o bem-estar físico – a saúde – pode ser destruído ou restaurado pelo engenho mágico de feiticeiros, que são igualmente curandeiros. Quando ataques das já mencionadas *mulukuasi* ameaçam a vida de um homem, certos feitiços podem combater sua influência, embora o tratamento feito por uma mulher que é ela própria uma *mulukuasi* – há sempre alguma em aldeias remotas – seja o único modo seguro de escapar dessa ameaça.

A presença da magia é tão pervasiva que era comum, por viver entre os nativos, deparar-me com *performances* mágicas, muitas vezes de forma bem inesperada, outras vezes em cerimônias em que minha presença estava já combinada. Nos primeiros dias da minha chegada, quando mal sabia da existência da magia das hortas, lembro-me de haver escutado o canto de Bagido'u (mago das hortas de Omarakana), vindo de sua cabana, localizada a uns cinquenta metros da minha tenda. Mais tarde foi-me permitido presenciar uma sessão em que ele cantou sobre ervas mágicas; a bem dizer, gozei desse privilégio sempre que quis, valendo-me dele em diversas ocasiões. Em muitas cerimônias das hortas, o canto sobre alguns ingredientes se dá na aldeia, ou na própria casa do mago, e também antes de serem usados nas hortas. Na manhã de um dia de cerimônia, o mago vai sozinho para a mata para buscar as ervas necessárias, que às vezes se encontram bem distantes. Ele deve trazer consigo cerca de dez variedades de ingredientes, ervas em sua maioria. Alguns são encontrados apenas à beira-mar, outros provêm do *raiboag* (região de floresta sobre rochas de coral), outros ainda são colhidos na *odila*, a vegetação rasteira. Tendo partido com o dia ainda escuro, o mago terá obtido todos os ingredientes antes de o sol brilhar. Ele leva as ervas para casa, e por volta do meio-dia começa a cantar sobre elas. Um pano é estendido sobre o estrado, e sobre esse primeiro forro é colocado outro. Cobre-se o segundo de ervas até a metade, dobrando a outra metade sobre elas. O mago recita o encanto no espaço entre as dobras. Sua boca fica bem próxima do trapo, de modo a assegurar que sua voz flua na direção correta. Tudo isso deve entrar pela semiabertura do pano recheado de ervas que irão absorver o encantamento. Essa absorção da voz, veículo do encantamento, acontece em todas as recitações mágicas. Quando um pequeno objeto precisa ser encantado, dobra-se uma folha de modo a formar um pequeno tubo; o objeto é colocado em sua extremidade menor, enquanto o mago insere seu canto na extremidade maior. Voltemos a Bagido'u e sua magia das hortas. Ele entoa seu encanto por cerca de meia hora ou mais, repetindo-o diversas vezes, repetindo vários trechos e muitas palavras importantes de um trecho. O encanto é proferido em voz baixa, havendo uma forma peculiar, semimelódica de recital, que varia ligeiramente de acordo com as diversas formas de magia. Repetir as palavras é como untar [rubbing-in] de encanto a substância a ser administrada. Depois que o mago da horta termina seu encantamento, ele embrulha as folhas no pano, deixando-as de lado para serem usadas no campo, o que ocorre geralmente na manhã seguinte. Todas as cerimônias de magia das hortas acontecem no campo, e são muitos os encantamentos entoados nas hortas. Existe todo um sistema de magia das hortas que consiste em uma série de ritos complexos e elaborados, cada um acompanhado de um encanto. Deve-se começar cada atividade nas roças com um rito próprio. Existe, assim, um rito inaugural mais geral, anterior a qualquer trabalho nas roças, que é realizado em cada lote separadamente. A capina do mato é precedida por outro rito. A queima do mato capinado já seco é, em si, uma cerimônia mágica. Isso enseja uma série de ritos mágicos menores para cada lote, o que dura cerca de quatro dias. O começo do plantio dá lugar a uma nova série de atos mágicos, durante alguns dias. Similarmente, a monda e a sulcagem preliminar são precedidas por *performances* mágicas. Todos esses ritos desenham, por assim dizer, uma moldura em que se encaixa o trabalho nas hortas. O mago determina os momentos de descanso, obrigatórios, e seu trabalho regula o trabalho da comunidade, obrigando todos os aldeões a trabalharem simultaneamente, de modo a não permitir que alguém fique para trás ou muito à frente dos outros.

Sua participação é muito valorizada pela comunidade. Com efeito, seria difícil imaginar qualquer trabalho feito nas hortas sem a cooperação do *towosi* (mago das hortas).[44]

O *towosi* tem muito a dizer sobre o gerenciamento das hortas, e seus conselhos são muito respeitados, respeito esse puramente formal na verdade, pois as questões controversas ou mesmo dúbias acerca do cultivo das hortas são bem poucas. No entanto, os nativos apreciam a deferência formal e o reconhecimento de autoridade de um modo tal que é realmente espantoso. O mago das hortas recebe também um pagamento, que consiste no oferecimento de quantidades substanciais de peixes por parte dos membros da comunidade aldeã. Deve-se acrescentar que o título de mago da aldeia é conferido à pessoa do chefe da aldeia, embora isso não seja invariavelmente o caso. Contudo, somente um homem que pertence por nascimento a uma determinada aldeia cujos antepassados maternos tenham sido os senhores daquela comunidade e daquela terra pode "bater a terra" (*iwoie buiagu*).

Em que pese sua grande importância, a magia das hortas kiriwiniana não consiste em cerimônias sagradas e imponentes, rodeadas de tabus rigorosos, realizadas com o máximo de luxo ao alcance dos nativos. Pelo contrário, uma pessoa não acostumada com a atmosfera da magia kiriwiniana pode ter passado por uma cerimônia central sem notar que algo importante estivesse acontecendo. Ela pode encontrar um homem riscando a terra com uma vareta, empilhando pequenos galhos e ramos secos, ou plantando uma batata de taro, ou até quem sabe murmurando algumas palavras. Do mesmo modo, um espectador hipotético poderia passear por um novo roçado kiriwiniano, recentemente clareado e lavrado, coberto por um mar de ramos e troncos deitados ao chão para servir de suporte aos *taitu*, uma paisagem que parece agora um roçado de videiras – e nesse seu passeio poderia dar com um grupo de pessoas que se detêm aqui e ali, ajeitando alguma coisa nos cantos dos terreiros. O visitante terá sua atenção voltada para a realidade mágica da *performance* somente no momento em que se proferem em voz alta os encantamentos sobre as roças. Nesses casos, o ato como um todo, de outra forma insípido, assume certa dignidade e imponência. Pode-se ver uma pessoa com um pequeno grupo atrás de si dirigindo-se em voz alta a algum poder não visível, ou, mais corretamente, do ponto de vista do kiriwiniano, lançando

---

44. Um fato peculiar, a propósito de um certo escocês que vive há anos entre os nativos como negociante e comprador de pérolas, servirá para ilustrar essa afirmativa. Apesar de não haver perdido a "casta" e a altivez de homem branco (trata-se, com efeito, de um homem de fino trato supinamente gentil e hospitaleiro), ele adotou certas particularidades e hábitos nativos, como, por exemplo, mascar noz-de-areca (costume observado muito raramente entre os brancos), e tomar uma kiriwiniana em casamento. Mais, para fazer com que sua horta prospere, ele se utiliza da ajuda do *towosi* (mago da horta) da aldeia mais próxima – razão pela qual, disseram-me meus informantes, sua horta está sempre em melhores condições que a dos demais brancos.

esse poder não visível sobre as hortas: um poder que reside no encantamento ali condensado pela sabedoria e devoção de gerações. Ou então pode-se ouvir um coro de vozes entoando o mesmo encanto, pois não raro os *towosi* convocam seus assistentes, que são sempre seus irmãos ou outros sucessores matrilineares.

Ilustremos o ponto por meio da cerimônia em que se queima o mato capinado. Certas ervas que já receberam a fórmula entoada devem ser enroladas com um pedaço de folha de bananeira nas pontas de palhas de coqueiro. Essas armações serão as tochas usadas na queimada. Na parte da manhã (a cerimônia que testemunhei ocorrera por volta das onze horas), Bagido'u, o *towosi* daquela aldeia, foi até as roças acompanhado de To'uluwa, seu tio materno e chefe da aldeia, e de algumas outras pessoas, entre elas Bokuioba, uma das esposas do chefe. Era um dia canicular, embora soprasse uma leve brisa. O campo, seco, queimaria facilmente. Cada um dos presentes empunhava uma tocha, inclusive Bukuioba. As tochas foram acesas com palitos de fósforo, fornecidos (não sem certa relutância) pelo etnógrafo. Com o vento a favor, o fogo espalhou-se rapidamente. Não havendo tabus a se observar, um punhado de crianças assistiu à queima. Também não havia muita animação quanto a isso, pois o resto da garotada ficara na aldeia brincando, nem um pouco interessada pelo rito ou inclinada a ir ver o espetáculo. Em outros ritos, estivéramos somente eu e Bagido'u, embora não houvesse tabus impedindo qualquer um que quisesse comparecer. Mas se alguém fosse, um mínimo de decoro teria que ser observado, é claro. Ademais, a questão do tabu varia de acordo com a aldeia, cada qual com seu próprio sistema de magia das hortas. Cheguei a testemunhar, no dia seguinte, a cerimônia de queima do roçado na aldeia vizinha (em cujos lotes foram queimadas pequenas pilhas de sobras juntamente com um punhado de ervas). Mas ali o *towosi* ficou bem zangado com algumas garotas que assistiam à *performance* mesmo de longe. Disseram-me que as cerimônias eram interditadas ao público feminino naquela aldeia. Assim, se algumas cerimônias são realizadas pelo *towosi* sozinho, outras contam com a presença de muita gente, havendo ainda outras a que a comunidade inteira de uma aldeia deve comparecer. Este último tipo de cerimônia será descrito com detalhe a seguir, na medida em que remete mais particularmente à participação dos *baloma* na magia.

Tratei aqui da magia das hortas apenas para ilustrar a natureza geral da magia kiriwiniana. A magia das hortas é de longe a atividade mágica mais evidente, e nesse sentido todas as observações mais gerais a respeito desse tipo de magia se aplicam bem a todas as demais variedades de magia. Pretendo com isso oferecer uma imagem geral que se deve ter em mente para que minhas considerações sobre o papel dos *baloma* na magia possa ser visto da perspectiva adequada.[45]

---

45. As generalidades esboçadas aqui sobre a magia das hortas kiriwiniana não devem ser tomadas nem mesmo como um esquema preliminar dessa magia, evidentemente. A descrição de tal esquema será tema, espera-se, de um outro artigo.

Os encantamentos formam a espinha dorsal da magia kiriwiniana. A qualidade mais importante de toda magia reside neles. O rito está ali apenas como plataforma de lançamento do encantamento, é um dispositivo de transmissão apropriado. Trata-se de uma noção universal entre os kiriwinianos, aceita desde os especialistas até os leigos, bem passível de confirmação por um estudo minucioso do ritual mágico. As fórmulas contêm pistas para ideias atinentes à magia, sendo frequente a menção de nomes de ancestrais – a parte introdutória de muitas delas exibe longas listas de nomes de antepassados, como que cumprindo o papel de invocação.

Não é possível determinar precisamente se as listas são preces por meio das quais realmente se evocam os *baloma* dos ancestrais que atenderiam ao chamado e participariam da magia, ou se os nomes dos ancestrais figuram nas fórmulas como elementos da tradição, consagrados e repletos de propriedades mágicas simplesmente por serem tradicionais. Com efeito, ambos os aspectos estão sem dúvida presentes: tanto a evocação direta aos *baloma* quanto o valor tradicional dos nomes dos ancestrais em si mesmos. Os dados abaixo deverão permitir uma avaliação mais precisa. E já que o componente tradicional está estreitamente ligado à maneira como se herdam as fórmulas mágicas, comecemos então com este último aspecto.

As fórmulas mágicas são transmitidas de geração a geração, herdadas de pai para filho, pela linha paterna, ou de *kadala* (tio materno) para sobrinho, pela linha materna, considerada pelos nativos como a verdadeira linha de parentesco (*veiola*). Essas duas modalidades de herança não são exatamente equivalentes. Há uma categoria de magia que pode ser chamada de local, pois está atada a um determinado lugar. Todos os sistemas de magia das hortas pertencem a essa categoria,[46] assim como todos os encantos mágicos conectados a locais que apresentam certas propriedades mágicas. É o caso da magia da chuva mais poderosa da ilha, a de Kasana'i, que precisa ser realizada em um determinado poço da mata (*weika*) de Kasana'i. Esse também é o caso da magia da guerra oficial de Kiriwina, praticada pelos membros da aldeia de Kuaibuga, e associada à *kaboma* (mata sagrada) localizada nas proximidades dessa aldeia. Da mesma forma, os elaborados sistemas mágicos essenciais à pesca do tubarão e do *kalala* devem ser mobilizados por um membro da aldeia de Kaibuola e de Laba'i, respectivamente. Todas essas fórmulas são transmitidas pela linha feminina.[47]

---

46. Lembremos que cada aldeia possui um sistema de magia das hortas próprio, estreitamente vinculado a ela, e transmitido pela linha materna. O pertencimento à comunidade de uma aldeia também é transmitido por linha materna.

47. Não poderei entrar aqui em detalhes sobre essa regra, para a qual parecem haver muitas exceções. Isso será tratado em outra oportunidade. Já a afirmação acima, segundo a qual as fórmulas são "transmitidas pela linha feminina", merece um complemento: "a longo prazo". Assim, por exemplo,

As magias que não estão atreladas a lugares específicos, e que podem ser facilmente transmitidas de pai para filho ou mesmo negociadas a justo preço entre estranhos, pertencem a uma categoria bem menos abrangente. Trata-se sobretudo das fórmulas da medicina nativa, que vêm sempre casadas: uma das fórmulas é de magia maléfica, *silami*, cujo propósito é causar doença; a outra, *vivisa*, é uma fórmula que neutraliza a anterior, e portanto almeja curar a doença. Também pertencem a essa categoria a magia ligada à iniciação na arte de talhar, chamada *tokabitam* (entalhador), os encantos usados na fabricação de canoas, além de uma série de fórmulas de importância menor (ou, no mínimo, menos esotéricas), como a magia amorosa, a magia de proteção a picadas de insetos, a magia que protege de ataques das *mulukuasi* (esta última de outro modo bem importante), a magia neutralizadora dos efeitos negativos do incesto etc. Porém, mesmo que não sejam necessariamente usadas por pessoas de uma única localidade, tais fórmulas geralmente estão associadas a um local. Muitas vezes, um mito se encontra no fundo de um sistema mágico – e mitos são sempre locais.[48]

Os exemplos mais numerosos, e certamente a categoria de magias mais importante (a magia "matrilinear"), têm caráter e transmissão locais. Por seu turno, só uma parcela da outra categoria de magia possui um caráter notadamente local. Ora, a mentalidade e tradição nativas associam intimamente lugares a determinadas famílias ou subclãs.[49] As linhagens que se sucediam no mando de cada local – e que praticavam atos mágicos essenciais para sua manutenção (a magia das hortas entre eles) – iriam naturalmente ocupar um lugar importante na mente nativa. Os fatos provavelmente confirmariam essa consideração, pois, como

---

acontece com frequência de um pai passar a magia ao filho que já a pratica; mas este, por sua vez, não pode transmiti-la a seu próprio filho – a não ser que este último se case com uma mulher do clã de seu pai, o que faz com que volte a pertencer a seu clã original. O casamento entre primos cruzados, estimulado por esse e por outros motivos semelhantes, é bem frequente e considerado particularmente desejável.

48. O *kainagola*, por exemplo, um dos mais poderosos *silami* (encantos maléficos), é associado a um mito localizado nas aldeias de Ba'u e Buoitalu. Similarmente, certa magia de fabricação de canoas, chamada *wa'iugo*, contém referências a um mito cujo cenário é a ilha de Kitava. Vários outros exemplos poderiam ser evocados.

49. O nome nativo para subclã é *dala*, ver Seligman *The Melanesians of British New Guinea*, p. 678, donde a forma *dalela* corresponder a *dala* acrescida do sufixo pronominal de terceira pessoa – "sua família". Seligman fornece ali os nomes dos *dala* pertencentes aos quatro clãs. O *dala* mais importante figura entre eles, mas existem muitos outros. Como diz o autor, os membros de cada *dala* remetem sua origem a um ancestral comum. Originalmente, os ancestrais surgiram, cada um, de um buraco específico, de um determinado local. Via de regra, o *dala* reside neste local ou em suas vizinhanças – e muito frequente que o "buraco" fique na mata que cerca a aldeia, quando não na própria aldeia. Nos dias atuais, esses buracos, chamados *buala* ("casas"), são poços, pilhas de pedra ou mesmo pequenas cavidades rasas. Do buraco mencionado por Seligman na p. 679 saíram muitos dos *dala* considerados mais aristocráticos. Trata-se contudo de uma exceção à regra – a de que deve haver um *dala* para cada *buala*.

mencionamos acima, os nomes dos ancestrais matrilineares cumprem um papel muito importante na magia.

Alguns exemplos podem contribuir para confirmar essas observações, ainda que a discussão completa dessa questão deva ser adiada para outra ocasião, pois seria necessário comparar esse aspecto com outros elementos recorrentes na magia, o que demandaria a reprodução na íntegra de todas as fórmulas. Isso posto, vejamos o caso da magia das hortas. Registrei dois sistemas dessa magia, o *kailuebila*, da aldeia de Omarakana, considerado o mais poderoso; e o sistema *momtilakaiva*, associado a quatro pequenas aldeias – Kupuakopula, Tilakaiva, Iourawotu' e Wakailluva.

O sistema omarakana de magia das hortas conta com dez encantamentos, cada um associado a uma atividade específica: um é proferido no momento em que se começa a mexer na terra onde será cultivada uma nova horta; outro é recitado na cerimônia que dá início à capina do mato; outro durante a queima cerimonial do mato seco, e assim por diante. Desses dez encantos, três fazem referência aos *baloma* dos ancestrais. Desses três, um é de longe o mais importante, recitado durante a *performance* de vários ritos, na cerimônia da capina, na cerimônia do plantio etc.

Eis seu início:

> "*Vatuvi, vatuvi*; (várias vezes repetido)
> *Vitumaga, imaga*;
> *Vatuvi, vatuvi*; (várias vezes)
> *Vitulola, ilola*:
> *Tubugu Polu, tubugu Koleko, tubugu, Takikila,*
> *Tubugu Mulabuoita, tubugu Kuaiudila,*
> *Tubugu Katupuala, tubugu Buguabuaga, tubugu Numakala;*
> *Bilumava'u bilumam;*
> *Tabugu Muakenwa, tamagu Iowana* ..."

Em seguida vem o longo restante da fórmula, que descreve, sobretudo, o acontecimento que a fórmula pretende justamente produzir, a saber, ela descreve o crescimento da horta, o controle das pragas, do pulgão etc.

A tradução adequada de tais fórmulas envolve certas dificuldades. Elas contêm expressões arcaicas, cujo sentido os nativos compreendem apenas parcialmente, sendo extremamente difícil fazer com que eles as traduzam corretamente para o idioma kiriwiniano contemporâneo. A forma típica de um encantamento consiste em três partes: (1) a introdução (chamada de *u'ula* = a parte mais inferior de um caule; é também usada para denotar algo similar à nossa noção de causa); (2) o corpo do encanto (chamado de *tapuala* = as costas, os flancos, os quadris); (3) A parte final (*dogina* = o topo, o final, o pico; etimologicamente ligado a *doga*, presa, dente longo e afiado). Geralmente, a *tapuala* é bem mais fácil de se compreender e de ser traduzida que as demais partes. A evocação aos ancestrais, ou, talvez de modo mais correto, a lista de seus nomes, pertence sempre à *u'ula*.

Bagido'u, o *towosi* (mago das hortas) de Omarakana, não sabia o significado da primeira palavra que consta na *u'ula* citada há pouco, *vatuvi*, ou então não conseguiu traduzi-la para mim. Em termos etimológicos, ela pode ser traduzida, salvo engano, por "causa" ou "produção". [50]

As palavras *vitumaga imaga* são compostas pelos prefixos *vitu* (causar), *i* (terceira pessoa do singular, prefixo verbal) e a raiz *maga*, que, por sua vez, se compõe de *ma*, raiz de "vir", e *ga*, sufixo muito utilizado, que simplesmente expressa ênfase. Os termos *vitulola*, *ilola* são quase simétricos com os anteriores, a única diferença é a presença da raiz *la*, "ir" (reduplicada em *lola*), em vez de *ma*, "vir".

Na listagem de ancestrais, dois pontos fazem-se notar: os nomes que aparecem primeiro acompanham a palavra *tubugu*, enquanto que o último nome é o único que se acompanha do termo *tabugu*. *Tubugu* está no plural, e significa "meus avós" (*gu* correspondendo ao sufixo pronominal de primeira pessoa); *tabugu* significa "meu avô" (no singular). O uso do plural no primeiro conjunto tem a ver com o fato de que a cada subclã estão associados determinados nomes, que são propriedade do subclã. Qualquer membro do subclã possui obrigatoriamente um dos nomes ancestrais, embora possa ser chamado por outro nome, não hereditário, pelo qual é conhecido geralmente. Assim, na primeira parte do encantamento, não é um ancestral de nome Polu que está sendo chamado: o mago invoca "todos os meus ancestrais de nome Polu, todos os meus ancestrais de nome Koleko" etc.

Nessas listas de ancestrais, há ainda uma segunda característica igualmente geral – os nomes que aparecem por último são precedidos pela expressão "*bilumava'u bilumam*", cujo sentido aproximado (sem entrarmos aqui numa análise linguística) é "você, novo *baloma*", e em seguida os nomes dos últimos ancestrais são enumerados. Bagido'u, portanto, fez menção a seu avô, Muakenuva, e a seu pai, Iowana.[51] Trata-se de algo importante, pois é uma evocação direta a um *baloma* – "ó, tu, *baloma*" (o *m'* em *bilumam'* é sufixo de segunda pessoa). À luz dessa

---

50. Estou praticamente certo de que se trata de uma forma arcaica, associada a *vitu*, prefixo que expressa a ideia de causação. Assim, *vitu loki*, "mostrar o caminho", "explicar", compreende *vitu*, "causar", e *loki*, "ir até lá". Existem vários prefixos causativos na língua kiriwiniana, cujo sentido assume tons variáveis. Não iremos discuti-los aqui, evidentemente.

51. Trata-se de uma das exceções à descendência matrilinear de certas fórmulas mágicas, mencionadas anteriormente. Iowana, pai de Bagido'u, era filho de um *tabalu* (ou seja, de um membro da família que era "dona" de Omarakana). O pai de Iowana, Puraiasi, transmitiu-lhe a magia, e como Iowana casou-se com Kadu Bulami, sua prima *tabalu*, ele pôde transmitir a magia a seu filho, Bagido'u, e assim o cargo de *towosi* (mago das hortas) retornou ao subclã *tabalu*.

informação, é mais provável que os nomes de ancestrais sejam mais que itens de uma mera enumeração (apesar de os nomes ancestrais possuírem um poder mágico, ativo, intrínseco) – parecem ser evocações dos *baloma* ancestrais.

Em tradução livre, o fragmento significa algo como:

> "Cause! Faça! Seja eficaz!
> Faça vir!
> Faça ir!
> Meus avós de nome Polu etc. ...
> E você, *baloma* recente, vô Muakenuva, pai Iowana."

Essa livre tradução deixa muita coisa ainda ambígua, mas devemos ressaltar que essa ambiguidade também jaz na mente de quem está acostumado com a fórmula. Quando perguntado sobre o que deve "ir" e o que deve "vir", Bagido'u ofereceu palpites. Num dado momento, ele havia me dito que fórmula fazia referência a plantas que deviam entrar na terra; já em outro, ele comentou que eram as pragas das roças que deviam ir embora. Também não ficou claro se "ir" e "vir" teriam sentidos antitéticos. Para que se interprete esse trecho adequadamente, deve-se, creio, enfatizar que a *u'ula* tem um significado muito amplo, sendo uma espécie de evocação apenas. Acredita-se que as palavras estejam embebidas de uma potência oculta e que essa é sua principal função. A *tapuala*, isenta de ambiguidades, explica o propósito exato do encanto.

Deve-se notar igualmente que, em uma *u'ula*, há elementos rítmicos nas posições simétricas ocupadas pelos quatro grupos de palavras. Assim, apesar do número de repetições da palavra *vatuvi* variar (pude ouvir essa fórmula em diversas oportunidades), ela é repetida em ambos os versos o mesmo número de vezes. Sem dúvida, a aliteração contida nessa fórmula também não é acidental, e pode ser encontrada em muitos outros encantos.

Tendo-me dedicado a tal fórmula com certo afinco, e dado seu caráter representativo, as demais fórmulas serão apresentadas sem maiores análises.

A segunda fórmula em que figuram nomes de ancestrais é enunciada na primeira de uma série de cerimônias *iowota*, ocasião em que o *towosi* "bate a terra" onde as hortas serão cultivadas. Eis seu começo:

> *Tudava, Tu-Tudava,*
> *Malita, Ma-Malita* etc.

Trata-se de uma menção aos nomes de dois heróis ancestrais, que são tema de um ciclo mitológico. Acredita-se que Tudava é de certo modo um ancestral dos *tabalu* (o subclã mais aristocrático, que governa Omarakana), embora não haja dúvidas de que ele pertenceu ao clã Lukuba (ao passo que os *tabalu* pertencem ao clã Malasi).

Esses mesmos nomes são evocados em outra fórmula, recitada sobre determinadas ervas usadas na magia do plantio das hortas, e sobre certas estruturas de madeira, feitas para finalidades exclusivamente mágicas – as *kamkokola*. A fórmula começa assim:

> *Kailola, lola; Kailola, lola;*
> *Kaigulugulu; kaigulugulu;*
> *Kailalola Tudava,*
> *Kaigulugulu Malita,*
> *Bisipela Tudava; bisila'i otokaikaya* etc.

Em tradução livre:

> Para baixo, [ó raízes]; penetrem [no solo, ó raízes]; [ajude-as] a descer, ó Tudava; [ajude-as] a penetrar [na terra], ó Malita; Tudava sobe [lit. transforma]; Tudava repousa sobre a *tokaikaia* [isto é, a plataforma erguida para os *baloma*].

O sistema omarakana de magia das hortas não faz qualquer referência especial a lugares sagrados nos arredores da aldeia.[52] Durante a cerimônia, a única ação ritual associada aos *baloma* é bem discreta: após recitar o encantamento adequado sobre o primeiro taro plantado no *baleko* (o lote de cultivo, a unidade mágica e econômica da atividade hortícola), o mago constrói uma cabana em miniatura e uma cerca feita de galhos secos chamada *si buala baloma* (os *baloma*, sua casa). Não se recita nenhum encanto sobre ela; não identifiquei qualquer tradição, nem obtive maiores explicações sobre esse ato pitoresco.

Na exposição ou na oferenda dos *ula'ula* – a taxa que se paga pela magia – também são feitas referências aos *baloma*, referências aliás muito mais importantes, embora não ocorram durante a cerimônia. Os membros da comunidade levam ao *towosi* (mago das hortas) os *ula'ula* – peixes, quase sempre; quando possível, nozes de bétele ou cocos; tabaco, atualmente. Esses itens são expostos na casa; os peixes devem corresponder apenas a uma pequena porção da dádiva como um todo, e, até onde sei, devem estar assados. Se por um lado o mago profere o encanto sobre folhas mágicas e apetrechos antes de levá-los à horta, os *ula'ula* oferecidos aos *baloma* devem ficar expostos nas proximidades da substância medicada. Tal oferta de *ula'ula* aos *baloma* não é uma característica exclusiva da magia das hortas de Omarakana, encontrando-se em todos os demais sistemas.

O outro sistema a que fizemos referência, o *momtilakaiva*, possui apenas uma fórmula, na qual há uma lista de *baloma*. Dada sua semelhança com a fórmula apresentada acima, com a única diferença de serem outros os nomes menciona-

---

52. Na verdade, esse sistema é importado de outra aldeia, Luebila, localizada na costa norte. Daí seu nome, *kailuebila*. Ele contém uma ou duas referências a alguns locais próximos a essa aldeia; porém, ninguém em Omarakana sabe se tais locais são ou não sagrados.

dos, não irei reproduzi-la aqui. Porém, nesse sistema mágico, o papel desempenhado pelos *baloma* é bem mais conspícuo, havendo, numa de suas principais cerimônias – a da *kamkokola* –, uma oferenda para os *baloma*. A *kamkokola* é uma construção grande e robusta, dotada de postes verticais de três a seis metros de altura, e de postes transversos de mesmo comprimento, apoiados sobre os verticais. Os dois postes laterais da *kamkokola* se apoiam sobre uma bifurcação lateral do poste ereto, formada por um cepo de um galho saliente. Vista de cima, a edificação forma um ângulo reto, ou a forma da letra L, o poste vertical ocupando o vértice; vista de lado, parece-se um pouco com a letra grega λ. A edificação não tem qualquer importância prática, ela cumpre apenas uma função mágica. Ela é uma espécie de protótipo mágico da estrutura de postes assentados que servem de sustentação para as vinhas de *taitu*. Embora seja simplesmente um artefato mágico, a *kamkokola* requer, ainda assim, um esforço considerável para ser erguido. Muitas vezes, os pesados postes de madeira precisam ser trazidos de grandes distâncias, já que não existem muitos desses na vegetação rasteira das cercanias das aldeias, cortada a cada quatro ou cinco anos. Os homens se empenham por semanas, encontrando, derrubando e transportando para os roçados os materiais necessários ao erguimento da *kamkokola*, não sendo poucas as desavenças relacionadas ao roubo desse material.

O ritual da *kamkokola* dura uns dois dias em todos os sistemas; cerca de quatro são reservados para o esperado descanso de toda a labuta nas roças, antes de se iniciarem as *performances* mágicas. No sistema *momtilakaiva*, o primeiro dia reservado propriamente à magia está destinado à recitação sobre as roças. O mago, auxiliado por uma ou duas pessoas, percorre todo o terreno das roças – cerca de mil metros, no caso por mim testemunhado –, detendo-se em cada lote, onde, apoiado em um dos postes transversos da *kamkokola*, entoa o encanto. Fitando o lote, recita-o em voz alta, num diapasão que se propaga bem além do terreno. Ele tem ainda pela frente entre trinta e quarenta recitações.

Mas é o segundo dia que realmente interessa, pois uma cerimônia é realizada nas hortas, uma em que todas as aldeias, e, diz-se, também os *baloma*, participam. Tal cerimônia visa encantar algumas folhas que serão postas ao pé da *kamkokola* e na junção entre os postes verticais e transversais. Pela manhã, toda a aldeia já está ocupada com os preparativos. Os grandes potes de barro utilizados para cozer os alimentos em ocasiões festivas são colocados sobre pedras, fervendo e fumegando enquanto as mulheres vão e vêm e vigiam o cozimento. Algumas mulheres assam seus *taitu* no chão, entre duas camadas de pedras incandescentes. Todos os *taitu* cozidos e assados são levados para as roças, onde serão distribuídos cerimonialmente.

Nesse ínterim, alguns homens vão para o mato, outros para a praia, alguns outros para o *raiboag* (crista rochosa coberta por floresta), a fim de obter as ervas necessárias para a magia. É preciso trazer boas porções, pois as ervas medicadas são distribuídas após a cerimônia entre todos os homens, cada qual levando sua parte para usá-la em seu próprio lote.

Por volta das dez da manhã, fui até as roças acompanhado por Nasibowa'i, o *towosi* de Tilakaiva. Ele carregava sobre o ombro um grande machado cerimonial de pedra, algo por ele usado em várias cerimônias; Bagido'u de Omarakana, por sua vez, nunca faz uso de um instrumento como esse. Chegamos ao local e sentamo-nos ao chão, aguardando que todos estivessem presentes. Pouco depois, um grupo de mulheres puseram-se em marcha; cada uma levava na cabeça uma bandeja de madeira contendo *taitu*, muitas com uma criança de lado e outra montada em seus quadris. A cerimônia devia ser realizada no ponto de encontro entre a estrada de Omarakana e a entrada das roças de Tilakaiva. Do lado de cá da cerca, o mato rasteiro e denso, há alguns anos sem corte; do lado de lá, a roça limpa, a terra nua, e, por entre o denso assentamento de postes de sustentação de vinhas de *taitu*, à distância, a crista arborizada do *raiboag* e diversas matas. Um corredor com duas fileiras de traves particularmente bem-feitas formava uma bela aleia diante de mim, arrematada com um par especialmente bem-acabado de *kamkokola*, guarnecido de ervas pelo próprio mago, aos pés do qual a cerimônia se realizaria.

As mulheres estavam distribuídas ao longo do corredor, e ocupavam tanto um lado quanto o outro. Levaram cerca de meia hora para se arranjarem, e em seguida empilharam os alimentos que trouxeram, uma pilha para cada homem presente, e cada contribuição foi colocada entre as pilhas. A essa altura, todos os homens, rapazes, garotas e crianças pequenas haviam chegado, e, com toda a aldeia presente, os procedimentos começaram. A habitual *sagali* (distribuição) inaugurou a cerimônia; um homem, passando pelos alimentos empilhados, chamava, a cada pilha, o nome de um dos presentes; uma mulher (ligada ao homem que fora chamado) recebia a porção (colocada sobre um prato de madeira) e a levava até a aldeia. As mulheres partiram assim para a aldeia, levando consigo os bebês e as crianças. Diz-se que essa parte da cerimônia era destinada aos *baloma*. A comida assim distribuída chama-se *baloma kasi* (alimento dos *baloma*). Diz-se igualmente que os espíritos se fazem presentes, participam do processo e se sentem agradecidos pela refeição. À exceção dessas generalidades, foi-me absolutamente impossível obter de qualquer nativo, entre os quais o próprio Nasibowa'i, um comentário mais preciso ou detalhado.

Depois da saída das mulheres, uma penca de crianças que havia ficado por ali recebeu um passa-fora, pois a cerimônia propriamente dita estava para começar. Mesmo eu e "meus garotos" tivemos que ficar do outro lado da cerca. A cerimônia consistiu numa simples recitação sobre as folhas. Grandes porções delas foram colocadas no chão sobre uma esteira. Nasibowa'i agachou-se diante delas e recitou seu encanto diretamente sobre as ervas. Tão logo ele terminou, os homens se lançaram sobre as ervas, cada um pegando seu punhado, e correram em direção a seus lotes para colocar as folhas em cima e aos pés das *kamkokola*. Isso encerrou a cerimônia, que se contarmos a espera já durava mais de uma hora.

Já um dos encantamentos da magia *momtilakaiva* faz referência a uma "mata sagrada" (*kaboma*) chamada Ovavavile. O local (uma grande touceira de árvores visivelmente não podadas há muitas gerações) está situado bem perto das aldeias de Omarakana e de Tilakaiva. Objeto de tabu, sua transgressão tem como punição o inchaço dos órgãos sexuais (elefantíase?). Jamais explorei seu interior, não tanto por medo dos interditos, mas de certos carrapatinhos vermelhos (micuins) que são uma verdadeira praga. Para realizar um dos ritos mágicos, o *towosi* de Tilakaiva entra na mata sagrada e coloca uma grande batata de uma espécie de inhame chamado *kasi'iena* sobre uma pedra – uma oferenda feita para os *baloma*.

O encantamento:

> **U'ula**: *"Avaita'u ikavakavala Ovavavala?*
> *Iaegula'i Nasibowa'i,*
> *Akavakavala Ovavavala!"*
>
> **Tapuala**: *"Bala baise akavakavala, Ovavavala Iaegula'i Nasibowa'i akavakavala Ovavavala; bala baise,*
> *Agubitamuana, olopoulo Ovavavala; bala baise*
> *Akabinaiguadi olopoulo Ovavavala"*.

Não há *dogina* (parte final) nessa fórmula. Traduzindo, temos:

> "Quem se curva em Ovavavile?[53] Eu, Nasibowa'i [nome pessoal do atual *towosi*] estou me curvando em Ovavavile! Eu, Nasibowa'i, devo curvar-me em Ovavavile; devo ir lá carregar o fardo [aqui o mago identifica-se com a pedra sobre a qual o *kasi'iena* é colocado] no interior da *kaboma* de Ovavavile. Irei lá e brotarei [aqui ele fala em nome do tubérculo plantado] na mata de Ovavavile".

Nessa cerimônia, a associação entre os *baloma* e a magia é muito ligeira, mas existe, e a relação com a localidade proporciona uma outra conexão entre a tradição ancestral e a magia. Por enquanto é tudo sobre a magia das hortas.

Nos dois mais importantes sistemas de magia da pesca de Kiriwina – a magia do tubarão na aldeia de Kaibuola e a magia do *kalala* (tainha?) na aldeia de Laba'i –, os espíritos também têm certo papel. Assim, em ambos os sistemas uma das cerimônias consiste numa oferenda aos *baloma*, que também é abatida do pagamento em *ula'ula* dado ao mago pelo povo de sua aldeia. Na magia do tubarão, um dos ritos é realizado na casa do mago. O executante coloca pequenas porções de peixe cozido (uma das *ula'ula* que recebera) e um pouco de noz de bétele sobre uma

---

53. Ovavavala é um termo arcaico para Ovavavile.

das três pedras (*kailagila*) que cercam a fogueira e servem de suporte a grandes panelas. Ele então pronuncia a seguinte fórmula:

> **U'ula**: *"Kamkuamsi kami Ula'ula kubukuabuia, Inene'i, Ibuaigana I'iovalu, Vi'iamoulo, Ulopoulo, Bowasa'i, Bomuagueda"*

> **Tapuala e Dogina**: *"Kukuavilasi poulo, kuminum kuaidasi poulo; okawala Vilaita'u; okawala Obuwabu; Kulousi kuvapuagise wadola kua'u obuarita, kulousi kuluvabouodasi kua'u obuarita kuiaiouvasi kukapuagegasi kumaise kuluvabodasi matami pualalala okotalela Vinaki".*

Uma tradução possível da *U'ula*:
> "Come tua *ula'ula* [dádiva, pagamento pela magia], ó mulheres solteiras – Inene'i" etc. etc. [seguem nomes pessoais de *baloma* mulheres].

Não consegui traduzir certas palavras da *tapuala*, mas o sentido geral está claro: "prejudique a nossa pesca, traga má sorte à nossa pesca" [até aqui o encanto é negativo; sugere em modo imperativo aquilo que se deseja evitar]; -------- (?); ------ (?); "vá, abra a boca do tubarão no mar; vá, faça com que o tubarão seja encontrado no mar; permaneça aberto (arregalando); venha; faça com que encontrem o tubarão; seus olhos estão (?); na praia de Vinaki".

De qualquer maneira, essa tradução fragmentada aponta que as *bili baloma* (um plural de *baloma*, usado quando são considerados como uma espécie de agente eficaz na magia) das mulheres solteiras são expressamente invocadas para ajudarem a dar sorte à pesca.

Meu informante e eu ficamos igualmente intrigados para saber por que os agentes eficazes nessa magia são *baloma* mulheres e não *baloma* masculinos. No entanto, o fato de que as *baloma* mulheres são *tolipoula*, "mestres da pesca", era de conhecimento de todos, não só do mago. O mago e alguns outros homens reunidos arriscaram-se a sugerir que os *baloma* homens saem para pescar com os homens e que as *baloma* mulheres ficam em terra e precisam ser alimentadas pelo mago para que não se zanguem. Um outro homem notou que uma mulher desempenha um papel importante no mito que explica a existência da pesca do tubarão em Kaibuola. Estava claro, contudo, que o fato de as mulheres serem *tolipoula* era algo tão natural para todos os meus informantes que jamais lhes havia ocorrido questioná-lo até então.

A pesca do *kalala* da aldeia de Laba'i está associada ao herói mítico Tudava, que entretém com essa aldeia uma relação especial, e que, em certo sentido, é tido como um ancestral dos atuais governantes de Laba'i. A magia que acompanha tal pesca está essencialmente vinculada aos feitos mitológicos de Tudava. Assim, ele morava na praia onde ocorre a pesca e onde as principais fórmulas mágicas são recitadas. Mais, Tudava costumava caminhar pela estrada que leva da praia à aldeia, ao longo da qual se acham alguns locais tradicionais relacionados a seus feitos. A "presença tradicional", se pudermos usar tal expressão, do herói é sentida em todas as regiões de pesca, e as áreas vizinhas também estão cercadas de tabus, que são especialmente rigorosos quando a pesca está acontecendo. Essas atividades são periódicas, e duram cerca de seis dias em cada fase lunar, começando pelo *yapila* (dia da lua cheia), momento em que os cardumes se aproximam das águas rasas situadas entre a barreira de arrecifes e a orla. A tradição nativa conta que Tudava ordenou os *kalala* a viverem nos "grandes rios" do arquipélago d'Entrecasteaux e aparecerem na costa de Laba'i uma vez por mês. Mas os encantamentos mágicos, também ordenados por Tudava, são essenciais, pois se fossem omitidos os peixes não apareceriam. O nome de Tudava, juntamente com os de outros ancestrais, figura em um longo encantamento recitado no início da temporada de pesca, em uma praia próxima a uma grande pedra interditada por tabus, chamada Bomlikuliku.[54] O encanto começa assim:

"Tudava kulu Tudava;
Ibu'a kulu, Wa'ibua;
Kuluvidaga, Kulubaiwoie, Kulubetoto,
Muaga'i, Karibuiuwa" etc.

Tudava e Wa'ibua são ancestrais míticos e pertencem, ambos, à aldeia de Laba'i – sendo o primeiro, como já sabemos, o "herói cultural" da ilha. Chama a atenção o jogo com o nome Wa'ibua, claramente para fins rítmicos. Meus informantes não conseguiram traduzir a palavra *kulu*, inserida entre os dois nomes iniciais (Tudava e Ibu'a) e usada como prefixo dos três nomes que vêm em sequência, e também eu não consegui vislumbrar uma solução etimológica para essa dificuldade. Após os nomes próprios listados na fórmula, aparecem oito nomes desprovidos de termos de parentesco e dezesseis precedidos pelo termo *tubugu* ("meus avós"). Em seguida, aparece o nome do predecessor do atual mago. Meu informante não conseguiu explicar por que alguns nomes apareceram com um determinativo de parentesco e outros não. No entanto, estava claro para ele que as duas categorias de nomes não são equivalentes, nem intercambiáveis.

Em cada um dos seis dias de duração da pesca, uma oferenda é dedicada aos *baloma*. O mago coloca pequenas porções de peixe cozido (no tamanho aproximado da noz natalina), um pouco de noz de bétele (nos dias de hoje, também tabaco) sobre a pedra Bomlikuliku, recitando:

---

54. *Bom'* é uma forma abreviada de *boma*, isto é, tabu. *Likuliku* significa tremor de terra, termo importante no vocabulário mágico.

> *"Kamkuamsi kami ula'ula, nunumuaia:*
> *Ilikilaluva, Ilibualita;*
> *Kulisasisama"*[55],

que significa:

> "Comam suas *ula'ula* (dádivas pela magia realizada), ó velhas senhoras: Ilikilaluva [nome pessoal], Ilibualita [nome pessoal]; abram-nas".

Esse encanto ou invocação do tubarão é repetido diariamente, juntamente com cada oferenda. Outro feitiço, chamado *guvagava*, é recitado sobre folhas por seis dias; ele tem o poder de atrair o peixe *kalala*. O encanto começa com uma lista de ancestrais, todos eles com a marcação "antepassado" ou "avô".

Há um encanto executado apenas uma vez, na abertura da temporada de pesca, na estrada que vai de Laba'i até a praia. Ele é entoado sobre uma planta (*libu*) arrancada da terra e colocada de través sobre a estrada. A fórmula contém o seguinte trecho:

> *"Iamuana iaegulo, Umnalibu*
> *Tai'ioko, Kubugu, Taigala, Likiba"*,[56]

que também é uma enumeração de nomes, todos eles considerados como tendo pertencido a ancestrais de magos contemporâneos.

Outra fórmula contendo nomes de ancestrais é recitada quando o mago varre sua casa no início da temporada de pesca. Eis sua introdução:

> *"Boki'u, Kalu Boki'u;*
> *Tamala, Kuri Tamala;*
> *Tageulo, Kuri tageulo"*.

Todos os nomes acima são de ancestrais do subclã a que pertence o mago. Peculiar é a repetição de palavras acrescidas de prefixo, *"Boki'u Kalu Boki'u"* etc. Não estava muito claro para meus informantes se a primeira palavra seria o verdadeiro nome da pessoa ou apenas uma redução da segunda sílaba, e se a segunda palavra seria uma réplica embelezada do verdadeiro nome.

---

55. *Kamkuam*, comer; *kami*, prefixo pessoal para a segunda pessoa do plural, associado a alimentos; *nunumuaia*, plural de *numuaia*, mulher velha. Os dois nomes próprios das velhas *baloma* chamam a atenção por começarem com *ili*, muito provavelmente uma derivação de *ilia* – peixe. *Bualita* significa mar. Parece portanto possível que elas sejam personagens míticas associadas à pesca, cuja tradição se perdeu. Contudo, esses palpites tem pouco encanto e valor ainda menor para o presente autor.

56. O primeiro nome é de uma mulher; *iaegulo* equivale a "eu"; acredita-se que Iamuana era a mãe de Umnalibu. Também neste caso o nome infunde certa relação com o encanto, proferido sobre a planta *libu*. O penúltimo termo, Taigala, significa literalmente "seu ouvido", mas acredita-se que denota um nome de *bili baloma*.

Das sete fórmulas do sistema de magia da pesca do *kalala* recém-discutido, cinco contêm nomes de ancestrais, o que configura ampla proporção.

Ocuparia muito espaço discutir em detalhe as demais fórmulas mágicas coletadas. Um quadro sinóptico (ver página seguinte) será suficiente como base para um breve comentário.[57]

Como foi dito anteriormente, há duas categorias de magia, a "matrilinear" e a "patrilinear", a primeira, vinculada a uma localidade, a última, muitas vezes repassada de um lugar para outro. Também é necessário distinguir na magia kiriwiniana entre a magia que forma um sistema e a magia que consiste naturalmente em fórmulas não conectadas entre si. É possível entender o termo "sistema" como designando aquela magia na qual uma série de fórmulas constituem um todo orgânico seriado. Esse todo está geralmente conectado a atividades que também fazem parte de uma grande totalidade orgânica – atividades, todas, voltadas para a mesma finalidade. Nesse sentido, a magia das hortas forma nitidamente um sistema. Cada fórmula está associada a alguma atividade, e o conjunto delas compõe uma série consecutiva direcionada a uma finalidade. O mesmo se aplica à magia praticada em diferentes momentos da temporada de pesca ou às fórmulas mágicas recitadas durante as diferentes fases de uma expedição de troca. Qualquer fórmula apartada desse sistema não teria serventia. Elas precisam ser recitadas uma após a outra; devem pertencem ao mesmo sistema; cada uma deve delimitar uma fase de uma determinada atividade. Em contrapartida, a magia amorosa abarca diversos encantos (que em Kiriwina são inumeráveis), e cada um deles conforma uma unidade independente.

---

57. É preciso observar que muitas dessas fórmulas não foram traduzidas de maneira satisfatória. Com frequência, era impossível contar com o auxílio do homem que havia recitado o encantamento. Diversas fórmulas foram registradas em breves visitas a aldeias remotas. Em vários casos, o homem era velho ou estúpido demais para auxiliar, desde um ponto de vista nativo, na difícil e intrigante tarefa de traduzir fórmulas arcaicas e condensadas, de comentar sobre todos os seus pontos obscuros. Além disso, via de regra, não adiantava pedir a ninguém a não ser ao dono do encantamento que traduzisse ou comentasse qualquer fórmula. Pude, entretanto, a partir de meus conhecimentos da linguagem "coloquial", apreender o sentido geral de quase todas as fórmulas.

Descrição da magia	Nº total de fórmulas registradas	Nº de fórmulas com menção a nomes de ancestrais	Nº de fórmulas sem menção a nomes de ancestrais
1. Encantos meteorológicos	12	6	6
2. Magia da guerra	5	—	5
3. *Kaitubutabu* (magia do coco)	2	1	1
4. Trovão	2	1	1
5. Feitiçaria e práticas de cura	19	4	15
6. Canoa	8	—	8
7. *Muasila* (comércio, troca de bens)	11	—	11
8. Amor	7	—	7
9. *Kaiga'u* (magia contra *mulukuausi*)	3	—	3
10. *Kabitam'* (magia do entalhamento)	1	—	1
11. Magia da pesca	3	2	1
12. Pesca da arraia	1	—	1
13. *Wageva* (magia da beleza)	2	—	2
14. Noz-de-areca	1	—	1
15. *Saikeulo* (magia da criança)	1	—	1

A magia da guerra (n.º 2) forma igualmente um sistema. Todos os encantamentos devem ser recitados numa sequência relacionada às atividades mágicas correlatas. Esse sistema está associado a uma determinada localidade, referenciada nas fórmulas (assim como acontece com outros locais), mas não há nomes de ancestrais.

A magia meteorológica (n.º 1) é local e está associada a um mito, principalmente a magia da chuva, e mais acessoriamente, a magia do tempo firme. Todos os doze encantos pertencem a uma localidade, consistindo na magia da chuva mais poderosa da ilha. Seu monopólio é exercido pelos governantes da aldeia de Kasana'i (uma pequena aldeia que forma com Omarakana quase uma única comunidade), monopólio que, em tempos de seca, faz com que o mago receba um volume enorme de dádivas.

Já na magia do *kaitubutabu* (n.º 3), as duas fórmulas fazem parte de um sistema; ambas precisam ser recitadas em dois momentos de um determinado período, durante o qual os cocos estão interditados e uma série de observâncias e ritos são praticados tendo em vista fomentar o crescimento dos coqueiros.

A magia do trovão (n.º 4) está ligada a uma tradição em que figura um ancestral mítico, mencionado no encantamento.

A magia da fabricação da canoa (n.º 6) e a magia da *muasila* (n.º 7), associadas a um notável sistema de troca e comércio de bens (chamado *kula*), constituem, cada uma, um sistema mágico importante. As fórmulas registradas não mencionam nomes de ancestrais. Infelizmente, não documentei nenhum sistema completo de *muasila*; além disso, embora um sistema de magia da canoa tenha sido registrado, não foi possível traduzi-lo adequadamente. Em ambos os tipos de magia há referências a localidades, mas não a ancestrais.

Os três encantamentos da magia da pesca (n.º 11) pertencem a um sistema.

Os demais encantamentos (n.º 12 a 15) não constituem sistemas. Nos encantos amorosos não há, naturalmente, menção a nomes de ancestrais. As únicas fórmulas em que tais nomes aparecem são aquelas feitas com o objetivo de levar doença a um homem ou de exorcizá-la. Alguns desses encantos estão associados a mitos.

Os dados aqui apresentados referentes ao papel dos ancestrais na magia devem falar por si mesmos. Não foi possível obter dos nativos muitas informações adicionais a esse respeito. As referências aos *baloma* são parte intrínseca e essencial dos encantamentos que as contêm. Não adiantaria muito perguntar ao nativo "o que aconteceria se você deixasse de invocar os *baloma*?" – um tipo de pergunta que por vezes revela as ideias nativas a respeito da legitimação ou razão de uma determinada prática –, pois uma fórmula mágica é um componente inviolável e indissociável da tradição. Deve-se conhecê-la de fio a pavio e reproduzi-la exatamente como foi aprendida. Se adulterados, encantamentos ou práticas mágicas perdem completamente sua eficácia. Nesse sentido, não se pode conceber que a enumeração de nomes de ancestrais deixe de ser feita. Assim, a questão "por que você menciona esses nomes?" deve ser respondida da maneira consagrada pelo tempo – *tokunabogu bubunemasi,* "é nosso [pronome exclusivo] velho costume". Nesse particular, não tirarei muito proveito discutindo esses assuntos nem mesmo com os nativos mais perspicazes.

Que os nomes dos ancestrais são mais do que mera enumeração, a *ula'ula* ofertada em todos os sistemas importantes (minuciosamente examinados), e as oferendas e as *sagali* (descritas mais acima) deixam claro. Mas mesmo essas dádivas e o compartilhamento da *sagali* – ainda que impliquem, indubitavelmente, a presença dos *baloma* – não expressam a ideia de que os espíritos contribuem realmente para os objetivos da magia; de que são eles os veículos da agência do mago; de que este os evoca ou os domina através do encanto; ou de que serão os futuros executores da tarefa a eles confiada.

Às vezes, os nativos opinam humildemente que consideram as atitudes benevolentes dos espíritos muito favoráveis à pesca ou ao cultivo das hortas, e que, em contrapartida, eles podem causar danos se estiverem com raiva. Esta última opinião é, sem dúvida, mais proeminente. Considera-se, de maneira imprecisa, que os *baloma* participam das cerimônias realizadas para agradá-los, e que o melhor a se fazer é se manter do lado deles. Todavia, essa concepção definitivamente não implica que eles sejam considerados os agentes principais, ou mesmo os personagens coadjuvantes, de qualquer iniciativa.[58] A potência mágica reside no encantamento ele próprio.

A atitude mental dos nativos diante dos *baloma* em se tratando da magia pode ficar mais clara se comparada com aquela assumida durante a *milamala*. Nesse período, os *baloma* são participantes e espectadores, são aqueles cuja estima deve ser conquistada, cujas vontades devem ser naturalmente respeitadas, são aqueles que manifestam seu desagrado sem demora, que fazem estardalhaço se não recebem o devido tratamento – apesar de sua raiva não chegar perto da que normalmente se espera de seres sobrenaturais, selvagens ou civilizados. Na *milamala*, os *baloma* não são personagens ativos em nada do que se passa. Seu papel é puramente passivo. Eles só podem sair de tal passividade se seu mau humor for açulado, quando começam a revelar sua existência em negativo, digamos assim.

Há um outro lado das listas de nomes de ancestrais nas fórmulas mágicas que deve ser lembrado aqui. Por toda a magia kiriwiniana, os mitos, subjazendo a determinados sistemas de magia, cumprem, juntamente com a tradição em geral, um importante papel. Discutiu-se anteriormente até que ponto essa tradição tem caráter local, e em que medida ela tem lastro na tradição familiar de determinados subclãs. Os nomes de ancestrais mencionados em diversas fórmulas consistem em um dos componentes mais salientes da tradição. Aos olhos dos nativos, a sacralidade mesma de tais nomes, muitos deles elos que conectam o executante com o criador e ancestral mítico, configura, à primeira vista, uma razão bem suficiente para sua recitação. Com efeito, estou certo de que eles seriam assim considerados antes de tudo por qualquer nativo, que jamais divisaria neles alguma evocação a espíritos, algum convite aos *baloma* para vir e agir – excetuando, talvez, os encantos proferidos na oferenda de *ula'ula*, exceção que nem por isso

---

58. Um comentário mais exaustivo sobre esse assunto será feito em outra ocasião. Por enquanto, limito-me a considerar interessante que, em uma determinada categoria de *silami* (encantos maléficos), um ente, o *tokuay* (espírito da mata que vive nas árvores), é expressamente invocado para executar o mal. E todos concordam que o *tokuay* é a *u'ula* (fundamento, razão, causa) do *silami*, que ele invade o corpo e acarreta doenças internas desastrosas.

ocupa o primeiro plano da mente nativa, nem se deixa acusar em suas atitudes gerais em relação à magia.[59]

VI

De certo modo, todos esses dados a respeito das relações entre os *baloma* e os vivos representaram uma digressão em relação à história da vida após a morte dos *baloma* em Tuma, e a isto retornaremos agora. Havíamos deixado os *baloma* já acomodados a sua nova vida no mundo do além, mais ou menos consolados em relação àqueles a quem deixaram; provavelmente já se casaram de novo e formaram novos laços e conexões. Se um homem morreu jovem, seu *baloma* também é jovem, mas irá envelhecer com o tempo, e sua vida em Tuma também chegará ao fim. Se um homem era velho quando morreu, seu *baloma* é velho, e após um período em Tuma sua vida também terminará.[60] O fim da vida de um *baloma* em Tuma acarreta inevitavelmente uma crise muito importante no ciclo de sua existência. Por isso evitei o uso do termo "morte" ao descrever o fim de um *baloma*.

Irei apresentar uma versão simplificada desses eventos e discutirei os detalhes na sequência. Quando um *baloma* envelhece seus dentes caem, sua pele se afrouxa e se enruga; numa praia, ele toma banho na água salgada; depois, tal como a cobra, desfaz-se de sua pele e se torna um bebê novamente; um embrião, na verdade: um *waiwaia* – termo usado para se referir a bebês no útero e imediatamente após o nascimento. Uma *baloma* mulher vê esse *waiwaia*; coloca-o numa cesta ou numa folha de coqueiro trançada e dobrada (*puatai*). Ela leva esse pequeno ser para Kiriwina e o deixa no útero de alguma mulher, inserindo-o pela vagina. Essa mulher engravida (*nasusuma*).[61]

O que está exposto acima corresponde à história tal como me foi contada pelo primeiro informante que falou sobre o assunto. Ela sugere a presença de dois fatos psicológicos importantes: a crença na reencarnação, e a ignorância das causas fisiológicas da gravidez. Discutirei ambos à luz dos detalhes obtidos em investigações posteriores.

---

59. Todas essas generalidades devem ser consideradas preliminares. Elas serão sustentadas oportunamente por documentos pertinentes em local apropriado.

60. Comparem-se esses dados com o tema da "ignorância da morte natural" discutido anteriormente. Contudo, há que se distinguir entre (1) a ignorância da inexorabilidade da morte, da finitude da vida e (2) a ignorância de causas naturais da doença, tal como nós a concebemos. Apenas a segunda parece estar bem disseminada: a agência de feiticeiros maléficos é sempre presumida – a não ser, provavelmente, nos casos já mencionados de pessoas pouco importantes e muito idosas.

61. *Suma* é a raiz de "gravidez": *nasusuma* quer dizer "mulher grávida", *isume* significa "tornar-se grávida". O sentido mais geral de *suma* é o de "tomar", "tomar posse de".

Antes de tudo, todos em Kiriwina sabem, não havendo quaisquer dúvidas a respeito, que a verdadeira causa da gravidez é sempre o *baloma* – que adentra ou é inserido no corpo de uma mulher –, cuja agência é indispensável para que ela possa engravidar; que todos os bebês são feitos ou acedem à existência (*ibubulisi*) em Tuma. Tais princípios formam o estrato fundamental do que pode ser chamado de crença popular ou universal. Qualquer pessoa, seja homem, mulher ou mesmo uma criança perspicaz, pode fornecer essas informações – basta perguntar. Porém, qualquer outro detalhe é bem menos conhecido por todos; as pessoas estão a par de um fato aqui e de um detalhe acolá; algumas chegam a se contradizer, e parece não haver nada particularmente claro na mente nativa, embora aqui e ali seja óbvio que algumas dessas crenças influenciam o comportamento e estão ligadas a alguns costumes.

Inicialmente, tratemos da natureza de tais *waiwaia* – "bebês-espírito"[62]. Deve-se manter em mente que, como é usual em concepções dogmáticas, os nativos tomam muitas coisas por certas, não se incomodando em dar definições claras ou em imaginar detalhes muito concretos e vívidos. A suposição mais natural – a saber, a de que o "bebê-espírito" seria um bebê não desenvolvido, um embrião – é a mais comum. O termo *waiwaia*, que significa embrião, criança no útero e também bebê recém-nascido, é igualmente aplicado a bebês-espírito não encarnados. Em uma discussão sobre o assunto, na qual vários nativos participaram, alguns afirmaram que o homem, após sua transformação em Tuma, torna-se apenas uma espécie de "sangue", *buia'i*. Contudo, não havia clareza sobre como ele poderia ser posteriormente transportado em tal forma líquida. Ainda assim, o termo *buia'i* parece ter uma conotação um pouco mais ampla do que apenas sangue em estado fluido, e pode evocar neste caso algo similar à carne.

Já um outro conjunto de crenças e ideias sobre reencarnação sugere a existência de uma forte associação entre o mar e os bebês-espírito. Foi-me dito por vários informantes que, após transformar-se em *waiwaia*, o espírito se dirige ao mar. A primeira versão obtida (citada acima) sugeria que, após tomar banho no mar e rejuvenescer, o espírito é imediatamente levado por uma *baloma* do sexo feminino até Kiriwina. Outros relatos afirmam que o espírito, depois de transformado, vai morar no mar por um tempo. Há vários corolários dessa versão. Nessa medida, em todas as aldeias litorâneas da costa ocidental (onde esta informação foi

---

62. A expressão "bebê-espírito" [spirit child] está sendo usada aqui como *terminus technicus*. Trata-se do termo proposto por Spencer e Gillen para designar entes análogos na Austrália, onde primeiro se teve notícia desse tipo de reencarnação. Entretanto, não discutiremos aqui o grau da conexão etnográfica ou psicológica entre os fatos kiriwinianos e os descritos por Spencer e Gillen.

[N.T. Malinowski se refere a *Sir* Walter Baldwin Spencer (1860-1929) e Francis James Gillen (1855-1912), coautores de célebres etnografias, entre as quais se destacam *The Native Tribes of Central Australia* (1899) e *The Northern Tribes of Central Australia* (1904).]

coletada), moças solteiras observam certas precauções ao se banharem. Supõe-se que os bebês-espírito devem estar escondidos na *popawo*, babugem flutuante do mar, e também em algumas pedras chamadas *dukupi*. Elas aparecem em grandes troncos de árvores (*kaibilabala*), e podem se juntar às folhas mortas (*libulibu*) flutuando na superfície. Assim, quando o vento e a maré trazem esses materiais até a costa, as moças têm medo de se banhar no mar, especialmente na maré alta. Por outro lado, se uma mulher casada quiser engravidar, ela pode bater nas pedras *dukupi* para induzir um *waiwaia* escondido a entrar em seu ventre. Não se trata, porém, de um ato cerimonial. [63]

Nas aldeias não litorâneas, a associação entre concepção e imersão na água também é conhecida. Receber o *waiwaia* enquanto se está na água parece ser a maneira mais usual de engravidar. Muitas vezes, ao tomar banho, uma mulher sentirá que algo a tocou, ou mesmo a machucou. Ela dirá: "um peixe me mordeu". Na verdade, foi o *waiwaia* que entrou ou foi inserido nela.

Outra conexão bastante importante entre a crença de que o mar é habitado por *waiwaia* e a fecundação está expressa na única cerimônia importante ligada à gravidez. No quarto ou quinto mês após os primeiros sintomas de gravidez, a mulher passa a observar certos tabus, e ao mesmo tempo um *dobe* (saiote de palha) grande e longo (chamado de *saikeulo*) é feito para ser usado após o nascimento da criança. Tal saia é confeccionada por algumas mulheres parentes da grávida, que, além disso, fazem magia sobre a peça a fim de beneficiar a criança. No mesmo dia, a mulher é levada ao mar, em cuja água salgada é banhada por parentas da mesma classe das que fizeram o *saikeulo*. Uma *sagali* (distribuição cerimonial de alimentos) é feita na sequência.

O *u'ula* (motivo) usualmente fornecido para a existência dessa cerimônia é o de que ela "clareia a pele da mulher" e facilita o nascimento do bebê.[64] Entretanto, na aldeia costeira de Kavataria, tive contato com uma informação bem precisa de que a cerimônia *kokuwa* está relacionada com a encarnação dos bebês-espírito. Um de meus informantes era da opinião que o *waiwaia* não entrava realmente no corpo da mulher durante a primeira etapa da gravidez: o que ocorria seria apenas uma espécie de preparação para sua recepção. Mais tarde, durante o banho ceri-

---

63. Tal informação foi fornecida por uma mulher da costa oeste. Creio que a mulher era da aldeia de Kavataria. O sr. G. Auerbach, comerciante de pérolas residente em Sinaketa, aldeia litorânea localizada na metade sul da ilha, contou-me que ali havia algumas pedras a que uma mulher que quisesse engravidar poderia recorrer. Contudo, meu informante não soube dizer se tal ato era ou não cerimonial.

64. Uma impressionante norma compele uma mulher a realizar toda sorte de procedimentos para que sua pele tenha uma tonalidade bem clara após o parto: ela deve ficar em casa; o *saikeulo* deve ficar sobre seus ombros e ser lavado em água quente; ela deve passar com frequência creme de coco em sua pele. O tom de pele claro assim obtido impressiona. A cerimônia apresentada acima como que inaugura magicamente o período durante o qual ela deve cuidar para que sua pele se mantenha clara.

monial, o bebê-espírito entra no corpo da mulher. Não sei se essa interpretação oferecida voluntariamente era apenas a sua opinião ou se se tratava de uma crença universal nas aldeias costeiras, mas estou inclinado a acreditar que ela representa um aspecto da crença dos nativos da costa. Devo, todavia, enfatizar que essa interpretação foi rejeitada por completo por meus informantes das aldeias interioranas, que também apontaram a contradição de que a cerimônia em questão é realizada depois, já durante a gravidez, e que o *waiwaia* já havia se estabelecido bem antes no ventre da mãe. É comum que se aponte qualquer inconsistência nas opiniões que não representam o ponto de vista do informante ao mesmo tempo que se relevam contradições similares nas próprias teorias. É curioso, quanto a isso, que os nativos não sejam nem mais consistentes, nem mais honestos intelectualmente do que os civilizados.

À parte a crença na reencarnação pela ação das águas do mar, a visão prevalecente é a de que o *waiwaia* é inserido por um *baloma*. Ambas as opiniões se combinam na versão segundo a qual o *baloma* que insere o *waiwaia* encontra-se submerso. O *baloma*, muitas vezes, aparece em sonho para a futura mãe, que irá contar ao marido: "sonhei que minha mãe [ou tia materna, ou irmã mais velha, ou avó] inseriu uma criança em mim; meus seios estão inchando". Em princípio, quem aparece em sonho e também quem traz o *waiwaia* é uma *baloma* mulher. É possível, entretanto, que o *baloma* seja homem – o que importa sempre é que pertença à *veiola* (parentela materna) da mulher. Muitos filhos sabem quem os trouxe para sua mãe: To'uluwa, por exemplo, o chefe de Omarakana, foi dado à sua mãe (Bomakata) por Buguabuaga, um dos *tabula* ("avôs") de Bomakata (isto é, o irmão da mãe de sua mãe).[65] Já Tukulubakiki, filho de Bwoilagesi, a mulher que costuma visitar Tuma mencionada na página 15, foi dado a Bwoilagesi por Tomnavabu, seu *kadala* (irmão de sua mãe). A esposa de Tukulubakiki, Kuwo'igu, sabe que a mãe veio até ela e lhe deu o bebê, uma menina agora com mais ou menos um ano de idade. Tal conhecimento só é possível nos casos em que o *baloma* de fato aparece em sonho para a mulher, informando-a que vai inserir nela um *waiwaia*. É evidente que anúncios como esses não estão absolu-

---

65. Uma genealogia apresenta tal relação concisamente:

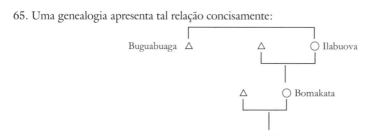

Os homens estão representados por triângulos, e as mulheres, por círculos.

tamente no programa; na verdade, a maioria das pessoas não sabe a quem deve sua existência.

Há um aspecto extremamente importante nas crenças sobre a reencarnação, e por mais que as opiniões divirjam sobre outros detalhes, trata-se de um aspecto mencionado e confirmado por todos os informantes, a saber: a divisão social, o clã e subclã do indivíduo são preservados apesar de todas as transformações por que ele passa. O *baloma*, no mundo do além, pertence ao mesmo subclã de antes de morrer; e a reencarnação também se processa estritamente dentro dos limites do subclã. Como acabamos de dizer, o *waiwaia* é transmitido por um *baloma* pertencente ao mesmo subclã da mulher, e, via de regra, seu portador é até um *veiola* próximo. Considerou-se, ademais, absolutamente impossível que qualquer exceção a tal regra pudesse acontecer, ou que um indivíduo pudesse mudar seu subclã no ciclo de reencarnação.[66]

Isso é tudo quanto à crença na reencarnação. Embora seja uma crença universal e popular, ou seja, embora seja conhecida por todos, ela não cumpre um papel importante na vida social. Apenas esse último detalhe sobre a persistência dos laços de parentesco ao longo do ciclo é decididamente uma crença que ilustra a força da divisão social, a finalidade de pertencer a um grupo social. Essa crença deve, por sua vez, fortalecer esses laços.

VII

Pode parecer válido afirmar que a crença na reencarnação e a ideia de que o bebê-espírito é inserido no útero da mãe excluem qualquer conhecimento sobre o processo fisiológico da fecundação. Porém, extrair qualquer inferência ou recorrer à lei da contradição lógica é absolutamente inútil quando se trata do domínio da crença, seja civilizada, seja selvagem. Duas crenças bastante contraditórias entre si do ponto de vista lógico podem coexistir, ao passo que uma inferência perfeitamente óbvia a partir de algum princípio bem consolidado pode ser simplesmente ignorada. Portanto, a única via segura para o pesquisador etnológico é investigar cada detalhe da crença nativa e desconfiar de qualquer conclusão obtida exclusivamente por meio de inferência.

Pode-se muito bem sustentar de forma válida e correta a ideia geral de que os nativos ignoram inteiramente o processo fisiológico de fecundação. Contudo, a

---

66. A maioria dos meus informantes também convergiu quanto à existência de uma regra segundo a qual quem deve trazer a criança é o *baloma* de um *veiola*. Esbarrei todavia com uma ou duas opiniões divergentes, afirmando que é possível a mãe do pai trazer o bebê. Um homem comentou que, se a criança se parece com a mãe, quem a trouxe foi um de seus *veiola*; caso ela se pareça com o pai, ela foi trazida pela mãe deste último. Mas é provável que essa afirmação seja uma especulação pessoal de meu interlocutor.

fim de se evitarem graves equívocos, é absolutamente necessário examinar o tema em detalhe, mesmo sendo ele indubitavelmente espinhoso.

Deve-se fazer uma distinção desde o início: entre, de um lado, a fecundação – a saber, a ideia de que o pai participa da formação do corpo da criança – e a ação puramente física do intercurso sexual, de outro. No que diz respeito a esta última, a opinião nativa pode ser assim resumida: é necessário que uma mulher tenha passado por alguma experiência sexual antes de poder ter um filho.

Pressionado pelas informações que coletei, fui obrigado a fazer essa distinção para que pudesse explicar certas contradições que foram surgindo no decorrer das investigações. Nesse sentido, devemos aceitá-la como uma distinção "natural", como uma distinção que corresponde e expressa o ponto de vista nativo. Com efeito, era impossível prever como os nativos iriam encarar essas questões, e de que ângulo eles se aproximariam do conhecimento correto dos fatos. Seja como for, uma vez estabelecida, a importância teórica de tal distinção é patente. Está claro que apenas o conhecimento do primeiro fato (o da participação do pai na fecundação) pode ter alguma influência na formação de ideias nativas sobre parentesco. Enquanto o pai não fizer nada no sentido de formar o corpo da criança (segundo as ideias locais), a questão da consanguinidade na linha agnática não se coloca. A simples participação mecânica na abertura do caminho de entrada e de saída da criança do útero não tem uma importância fundamental. No ponto em que se encontra o conhecimento a esse respeito em Kiriwina, há uma vaga ideia da existência de algum nexo entre a conjunção sexual e a gravidez, embora não se saiba qual é a contribuição do homem para a nova vida que está se formando no corpo da mãe.

Eis, resumidos, os dados que me levaram a esse enunciado. Tendo como ponto de partida a ignorância da participação do pai, a resposta às minhas perguntas diretas sobre a causa (*u'ula*) da formação de uma criança ou da gravidez de uma mulher era invariavelmente esta: *baloma boge isaika*, "foi o *baloma* quem deu".[67]

É certo que essa pergunta, tal como todas que envolvem *u'ula*, precisa ser feita com paciência e critério, e pode, às vezes, permanecer sem resposta. Entretanto, nos muitos casos em que lancei essa pergunta de forma franca e direta e em que ela foi compreendida, recebi aquela resposta, embora deva acrescentar imediatamente que, às vezes, certas alusões à copulação complicavam-na a ponto de torná-la extremamente enigmática. Tendo ficado intrigado e bastante interessado em esclarecer esse ponto, o trouxe à tona sempre que era possível abordá-lo de forma lateral; procurei introduzi-lo em termos abstratos; e muitas vezes o

---

67. *Nota bene*, por *baloma* que "deu" a criança, os nativos estão se referindo quer ao *baloma* original, que se tornou a criança, quer ao *baloma* que trouxe o *waiwaia*.

coloquei em discussão em situações concretas, sempre que casos específicos de gravidez, presentes ou passadas, eram tema de conversa.

Casos em que a mulher grávida não era casada foram especialmente interessantes e importantes.[68]

À pergunta sobre quem era o pai de um filho ilegítimo, havia apenas uma resposta: ele não tinha um pai, pois a garota não era casada. Quando, então, perguntei, em termos bastante claros, quem era o pai fisiológico, não se compreendia a pergunta. Quando o assunto rendia mais e a questão podia ser elaborada desta forma – "há muitas garotas solteiras, por que esta teve um filho e as outras não?" – a resposta era: "foi um *baloma* que lhe deu essa criança". Aqui também fiquei frequentemente intrigado com comentários aludindo à ideia de que meninas solteiras pouco castas estariam particularmente expostas ao perigo de serem abordadas pelos *baloma*. E mesmo assim as garotas achavam que evitar diretamente qualquer exposição aos *baloma* não se banhando na maré alta etc. era uma precaução bem melhor do que escapar de tal perigo de forma indireta por serem mui escrupulosamente recatadas.

Filhos ilegítimos – ou, conforme as ideias kiriwinianas, crianças sem pai –, assim como suas mães, não são muito bem vistos, contudo. Lembro-me de vários casos em que me apontavam garotas consideradas indesejáveis, "umas ciladas", porque tiveram filhos fora do casamento. Quando se pergunta por que isso não é bom, recebe-se uma resposta pré-formatada: "porque [a criança] não tem pai; não há um homem para tomá-la em seus braços" (*Gala taitala Cikopo'i*). Assim, como é habitual antes do casamento, Gomaia, meu intérprete, havia tido uma relação com Ilamueria, moça de uma aldeia vizinha. A princípio, ele pretendia se casar com ela. Porém, ela logo teve um filho, e Gomaia se casou com outra mulher. Perguntado por que ele não se casou com sua antiga namorada, ele respondeu: "ela teve um filho, isso é muito ruim". Mas ele estava certo de que ela jamais lhe fora infiel durante o período de "noivado" (jovens kiriwinianos são particularmente vítimas de tais ilusões). Ele não fazia a menor ideia de que a questão de paternidade da criança pudesse estar envolvida. Se o fizesse, ele teria reconhecido a criança como sua, pois acreditava em sua exclusividade sexual com a mãe. Mas o fato de a gravidez ter acontecido em um momento impróprio foi

---

68. A liberdade sexual de garotas solteiras é completa. Elas iniciam o comércio com o outro sexo muito cedo, entre seis e oito anos de idade. Trocam seus parceiros quantas vezes desejar, até que se sintam inclinadas a casar. Nesse caso, a moça se acomoda a um relacionamento prolongado, e relativamente exclusivo, com um homem que, na maior parte dos casos, será seu marido depois de um tempo. Filhos fora do casamento não são de modo algum raros, ver Seligman, *The Melanesians of British New Guinea*, XXXVIII, p. 499, uma excelente descrição da vida sexual e do casamento entre os Massim meridionais – que, a esse respeito, se parecem bastante com os kiriwinianos; e o breve porém acurado relato sobre o mesmo tema entre os Massim setentrionais (entre os quais figuram os trobriandeses), cap. LIII, p. 707.

suficiente para influenciá-lo. Porém, isso não implica forma alguma que uma garota que já tenha filho encontre dificuldades sérias em se casar depois. Durante minha estada em Omarakana, duas moças nessa situação se casaram, e não houve qualquer comentário a respeito. Na faixa do que pode ser chamada de "idade de casar" (dos 25 aos 45 anos), não encontramos nenhuma mulher não casada, e, quando perguntei se uma garota poderia virar uma solteirona porque tem um filho, a resposta foi enfaticamente negativa. Deve-se levar em consideração, nesse contexto, tudo o que foi dito acima sobre o *baloma* trazendo a criança, bem como os casos concretos apresentados.

Quando a explicação embriológica do assunto foi por mim diretamente apresentada, em lugar de perguntar meramente qual era a *u'ula* da gravidez, verifiquei que os nativos ignoravam absolutamente o processo sugerido. A imagem da semente sendo plantada no solo e da planta crescendo a partir da semente não lhes dizia nada. Ficaram curiosos, é verdade, e perguntaram se era esse "o estilo do homem branco", mas estavam bastante certos de que o "costume" de Kiriwina não era esse. O fluido espermático (*momona*) serve apenas para fins de prazer e lubrificação, sendo *momona* um termo que denota, caracteristicamente, tanto a descarga masculina quanto a feminina. Eles não têm a menor ideia de quaisquer outras propriedades desse fluido. Nesse sentido, é completamente estranha à mente nativa a ideia de que a consanguinidade ou o parentesco com o pai supõem algum vínculo corpóreo entre filho e genitor.

O caso acima mencionado do nativo que não compreende a questão "quem é o pai de um filho de uma mulher não casada?" pode ser complementado por dois outros a respeito de mulheres casadas. Perguntados sobre o que aconteceria se uma mulher engravidasse quando seu marido estiver ausente, meus informantes concederam tranquilamente que tais casos podem ocorrer e que não haveria nenhum problema com isso. Um deles (não me lembro quem, e não anotei seu nome) mencionou o próprio caso. Contou que fora para Samarai[69] com seu patrão branco e lá ficara por um ano, e que durante esse período sua esposa havia engravidado, dando à luz um filho. Quando voltou de Samarai, conheceu a criança e ficou tudo bem. Perguntando mais, descobri que o rapaz estivera ausente por cerca de oito a dez meses, e por isso não havia motivo premente de duvidar da virtude de sua esposa. Chama a atenção, no entanto, que o marido não tenha se mostrado especialmente inclinado a contar as luas de sua ausência, nem minimamente preocupado ao estimar por alto o período mais dilatado de um ano. E o nativo em questão era um homem inteligente; ele já convivia há muito tempo com homens brancos como "contratado" e parecia não ter uma disposição timorata ou submissa.

---

69. Samarai é um assentamento branco localizado no extremo leste da Nova Guiné.

Quando mencionei esse assunto na presença de alguns homens brancos, moradores de Trobriand, um colono residente em Kitava, o sr. Cameron, contou-me um caso que o impressionou na época, embora não tivesse a menor ideia da ignorância dos nativos sobre a fecundação. Segundo ele, um nativo de Kitava, que esteve fora por dois anos trabalhando para um branco em Woodlark, ao retornar, deparou-se com um bebê nascido alguns meses antes de sua chegada. Ele o recebeu alegremente, reconhecendo-o como seu, e não entendeu as provocações e alusões da parte de alguns brancos que lhe indagavam se não teria sido melhor recusar a criança, ou, pelo menos, aplicar uma vultosa surra em sua esposa. Ele não achou minimamente suspeito ou sugestivo que sua esposa tivesse engravidado cerca de um ano depois de sua partida. Encontrei esses dois impressionantes exemplos em minhas notas; mas tinha diante de mim uma quantidade considerável de evidências corroborantes, derivadas de fatos menos expressivos e de situações hipotéticas discutidas com diferentes informantes.

Enfim, a concepção dos nativos do que é uma relação entre pai e filho passa por esses assuntos. Eles têm apenas um termo genérico para parentesco – *veiola*. Ora, esse termo significa parentesco por linha materna e não abrange a relação entre um pai e seus filhos, nem entre pessoas relacionadas agnaticamente. Ao perguntar sobre os costumes e sua base social, ouvi com bastante frequência a seguinte a resposta: "oh, o pai não participa disso, porque ele não é *veiola* dos filhos". Subjacente às relações pela linha materna encontramos a ideia de compartilhamento corpóreo [community of body]. Em todos os domínios sociais (legais, econômicos, cerimoniais), a relação entre irmãos é a mais íntima, "pois eles são feitos do mesmo corpo, eles nasceram da mesma mulher". Assim, a linha de demarcação entre a relação paterna e agnática (inexistente para os nativos enquanto noção e termo genéricos) e o parentesco materno, *veiola*, corresponde à divisão entre aquelas pessoas que têm o mesmo corpo (em estrita analogia com nossa consanguinidade, sem dúvida) e aquelas que não têm o mesmo corpo [those who are not of the same body].

Apesar disso, no que diz respeito aos detalhes miúdos da vida cotidiana, e mais, em vários direitos e privilégios, o pai se encontra numa relação extremamente próxima da criança. Assim, as crianças gozam da qualidade de membros da comunidade da aldeia do pai, embora sua verdadeira aldeia seja a da mãe. Além disso, em questões de herança, os filhos têm acesso a vários privilégios, graças ao pai. O mais importante deles está ligado à herança do mais valioso de todos os bens, a magia. Desse modo, em diversas ocasiões, o pai lega sua magia para o filho, em vez de passá-la a seu irmão ou a seu sobrinho, especialmente em casos semelhantes aos mencionados acima (ver seção V), em que o pai é capaz de fazê-lo legalmente. Surpreende que o pai esteja, em termos afetivos, sempre inclinado a destinar sua herança o máximo possível para seus filhos, não deixando de fazê-lo sempre que pode.

Ocorre que a magia herdada de pai para filho apresenta uma peculiaridade: ela é dada, e não vendida. A magia tem de ser passada adiante em vida, é claro, pois tanto as fórmulas quanto as práticas precisam ser ensinadas. Quando um homem a entrega a um de seus *veiola*, ao irmão mais novo ou ao sobrinho materno, ele recebe um pagamento, chamado neste caso de *pokala*, e deve ser um pagamento bem considerável. Quando a magia é ensinada ao filho, nenhum pagamento é devido. Assim como muitos aspectos dos costumes nativos, trata-se de algo extremamente intrigante, uma vez que os parentes maternos têm direito à magia, enquanto o filho realmente não tem direito algum, podendo ser, sob certas circunstâncias, privado do privilégio por aqueles autorizados a reclamá-la; e, no entanto, ele pode recebê-la gratuitamente, ao passo que outros precisam pagar caro por ela.

Abstendo-me de outras explicações, limito-me a apresentar a resposta nativa a essa intrigante questão (meus informantes enxergaram claramente a contradição e entenderam perfeitamente por que eu estava intrigado). Eles disseram: "o homem entrega a magia aos filhos de sua esposa. Ele coabita com ela, ele tem relações com ela, ela faz por ele tudo o que uma esposa deve fazer por um homem. O que ele faz pelos filhos é um pagamento (*mapula*) pelo que ele recebeu da esposa". Não se trata de forma alguma da opinião de um informante apenas. Ela sintetiza as respostas formatadas que recebia sempre que esse assunto era discutido. Assim, na mente nativa, é a relação íntima entre marido e mulher, e não qualquer ideia, mesmo mínima ou remota, de paternidade física, a razão de tudo o que o pai faz por seus filhos. É preciso que se entenda com clareza que a paternidade social e psicológica (a soma de todos os laços – emocionais, legais, econômicos) é o resultado das obrigações do homem para com sua esposa, e que a paternidade fisiológica não existe nas noções dos nativos.

Passemos agora à discussão do segundo ponto da distinção feita anteriormente: as ideias vagas sobre uma conexão entre relação sexual e gravidez. No que tange às respostas dadas sobre a causa da gravidez, como mencionei mais acima, fiquei intrigado com a ideia de que a coabitação é também a causa do aparecimento de filhos – proposição que corria em paralelo, por assim dizer, com a ideia fundamental de que o *baloma*, ou o *waiwaia* reencarnado, é a verdadeira causa.

A referida proposição era bem menos ostensiva; a bem dizer, a concepção predominante a ofuscava de tal modo que, a princípio, era a única que fui capaz de notar, e convenci-me de que tal informação encaixava-se tão bem e que não havia mais dificuldades a serem esclarecidas. E tendo eu ficado bastante satisfeito de haver finalmente resolvido a questão, e procurado verificá-la com um espírito de pura pertinácia autoconfirmatória, recebi um pesado choque ao descobrir que havia uma falha nas fundações mesmas de minha construção, que parecia então sob ameaça de completo colapso. Lembro de um comentário sobre uma jovem muito volúvel de Kasanai conhecida pelo nome de Iakalusa: "*Sene nakakaita, Coge ivalulu guadi*" (muito devassa, ela teve um filho). Ao procurar saber mais sobre essa frase tão espantosa, constatei sem dúvida que se uma moça muito dada tem mais chances de ter um filho, uma suposta moça que nunca teve relações sexuais certamente não terá filho algum. Aqui o conhecimento parecia ser tão vasto quanto a ignorância alhures, e os mesmos homens de antes pareciam adotar, por sua vez, dois pontos de vista contraditórios. Discuti o assunto da forma mais rigorosa possível, mas parecia ser como se os nativos dissessem *sim* ou *não* conforme a questão fosse abordada do lado do conhecimento ou da ignorância. Eles ficaram intrigados com minha persistência e (confesso constrangido) impaciência, e não fui capaz de explicar a eles minha dificuldade, embora, me pareça, eu tenha apontado diretamente a contradição.

Tentei fazê-los comparar os animais com os homens, perguntando se também havia algo como um *baloma* trazendo os porquinhos para a mãe deles. Sobre isso, disseram-me: "*ikaitasi makateki bivalulu minana*" ("eles copulam, copulam, e em breve a fêmea dará à luz"). Aqui, portanto, a cópula parecia ser a *u'ula* da gravidez. Por um tempo, as contradições e obscuridades nas informações me pareceram bem insolúveis; eu me encontrava em um desses becos sem saída exasperantes bem comuns no trabalho de campo etnográfico, naquele ponto em que se chega a suspeitar que os nativos não são confiáveis, que eles inventam histórias propositadamente; ou então na situação em que se está diante de dois conjuntos distintos de informações, um deles distorcido pela influência do homem branco. Mas a verdade é que neste caso, como na maioria dos outros, a causa das dificuldades não tinha a ver com nada disso.

O choque final sofrido por minhas noções confiantemente elaboradas a respeito da "ignorância nativa" trouxe também ordem ao caos. No ciclo mitológico do herói Tudava, o seu nascimento marca o início da história. Sua mãe, Mitigis ou Bulutukua, era a única mulher, dentre todos os habitantes da aldeia de Laba'i, que permanecera na ilha. Todos os demais fugiram com medo de um ogro, Dokonikan, habituado a devorar homens, e que, a propósito, havia eliminado praticamente toda a população de Kiriwina. Deixada para trás por seus irmãos, Bulutukua vivia sozinha em uma gruta, no *raiboag* de Laba'i. Certo dia, estava ela dormindo na gruta quando a água que escorria das estalactites caiu sobre sua vulva e abriu a passagem. Após engravidar, ela deu à luz, nessa ordem: um peixe chamado *bologu*; um porco; um arbusto chamado *kuebila* (de folhas aromáticas, muito apreciado pelos nativos como ornamento); um outro peixe (*kalala*, mencionado anteriormente na seção V); a cacatua (*katakela*); o papagaio (*karaga*); o pássaro *sikuaikua*; um cachorro (*ka'ukua*); e finalmente Tudava. O motivo da "fecundação artificial" nessa história é muito surpreendente. Como foi possível encontrar o que parece ser uma sobrevivência de uma ignorância anterior entre pessoas para quem tal ignorância parece ser ainda total? E como a mulher do mito pôde ter vários filhos em sequência, mas ter estado apenas uma vez sob a estalactite gotejante? Todas essas questões eram enigmáticas para mim, mas eu as expus aos nativos na chance de receber alguma luz, embora tivesse pouca esperança de sucesso.

No entanto, fui recompensado e minhas dificuldades foram solucionadas de modo claro e definitivo, resistindo ainda a uma série de testes mais exigentes. Coloquei em teste meus melhores informantes, um após o outro, e eis o que eles pensam do assunto: uma mulher virgem (*nakapatu*; *na*: prefixo feminino; *kapatu*: fechado, sem acesso) não pode dar à luz uma criança, nem pode conceber, pois nada pode entrar ou sair de sua vulva. Ela deve ser aberta, ou perfurada (*ibasi*: termo usado para descrever a ação das gotas d'água sobre Bulutukua). Dessa maneira, a vagina de uma mulher com muitas relações sexuais será mais aberta e mais fácil para um bebê-espírito entrar. Uma mulher muito virtuosa terá muito menos chances de engravidar. Já a cópula, com a exceção de seus efeitos mecânicos, é considerada bem desnecessária. Em sua ausência, qualquer outro meio de ampliar a passagem pode ser usado, e caso um *baloma* preferir inserir o *waiwaia* ou optar por entrar a mulher ficará grávida.

O caso de Tilapo'i, sem qualquer dúvida, serviu de comprovação para meus informantes. Tilapo'i é uma mulher que mora em Kabululo, uma aldeia próxima a Omarakana. Ela é quase cega e sofre de algo próximo à idiotia, sendo tão parva que ninguém pensaria em se aproximar dela com propósitos carnais. Tilapo'i é, com efeito, o tema favorito de um certo tipo de piadas, que giram em torno de dizer que alguém se relacionou com ela: piadas que sempre são apreciadas e repetidas, de modo que "*Kuoi Tilapo'i !*" ("vá ter relações com Tilapo'i!") tornou-se uma forma de afronta jocosa. No entanto, apesar do fato de que se supõe que ela nunca teve relações, certa feita ela deu à luz uma criança, que morreu posteriormente. Um caso semelhante, embora ainda mais impressionante, é o de uma mulher de Sinaketa. Segundo me disseram, ela é tão parva que um homem seria capaz de cometer suicídio caso se suspeitasse realmente que ele tivesse se relacionado sexualmente com ela. Não obstante, a tal mulher teve nada menos que cinco filhos. Em ambos os casos, a gravidez foi explicada pela dilatação da vulva decorrente da intervenção dos dedos. Meus informantes apreciaram bastante se debruçar sobre o tema, explicando-me de forma impudente e diagramática todos os detalhes do processo. Suas explanações não deixaram a menor dúvida quanto à crença sincera na possibilidade de uma mulher engravidar sem relações sexuais.

Ensinaram-me, assim, a fazer a crucial distinção entre a noção de ação mecânica do intercurso sexual, que abrange tudo o que os nativos sabem sobre as condições naturais para a gravidez, e a consciência da fecundação, o conhecimento sobre a parte que cabe ao indivíduo de sexo masculino na criação de uma nova vida no útero materno, um fato que os nativos desconhecem completamente. Tal distinção dá conta do quebra-cabeça representado no mito de Bulutukua, no qual a mulher teve de ser aberta, é verdade, mas, uma vez aberta, pôde ter vários filhos em sequência sem que nenhum outro incidente fisiológico fosse necessário. A referida distinção também dá conta do "conhecimento" da fecundação animal. No caso dos animais – os animais domésticos como o porco e o cachorro ocupando um lugar mais visível no retrato que os nativos fazem do universo –, os trobriandeses nada sabem sobre a questão da vida após a morte ou da existência espiritual. Se perguntado diretamente, um homem poderia tanto afirmar quanto negar a existência de *baloma* animais, mas esta seria uma resposta de improviso, e não baseada no folclore. No caso de animais, portanto, a questão da reencarnação e da formação de uma nova vida é simplesmente ignorada. O aspecto fisiológico, em contrapartida, é bem conhecido. Assim, quando se pergunta sobre os animais, obtém-se a resposta de que é necessário que as condições fisiológicas existam, mas o outro lado, o problema real de como a vida é criada no útero, é simplesmente ignorado. De nada adianta voltar a atenção a isso, pois o nativo não está preocupado em estender consistentemente suas crenças a domínios a que elas não pertençam naturalmente. Ele não se preocupa com questões referentes ao que ocorre com os animais após a morte, e não tem opinião sobre como vieram ao mundo. Esses problemas são estabelecidos tendo como referência o humano, e é este seu domínio próprio, e não devem ser estendidos para além dele. Tais questões (como as da alma e da imortalidade dos animais) são bem enigmáticas mesmo em teologias não selvagens, e as respostas a elas muitas vezes não são muito mais consistentes que as de um papua.

Concluindo, pode-se reafirmar que o conhecimento nativo sobre esse tópico não tem importância sociológica, não influencia as concepções nativas de parentesco, nem seu comportamento em matéria de sexo.

Parece no entanto necessário fazer uma digressão um pouco mais geral a respeito do assunto depois de havermos lidado com material kiriwiniano. Como se sabe, foram *sir* Baldwin Spencer e F. Gillen quem primeiro apontaram para a ignorância da paternidade física ao pesquisarem a tribo Arunta, na Austrália Central. Posteriormente, o mesmo estado de coisas foi encontrado em muitas outras tribos australianas, seja por estes pioneiros, seja por outros poucos pesquisadores, abrangendo quase toda a área central e nordeste do continente australiano então aberta à investigação etnológica.

As principais questões controversas levantadas por tal descoberta são as seguintes: primeiro, essa ignorância seria uma característica específica da cultura australiana ou mesmo da cultura arunta?, ou seria um fato universal existente entre muitas ou todas as raças inferiores? Segundo: esse estado de ignorância seria primário, seria simplesmente a ausência de conhecimento devido à observação e inferência insuficientes?, ou se trata de um fenômeno secundário, derivado de um obscurecimento do conhecimento primitivo pela superposição de ideias animistas?[70]

Jamais me juntaria a essa controvérsia não fosse meu desejo de apresentar alguns fatos adicionais, em parte derivados do trabalho realizado fora de Kiriwina, em parte procedentes de algumas observações gerais feitas em campo e que dizem diretamente respeito a esses problemas. Espero que esta digressão possa ser escusada, uma vez que não se trata tanto de especular sobre pontos controversos, mas de trazer um material adicional que tem relação com essas questões.

Em primeiro lugar, desejo introduzir algumas observações não kiriwinianas que parecem mostrar que um estado de ignorância semelhante ao encontrado nas ilhas Trobriand é verificado em uma grande variedade de papua-melanésios da Nova Guiné. Conforme o professor Seligman, os Koita afirmam "que um único ato sexual não é suficiente para haver uma gravidez, para assegurar qual coabitação deve ser mantida durante um mês".[71] Eu próprio encontrei uma situação parecida entre os Mailu da costa meridional da Nova Guiné: a "relação entre coabitação e concepção parece ser conhecida pelos Mailu. Porém, não obtive respostas positivas e enfáticas às minhas perguntas diretas sobre a causa da gravidez. Os nativos – e disso eu tenho certeza – não apreendem com clareza a ideia de que entre os dois fatos há conexão. [...] Semelhantemente ao verificado pelo professor Seligman entre os Koita, encontrei a firme crença de que apenas relações sexuais contínuas ao longo de um mês ou mais levam à gravidez, e que um único ato não é suficiente para produzir o resultado."[72]

Esses comentários não são muito enfáticos, e realmente não parecem implicar um completo desconhecimento da paternidade biológica. No entanto, como aparentemente os pesquisadores não foram mais fundo, pode-se *a priori* suspeitar que tais observações acolham maiores qualificações. Ocorre que foi possível investigar o assunto em minha segunda visita à Nova Guiné, e estou ciente que

---

70. Como pretendo menos criticar certos pontos de vista do que acrescentar alguns dados referentes a esse problema, não irei mencionar quaisquer posicionamentos, especialmente aqueles de autores cujas ideias me parecem insustentáveis. A probabilidade de, "nas eras primevas", não ter ocorrido o "reconhecimento da relação física entre pai e filho" foi sugerida pela primeira vez por E. S. Hartland (*The legend of Perseus*, 1894-1896), tese esta brilhantemente confirmada pelas descobertas de Spencer e Gillen. Posteriormente, Hartland devotou-se ao mais exaustivo estudo contemporâneo sobre o problema (ver *Primitive paternity*. [*The myth of supernatural birth in relation to the history of the family*, 1909-1910, 2 vols.]). *Sir* James Frazer também endossou com sua preclara opinião a ideia de que a ignorância da paternidade biológica foi universal nos primórdios da humanidade (ver *Totemism and Exogamy* [1910, 4 vols.]).

71. *The Melanesians of British New Guinea*, p. 84.

72. Malinowski, "The natives of Mailu. Preliminary results of the Robert Mond Research Work in British New Guinea." *Transactions of the Royal Society of South Australia*, vol. XXXIX, 1915, p. 562.

minhas observações sobre os Mailu estão incompletas. Visitando os Mailu, fiquei tão intrigado ali quanto em Kiriwina. Em Kiriwina, estive com dois meninos de um distrito adjacente ao dos Mailu, que me deram exatamente as mesmas informações que as coletadas entre os kiriwinianos, a saber: se por um lado eles afirmavam a necessidade de relações sexuais antes da gravidez, por outro eram absolutamente ignorantes quanto à fecundação. Além disso, a partir de minhas anotações do verão de 1914 em Mailu e de algumas notas feitas entre os Sinaugholo, tribo estreitamente aliada aos Koita, vejo realmente que, nas declarações nativas, está apenas implicado o conhecimento do fato de que uma mulher deve ter passado por alguma experiência sexual antes de conceber uma criança; percebo igualmente que recebi somente respostas negativas toda vez que perguntei diretamente se haveria algo no ato sexual que induziria a gravidez. Infelizmente, não questionei nem num lugar nem no outro se haveria alguma crença a respeito da "causa sobrenatural da gravidez". Os meninos de Gadogado'a (distrito próximo dos Mailu) me disseram que não existiam tais crenças entre eles. Tal afirmativa não pode, contudo, ser considerada cabal, já que eles passaram um bom tempo a serviço do homem branco e podem não ter entrado em contato com muitos conhecimentos tradicionais de sua tribo. Mesmo assim, não pode haver dúvida de que tanto as observações do professor Seligman quanto as informações que obtive em Mailu, se desenvolvidas com a ajuda de informantes nativos, gerariam resultados similares aos dos dados kiriwinianos relativos à ignorância do processo de fecundação.

Os Koita, os Massim meridionais de Gadogado'a, os Massim setentrionais de Kiriwina[73], todos esses nativos são representantes da família papua-melanésia. Os kiriwinianos correspondem a um ramo muito avançado desse tronco; com efeito, até onde vai nosso conhecimento atual, o mais avançado.[74]

Ao ser encontrado entre os mais avançados papua-melanésios – e provavelmente entre todos os papua-melanésios –, o completo desconhecimento do tipo trazido à tona por Spencer e Gillen parece indicar uma abrangência muito mais vasta, bem como uma persistência nos estágios mais elevados de desenvolvimento bem mais acentuada do que se poderia imaginar até então. Contudo, devemos insistir com a devida ênfase que há sempre a possibilidade de falhas e afirmações errôneas quando a pesquisa não é suficientemente detalhada e, mais particularmente, quando a distinção feita mais acima não é levada em consideração.[75]

---

73. Adoto a terminologia baseada na classificação dos papuásios feita pelo professor Seligman, *The Melanesians of British New Guinea*, pp. 1-8.

74. Ver Seligman. *The Melanesians of British New Guinea*, *passim*; além do cap. XLIX.

75. As notas que tomei entre os Mailu, assim como a conclusão a que cheguei a partir delas, são exemplos representativos deste tipo de falha. Outros casos podem ser citados: a recusa por parte

Passemos ao segundo ponto controverso indicado anteriormente, que versa sobre a possibilidade de a ignorância em questão ser ou não um efeito secundário da superposição de ideias obscuras, animistas. Se considerarmos o caráter geral da atitude mental kiriwiniana, não há dúvida de que a resposta deve ser enfaticamente negativa. O relato detalhado apresentado acima, se lido deste ponto de vista, talvez seja suficientemente convincente; em todo caso, acrescentemos mais peso à análise com algumas observações ulteriores. A mente nativa faz absoluta tábula rasa dessa questão, não havendo nada semelhante a noções bem-definidas sobre reencarnação correndo em paralelo a certas ideias obscuras. As noções e crenças sobre a reencarnação, embora existam sem dúvida, não têm considerável importância social, e certamente não ocupam uma posição de proeminência no estoque de ideias dogmáticas dos nativos. Além disso, pode-se conhecer o processo fisiológico e ao mesmo tempo o papel desempenhado pelos *baloma*, da mesma maneira que a ideia da dilação anatômica da vulva e a ideia da ação dos

---

de Strehlow e de von Leonhardi das descobertas de Spencer e Gillen; recusa que acaba sendo apenas – se interpretarmos cuidadosamente o argumento de von Leonhardi e examinarmos os próprios dados fornecidos por Strehlow – uma controvérsia fútil apoiada em premissas inadequadas, e que, na verdade, confirma completamente as descobertas iniciais de Spencer e Gillen. Aqui, o motivo é o treinamento intelectual insuficiente do observador (Strehlow). Pode-se esperar boas coisas relativas ao trabalho etnográfico de um observador não treinado tanto quanto se pode esperar uma boa explicação geológica vinda de mineiro ou uma boa teoria hidrodinâmica de um mergulhador. Estar com os fatos bem diante de si não é suficiente, a capacidade de lidar com eles precisa também estar presente. Ainda assim, a falta de treinamento e de capacidade intelectual não são as únicas causas de insucesso. No excelente livro sobre os nativos da Nova Guiné (da Baía de Goodenough, costa nordeste) escrito pelo Reverendo H. Newton, hoje bispo de Carpentária – em relação a quem ninguém está melhor equipado para entender a mente e compreender os costumes nativos –, lemos o seguinte: "é possível que haja raças tão ignorantes [da relação causal entre conexão e gravidez] quanto as implicadas [no relato de Spencer e Gillen]; trata-se de algo difícil de imaginar, vez que a infidelidade conjugal é, aparentemente, punida de forma severa em todos os lugares, e tendo em vista que se reconhece a responsabilidade do pai perante ao filho, ainda que apenas em pequena medida". (*In Far New Guinea*, p. 194. [Henry Newton. *In Far New Guinea. A Stirring Record of Work and Observation amongst the People of New Guinea*. Whitefish: Kessinger Publishing (1914)]. Vê-se que um excelente observador (como é o caso sem dúvida do bispo de Carpentária), vivendo durante anos entre os nativos, conhecendo sua língua, precisou conjecturar um estado de coisas que no entanto existe cabal e integralmente à sua volta. E seu argumento para recusar tal estado (em toda parte, não apenas na sua tribo) é o de que o ciúme conjugal e o reconhecimento da paternidade existem! (reconhecimento que aliás não existe pelo lado biológico na tribo em questão.) Como se houvesse o mínimo nexo lógico entre ciúme (puro instinto) e as ideias sobre concepção; ou ainda, entre estas últimas e os laços sociais da família! Tomei essas considerações como alvo de crítica apenas porque elas se encontram em um dos melhores livros etnográficos disponíveis sobre nativos dos mares do sul. Mas gostaria de acrescentar que minha crítica é de certa forma injusta, uma vez que Newton, como missionário, dificilmente poderia discutir com os nativos todos os detalhes da questão, e também porque o texto de Newton permite ao leitor perceber que a questão não foi abordada diretamente, além de expor francamente as razões de suas dúvidas. Citei o trecho, no entanto, no intuito de indicar as diversas dificuldades técnicas ligadas à obtenção de informações precisas sobre essa questão e as várias fissuras pelas quais os erros infiltram nosso conhecimento.

espíritos existem lado a lado; ou da mesma forma que os nativos reconhecem, em inúmeros domínios, uma sequência natural e racional (no sentido ocidental) e um nexo causal de eventos, embora paralelos à sequência e ao nexo mágicos.

A questão da ignorância da fecundação não concerne à psicologia da crença, mas à psicologia do conhecimento baseado na observação. Só uma crença pode ser obscurecida ou eclipsada por outra crença. Uma vez feita uma observação material, uma vez que os nativos tenham apreendido um nexo causal, nenhuma crença ou "superstição" pode obscurecer tal conhecimento, embora possa existir paralelamente a ele. A magia das hortas de forma alguma "obscurece" o conhecimento causal dos nativos sobre o nexo entre a capina adequada do mato, a adubação do solo com cinzas, a irrigação etc. As duas séries de fatos dispõem-se em paralelo em sua mente – uma de modo algum "obscurece" a outra.

A ignorância da paternidade fisiológica não é um estado intelectual positivo, um dogma que levaria a práticas, ritos ou costumes, mas simplesmente um item negativo, a ausência de conhecimento. Tal ausência não deve de forma alguma sua existência a uma crença positiva. Qualquer lacuna extensa no conhecimento, qualquer ausência universal de informação, qualquer imperfeição geral na observação encontrada entre as raças nativas deve, enquanto não houver evidências contrárias, ser considerada como primitiva. Fosse assim poderíamos até argumentar que a humanidade teve, primitivamente, conhecimento de palitos de fósforo, mas que isso teria sido obscurecido posteriormente pelo uso mais complexo e pitoresco de paus de fogo e outros métodos de fricção.

Ademais, explicar essa ignorância presumindo que os nativos "fazem de conta que não sabem" parece mais um atraente *jeu de mots* [jogo de palavras] do que uma tentativa séria de ir ao fundo do problema. E, no entanto, as coisas se tornam as mais simples possíveis para qualquer um que por um momento pare para refletir sobre as dificuldades absolutamente intransponíveis que um "filósofo natural" nativo teria que superar se tivesse que chegar a algo próximo de nosso conhecimento sobre embriologia. Se nos dermos conta da complexidade desse conhecimento e de quão tardiamente chegamos a ele, parecerá absurdo presumir que os nativos tivessem um mínimo lampejo dele. Tudo isso deveria ser plausível, mesmo para quem abordou o assunto de uma perspectiva meramente especulativa, montando seu raciocínio a partir do que seria supostamente o ponto de vista dos nativos sobre a questão. Aqui temos autores que, mesmo após tal estado intelectual ter sido encontrado factualmente entre os nativos, recebem as notícias com ceticismo e tentam explicar a mentalidade nativa da maneira a mais sinuosa. O caminho da ignorância absoluta até o conhecimento exato é longo, e deve ser percorrido gradualmente. Não há dúvida de que os kiriwinianos deram um passo ao reconhecer a necessidade das relações sexuais como condição preliminar da gravidez, tal como aliás o fizeram, embora de um modo talvez menos nítido, os Arunta da Austrália Central, justamente aqueles que entretêm a ideia, encontrada por Spencer e Gillen, de que as relações sexuais preparam a mulher para receber um bebê-espírito.

Uma outra consideração, apresentada no passado por certos autores, parece-me bastante acurada e, mais do que isso, assim o pareceu a vários de meus informantes nativos. Refiro-me ao fato de a vida sexual começar muito cedo e ser bem intensa na maioria das raças selvagens, de modo que a relação sexual não é para eles um fato raro notável cuja singularidade lhes causaria surpresa e que, por essa via, os induziria a atentar para seus efeitos; pelo contrário, a vida sexual é, para eles, um estado normal. Em Kiriwina, acredita-se que meninas solteiras de seis anos (*sic*) em diante pratiquem licenciosidades quase todas as noites. É irrelevante se isso acontece ou não; importa apenas que o ato sexual seja, para os nativos de Kiriwina, quase tão comum quanto comer, beber ou dormir. Haveria ali algo a orientar a percepção nativa, a chamar-lhes a atenção para o nexo entre uma ocorrência perfeitamente normal, cotidiana, por um lado, e um evento excepcional e singular, por outro? Como os nativos poderiam perceber que um ato tão comum para uma mulher quanto comer ou beber, irá, em uma, duas ou três ocasiões de sua vida, fazer com que engravide?

É certo que, para que um nexo se revele com facilidade, é preciso dois eventos excepcionais, singulares. Descobrir que algo extraordinário resulta de um evento inteiramente comum requer, além de mente e método científicos, a capacidade de investigar, de isolar fatos, de descartar o inessencial e de experimentar com as circunstâncias. Se tais condições estivessem dadas, os nativos provavelmente teriam descoberto a relação causal em questão, pois a mente dos nativos funciona sob as mesmas regras que a nossa: seus poderes de observação são aguçados quando lhes interessa, e o conceito de causa e efeito não lhes é desconhecido.[76] Contudo, ainda que as concepções de causa e efeito pertençam, em suas formas desenvolvidas, à categoria do regular, do regulado e do ordinário, em suas origens psicológicas elas estão inseridas sem dúvida na categoria do irregular, do não regulado, do extraordinário e do singular.

Alguns de meus informantes nativos apontaram-me claramente a falta de consistência do argumento por mim avançado em que afirmava sem rodeios que a gravidez não é produzida pelo *baloma*, mas sim causada por algo semelhante a uma semente lançada na terra. Lembro-me de quase ter sido desafiado à queima-roupa a explicar por que um fator que se repetia diariamente, ou quase diariamente, produzia efeitos tão esporádicos.

---

76. Minha experiência de campo convenceu-me da total inutilidade das teorias que atribuem ao selvagem diferentes faculdades lógicas e um diferente tipo de mente. O nativo, em suas crenças, não é "pré-lógico", mas a-lógico, pois crença e pensamento dogmático não obedecem mais às leis da lógica aqui entre nós do que acolá entre os selvagens.

Em síntese, parece não haver dúvida de que, se estamos de alguma forma justificados quando falamos de certas condições mentais "primitivas", a ignorância em questão é precisamente uma de tais condições, e sua prevalência entre os melanésios da Nova Guiné parece indicar que essa condição subsiste em estágios muito mais elevados de desenvolvimento do que se poderia supor com base apenas no material australiano. Algum conhecimento do mecanismo mental do nativo e das circunstâncias sob as quais ele é obrigado a realizar suas observações relativas ao tema deveria ser suficiente para convencer qualquer um de que outras configurações não existem e de que não é necessário produzir explicações ou teorias mirabolantes para dar conta daquela com que de fato lidamos.

VIII

Para além dos dados concretos sobre as crenças nativas apresentados acima, há outro conjunto de fatos não menos importante que deve ser discutido antes que se possa considerar o presente assunto esgotado. Refiro-me às leis sociológicas gerais que devem ser apreendidas e moldadas em campo para que o material coletado, trazido de modo caótico e ininteligível pela observação, possa ser compreendido pelo observador e registrado de uma forma cientificamente produtiva. Considero a falta de clareza filosófica em questões ligadas ao trabalho etnográfico e sociológico de campo um grande embaraço nas minhas primeiras tentativas de observar e descrever as instituições nativas, e considero essencial expor as dificuldades com que me deparei ao longo de meu trabalho e o modo como tentei enfrentá-las.

Assim, uma das principais regras com que comecei meu trabalho de campo foi a de "reunir os fatos puros, manter fatos e interpretações separados". Essa regra é bem correta se por "interpretações" entendermos todas as especulações e conjecturas sobre as origens etc., e todas as generalizações apressadas. Contudo, existe uma forma de interpretação dos fatos sem a qual nenhuma observação científica poderia ser levada a cabo. Refiro-me à interpretação capaz de distinguir na infinita diversidade de fatos leis gerais; de isolar o essencial do irrelevante; de classificar e ordenar os fenômenos e de estabelecer uma relação mútua entre eles. Sem essa interpretação, todo trabalho científico feito em campo degeneraria em puro "colecionamento" de dados; na melhor das hipóteses, poderia resultar numa mixórdia desprovida de nexo interno. Mas nunca seria capaz de pôr a nu a estrutura sociológica de um povo, ou de fornecer uma descrição orgânica de suas crenças, ou ainda de traçar a imagem do mundo a partir da perspectiva nativa. A natureza frequentemente fragmentária, incoerente e não orgânica de muitos materiais etnológicos atuais decorre do culto ao "fato puro". Como se fosse possível embrulhar um certo número de "fatos tal como são encontrados" e levá-los a um estudioso que, de sua casa, faria generalizações a partir deles e desenvolveria construtos teóricos.

Mas o fato é que tal procedimento é inteiramente impossível. Mesmo que você despoje um distrito inteiro de todos os seus objetos materiais e os leve para casa sem se preocupar muito com a descrição cuidadosa de seus usos – método que tem sido praticado sistematicamente em certas possessões não britânicas no Pacífico –, uma tal coleção de museu terá pouco valor científico, simplesmente porque a ordenação, a classificação e a interpretação devem ser feitas em campo, remetendo à totalidade orgânica da vida social nativa. O que se mostra impossível em fenômenos mais "cristalizados" – objetos materiais –, o é ainda mais em fenômenos que correm à flor do comportamento nativo, que jazem nas profundezas da mente nativa ou que se acham apenas parcialmente consolidados em instituições e cerimônias nativas. Em campo, é preciso encarar um caos de fatos, alguns deles tão pequenos que parecem insignificantes; outros tão grandes que não são facilmente englobados por uma visada sintética. Sob tal forma grosseira, não são de modo algum científicos; são absolutamente elusivos. Apenas a interpretação consegue fitá-los, enxergá-los *sub specie aeternitatis*, capturar deles o essencial e neste se cravar. *Somente leis e generalizações são fatos científicos*, e o trabalho de campo consiste única e exclusivamente na interpretação da realidade social caótica ao submetê-la a regras gerais.

Toda estatística, todo mapa de aldeia ou de território, toda genealogia, toda descrição de cerimônias – com efeito, qualquer documento etnológico é, ele mesmo, uma generalização, bastante difícil às vezes, pois cada caso demanda, antes de mais nada, a descoberta e a formulação de regras: o que conta; como contar o que conta. Deve-se traçar cada mapa de modo a exprimir certos arranjos econômicos ou sociológicos; toda genealogia deve expressar as relações de parentesco e só será valiosa se todos os dados relevantes sobre as pessoas também estiverem coletados. Em cada cerimônia, o acidental deve ser triado do essencial, os elementos menores dos aspectos essenciais, aquilo que varia a cada execução do que é costumeiro. Isso tudo pode parecer quase um truísmo, mas a ideia de ficar "apenas com o fato puro", infelizmente enfatizada, tem servido constantemente de princípio orientador em todos os manuais de trabalho de campo.

Saindo desta digressão e retornando ao tema principal do artigo, gostaria de enunciar algumas regras sociológicas gerais que tive que formular para que pudesse lidar com certas dificuldades e discrepâncias nas informações, bem como fazer justiça à complexidade dos fatos, simplificando-os a fim de apresentar com clareza seus contornos. O que direi a seguir se refere a Kiriwina e não necessariamente se aplica a outras regiões ou a áreas de maior extensão. Além disso, as generalizações sociológicas que serão discutidas em breve remetem diretamente à crença, ou mais particularmente, às crenças descritas neste texto.

Ao estudar a crença, obriguei-me a respeitar e a levar em consideração no decorrer de minhas pesquisas de campo o seguinte princípio geral: cada crença, cada componente do folclore, não é um simples fragmento de informação a ser coletado de uma fonte aleatória, de qualquer informante casual, e a ser estabelecido como axioma de face única. Pelo contrário, cada crença se reflete em todas as mentes de uma dada sociedade e se expressa em vários fenômenos sociais. As crenças são, portanto, complexas, e se fazem presentes na realidade social em uma diversidade extraordinária, muitas vezes de forma enigmática, caótica e fugidia. Em outras palavras, há uma "dimensão social" da crença, que deve ser cuidadosamente estudada. É preciso estudar a crença movendo-se ao longo dessa dimensão social; deve-se examinar a crença à luz da variedade de mentes e da pluralidade de instituições em que se pode rastreá-la. Não é científico ignorar a dimensão social, passar por cima da diversidade em que se acha todo elemento do folclore de um grupo social. Também não é científico reconhecer esse problema mas tentar resolvê-lo partindo do princípio de que as variações não são essenciais. Ora, só não é essencial em ciência o que não pode ser formulado em leis gerais.

A informação etnológica sobre crenças geralmente vem formulada mais ou menos assim: "os nativos acreditam na existência de sete almas"; ou então, "nessa tribo, descobrimos que o espírito maligno trucida pessoas na mata" etc. No entanto, tais afirmações são indubitavelmente falsas, ou, na melhor das hipóteses, incompletas, pois os "nativos" assim no plural não têm crenças ou ideias: cada um tem suas próprias ideias e suas próprias crenças. Além disso, as crenças e ideias não existem apenas nas opiniões conscientes e raciocinadas dos membros de uma comunidade. Elas estão incorporadas nas instituições sociais, exprimem-se no comportamento nativo, e devem ser, digamos assim, extraídas de ambos. Seja como for, parece-me claro que o assunto não é tão simples quanto o uso etnológico de relatos "unidimensionais" daria a entender: o etnógrafo apanharia um informante e das conversas com ele se tornaria capaz de formular a opinião nativa, digamos, sobre a vida após a morte. Tal opinião é anotada, o sujeito gramatical da frase é colocado no plural, e aprendemos que os "nativos acreditam nisso e naquilo". Isto é o que eu chamo de um relato "unidimensional", pois não só ignora as dimensões sociais ao longo das quais a crença deve ser estudada, como ignora sua complexidade e multiplicidade essenciais.[77]

---

77. Teste deste princípio sociológico em um caso ocidental civilizado: quando dizemos que "os católicos romanos creem na infalibilidade do Papa", isso é exato apenas se quisermos dizer com isso que se trata de uma crença ortodoxa prescrita para todos os membros dessa igreja. O camponês católico polonês sabe tanto desse dogma quanto sabe de cálculo infinitesimal. Se nos propusermos a estudar a religião cristã não como uma doutrina mas como uma realidade sociológica (algo que até onde sei ainda não foi tentado), tudo o que dissemos no parágrafo acima deve ser aplicado, *mutatis mutandis*, ao caso das comunidades civilizadas e também ao caso dos "selvagens" de Kiriwina.

É claro que é possível ignorar essa multiplicidade em muitos casos (mas de forma alguma em todos), assim como se pode deixar de lado as variações de detalhes na medida em que não sejam essenciais, tendo em vista uma uniformidade de todos os aspectos essenciais e centrais de uma crença. Mas a matéria deve ser esmiuçada, e a simplificação do diverso e a unificação da multiplicidade de fatos devem ser feitas observando-se regras de método. Ademais, qualquer procedimento fortuito deve, evidentemente, ser descartado como não científico. Entretanto, até onde sei, tentativa alguma foi feita por qualquer pesquisador de campo, mesmo o mais ilustre, com o propósito de descobrir e estabelecer tais regras de método. Nesse sentido, os comentários a seguir devem ser lidos com benevolência, já que são apenas uma tentativa solitária de sugerir algumas conexões relevantes. Merecem uma leitura caridosa também por serem o resultado de experiências e dificuldades reais por que passei em campo. Caso faltar um pouco de uniformidade e de suavidade em relação às crenças descritas acima; caso, além disso, as próprias dificuldades do observador ocuparem um pouco o primeiro plano, pedirei desculpas por igual motivo. Tentei mostrar o mais claramente possível a "dimensão social" no plano da crença, não para esconder as dificuldades advindas da diversidade de opiniões nativas e da necessidade de, por um lado, manter-se atento às instituições sociais, à interpretação nativa e ao comportamento de meus anfitriões e, por outro, de checar os fatos sociais por meio dos dados psicológicos e vice-versa.

Vamos agora dispor sobre as regras que nos permitem reduzir a multiplicidade de manifestações de uma crença a dados mais simples. Comecemos por uma afirmação feita várias vezes, a saber, que os dados brutos apresentam uma diversidade e uma multiplicidade quase caóticas. Pode-se encontrar facilmente exemplos no material contido neste artigo. Eles darão clareza e concretude ao raciocínio. Consideremos então as crenças relacionadas à pergunta "o que pensam os nativos sobre o retorno dos *baloma*?" De fato, cheguei a colocar a questão, formulada de modo conveniente, a vários informantes. Num primeiro momento, recebi respostas sempre fragmentadas – um nativo irá falar sobre um aspecto apenas, muitas vezes irrelevante, ao sabor do efeito de sua pergunta sobre sua mente naquele momento. O mesmo aconteceria com um "homem civilizado" pouco instruído. Além de serem fragmentadas – algo que poderia ser parcialmente remediado se repetíssemos a pergunta e usássemos o que tivéssemos obtido de cada informante para preencher as lacunas –, as respostas eram por vezes inapelavelmente contraditórias e inadequadas. Inadequadas porque alguns informantes não eram capazes de compreender a própria pergunta; de um jeito ou de outro, não eram capazes de descrever um fato tão complexo quanto seu próprio pensamento, embora outros fossem formidavelmente inteligentes e quase conseguiam compreender aonde o investigador etnológico queria chegar.

O que eu devia fazer? Improvisar uma opinião "média" ou algo do tipo? O grau de arbitrariedade parecia grande demais. Além disso, estava bem claro que as opiniões consistiam apenas numa pequena parcela das informações disponíveis. Todas as pessoas – mesmo aquelas que não conseguiam expressar o que pensavam sobre o retorno dos *baloma*, nem como se sentiam em relação a eles – de uma forma ou de outra adotavam certos comportamentos relativamente a esses *baloma*, seguiam certas regras costumeiras e obedeciam a certos padrões de reação emocional.

Assim, ao procurar uma resposta para a pergunta acima – ou para qualquer outra questão de crença e comportamento – fui impelido a procurar respostas nos costumes correspondentes. Deve-se estabelecer a distinção entre opinião pessoal, informações coletadas mediante perguntas aos informantes, e práticas cerimoniais públicas como um primeiro princípio. Como o leitor deve se lembrar, diversos preceitos dogmáticos foram enumerados acima. Pude encontrá-los expressos em atos tradicionais costumeiros. Assim, a crença geral de que os *baloma* retornam está corporificada no fato mais amplo da própria *milamala*. No mesmo sentido, a exibição de bens de valor (*ioiova*), o erguimento de plataformas específicas (*tokaikaya*), a exibição de alimentos no *lalogua* – em suma, tudo isso indica tanto a presença dos *baloma* na aldeia quanto os esforços para agradá-los, para fazer alguma coisa para eles. As dádivas de alimentos (*silakutuva* e *bubualu'a*) assinalam uma participação ainda mais íntima dos *baloma* na vida da aldeia.

Também os sonhos, muitos deles ocorridos antes desses ofertórios, têm um caráter costumeiro, precisamente porque estão associados a – e sancionados por – esses oferendas costumeiras. Eles fazem da comunhão entre os *baloma* e os vivos algo de certo modo pessoal e, decerto, mais distinto. O leitor pode facilmente multiplicar esses exemplos – como a relação existente entre a crença em Topileta e seus pedágios e os bens dispostos ao redor do morto antes do enterro; as crenças corporificadas no *ioba* etc.

Mas as crenças expressas nas cerimônias tradicionais não são as únicas – há ainda aquelas corporificadas em fórmulas mágicas. São fórmulas tão fixadas pela tradição quanto o são os costumes. Em todo caso, elas proporcionam documentos mais precisos do que os costumes, pois não admitem qualquer variação. Apresentei anteriormente apenas pequenos fragmentos de fórmulas mágicas, mas que mesmo assim servem para exemplificar o fato de que crenças estão incorporadas em encantamentos e são por eles expressas de forma inequívoca. Qualquer fórmula acompanhada por um rito exprime certas crenças concretas, particulares, detalhadas. Nesse sentido, quando um mago, ao realizar o que chamei mais cedo de ritos das hortas, coloca uma batata sobre uma pedra a fim de estimular o crescimento da plantação, está-se documentando certas crenças; ele, a propósito, recita uma fórmula que é um comentário e uma descrição de suas ações: a crença no caráter sagrado de uma determinada mata (corroborada, segundo meus dados, por ela ser objeto de interdições); a crença na relação entre o tubérculo posto sobre a pedra sagrada e os que foram plantados na horta etc. Outras crenças, mais gerais, também estão corporificadas e expressas em algumas fórmulas tratadas aqui anteriormente. Assim, a crença geral na colaboração dos *baloma* de ancestrais torna-se, por assim dizer, padronizada pelos encantamentos que invocam tais *baloma* e pelos ritos correlatos durante os quais recebem seu *ula'ula*.

Como já dissemos, alguns encantamentos mágicos baseiam-se em certos mitos, cujos detalhes aparecem nas fórmulas. Tais mitos – e o mito em geral – devem figurar lado a lado dos encantos mágicos, ambos expressões tradicionais e fixadas da crença. Para uma definição empírica de mito (cuja validade, devo insistir, se atém ao material kiriwiano), podemos propor os seguintes critérios: trata-se de uma tradição que explica aspectos sociológicos essenciais (mitos sobre a divisão em clãs e subclãs, por exemplo), tendo como referência pessoas que realizaram façanhas notáveis e em cuja existência passada se acredita implicitamente. Vários locais memorativos ainda mostram vestígios de tal existência: um cão petrificado, um alimento transformado em pedra, ossos em uma gruta em que o ogro Dokonikan morou etc. A realidade das pessoas míticas e dos acontecimentos míticos contrasta vividamente com a irrealidade das fábulas ordinárias, muitas delas narradas oralmente.

Pode-se supor que as crenças corporificadas na tradição mitológica sejam quase tão invariáveis quanto aquelas corporificadas em fórmulas mágicas. De fato, a tradição mítica está extremamente bem fixada, e os relatos fornecidos por nativos de diferentes localidades de Kiriwina – de Luba e de Sinaketa – convergem em todos os detalhes. Adicionalmente, tive contato com narrativas de alguns mitos do ciclo de Tudava durante uma breve visita à ilha Woodlark, situada a sessenta milhas a leste das Trobriand – mas que pertence ao mesmo grupo etnológico, chamado pelo professor Seligman de Massim setentrionais – e também elas convergem em seus aspectos essenciais com as informações coletadas em Kiriwina.

Tudo resumido, pode-se dizer que todas as crenças implicadas nos costumes e tradições nativas devem ser tratadas como elementos fixados e invariáveis. Acredita-se nelas e age-se a partir delas; e uma vez que ações costumeiras não permitem variações individuais, essa categoria de crenças se padroniza por meio de suas corporificações sociais. Pode-se chamá-las de dogmas da crença nativa, ou de ideias sociais (por oposição às individuais) de uma comunidade[78]. Entretanto,

---

78. É deliberada a ausência da expressão "ideias coletivas", proposta por Durkheim e sua escola para se referir a uma abordagem que, em suas mãos, tem se mostrado extremamente proveitosa – especialmente nos trabalhos de Hubert e Mauss. A princípio, não saberia avaliar se a análise acima caberia naquilo que essa escola denomina de "ideias coletivas". Por impressionante que seja, parece

um adendo importante deve ser feito para complementar essa afirmação: apenas podem ser considerados "ideias sociais" os itens da crença que, além de serem expressamente formulados pelos nativos, também são reconhecidos e corporificados nas instituições. Assim, todos os nativos sabem da presença dos *baloma* durante a *milamala*, de sua expulsão durante o *ioba* etc. Os mais articulados, por sua vez, coincidirão na interpretação dos ritos mágicos, e assim por diante. Em compensação, o observador jamais estará seguro se se aventurar em leituras próprias dos costumes nativos. Um exemplo: mencionamos acima o fato de que o luto sempre será suspenso com o término do *ioba* – isto é, a crença de que a pessoa espera a partida do *baloma* do morto antes de suspender seu luto parece estar presente de maneira inequívoca. Acontece que os nativos não endossam essa leitura – e, nesse sentido, ela de modo algum pode ser considerada uma ideia social, uma crença padronizada. Saber se a tal crença poderia ser ou não a razão original de haver uma tal prática remete a uma categoria de problemas bem distinta. O que está claro, porém, é a necessidade de não confundir os dois casos; em um, uma crença é formulada de modo universal em uma sociedade, além de se encontrar corporificada nas instituições; no outro, a crença é desconsiderada, embora aparentemente expressa em uma instituição.

Isso nos permite formular uma definição de "ideia social": *é um preceito de crença corporificado em instituições ou em textos tradicionais e formulado pela opinião unânime de todos os informantes competentes*. O termo "competente" indica apenas que não se está considerando as crianças pequenas e as pessoas irremediavelmente faltas de inteligência. Pode-se conceber tais ideias sociais como os "invariantes" da crença nativa.

Além das instituições e tradições sociais, que corporificam e padronizam a crença, há outro fator importante cuja relação com a crença é um tanto similar – a saber, o comportamento geral dos nativos diante do objeto de uma crença. Dissemos anteriormente que esse comportamento ilumina aspectos importantes da crença nativa nos *baloma*, nos *kosi*, nas *mulukuausi* e expressa a atitude emocional nativa perante eles. Esse lado da questão é sem dúvida de extrema importância. Descrever as ideias nativas a respeito de fantasmas ou espíritos não é de forma alguma

---

não haver qualquer passagem clara e franca enunciando o que eles entendem por "ideia coletiva", nada que se aproxime de uma definição. É evidente que, tanto nesta discussão como em geral, devo muito a esses estudiosos. Entretanto, receio estar completamente distante dos fundamentos filosóficos da sociologia de Durkheim. Parece-me que o postulado metafísico de uma "alma coletiva" está implicado nessa filosofia – algo que, para mim, é insustentável. Além disso, não importa quantos debates sejam feitos sobre seu valor teórico, em termos práticos, a noção de "alma coletiva" faria qualquer pesquisa sociológica perder irremediavelmente o rumo. Em campo, seja estudando uma comunidade nativa ou uma civilizada, devemos nos haver com o agregado total de almas individuais, e é preciso que os métodos e as noções teóricas sejam moldados tendo esse material multifacetado em vista. O postulado de uma consciência coletiva é infrutífero e inteiramente inútil para um observador etnográfico.

suficiente. Esses objetos – em que a crença incide – suscitam reações emocionais intensas, sendo necessário, em primeiro lugar, localizar os fatos objetivos que correspondem a essas reações. Os dados apresentados sobre esse aspecto da crença nativa, embora insuficientes, mostram nitidamente que, com mais experiência no método, uma pesquisa sistemática do lado emocional da crença pode ser realizada segundo padrões estritos da observação etnológica.

Pode-se descrever o comportamento dos nativos testando o medo que sentem de fantasmas, o respeito que dirigem aos espíritos etc. Devo admitir que, embora estivesse ciente da importância da questão, não consegui vislumbrar ainda em campo um modo correto de enfrentar essa nova e difícil questão. Vejo claramente agora que, tivesse sido eu mais atencioso a dados relevantes a esse respeito, poderia ter apresentado aqui fatos objetivamente bem mais convincentes e legítimos. Meus testes a respeito da questão do medo não eram refinados o suficiente, e mesmo aqueles que fiz não foram registrados em meus cadernos com a devida minúcia. Da mesma forma, embora eu me lembre do tom (bem irreverente) usado quando se falava sobre os *baloma*, recordo-me também que deveria ter anotado imediatamente algumas expressões peculiares que me chamaram a atenção na época – mas não o fiz. No mesmo sentido, observando o comportamento dos oficiantes e espectadores de uma cerimônia mágica, seria possível detectar pequenos fatos que caracterizavam o "tom" geral da atitude nativa. Observei tais fatos em parte; porém, penso eu, de forma insuficiente (eles foram mencionados neste artigo apenas quando falamos da cerimônia da *kamkokola*, pois não têm relação com o tema dos espíritos ou da vida após a morte). Mas, na realidade, até que esse aspecto seja observado de forma mais geral, e enquanto não houver mais material comparativo, será muito difícil desenvolver completamente esse método de observação.

A atitude emocional expressa no comportamento, e que caracteriza uma crença, não é um elemento invariável: ela justamente varia com os indivíduos e não se encontra em algum "lugar" objetivo (como é o caso das crenças corporificadas nas instituições). Ainda assim, ela é expressa por fatos objetivos, que podem ser retratados quase que de forma quantitativa, como na mensuração entre a intensidade necessária de incentivo e a duração de uma expedição em que um nativo deve se lançar solitariamente e sob condições amedrontadoras. Veja o leitor que em cada sociedade há aqueles mais corajosos e também os mais assustadiços, pessoas emotivas e pessoas frias etc. Contudo, tipos variados de comportamento são peculiares a diferentes sociedades, e parece suficiente apontar o tipo, já que as variações serão quase as mesmas em todas as sociedades. Mas, claro – sendo possível assinalar as variações, tanto melhor.

Para ilustrar o ponto de modo concreto a partir do caso mais simples, o medo, fiz experiências com o tópico em outro distrito de Papua – em Mailu, na costa meridional – e descobri que nem a dose normal de incentivo, nem a oferta de grande quantidade de tabaco como pagamento convenceria nativo algum a andar sozinho à noite em lugares além do campo de visão e audição da aldeia. Entretanto, mesmo ali houve variações: alguns homens e rapazes não estavam dispostos a correr riscos mesmo no crepúsculo, outros se dispunham a percorrer uma distância irrisória à noite em troca de um cigarro. Como vimos acima, em Kiriwina, o tipo de comportamento é completamente diferente. Mas também lá certas pessoas são muito mais receosas do que outras. Talvez essas variações pudessem ser expressas de forma mais exata, mas não estou em condições de fazê-lo. E, de qualquer maneira, o tipo de comportamento peculiariza as crenças correspondentes quando comparado com o tipo de Mailu, por exemplo.

Como um primeiro esforço no sentido de uma maior exatidão parece viável, então tratar os aspectos da crença expressos pelo comportamento como tipos – ou seja, não se preocupar com a variação individual. Verdade seja dita, os tipos de comportamento parecem variar consideravelmente de uma sociedade para outra, ao passo que as diferenças individuais parecem se manter numa mesma amplitude. Isso não significa que elas devam ser ignoradas, mas que, numa primeira abordagem, é possível desconsiderá-las sem que a incompletude das informações comprometa seu grau de correção.

Passemos agora ao último gênero de materiais que devem ser estudados para que se possa apreender as crenças de uma determinada comunidade – as opiniões individuais ou interpretações de fatos. Elas não podem ser consideradas invariáveis; em contrapartida, apontar seu "tipo" não é suficiente para descrevê-las. Um comportamento, remetendo ao aspecto emocional da crença, torna-se descritível quando se revela seu tipo, pois as variações se movem dentro de certos limites bem-definidos – a natureza instintiva e emocional do ser humano é, até onde se pode julgar, bem uniforme, e as variações individuais continuam sendo praticamente as mesmas em qualquer sociedade humana. No que concerne ao plano puramente intelectual da crença, às ideias e opiniões que explicam a crença, há espaço para a mais alta amplitude de variações. A crença, evidentemente, não obedece às leis da lógica: as contradições, as divergências, em suma, o caos generalizado típico da crença deve ser considerado como um fato fundamental.

Obtém-se uma valiosa simplificação desse caos quando se remete a variedade de opiniões individuais à estrutura social. Há, em quase todas as instâncias da crença, uma classe cuja posição social outorga seus membros a deter conhecimentos especiais das crenças atinentes. Em uma determinada comunidade, eles são em geral considerados oficialmente os detentores da versão ortodoxa, e sua opinião é aceita como a correta. Opinião, aliás, baseada em grande medida na visão tradicional que herdaram de seus ancestrais.

Em Kiriwina, essas condições estão bem exemplificadas na tradição relativa à magia e nos mitos conexos. Embora a presença de tabus e segredos, de tradições e saberes esotéricos, seja tão pequena quanto nas demais sociedades nativas que conheço por experiência própria ou pela literatura, percebe-se ainda assim um completo respeito pelo direito do homem a um domínio que lhe seja próprio. Chegando em qualquer aldeia, se você quiser saber qualquer coisa mais detalhada referente a procedimentos mágicos associados ao plantio dos roçados, seu interlocutor irá lhe indicar imediatamente o *towosi* (mago das hortas). Quando avançar em suas investigações, você descobrirá que no mais das vezes seu primeiro interlocutor já conhecia muito bem os fatos e talvez fosse capaz de explicá-los a você até melhor que o próprio especialista. Não obstante, a etiqueta nativa e a sensibilidade para o que é adequado o compelirão a encaminhá-lo para a "pessoa certa". Caso a pessoa adequada estiver presente, você não conseguirá fazer com que mais alguém fale sobre o assunto em pauta, mesmo que você diga que não deseja ouvir a opinião do especialista. Em diversas ocasiões obtive de meus interlocutores habituais informações que foram posteriormente consideradas incorretas pelo "especialista". Nesses casos, quando mais tarde compartilho com o informante inicial a correção, este, via de regra, retira o que disse, concedendo: "bem, se ele diz que é assim, é o certo". Naturalmente, é preciso uma dose extra de cautela em situações em que o especialista apresenta uma tendência implacável à mentira, caso frequente entre feiticeiros (detentores do poder de matar pessoas por intermédio de magia).

Analogamente, se a magia e a tradição correspondente pertencem a outra aldeia, observa-se o mesmo tato e reserva. Aconselham-no a ir até a aldeia em questão para se informar. Se pressionados, é possível que seus amigos nativos acabem contando o que sabem, embora sempre encerrem a conversa dizendo que "você deve ir até lá e conseguir a informação correta na fonte adequada". No caso de fórmulas mágicas, essa operação é absolutamente necessária. Assim, tive que ir até Laba'i para obter a magia da pesca do *kalala* e até Kuaibola para registrar os encantamentos relativos à pesca do tubarão. Dos homens de Lu'ebila, obtive a magia da construção da canoa; em Buaitalu, coletei a tradição e o encantamento da *toginivaiu*, a forma mais poderosa de feitiçaria, mas não logrei obter o *silami* ou encantamento maléfico e tive apenas êxito parcial quanto ao *vivisa* ou encantamento de cura. E mesmo que a informação a ser colhida não tenha a ver com encantamentos, mas com simples saberes tradicionais, muitas vezes suas expectativas são imensamente frustradas. À guisa de exemplo, tomemos o mito de Tudava. O berço do mito de Tudava é a aldeia de Laba'i. Antes de ir até lá, reuni tudo que meus informantes de Omarakana puderam me contar, e minha expectativa era a de fazer uma bela colheita de novas informações. Porém, para dizer a verdade, fui eu quem deixou os locais impressionados, pois mencionava detalhes que eles reconheciam, radiantes, como sendo bem verdadeiros, mas que haviam lhes fugido à memória. Com efeito, ninguém ali chegava aos pés do meu amigo Bagido'u em matéria de conhecimento do ciclo de Tudava. Já a aldeia de Ialaka é o local célebre em que, certa feita, uma árvore ergueu-se até o céu – sendo esta a origem do trovão. Assim, quando se pergunta sobre as faculdades do trovão, todos lhe dirão sem pestanejar: "vá para Ialaka e pergunte ao *tolivalu* [chefe] de lá". Contudo, praticamente todos ali seriam capazes de contar tudo sobre a origem e a natureza do trovão. Quer dizer, se a peregrinação a Ialaka for levada a cabo, não há como não se frustrar enormemente.

De qualquer maneira, esses fatos mostram que, no âmbito dos saberes tradicionais, a ideia de especialização está fortemente desenvolvida; que, em muitos elementos da crença, e em diversas opiniões sobre a crença, os nativos reconhecem uma classe de especialista. Algumas especialidades estão associadas a determinadas localidades. Em casos como esse, quem representa a doutrina ortodoxa é o chefe da aldeia ou então o mais inteligente de seus *veiola* (parentes pela via materna). Já em outros, a especialização está sob o abrigo da comunidade da aldeia. Neste momento, não estamos preocupados com o papel dessa especialização na determinação do direito de obter fórmulas mágicas ou do modo correto de narração de certos mitos. Ela nos concerne aqui somente na medida em que se relaciona com a interpretação das crenças vinculadas a tais fórmulas ou mitos. Isso porque os "especialistas" detêm, além do texto tradicional, as interpretações ou comentários tradicionais. É comum receber sempre as mais claras respostas e opiniões quando se conversa com esses especialistas. É possível perceber nitidamente que essas pessoas não especulam ou dão sua própria opinião; elas estão completamente conscientes de que estão sendo questionadas a respeito da visão ortodoxa, da interpretação tradicional. Assim, quando perguntei a determinados informantes sobre o significado de "*si buala baloma*" – cabana em miniatura feita de galhos secos usada em um dos ritos das hortas (ver a seção V *supra*) –, eles tentaram me dar um tipo de explicação que percebi imediatamente corresponder a suas opiniões pessoais sobre a questão. Mas quando perguntei a Bagido'u, ao próprio *towosi* (mago das hortas), ele simplesmente desdenhou aquelas explicações, comentando apenas: "isso é só uma coisa antiga tradicional, ninguém sabe seu significado".

Nesse sentido, há uma importante linha de demarcação a ser traçada nessa diversidade de opiniões: aquela entre as opiniões de especialistas competentes e as do público leigo. As opiniões dos especialistas estão baseadas na tradição: elas são formuladas de forma clara e categórica, e, aos olhos dos nativos, representam a versão ortodoxa da crença. Além disso, uma vez que há um pequeno grupo de pessoas (em última instância, um indivíduo) para cada tema, vê-se com nitidez que não há muita dificuldade de lidar com a interpretação mais importante da crença.

Mas essa interpretação mais importante não representa, em primeiro lugar, todos os pontos de vista; além disso, não é considerada nem mesmo como típica em certas ocasiões. Assim, no caso da feitiçaria (magia maléfica, magia assassina), por exemplo, é de absoluta importância fazer a distinção entre as ideias do especialista e as do leigo, pois ambas representam aspectos igualmente importantes e naturalmente diferentes de um mesmo problema. Há ainda determinadas categorias de crença em que uma busca por especialistas em uma área seria vã. É nesse sentido que, a respeito da definição do que é o *baloma* e da determinação de sua relação com o *kosi*, algumas posições podem ser mais confiáveis e específicas do que outras, mas não há ninguém que detenha uma autoridade natural e reconhecida pelos nativos em geral.

Em assuntos para os quais não existem especialistas, e também naqueles em que a opinião de não especialistas interessa, é necessário contar com determinadas regras que contribuam para estabilizar as flutuações de opinião da comunidade. Neste caso, vejo apenas uma distinção nítida e importante: entre o que podemos chamar de opinião pública, ou de forma mais correta – já que o termo "opinião pública" tem um significado específico –, opinião geral de uma dada comunidade, de um lado, e as especulações pessoais e individuais, de outro. Até onde posso ver, tal distinção é suficiente.

Se você examinar as "grandes massas" de uma comunidade, mulheres e crianças incluídas (uma operação suficientemente fácil quando se fala bem a língua e se vivem meses na mesma aldeia, mas que do contrário seria impossível), verá que, uma vez compreendida sua questão, as respostas não irão variar: jamais irão se aventurar a fazer especulações pessoais. Obtive informações das mais valiosas sobre diversos assuntos de meninos ou mesmo de meninas de sete a doze anos de idade. Em minhas longas caminhadas vespertinas, muitas vezes as crianças da aldeia me acompanhavam. Nesses momentos, sem a obrigação de se sentarem e prestarem atenção, elas conversavam e explicavam coisas sobre questões tribais com um conhecimento e lucidez surpreendentes. Com efeito, consegui em diversas ocasiões me desembaraçar de dificuldades sociológicas – que os velhos não podiam me explicar – graças à ajuda das crianças. A loquacidade intelectual, a ausência completa de desconfiança e malícia, e talvez alguma instrução adquirida na escola de missionários fizeram delas informantes incomparáveis em muitos aspectos. Quanto ao risco de o ensino missionário haver influenciado e modificado suas ideias, só posso dizer que fiquei impressionado com a absoluta impermeabilidade do pensamento nativo a essas coisas. O pouco que ficou de nossas crenças e ideias está em um compartimento selado de suas mentes. Assim, pode-se apreender a opinião geral da tribo, que não apresenta praticamente nenhuma variação, até mesmo a partir do informante mais humilde.

Quando se lida com informantes adultos inteligentes, as coisas se passam de maneira bem distinta. E, como o grosso do trabalho do etnógrafo tem de ser feito com essa classe de informantes, a diversidade de suas opiniões fica bem em primeiro plano, a não ser que o pesquisador se ache satisfeito em se apegar até o fim a uma só versão de cada assunto. Até onde posso ver, as opiniões de informantes inteligentes e intelectualmente motivados não podem ser reduzidas a ou simplificadas por não importa quais princípios: são documentos importantes, que ilustram as faculdades mentais de uma comunidade. Além disso, essas opiniões frequentemente representam determinados modos típicos de conceber uma crença, de resolver uma dificuldade. Mas devemos ter em mente que, sociologicamente falando, tais opiniões são bem diferentes daquilo que chamamos acima de dogmas ou ideias sociais. Também são distintas das ideias populares ou comumente aceitas. Elas formam uma categoria de interpretação da crença que corresponde de perto às nossas livres especulações sobre crenças. Além de diversas, essas ideias se caracterizam por não se exprimirem em fórmulas costumeiras ou tradicionais, não serem nem ortodoxas, nem especializadas e tampouco populares.

O esquema a seguir sintetiza essas considerações teóricas sobre a sociologia da crença. Nele, os diversos grupos de crença estão classificados de um modo que – ao menos no que diz respeito ao material kiriwiniano – parece expressar suas afinidades e diferenças naturais:

1. ideias sociais ou dogmas – crenças corporificadas em instituições, costumes, fórmulas mágico-religiosas, ritos e mitos. Essencialmente associadas a e caracterizadas por elementos emocionais, expressos no comportamento.

2. interpretação ou teologia de dogmas.

(a) explicações ortodoxas na forma de opiniões de especialistas.

(b) concepções gerais, populares, formuladas pela maioria dos membros de uma comunidade.

(c) especulações individuais.

Exemplos de cada grupo podem ser facilmente encontrados neste artigo, que forneceu, ao menos aproximativamente, o grau e a qualidade da espessura social, a "dimensão social" de cada elemento de crença. Deve-se lembrar que este esquema teórico, ainda que de início divisado vagamente, foi aplicado apenas imperfeitamente, pois foi preciso construir pouco a pouco, através da própria experiência, a técnica de sua aplicabilidade no trabalho de campo. É, portanto – no que concerne a meu material kiriwiniano –, mais uma conclusão *ex post facto* do que a base de um método adotado desde o começo e mobilizado sistematicamente ao longo de todo o trabalho.

Pode-se encontrar exemplos de ideias sociais ou dogmas em todas as crenças, aqui descritas como corporificadas não apenas nos costumes associados à *milamala*, nos ritos e fórmulas mágicas, mas também nos mitos correspondentes e na tradição mitológica quando abordam a vida póstuma. Tratamos do aspecto emocional, até onde meus conhecimentos permitiram, ao descrever o comportamento dos nativos diante das *performances* mágicas realizadas durante a *milamala*, comportamentos perante os *baloma*, os *kosi* e as *mulukuausi*.

Quanto às opiniões teológicas, muitas interpretações ortodoxas foram apresentadas quando abordamos as explicações dadas por um feiticeiro a respeito de sua magia. No que toca às opiniões populares (salvo aquelas que são também dogmas), posso indicar a crença em espíritos: todos, inclusive as crianças, têm ciência de que determinadas pessoas foram a Tuma e trouxeram com elas canções e mensagens para os vivos. Contudo, não são dogmas, pois eram alvo do ceticismo de alguns informantes excepcionalmente astutos, e não estavam ligadas a qualquer instituição costumeira.

As especulações em torno do que é o *baloma* são os melhores exemplos para ilustrar o tipo puramente individual de teologia, que não contém senão opiniões pessoais.

Gostaria de lembrar o leitor que as diferenças locais, ou seja, a variação da crença de acordo com o distrito, não foram consideradas em absoluto nesta seção teórica. Tais diferenças pertencem mais ao campo da antropogeografia do que da sociologia. Ademais, essas variações afetam muito pouco os dados apresentados neste artigo, uma vez que praticamente todo meu material foi coletado em um pequeno distrito, onde quase não se verificam variações locais. Diferenças locais podem responder por certas divergências na crença apenas quando o tema é reencarnação (ver a seção VI *supra*).

Devemos diferenciar as variações distritais das especializações locais de que falamos acima (Ialaka e o trovão, o tubarão e a aldeia de Kuaibuola etc.), uma vez que se trata de um fator relacionado com a estrutura da sociedade, e não de um exemplo particular do fato antropológico mais geral de que tudo muda conforme nos deslocamos sobre a face da terra.

Está claro que todas essas considerações teóricas advêm da experiência no campo. Fez-se por bem registrá-las aqui em associação com os dados já expostos, pois também são fatos etnológicos, apenas de natureza muito mais geral. De todo modo, isso as torna mais importantes que os pormenores de crenças e costumes. Somente esses dois aspectos, a lei geral e o registro detalhado, são de fato capazes de tornar a informação – na medida do possível – completa.

4
O problema do significado em linguagens primitivas[1]

I. A necessidade de uma Ciência do Simbolismo e do Significado. Necessidade exemplificada pelas dificuldades do Etnógrafo em abordar linguagens primitivas.

II. Análise de uma fala selvagem, indicando problemas complexos do Significado, que nos levam da simples linguística até o estudo da cultura e psicologia social. Tal combinação entre estudos linguísticos e etnológicos precisa ser orientada por uma teoria dos símbolos, desenvolvida ao longo do presente trabalho.

III. A noção de "Contexto de Situação". Diferença entre a perspectiva linguística aberta ao Filólogo que estuda linguagens mortas e inscritas e a que se abre ao Etnógrafo que precisa lidar com uma língua primitiva viva que existe apenas nas próprias locuções. O estudo de um objeto vivo mais esclarecedor do que o estudo de seus resíduos mortos. Correspondência entre a "Situação Significante" [Sign-Situation] dos autores e o "Contexto de Situação" aqui proposto.

IV. Consideração da linguagem em sua função primitiva como modo de ação e não como contra-evidência do pensamento [contersign of thought]. Análise de uma complexa situação-de-fala entre os selvagens. Os usos primitivos da fala essenciais: a fala-na-ação, a mobilização ritual de palavras, a narrativa, a "comunicação fática" (a fala na interação social).

V. O problema do Significado em linguagens primitivas. A formação intelectiva do Significado pela apercepção não primitiva. Abordagem biológica do significado nas reações sonoras não articulares iniciais, que são expressivas, significantes e correlatas à situação. O significado nas fases iniciais da fala articulada. Significado das palavras radicado em sua eficácia pragmática. As origens da atitude mágica perante as palavras. Fundamentação genética e etnográfica das noções de Significado e Definição de Ogden e Richards.

---

1. Este ensaio foi escrito como apêndice a *The Meaning of Meaning* (Londres: Kegan Paul, 1923) [N.T. ed. bras. *O significado de significado*. Um estudo da influência da linguagem sobre o pensamento e sobre a ciência do simbolismo. Rio de Janeiro: Zahar, 1972], de Ogden e Richards. Todas as referências a "o presente trabalho" e a "os Autores" remetem a esse livro.

VI. O problema da estrutura gramatical. Busca pela forma prototípica das categorias gramaticais. Recusa de explicações "lógicas" e "exclusivamente gramaticais". Existência de Categorias Reais na visão de mundo pragmática do homem primitivo, correspondendo às categorias estruturais da linguagem. A natureza do nome e de outras Partes da Oração [Parts of Speech] como exemplos.

I

A linguagem, em suas funções literárias e científicas avançadas, é uma ferramenta do pensamento e de comunicação do pensamento. A arte de usar adequadamente tal ferramenta é o objetivo mais conspícuo do estudo da linguagem. Retórica, Gramática e Lógica foram e ainda são ensinadas sob o nome de Artes e estudadas sobretudo desde um ponto de vista prático e normativo. O estabelecimento de regras, o teste de sua validade e o alcance da perfeição em estilo são, sem dúvida, objetos de estudo importantes e abrangentes, especialmente à medida que a Linguagem cresce e se desenvolve com o avanço do pensamento e da cultura e, em certo sentido, até protagoniza tal avanço.

No entanto, toda Arte, que vive do conhecimento e não da inspiração, deve finalmente se resolver no estudo científico, não havendo dúvida de que, quaisquer que sejam os pontos de aproximação, somos levados a uma teoria científica da linguagem. Na verdade, já há algum tempo que, lado a lado com as Artes da Linguagem, temos visto tentativas de colocar e resolver vários problemas puramente teóricos de forma e significado linguísticos, abordados principalmente de um ponto de vista psicológico. Basta mencionar os nomes de W. von Humboldt, Lazarus e Steinthal, Whitney, Max Müller, Misteli, Sweet, Wundt, Paul, Finck, Rozwadowski, Wegener, Oertel, Marty, Jespersen e outros para mostrar que a Ciência da Linguagem não é nova, nem sem importância. Em todos os trabalhos desses estudiosos, além de questões de gramática formal, encontramos tentativas de análise dos processos mentais concentradas no Significado. Mas nossos conhecimentos de Psicologia e de métodos psicológicos avançam e, nos últimos anos, de fato progrediram muito rapidamente. As outras Ciências Humanísticas modernas, sobretudo a Sociologia e a Antropologia, ao propiciar uma compreensão mais profunda da natureza e da cultura humanas, oferecem suas próprias contribuições ao problema comum. Pois as questões em torno da linguagem são, de fato, o objeto mais importante e central de todos os estudos humanísticos. Assim, a Ciência da Linguagem recebe constantes contribuições de novos materiais e estímulos de métodos novos. Um dos impulsos mais importantes que ela tem recebido ultimamente vem do estudo filosófico de símbolos e de dados matemáticos levado adiante em Cambridge de forma brilhante por Bertrand Russell e Whitehead.

No livro de Ogden e Richards, a dupla leva o estudo dos signos até o campo da linguística, onde assume uma importância decisiva. Com efeito, eles elaboram uma nova Ciência do Simbolismo, que certamente irá gerar critérios mais valiosos para a crítica de certos erros da Metafísica e da Lógica puramente Formal (ver o segundo, sétimo, oitavo e nono capítulos de seu estudo). Em contrapartida, a relevância dessa teoria não é meramente filosófica, ela também tem uma importância prática para a abordagem de problemas específicos, puramente científicos, de Significado, Gramática, Psicologia e Patologia da Fala. Mais especialmente, as importantes pesquisas sobre Afasia conduzidas por Henry Head – que prometem lançar uma luz inteiramente nova sobre nossas concepções de Sentido – parecem caminhar na direção das mesmas teorias semânticas contidas no presente livro.[2] A. H. Gardiner, um dos maiores especialistas em inscrições hieroglíficas e gramática egípcia – sobre as quais está preparando uma nova análise –, publicou alguns artigos notáveis sobre Significado, abordando os mesmos problemas discutidos (e resolvidos de maneira tão interessante) por Ogden e Richards, e seus respectivos resultados não me pareceram incompatíveis.[3] Por fim, eu mesmo, ao lidar com o problema das línguas primitivas na Melanésia papuásia, fui levado para o campo da Semântica geral.[4] Há algumas semanas, tive o privilégio de examinar as provas do presente livro, e fiquei atônito ao descobrir como as teorias ali apresentadas responderam a todos os meus problemas e resolveram minhas dificuldades; senti-me também gratificado ao descobrir que a posição a que fui levado pelo estudo de línguas primitivas não era essencialmente diferente da dos autores. Fiquei, portanto, extremamente feliz quando os autores me ofereceram a oportunidade de expor meus problemas e esboçar minhas tentativas de solução lado a lado com suas extraordinárias teorias. Aceitei-o com prazer ainda maior pois espero mostrar como as teorias de seu livro lançam luz sobre os problemas das linguagens primitivas.

É notável que uma série de pesquisadores independentes, Ogden e Richards, Head, Gardiner e eu próprio, partindo de problemas definidos e concretos, mas bem diferentes, chegaram, se não exatamente aos mesmos resultados expressos

---

2. Ver os artigos preliminares publicados em *Brain*, também referenciados pelos autores na p. 350. [N.T. Para menções como esta, ver nota 1.]

3. Ver os artigos de Gardiner em *Man* (jan. 1919), e em *The British Journal of Psychology* (abr. 1922).

4. Ver meu artigo "Classificatory Particles in the Language of Kiriwina", *Bulletin of School of Oriental Studies*, vol. II., e *Argonauts of the Western Pacific* [*Os Argonautas do Pacífico Ocidental*. São Paulo: Abril Cultural, 1976 (Coleção Os Pensadores); Ubu, 2019], capítulo sobre "O poder das palavras na magia – Alguns dados linguísticos".
[N.T. A referência exata do artigo seria Malinowski. "Classificatory Particles in the Language of Kiriwina." *Bulletin of the School of Oriental Studies*, University of London, vol. 1, no. 4, 1920. Ver também nota 14.]

em uma mesma terminologia, ao menos à elaboração de teorias semânticas similares baseadas em considerações psicológicas.

Preciso, então, a partir de meu próprio caso – o de um Etnógrafo que estuda a mentalidade, a cultura e a linguagem primitiva – mostrar como fui levado a uma teoria linguística cujas linhas correspondem de perto às do presente livro. No decorrer de minhas pesquisas etnográficas em algumas tribos melanésias da Nova Guiné Oriental, realizadas exclusivamente por meio da língua local, coletei um número considerável de registros: fórmulas mágicas, peças de folclore, narrativas, fragmentos de conversas e declarações de meus informantes. Ao me debruçar sobre esse material linguístico, a fim de traduzir os registros para o inglês e, subsidiariamente, extrair um vocabulário e gramática para a língua, deparei-me com dificuldades fundamentais. Essas dificuldades não foram resolvidas, mas sim magnificadas, quando consultei as gramáticas e vocabulários existentes sobre idiomas da Oceania. Seus autores, sobretudo missionários que escreveram com o propósito prático de facilitar a tarefa de seus sucessores, orientaram-se por normas pratico-empíricas [rule of thumb]. Por exemplo, ao estabelecer um vocabulário, eles forneceram a melhor aproximação em inglês de uma palavra nativa.

Porém, o objetivo da tradução científica de uma palavra não é oferecer seu equivalente aproximado, suficiente para fins práticos, mas indicar exatamente se uma palavra nativa corresponde ao menos a uma ideia conhecida parcialmente por falantes da língua de destino ou se ela remete a uma noção inteiramente estranha. Que tais noções outras existem, e em grande número, nos idiomas nativos, está claro. As palavras que descrevem a ordem social nativa, todas as expressões referentes a crenças nativas, a costumes, cerimônias e ritos mágicos específicos – todas elas estão obviamente ausentes do inglês como de qualquer língua europeia. Tais palavras só podem ser traduzidas para o inglês não por um equivalente hipotético – um equivalente real evidentemente não pode ser encontrado –, mas por uma explicação do significado de cada uma delas em um relato etnográfico preciso da sociologia, cultura e tradição daquela comunidade nativa.

Mas há uma dificuldade ainda mais penetrante, embora sutil: a maneira como uma língua nativa é usada é diferente da nossa. Em uma língua primitiva, a estrutura gramatical como um todo carece da precisão e da definição que caracterizam a nossa, embora isso seja, em alguns aspectos específicos, extremamente revelador. Além disso, algumas partículas, particularmente intraduzíveis para o inglês, dão um sabor especial à fraseologia nativa. Na estrutura das frases, uma simplicidade extrema esconde uma boa dose de expressividade, muitas vezes obtida pela posição e pelo contexto. Voltando ao significado de palavras isoladas, o uso de metáforas, o começo da abstração, da generalização, uma vagueza associada à extrema concretude da expressão – todas essas características desconcertam qualquer tentativa de tradução simples e inequívoca. O etnógrafo precisa transmitir essa profunda, mas sutil diferença de linguagem e de atitude mental que lhe é subjacente e que nela se expressa. Essa discussão, porém, nos aproxima cada vez mais do problema psicológico geral do Significado.

II

Esse panorama das dificuldades linguísticas que assolam um Etnógrafo em seu trabalho de campo precisa ser ilustrado com um exemplo concreto. Imagine-se o leitor subitamente transportado para um atol de corais no Pacífico, sentado em um círculo de nativos, escutando suas conversas. Suponhamos ainda que haja a seu lado um intérprete ideal, capaz de transmitir, na medida do possível, o significado de cada declaração, palavra por palavra, de modo que o ouvinte tenha acesso a todos os dados linguísticos disponíveis. Isso o faria compreender a conversa ou mesmo uma única elocução? É evidente que não.

Examinemos este registro, uma emissão real extraída de uma conversa entre nativos das ilhas Trobriand, nordeste da Nova Guiné. Ao analisá-lo, veremos muito claramente quão infrutífera seria a tentativa de elucidar o significado de uma frase apenas por meios linguísticos. Poderemos também perceber que tipo de conhecimento adicional, além da equivalência verbal, é necessário para dotar de significado as declarações.

Apresento a seguir uma elocução em língua nativa, indicando, sob cada palavra, seu equivalente mais próximo em nossa língua:

Tasakaulo	*kaymatana*	*yakida;*
Nós corremos	madeira frontal	nós mesmos;
Tawoulo	*ovanu;* *tasivila*	*tagine*
nós remamos	no local; nós viramos	nós vemos
soda;	*isakaulo*	*ka'u'uya*
companheiros nossos;	ele corre	madeira traseira
oluvieki	*similaveta*	*Pilolu*
atrás	braço de mar deles	Pilolu

A tradução *ipsis litteris* dessa declaração parece ser a princípio um enigma ou uma mixórdia sem sentido; certamente não soa como uma frase dotada de significado e isenta ambiguidade. Mas para que o ouvinte, hipoteticamente familiarizado com a língua, mas não com a cultura dos nativos, entenda o sentido geral dessa fala, ele teria primeiro que estar a par da situação em que essas palavras foram ditas. Precisaria considerá-las a partir do lugar propriamente ocupado por elas no quadro da cultura nativa. Em nosso caso, a declaração se refere a uma expedição de comércio ultramarino, na qual várias canoas participavam de modo competitivo. Esta última característica explica também a natureza emocional da declaração: não é uma mera constatação factual, mas uma vanglória, um caso de autoglorificação, extremamente característico da cultura dos trobriandeses em geral e de sua troca cerimonial em particular.

Somente após um informe preliminar torna-se possível ter alguma noção da presença de *termos técnicos de ostentação e emulação* – *kaymatana* (madeira frontal) e *ka'u'uya* (madeira traseira), por exemplo. O emprego de *madeira* como metáfora de *canoa* nos conduziria a outro campo da psicologia da linguagem, mas por enquanto é suficiente enfatizar que "canoa da frente" ou "canoa líder" e "canoa de trás" são termos importantes para um povo cuja atenção está sumamente voltada para atividades competitivas como um fim em si mesmo. Ao significado de tais palavras acrescenta-se um matiz emocional específico, compreensível apenas contra o fundo da psicologia tribal na vida, iniciativas e comércio cerimoniais.

Ademais, a frase que descreve os navegadores na liderança olhando para trás e avistando os companheiros que ainda estavam no braço de mar de Pilolu exigiria uma discussão especial da sensibilidade geográfica dos nativos, do uso de imagens como instrumento linguístico e de um uso particular do pronome possessivo (braço de mar de Pilolu *deles*).

Tudo isso aponta para as amplas e complexas considerações a que somos levados a fazer na tentativa de fornecer uma análise pertinente do significado. Em vez de traduzir, de inserir simplesmente uma palavra de nossa língua no lugar de uma do idioma nativo, estamos diante de um longo e não exatamente simples processo de descrever vastos domínios de costumes, psicologia social e organização tribal, que correspondem a um ou outro termo. Nota-se que a análise linguística nos leva inevitavelmente ao estudo de todos os temas cobertos pelo trabalho de campo etnográfico.

É claro que os comentários anteriores sobre os termos específicos (madeira frontal, madeira traseira, seu braço de mar de Pilolu) são necessariamente curtos e esquemáticos. Porém, escolhi propositalmente uma declaração que corresponde a um conjunto de costumes já muito bem descritos.[5] O leitor dessa descrição será capaz de compreender inteiramente o texto apresentado, assim como apreciar o presente argumento.

Além das dificuldades encontradas na tradução de palavras isoladas, dificuldades que levam imediatamente à Etnografia descritiva, há outras, associadas de forma mais exclusiva a problemas linguísticos, mas que só podem ser resolvidas a

---

5. Ver Malinowski, *Argonauts of the Western Pacific*. An Account of Native Enterprise and Adventure in the Archipelagoes of Melanesian New Guinea, Routledge, 1922. [*Os argonautas do Pacífico Ocidental*. Um relato do empreendimento e da aventura dos nativos do arquipélago da Nova Guiné melanésia. São Paulo: Abril Cultural, 1976 (Coleção Os Pensadores); Ubu, 2018.]

partir da análise psicológica. Assim, tem sido indicado que a distinção caracteristicamente oceânica entre pronomes inclusivos e exclusivos requer uma explicação mais profunda do que qualquer outra que se limite a relações meramente gramaticais.[6] Além disso, a intrigante forma de articulação por mera justaposição entre algumas das frases certamente correlacionadas do texto apresentado exigiria muito mais do que uma simples referência caso fôssemos revelar todo seu significado e importância. Esses dois aspectos são bem conhecidos e têm sido discutidos com frequência, embora, segundo penso, não de forma suficientemente exaustiva.

Existem, no entanto, certas peculiaridades de línguas primitivas quase totalmente negligenciadas pelos gramáticos, e que levantam questões muito interessantes de psicologia selvagem. Um ponto situado na fronteira entre gramática e lexicografia e bem exemplificado na declaração citada nos servirá de ilustração.

Nas línguas indo-europeias mais avançadas, é possível traçar uma nítida distinção entre a função gramatical e a função lexical das palavras. O significado da raiz de uma palavra pode ser isolado da modificação de significado decorrente de inflexões ou outros meios de determinação gramatical. Assim, na palavra *correr* [run] distinguimos entre o significado da raiz (deslocamento rápido individual) e as modificações relativas ao tempo e ao modo verbais, a seu estatuto definido ou indefinido etc., expressas pela forma gramatical em que a palavra se encontra em determinado contexto. Contudo, nas línguas nativas, a distinção não é de forma alguma tão clara e as funções respectivas do significado gramatical e radical muitas vezes se confundem de forma impressionante.

Nas línguas melanésias, observa-se a existência de certos instrumentos gramaticais utilizados na flexão dos verbos que expressam de forma um tanto vaga relações de tempo, de sequência e de definição ou indefinição. A coisa mais fácil e intuitiva que um europeu pode fazer para usar rudimentarmente essa língua para fins práticos é descobrir o equivalente mais próximo dessas formas melanésias em nossas línguas e em seguida usar a forma selvagem à maneira europeia. Na língua nativa de Trobriand, por exemplo, da qual extraímos nosso exemplo acima, existe uma partícula adverbial – *boge* – que, anteposta a um verbo modificado, lhe empresta, de maneira um tanto vaga, o significado de um acontecimento passado ou definido. O verbo também pode ser modificado por uma mudança no pronome pessoal prefixado. Assim, a raiz *ma* (vir [come], mover-se para cá [move hither]), se usada com o pronome prefixado da terceira do singular *i* – tem a forma *ima*, cujo significado aproximado é *ele vem* [he comes]. Com o pronome modificado

---

6. Ver a importante Conferência Presidencial proferida pelo agora falecido Dr. W. H. R. Rivers, publicada no *Journal of the Royal Anthropological Institute*, vol. LII., Jan.-Jun., 1922, p. 21; bem como sua *History of Melanesian Society*, vol. II., p. 486.
[N.T. A Conferência foi ali intitulada "The unity of anthropology" e encontra-se parcialmente traduzida em Roberto Cardoso de Oliveira (org.). *A antropologia de Rivers*. Campinas: UNICAMP, 1991.]

ay – ou, mais enfaticamente, *lay* – significa (de forma também aproximada), *ele veio* [N.T. passado absoluto – he came] ou *ele chegou* [N.T. passado que ainda se estende no presente – he has come]. A expressão *boge ayna* ou *boge layma* pode ser traduzida aproximadamente por *ele já veio/ele já chegou* [he has already come], o particípio *boge* servindo para torná-la mais definida.

Mas essa equivalência é apenas aproximada, pertinente para certos propósitos práticos como o comércio com os nativos, a catequização missionária e a tradução de textos cristãos para línguas nativas. A meu ver, não se pode fazer esta última de um modo minimamente preciso. Nas gramáticas e interpretações formais de línguas melanésias, quase todas escritas por missionários para fins práticos, estabeleceu-se que as modificações gramaticais dos verbos seriam simplesmente equivalentes aos tempos verbais indo-europeus. Quando comecei a usar a língua trobriandesa em meu trabalho de campo, não havia sequer atinado para certas armadilhas envolvidas na abordagem da gramática selvagem em seu valor de face e segui a versão missionária da inflexão nativa.

Porém, aprendi cedo que isso não era correto por meio de um equívoco prático, que interferia levemente em meu trabalho de campo, obrigando-me, às expensas de minha própria comodidade, a assimilar a flexão nativa. Em um dado momento, estava ocupado fazendo observações sobre uma transação muito interessante entre pescadores da costa e horticultores do interior que tem lugar em uma aldeia lacustre da ilha.[7] Precisava acompanhar alguns preparativos importantes na aldeia e ao mesmo tempo não queria perder a chegada das canoas na praia. Estava registrando e fotografando os procedimentos que se desenrolavam entre as cabanas quando a chegou a notícia correu de que "eles já chegaram" [they have come already] – *boge laymayse*. Deixei por terminar meu trabalho na aldeia e segui apressado em direção à praia (cerca de quinhentos metros dali), para ver, decepcionado e mortificado, as canoas ainda distantes, aproando lentamente para a costa! Ou seja, cheguei cerca de dez minutos adiantado, tempo justo o suficiente para me fazer perder os acontecimentos na aldeia!

Foi necessário algum tempo e uma compreensão muito melhor do idioma para que eu entendesse a natureza do meu equívoco e o uso adequado de palavras e formas para expressar as sutilezas da sequência temporal. Assim, a raiz *ma* que significa *vir* [come], *mover-se para cá* [move hither], não contém o significado coberto por nossa palavra *chegar* [arrive], e não há qualquer determinação gra-

---

7. Trata-se da cerimônia do *wasi*, uma forma de troca de alimentos de origem vegetal por peixes. Ver *Argonauts of Western Pacific*, pp. 187-9 e figura XXXVI. [N.T. *Os Argonautas do Pacífico Ocidental*, pp. 277-280, fig. 33 (Ubu); pp. 145-147, fig. 36/p. 401 (Abril Cultural. Coleção Os Pensadores). Subitem 6. Troca cerimonial com pagamento adiado (e não "diferido", como quis equivocadamente o tradutor.)]

matical a lhe conferir a definição espacial[8] e temporal que expressamos em nossa língua como "eles vieram, eles chegaram" [they have come, they have arrived]. A forma *boge laymayse*, que ouvi naquela manhã memorável na aldeia lacustre, significa para um nativo "eles já estão vindo para cá" [they have already been moving hither], e não "eles já chegaram aqui" [they have already come here].

A fim de alcançarem a definição espacial e temporal obtida em nossa língua pelo uso do pretérito definido[9], os nativos recorrem a certas expressões concretas e específicas. Assim, no caso citado, os aldeões usariam as palavras *ancorar*, *atracar*, para transmitir o fato de que as canoas haviam chegado. "Eles já atracaram suas canoas" – *boge aykotasi* – teria expressado o que eu presumi ser o sentido de *boge laymayse*. Ou seja, neste caso, em vez de uma mera modificação gramatical, os nativos mobilizariam uma raiz diferente.

Voltando ao nosso registro, temos outro exemplo revelador da peculiaridade que estamos analisando. A curiosa expressão "nós remamos no local" [we paddle in place] só pode ser entendida corretamente se percebermos que a palavra *remar* tem aqui a função não de descrever o que a tripulação está fazendo, mas de indicar sua proximidade imediata com a aldeia de destino. Exatamente como no exemplo anterior, o pretérito do termo vir ("eles vieram" [they have come]), que teríamos usado em nossa língua para expressar o fato da chegada, tem outro significado na língua nativa e precisa ser substituído por outra raiz que expresse essa ideia. Assim, neste caso, não seria possível usar a raiz nativa *wa* – *mover para lá* [move thither] – não seria usada numa espécie de pretérito definido para transmitir o sentido de "chegar lá" [arrive there]: em vez disso, usa-se uma raiz específica que expressa o ato concreto de remar para assinalar as relações espaciais e temporais entre a canoa líder e as demais. Essa imagem tem uma origem clara. Sempre que os nativos chegam perto da costa de uma das aldeias situadas além-mar, eles têm que recolher a vela e usar os remos, já que as águas são profundas mesmo bem próximo à arrebentação e é impossível passar a vau. Portanto, "remar" significa "chegar à aldeia de além-mar". Pode-se acrescentar que nesta expressão "remamos no local" [we paddle in place], as duas últimas palavras, *no* [in] e *local* [place], teriam de ser traduzidas livremente por *perto da aldeia* [near the village].

Com a ajuda de análises como a que acabamos de fazer, podemos tornar compreensível esta ou qualquer outra fala selvagem. Sendo assim, é possível sintetizar e agregar os resultados a que chegamos em um comentário livre ou pará-

---

8. [NT.] No original, lê-se "special". Provavelmente um lapso tipográfico, já que no parágrafo seguinte o autor registra "spatial".

9. [NT.] No original, "past definite tense". O equivalente mais próximo na língua portuguesa dessa noção talvez seja a de pretérito perfeito do indicativo.

frase da citação nativa: alguns nativos estão sentados conversando. Um deles, que acaba de voltar de uma expedição ultramarina, relata como foi a viagem, gabando-se da superioridade de sua canoa. Ele conta para a plateia que sua canoa, ao cruzar o braço de mar de Pilolu (entre as ilhas Trobriand e as Amphlett), navegou à frente de todas as outras e que, ao se aproximarem de seu destino, os navegantes na dianteira olharam para trás e viram seus companheiros bem longe, ainda cruzando o braço de mar de Pilolu.

Colocada nesses termos, a declaração pode ao menos ser entendida de maneira geral, embora seja indispensável o conhecimento exaustivo dos costumes e da psicologia dos nativos, bem como da estrutura geral de sua língua, para uma apreciação exata dos matizes e detalhes do significado.

Nem precisamos frisar que tudo o que dissemos nesta seção é apenas uma ilustração, a partir de um exemplo concreto, dos princípios gerais brilhantemente formulados por Ogden e Richards no primeiro, terceiro e quarto capítulos de seu trabalho. Tentei deixar claro pela análise de um registro linguístico primitivo que a linguagem está essencialmente radicada na realidade da cultura, na vida tribal e nos costumes de um povo, e que ela não pode ser explicada sem uma constante remissão a esses contextos mais amplos de expressão verbal. As teorias consubstanciadas no diagrama apresentado por Ogden e Richard no capítulo primeiro, no tratamento que dispersaram à noção de "situação significante" [sign-situation] [10] (capítulo terceiro) e em sua análise da percepção (quarto capítulo), abarcam e generalizam todos os detalhes de meu exemplo.

III

Retomando mais uma vez nossa fala nativa, nem precisamos sublinhar que, em uma linguagem primitiva, o significado de qualquer palavra depende, em um grau muito elevado, de seu contexto. As palavras "madeira", "remar", "local" tiveram que ser retraduzidas em uma interpretação livre a fim de se mostrar qual é seu verdadeiro significado, transmitido ao nativo pelo contexto em que aparece. Ficou igualmente claro que só é possível determinar o significado da expressão "chegamos nas proximidades da aldeia (de nosso destino)", literalmente "remamos no local", se considerarmos o contexto da fala como um todo. Esta última só se torna inteligível quando colocada em seu *contexto de situação*, se me for permitido cunhar uma expressão indicativa de que, por um lado, a noção de *contexto* precisa ser ampliada e, por outro, de que a *situação* em que as palavras

---

10. [NT.] Seguimos aqui a terminologia que consta na tradução para o português do livro de Ogden e Richards (ver *O significado de significado. Um estudo da influência da linguagem sobre o pensamento e sobre a ciência do simbolismo*. Rio de Janeiro: Zahar, 1972, p. 305).

são pronunciadas jamais deve ser considerada irrelevante para a expressão linguística. Estamos vendo que a noção de contexto deve ser substancialmente alargada para que possa mostrar sua completa utilidade. Com efeito, ela deve ultrapassar os limites da mera linguística e ser transposta para a análise das condições gerais sob as quais uma língua é falada. Assim, partindo de uma concepção mais ampla de contexto, chegamos mais uma vez à conclusão da seção anterior – a de que o estudo de qualquer língua, falada por um povo que vive em condições diferentes das nossas e que possui uma diferente cultura, deve ser realizado em conjunto com o estudo de sua cultura e de seu ambiente.

Mas a noção ampliada de *contexto de situação* rende mais do que isso. Ela deixa clara a diferença de escopo e método entre a linguística das línguas mortas e a das línguas vivas. Os materiais a partir do quais quase todos os nossos estudos linguísticos foram feitos até agora pertencem a línguas mortas. Eles estão presentes sob a forma de documentos escritos, naturalmente isolados, arrancados de qualquer *contexto de situação*. De fato, os enunciados escritos são gravados com a intenção de serem autossuficientes e autoexplicativos. Uma inscrição mortuária, um fragmento de leis ou preceitos primevos, um capítulo ou uma frase de um livro sagrado, ou exemplo mais moderno, uma passagem de um filósofo, historiador ou poeta grego ou latino – todos foram elaborados com o propósito de alçar por conta própria sua mensagem à posteridade, e para tanto foi preciso conter essa mensagem em seus próprios termos.

Tomemos o caso mais notável, o do moderno livro de ciência. Seu autor deverá se dirigir a cada leitor dotado com o treinamento científico necessário e disposto a ler atentamente sua obra. Irá tentar influenciar a mente de seu leitor em certas direções. Com o texto impresso diante de si, o leitor, a convite do autor, passa por uma série de processos – chega a conclusões, reflete, mobiliza a memória, exerce a imaginação. O livro por si só é suficiente para levar a mente do leitor ao significado. Somos tentados a dizer, metaforicamente, que o significado está inteiramente contido no livro ou é por este transportado.

Todavia, quando passamos de uma língua civilizada moderna – pensada principalmente em termos de registros escritos – ou de uma língua morta – que só sobrevive por meio de sua inscrição – para uma língua primitiva, jamais usada na forma escrita, feita exclusivamente de palavras aladas e é transmitida de pessoa para pessoa. Neste caso, fica claro de imediato que a concepção de significado como *contido* em uma declaração [utterance] é falsa e ineficaz. Uma sentença [statement], falada na vida real, nunca está desvinculada da situação em que foi proferida [uttered], pois toda declaração verbal feita por um ser humano tem por objetivo e função expressar um pensamento ou sentimento real naquele momento e naquela situação, que por uma razão ou outra foram dados a conhecer a uma ou mais pessoas – seja para possibilitar a ação conjunta, seja para estabelecer laços de comunicação puramente sociais, seja, enfim, para transmitir sentimentos ou paixões violentos de um falante. Sem um estímulo imperativo do momento, não pode haver nenhum enunciado verbal. Em cada caso, portanto, a fala e a situação estão inextricavelmente ligadas uma à outra, e o contexto de situação é indispensável para a compreensão das palavras. Se nas linguagens faladas ou escritas uma palavra sem *contexto linguístico* é um mero produto da imaginação e não representa nada por si mesma, na realidade falada de uma língua viva, uma declaração só ganha significado no *contexto de situação*.

Ficará bem claro agora que o ponto de vista do Filólogo, que lida apenas com resquícios de línguas mortas, deve ser diferente do do Etnógrafo, que, privado dos dados petrificados e fixos das inscrições, tem de partir da realidade viva da língua falada *in fluxu*. O primeiro deve reconstruir a situação geral – ou seja, a cultura de um povo do passado – a partir dos enunciados remanescentes; já o segundo pode estudar diretamente as condições e situações características de uma cultura e interpretar os enunciados por meio delas. Ora, sustento que, relativamente à formação de concepções linguísticas fundamentais e ao estudo da vida das línguas, a perspectiva do Etnógrafo é a perspectiva relevante e verdadeira, ao passo que o ponto de vista do Filólogo é irrelevante e artificial. Isso porque, em suas origens, a língua era apenas a *soma total* e falada de declarações similares às que encontramos atualmente em um idioma selvagem. As fundações e as características fundamentais da fala humana receberam sua forma e caráter no estágio de desenvolvimento adequado ao estudo etnográfico, não em domínios da filologia. Definir o que é Significado, explicar as características lexicais e gramaticais essenciais da linguagem a partir do material fornecido pelo estudo de línguas mortas é algo despropositado à luz de nosso argumento. Entretanto, não seria exagero dizer que 99% dos trabalhos linguísticos têm sido influenciados pelo estudo de linguagens mortas ou, na melhor das hipóteses, de registros escritos completamente amputados de qualquer contexto de situação. Nas próximas seções, tratarei de ao menos sinalizar que a perspectiva do Etnógrafo é capaz de oferecer conclusões positivas e concretas, e não apenas comentários gerais.

Desejo comparar a posição a que acabamos de chegar com as conclusões de Ogden e Richards. Empreguei até aqui minha própria terminologia a fim de refazer os passos do meu argumento tal como fora expresso antes de entrar em contato com sua obra. Mas é óbvio que o contexto de situação aqui ressaltado não é nada menos do que a noção de *situação significante* [sign-situation] dos autores. A tese por eles defendida – fundamental para todos os argumentos de seu livro –, a de que não se pode propor qualquer teoria do significado sem o estudo do mecanismo de referência, é também o fulcro de meu raciocínio nos parágrafos anteriores. Os capítulos iniciais de seu trabalho mostram o quão equivocado é considerar o Significado como uma entidade real, contida em uma palavra ou elocução. Os dados e comentários de interesse etnográfico e histórico apresentados no capítulo segundo do livro apontam o leque de ilusões e erros advindos de uma atitude incorreta em relação às palavras. Mostrou-se que essa atitude, na qual a palavra é considerada uma entidade real que contém seu significado – tal como uma caixa-da-alma [Soul-box][11] conteria a parte espiritual de uma pessoa ou coisa –, deriva de usos primitivos e mágicos da linguagem e alcança os sistemas metafísicos mais importantes e influentes. O Significado, a verdadeira "essência" de uma palavra, assume assim Existência Real no reino das Ideias de Platão; e com os Realistas medievais, torna-se o Universal, o realmente existente. O tratamento equivocado dispensado às palavras, apoiado sempre em uma análise incorreta de sua função semântica, leva a todos os pântanos ontológicos da filosofia, onde se chega à verdade quando se o significado é extraído da palavra, seu suposto receptáculo.

A análise do significado em linguagens primitivas leva a uma impressionante confirmação das teorias de Ogden e Richards, pois a apercepção da conexão íntima entre a interpretação linguística e a análise da cultura à qual a língua pertence mostra de forma convincente que nem a Palavra, nem seu Significado, existem de modo independente e autossuficiente. A concepção etnográfica da linguagem prova o que poderíamos chamar de princípio da Relatividade Simbólica, isto é, o princípio segundo o qual as palavras devem ser tratadas apenas como símbolos e uma psicologia de referência simbólica deve servir de base de toda a ciência da linguagem. Uma vez que o universo das "coisas a serem expressas" muda com o nível de cultura, com as condições geográficas, sociais e econômicas, o significado de uma palavra deve sempre ser inferido, não a partir de uma contemplação passiva dessa palavra, mas de uma análise de suas funções, tendo como referência a cultura em questão. Cada tribo primitiva ou bárbara, assim como cada tipo de civilização, possui seu próprio universo de significados, e todo o aparato linguístico desses povos – seu estoque de palavras e seu tipo de gramática – só pode ser explicado conjuntamente com seus requisitos mentais.

No capítulo terceiro do livro, os autores fazem uma análise da psicologia da referência simbólica. Se a ela adicionarmos o material coletado no capítulo segundo, teremos o tratamento mais satisfatório da questão até o momento. Gostaria de observar que o uso da palavra "contexto" pelos autores é compatível – embora não idêntico – com o uso que faço desse termo na noção de "contexto de situação". Não me cabe aqui procurar alinhar nossas respectivas

---

11. [NT.] Esse termo aparece no estudo de Baldwin Spencer e Francis J. Gillen *The Northern Tribes of Central Australia* (1904). Ali os autores entendem o *churinga*, objeto ritual dos Aranda australianos – mais especificamente, um tablete de pedra que comporta desenhos e inscrições – como um recipiente (nesse sentido, uma caixa) que conteria a alma de antepassados.

terminologias, mas convido o leitor a testar a Relatividade do Simbolismo a partir desse pequeno exemplo.

IV.

Até agora, tenho lidado principalmente com os problemas mais simples de significado, relativos à definição de palavras isoladas e ao esforço lexicográfico de tornar familiar a um leitor europeu o vocabulário de uma língua estranha. E a principal conclusão de nossa análise foi a de que é impossível traduzir palavras de uma língua primitiva ou de uma língua muito diferente da nossa sem um relato detalhado da cultura de seus falantes. Só assim é possível alcançar a medida comum necessária à tradução. No entanto, apesar de o embasamento etnográfico ser indispensável ao tratamento científico de uma linguagem, ele certamente não é suficiente. Nesse sentido, o problema do Significado necessita de uma teoria própria e específica. Tentarei mostrar que, abordando a linguagem de uma perspectiva etnográfica e mobilizando nossa noção de *contexto de situação*, é possível esboçar uma teoria semântica, útil ao tratamento da Linguística Primitiva, e ao mesmo tempo lançar alguma luz sobre a linguagem humana em geral.

Antes de mais nada, tentemos conceber a natureza da linguagem a partir de nosso ponto de vista. A inexistência de uma visão clara e precisa da função linguística e da natureza do Significado tem sido, creio eu, a causa da relativa esterilidade de várias teorizações linguísticas, de outra forma excelentes. A forma direta com que os autores enfrentam esse problema fundamental e o magnífico argumento que usam para resolvê-lo apontam para o valor imperecível de seu trabalho.

O estudo do texto nativo previamente citado demonstrou que uma fala só se torna compreensível quando a interpretamos por meio de seu contexto de situação. A análise desse contexto nos fez vislumbrar um grupo de selvagens interligados por laços de interesse e ambição, de apelo e reação emocionais. Havia ali referências vangloriosas a atividades comerciais competitivas, a expedições cerimoniais ultramarinas, a um complexo de sentimentos, ambições e ideias conhecidos pelo grupo de falantes e ouvintes devido à sua imersão na tradição tribal e a seu próprio envolvimento como atores dos eventos descritos na narrativa. Em vez de apresentar uma narrativa, poderia ter oferecido amostras linguísticas embutidas de forma ainda mais profunda e inequívoca no contexto de situação.

Tomemos como exemplo a língua falada por um grupo de nativos empenhados em uma de suas atividades fundamentais para a subsistência – caça, pesca, cultivo da terra; ou, então, em uma dessas atividades em que uma tribo selvagem expressa formas essencialmente humanas de energia: guerra, jogos ou esportes, performances cerimoniais ou exibições artísticas como danças ou cantos. Em qualquer uma dessas cenas, todos os atores estão engajados em uma atividade dotada de propósito, todos têm um objetivo definido; todos precisam agir de forma concertada, de acordo com certas regras estabelecidas pelo costume e tradição. Nesses casos, a Fala [Speech][12] é o meio de comunicação necessário; o único instrumento indispensável para a criação de laços do momento, sem os quais uma ação social unificada seria impossível.

Consideremos agora o tipo de conversa entretida por pessoas agindo nessas situações; como se daria seu uso. A fim de tornar tal exercício bem concreto, acompanhemos um grupo de pescadores até certa laguna de corais, onde espiam um cardume de peixes e tentam cercá-los com grandes redes, encurralando-os em direção a pequenas bolsas de malha – exemplo cuja escolha foi influenciada também por minha familiaridade com o procedimento.[13]

As canoas deslizam lenta e silenciosamente, conduzidas por homens especialmente bons nessa tarefa e que dela sempre participam. Outros, conhecedores da vida vegetal e animal do fundo da laguna, estão à espreita de peixes. Um deles avista a presa. Sinais, sons ou termos convencionados são emitidos. Em certas ocasiões, é necessário enunciar uma sentença repleta de referências técnicas a canais ou a pequenos arrecifes da laguna; já quando um cardume se aproxima e sua captura é simples, um grito convencional é emitido em um tom não muito alto. Então, toda a flotilha fica imóvel e se alinha – cada canoa e cada homem a bordo executando a tarefa que lhe cabe – conforme uma rotina costumeira. No decorrer da tarefa, é claro que os homens emitem de vez em quando algum som expressando entusiasmo com a missão ou impaciência diante de dificuldades técnicas, alegria pelo sucesso ou desapontamento com o fracasso. Além disso, um comando é emitido aqui e ali – expressões ou explicações técnicas para harmonizar seus comportamentos com os dos demais participantes. Todo o grupo age de forma concertada, determinada pela velha tradição tribal e perfeitamente familiar aos atores, dotados de uma vasta experiência, acumulada ao longo da vida. Alguns tripulantes lançam as grandes redes circulares, outros entram na água, e, chapinhando pela laguna rasa, levam os peixes até as redes. Há ainda aqueles que ficam de prontidão, pequenas redes nas mãos, à espera dos peixes. Segue-se uma cena animada, cheia de movimento. Com os peixes em seu poder, os pescadores já falam alto e dão vazão a seus sentimentos. Soltam pequenas exclamações, cuja tradução aproximada poderia ser "puxe!", "solte!", "dê uma guinada!", "levante a rede!". Usam ainda outras expressões, técnicas, inteiramente intraduzíveis, ou

---

12. [NT.] Por se tratar de um texto anterior à ascensão do estruturalismo tanto na linguística quanto na antropologia (para não mencionarmos a chamada "virada pragmática" epitomizada nos trabalhos de John Austin e John Searle), optou-se aqui por uma tradução menos vinculada à fortuna posterior do termo "discurso" nessas áreas – que também é uma tradução possível para "speech".

13. Ver Malinowski, "Fishing and Fishing Magic in the Trobriand Islands", *Man*, 1918.

apenas traduzíveis se acompanhada de uma descrição minuciosa dos instrumentos utilizados e do modo de ação.

A linguagem usada durante essa tarefa está apinhada de termos técnicos, de referências breves ao entorno, de indicações rápidas de mudanças – tudo baseado nos tipos de comportamento habituais, bem conhecidos dos participantes através de experiências efetivas. Todas as declarações estão essencialmente vinculadas ao contexto de situação e ao objetivo do empreendimento – sejam elas breves indicações sobre os movimentos da presa, referências ao entorno, expressões de sentimentos e paixões diretamente ligados a comportamentos, palavras de comando, ou contrapartes da ação. A estrutura de todo esse material linguístico depende de, e está inextricavelmente misturada com, o desenrolar das atividades em que as falas estão imersas. O glossário, o significado de palavras específicas de uso caracteristicamente técnico não são menos subordinados à ação, já que a linguagem técnica usada em empreendimentos práticos só adquire significado através da participação efetiva nesse tipo de empreendimento. Ela precisa ser aprendida por meio da ação, não da reflexão.

Se tivéssemos escolhido qualquer outro exemplo que não a pesca, chegaríamos a resultados semelhantes. O estudo de qualquer forma de discurso vinculado a uma tarefa vital revelaria as mesmas peculiaridades gramaticais e lexicais: a dependência do significado de cada palavra da experiência prática, a dependência da estrutura de cada declaração da situação momentânea em que é pronunciada. Assim, a consideração dos usos linguísticos associados a qualquer empreendimento prático nos leva à conclusão de que a linguagem em suas formas primitivas deve ser considerada e estudada contra o pano de fundo das atividades humanas e também como um modo de comportamento humano diante de questões práticas. Devemos compreender que a linguagem, originalmente, entre os povos primitivos, não civilizados, jamais foi usada como um simples espelho do pensamento reflexivo. O modo como faço uso dele agora, ao escrever estas palavras, a maneira pela qual o autor de um livro, de um papiro ou de uma inscrição entalhada deve usá-lo é uma função derivada e muito artificial da linguagem. Nestes usos, a linguagem se torna uma peça condensada de reflexão, um registro de pensamentos ou fatos. Já em seus usos primitivos, a linguagem funciona na atividade humana concertada como uma engrenagem, como uma peça do comportamento humano. É um modo de ação e não um instrumento de reflexão.

Essas conclusões foram obtidas a partir de um exemplo em que a linguagem é usada por pessoas envolvidas em tarefas práticas, em que a fala está imiscuída à ação. Contra tal inferência, poderiam objetar que existem também outros usos linguísticos, mesmo em povos primitivos privados da escrita ou de quaisquer meios de fixação externa de textos linguísticos. No entanto, mesmo esses povos, poderíamos insistir, contam com textos fixados – em canções, provérbios, mitos, lendas, e, sobretudo, em fórmulas mágicas e rituais. Nossas conclusões sobre a natureza da linguagem seriam corretas se confrontadas com esse uso da fala?; nossos pontos de vista permaneceriam inalterados se, partindo da fala em ação, passarmos a atentar para a narrativa livre ou para o uso da linguagem apenas em interações sociais?; continuaríamos defendendo nossas ideias se a finalidade da fala for, não a realização de certo propósito, mas a troca de palavras quase como um fim em si mesmo?

Qualquer um que tenha acompanhado nossa análise da fala em ação e que venha a compará-la com a discussão dos registros narrativos entretida na Seção II estará convencido de que as atuais conclusões também se aplicam à fala narrativa. Quando os incidentes são contados ou discutidos em um grupo de ouvintes, temos, em primeiro lugar, a situação referente àquele momento, constituída pelas respectivas atitudes sociais, intelectuais e emocionais das pessoas presentes. Dentro dessa situação, a narrativa cria novos laços e sentimentos através do apelo emocional das palavras. Na narrativa citada, os comentários vangloriosos de um homem diante de um público misto, composto de muitos visitantes e estranhos, produz sentimentos como orgulho ou embaraço, triunfo ou inveja. Invariavelmente, a fala narrativa tal como encontrada nas comunidades primitivas é antes um modo de ação social do que uma mera reflexão do intelecto.

Uma narrativa está também associada indiretamente à situação a que se refere – em nosso texto, com a *performance* da competição entre as canoas. Nesse particular, o significado das palavras que compõem um conto provém das experiências prévias dos ouvintes; e o significado delas depende do contexto da situação em questão, não no mesmo grau, mas de modo idêntico ao da fala em ação. A diferença de grau é importante; a fala narrativa é derivada em sua função e se refere à ação apenas indiretamente. Entretanto, sua forma de aquisição de significado só pode ser compreendida a partir da função direta da fala em ação. Na terminologia do trabalho de Ogden e Richards, a função referencial de uma narrativa está subordinada à sua função social e emocional, conforme a classificaram em seu décimo capítulo.

O caso da linguagem usada nas interações sociais livres e despretensiosas requer uma consideração especial. Seja quando diversas pessoas se sentam em torno da fogueira da aldeia depois do término de suas tarefas cotidianas, seja quando batem papo descansando do trabalho, seja quando comentam sobre a vida e temas alheios ao simples trabalho manual que estão realizando, fica claro que estamos lidando com outro modo de uso da linguagem, com outro tipo de função da fala. Aqui, a linguagem não depende do que acontece no momento e parece até estar privada de qualquer contexto de situação. Neste caso, não é possível associar o significado de qualquer declaração ao comportamento do elocutor ou do ouvinte, ou ao propósito de suas ações.

Uma simples frase de cortesia, proferida quer em tribos selvagens, quer em salões europeus, cumpre uma função diante da qual o significado das palavras que a compõem é quase totalmente irrelevante. Perguntas sobre o bem-estar, comentários sobre o clima, considerações sobre um assunto extremamente banal – tudo isso configura uma troca, cuja finalidade não é informar, nem, neste caso, envolver pessoas em uma ação, nem, certamente, expressar qualquer pensamento. Seria até incorreto, creio eu, dizer que tais palavras servem ao propósito de estabelecer um sentimento comum, na medida em que essa dimensão está geralmente ausente dessas frases correntes de interação; e em momentos em que se pretende que ela exista, como no caso da expressão de condolências, trata-se de um gesto reconhecidamente artificial. Qual é, portanto, a razão de ser de frases como "como vai?", "ah, eis você", "de onde você veio?", "está fazendo um belo dia"? – todas funcionam como fórmulas de saudação ou contato tanto em uma quanto em outra sociedade?

Penso que ao discutir a função da Fala em termos de simples sociabilidades chegamos a um dos aspectos fundamentais da natureza do homem em sociedade. Há em todos os seres humanos a célebre tendência a congregar, a ficar junto, a desfrutar da companhia uns dos outros. Muitos instintos e tendências inatas, como o medo ou a belicosidade, todos os tipos de sentimentos sociais – a ambição, a vaidade, a paixão pelo poder e pela riqueza – dependem de e estão associados à tendência fundamental que faz da mera presença de outros uma necessidade para o homem.[14]

Ora, a fala é a contraparte inarredável dessa tendência, pois, para um homem natural, o silêncio do outro não é um fator tranquilizador, mas, ao contrário, algo preocupante e perigoso. O estrangeiro que não sabe falar a língua local é, para todas as tribos selvagens, um inimigo natural. Para a mente primitiva, seja entre selvagens ou entre nossas próprias classes sem instrução, a taciturnidade não significa apenas um comportamento não amistoso, mas é uma indicação inequívoca de uma disposição maléfica. Não há dúvida de que isso varia bastante com o caráter nacional, mas permanece válido como regra geral. A quebra do silêncio, a troca de palavras, é o primeiro ato para se estabelecerem laços de camaradagem, que são consumados apenas pela partilha do pão e pela troca de alimentos. A expressão moderna "belo dia hoje" e a frase melanésia "de onde vens?" são necessárias para dissipar a estranha e desagradável tensão que os homens sentem quando se entreolham em silêncio.

---

14. Evito deliberadamente a expressão "instinto de rebanho", pois acredito que a tendência em questão não pode ser chamada estritamente de instinto. Além disso, o termo "instinto de rebanho" tem sido usado de forma equivocada em trabalhos sociológicos recentes, que tornaram populares o suficiente para formar a opinião do leitor comum.

Da primeira fórmula, segue-se um fluxo de linguagem, expressões despretensiosas de preferência ou rejeição, relatos de acontecimentos irrelevantes, comentários a respeito do que é perfeitamente banal. Formas triviais de comunicação como essas encontradas em Sociedades Primitivas são só ligeiramente diferentes dos nossas próprias trivialidades. Sempre a mesma ênfase na afirmatividade e na concordância, acompanhada talvez de algum desacordo eventual, que deverá alimentar relações de antipatia. Sempre os mesmos relatos sobre a vida do narrados e suas opiniões pessoais, que o interlocutor ouve com alguma reserva e contida impaciência, aguardando a própria vez de falar. Nesse uso da fala, os laços criados entre o ouvinte e o falante não são muito simétricos, e a pessoa linguisticamente ativa recebe a maior cota de satisfação social e de autogratificação. Contudo, mesmo que a intensidade dessas falas seja menor para o receptor do que para o próprio falante, a audiência é fundamental para a satisfação do emissor; a reciprocidade cabendo à troca de papéis.

Não há dúvida de que temos aqui um novo tipo de uso linguístico – e, provocado pelo demônio da invenção terminológica, estou inclinado a denominá-lo de *comunicação fática* [phatic communion]. Nesse tipo de fala, os laços de união são criados pela simples troca de palavras. Examinemo-lo do ponto de vista específico em que estamos interessados aqui; averiguemos sua capacidade de elucidar algum aspecto da natureza ou da função da linguagem. Na Comunicação Fática, as palavras seriam usadas fundamentalmente para transmitir significado – significado este contido simbolicamente nelas mesmas? Decerto que não! Elas cumprem neste caso uma função social e essa é sua principal finalidade. Entretanto, elas não são nem resultantes da reflexão intelectual, nem necessariamente instigam alguma reflexão no ouvinte. Também aqui podemos dizer que a linguagem não funciona como meio de transmissão de pensamento.

Mas podemos considerá-la um modo de ação? E qual seria sua relação com a nossa noção crucial de contexto de situação? É óbvio que a situação externa não incide diretamente na técnica de elocução. Contudo, o que pode ser considerado uma *situação* quando várias pessoas batem papo descontraidamente? Consiste apenas nessa atmosfera de sociabilidade e na existência de uma comunhão entre essas pessoas. Mas isso é de fato obtido pela fala, a situação em todos esses casos sendo criada pela troca de palavras, pelos sentimentos específicos que formam o convívio gregário, pelo vai e vem de falas que compõem o bate-papo ordinário. A situação ela própria consiste no que acontece em termos linguísticos. Cada fala é uma ação que serve ao objetivo manifesto de conectar o ouvinte ao falante pelo laço de algum sentimento social. Mais uma vez, a linguagem, nesta função, emerge como modo de ação, não como instrumento de reflexão.

Gostaria de acrescentar sem demora que, apesar de os exemplos discutidos procederem da vida selvagem, é possível encontrar entre nós equivalentes exatos de todos os tipos de uso linguístico discutidos até o momento. O tecido verbal que une a tripulação de uma embarcação sob condições climáticas adversas, as expressões verbais que acompanham a ação de uma tropa de soldados, a linguagem técnica correspondente a uma tarefa prática ou atividade recreativa – tudo isso é essencialmente similar aos usos primitivos da fala em ações humanas. Nesse sentido, um exemplo moderno poderia ter conduzido nossa discussão de forma igualmente satisfatória. Extrai o material analisado até aqui de uma Comunidade Selvagem porque desejei enfatizar que a natureza da fala *primitiva* é esta, e não outra.

Em nossas conversas triviais e sociabilidades usamos a linguagem exatamente como os selvagens o fazem, e nossas conversas são um caso do que chamamos há pouco de "comunicação fática", cujo propósito é estabelecer laços de união entre pessoas reunidas pela mera necessidade de companheirismo, e não comunicar ideias. "Em todo o mundo ocidental, é ponto pacífico que as pessoas devem se encontrar com frequência, e que conversar não é apenas agradável, mas uma questão de cortesia dizer alguma coisa mesmo quando não há quase nada a dizer"[15] – como observam os autores. Com efeito, não é necessário – ou talvez nem obrigatório – haver algo a ser comunicado. Enquanto houver palavras para trocar, a comunicação fática leva tanto selvagens quanto civilizados a uma atmosfera agradável de interações polidas e sociais.

A linguagem serve de moldura e meio de expressão de pensamentos apenas em certos usos muito especiais e mais elevados encontrados em uma comunidade civilizada. Na produção poética e literária, paixões e sentimentos humanos se encarnam na linguagem a fim de transmitir de maneira sutil e convincente certos estados e processos internos da mente. Em trabalhos de ciência e filosofia, tipos de discurso altamente desenvolvidos são usados para organizar ideias e torná-las propriedade comum da humanidade civilizada.

Mesmo nesta função, não seria correto considerar a linguagem um mero resíduo do pensamento reflexivo. Aliás, a concepção da fala como servindo para traduzir para o ouvinte os processos internos do falante é unilateral e oferece – mesmo no plano dos usos altamente desenvolvidos e especializados da fala – apenas uma visão parcial, e certamente não a mais relevante.

Reafirmando a principal proposição a que chegamos nesta seção, podemos dizer que não só a linguagem em sua função primitiva e forma original possui um caráter essencialmente pragmático como também é um modo de comportamento, um elemento indispensável para a ação humana concertada. Em negativo, pode-se dizer que a concepção unilateral da linguagem como um meio para a expressão e corporificação do pensamento se limita apenas a uma de suas funções mais derivadas e especializadas.

---

15. Capítulo I de Ogden e Richards (1923: 11).

V

Busquei consolidar essa concepção da natureza da linguagem por meio de uma análise detalhada de exemplos, referenciada por fatos concretos e reais. Espero, portanto, que a distinção feita entre "modo de ação" e "meio de pensamento" não acabe se tornando uma formulação vazia, pois seu conteúdo foi extraído dos fatos aduzidos. Entretanto, nada melhor para estabelecer o valor positivo e a natureza empírica de um princípio geral do que mostrar sua atuação na resolução de alguns problemas específicos contidos num relato um tanto quanto complexo e intrigante.

Em linguística, o Problema do Significado contempla um objeto recalcitrante desse tipo. Seria talvez presunçoso de minha parte abordar, com alguma ambição filosófica, esse objeto de forma abstrata e geral e após Ogden e Richards (capítulos sétimo e nono) haverem indicado sua natureza altamente perigosa. Contudo, tenho a simples intenção de abordá-lo pela senda estreita do empirismo etnográfico, e apontar como ele se afigura quando visto da perspectiva dos usos pragmáticos da fala primitiva.

Essa perspectiva nos permitiu classificar a fala humana entre os modos ativos do comportamento humano e não entre os reflexivos e cognitivos. Porém, se quisermos chegar a uma ideia mais clara a respeito do Significado, algumas considerações mais detalhadas e analíticas precisam complementar essa visão do exterior e essa concepção panorâmica.

No capítulo terceiro de seu livro, os autores debruçaram-se sobre a psicologia das Situações Significantes [Sign-Situations] e a aquisição de significância por meio de símbolos. Não preciso repetir ou resumir a análise penetrante ali realizada, que a meu ver é extremamente convincente e satisfatória, consistindo na pedra angular da teoria linguística dos autores. Gostaria, no entanto, de desenvolver um ponto de sua argumentação, ponto intimamente relacionado à nossa concepção pragmática de linguagem.

Ogden e Richards rejeitam, e com razão, as abordagem que baseiam sua explicação do significado na sugestão, na associação ou na apercepção, insistindo que explicações como essas não são suficientemente dinâmicas. Decerto, novas ideias são formadas pela apercepção, e dado que uma nova ideia constitui um novo significado e recebe no devido tempo um novo nome, a apercepção é um processo que conduz à criação de significado. Mas isso acontece apenas nos usos mais desenvolvidos e refinados da linguagem para fins científicos. Desde a nossa discussão anterior já deve estar bem claro que esse tipo de formulação de significado é altamente derivada e não pode ser tomada como padrão para estudar e explicar a significância [significance]. E isso é válido tanto para os selvagens quanto para nossa própria vida linguística, pois um homem que usa sua linguagem cientificamente tem sua atitude em relação à linguagem já desenvolvida por e radicada nas formas mais elementares de função verbal. Antes de começar a adquirir seu vocabulário científico de uma maneira sumamente artificial, por meio da apercepção – o que, diga-se de passagem, só ocorre em um grau bem limitado –, ele aprendeu a usar, usou e passou a vida usando palavras e construções cujos significados foram elaborados de uma maneira bem diferente em sua mente. Trata-se de algo cronologicamente anterior, já que deriva de usos primevos, mais geral, pois a grande maioria das palavras recebe seu significado dessa maneira, e mais fundamental, uma vez que se refere aos usos mais importantes e preeminentes da fala – aqueles que indicamos acima como comuns à humanidade primitiva e civilizada.

Devemos agora nos dedicar a uma análise mais detalhada desse modo de formação de sentido, tendo como referência nossa concepção pragmática de linguagem. Tarefa feita de forma mais satisfatória por meio de uma abordagem genética, pela análise do uso das palavras na infância, das formas primitivas, pela análise da significância e da nossa própria linguagem pré-científica. Algumas pistas sobre a formação de significado na primeira infância e na infância tardia deverão se mostrar as mais importantes, pois a psicologia moderna parece estar cada vez mais inclinada a corroborar a influência contínua de hábitos mentais precoces na visão de mundo do adulto.

A emissão de emoções inarticuladas e da fala articulada é uma configuração biológica de enorme importância para jovens e adultos da espécie humana, e está profundamente enraizada na conformação instintiva e fisiológica do organismo humano. Expressões vocais acompanham as reações de crianças e selvagens e de adultos civilizados a certas situações – quer estas provoquem dor física ou aflição mental, medo ou paixão, intensa curiosidade ou pulsante alegria. Essas reações sonoras fazem parte da expressão humana de emoções e enquanto tais detêm, como Darwin e outros demostraram, um valor de sobrevivência – ou ao menos são resquícios desses valores. Qualquer pessoa em contato com bebês e crianças pequenas sabe que eles expressam sem a menor ambiguidade seus humores, suas emoções, suas necessidades e desejos. Levando em consideração neste momento emissões desse tipo, pode-se dizer que cada som é a expressão de algum estado emocional. Também é possível afirmar que esse som tem um certo significado para as pessoas ao redor e é correlato à situação externa que envolve e contém o organismo da criança – situação que lhe causa fome ou medo, satisfação ou interesse.

Tudo isso se aplica aos sons não articulados emitidos por um bebê, como balbuciar, gemer, berrar, esbravejar e choramingar, por exemplo. Mais tarde, certas emissões ligeiramente articuladas ocorrem, as primeiras sílabas – *gu*, *ma*, *ba* etc. – repetidas indefinidamente, misturadas e embaralhadas com outros sons. De forma paralela, esses sons servem para expressar certos estados psicofisiológicos e despender parte da energia da criança. São um sinal de saúde e um exercício indispensável. Seja no estágio inicial, seja na fase posterior do desenvolvimento verbal, a emissão de sons é uma das principais atividades infantis, persistente e apaixonada, como qualquer pai sabe quer por experiências agradáveis, quer por aquelas mais desagradáveis!

Como devemos conceber a formação de significado nesses estágios iniciais? Aqui, nesta abordagem um pouco diferente, a concepção pragmática de linguagem impõe-se novamente. Nesse estágio, a criança *age* pelo som, e age de uma maneira adaptada tanto à situação externa quanto ao estado mental da criança, e também inteligível para os adultos próximos. Assim, a significância do som, o significado de uma emissão equivale aqui à resposta ativa ao entorno e à expressão natural de emoções. O significado de tal som provém de uma das primeiras e mais importantes formas de atividade humana.

Quando os sons começam a se articular, a mente da criança se desenvolve de forma paralela e passa a se interessar em isolar objetos de seu entorno, embora os elementos mais relevantes, associados à alimentação e ao conforto da criança, já tenham sido destacados previamente. Concomitantemente, a criança toma consciência dos sons produzidos pelos adultos e pelas outras crianças de seu entorno, e uma tendência a imitá-los se desenvolve. A existência de um meio social ao redor da criança é um fator de fundamental importância biológica na educação dos jovens humanos e é também um elemento indispensável na formação da fala. Assim, a criança que começa a articular algumas sílabas não demora a encontrar essas sílabas repetidas pelos adultos e isso abre caminho para uma pronúncia mais clara e articulada.

Seria extremamente interessante averiguar se e em que medida alguns dos primeiros sons articulados teriam um significado "natural", ou seja, um significado baseado em alguma conexão natural entre som e objeto. O único fato relevante que posso mencionar no momento é oriundo de minhas próprias observações. Acompanhando o comportamento de duas crianças na fase em que sílabas distintas começam a ser formadas, notei que o som *ma* emitido repetidas vezes (*ma, ma, ma*...) emerge quando a criança está insatisfeita de um modo geral, quando alguma vontade fundamental não é saciada ou quando é alvo de um desconforto infuso. O referido som atrai o objeto mais importante de seu entorno, a mãe, e com seu surgimento o doloroso estado mental é remediado. A emergência do som *mama*, justo no estágio em que a fala articulada está florescendo – com sua significância emocional e seu poder de atração da mãe redentora –, teria por ventura engendrado a raiz *ma* de *mãe* em um grande número de línguas humanas?[16]

---

16. A correspondência entre os primeiros sons naturais e os termos para os parentes mais próximos é bem conhecida (ver *Westermarck, History of Human Marriage* [Londres: Macmillan, 1891] vol.

De qualquer forma, seja na hipótese de que a criança adquire parte de seu vocabulário primário em um processo espontâneo, seja no caso de que todas as palavras venham do mundo exterior, a questão realmente interessante, e a mais importante para nós neste momento, é compreender como são usados os primeiros componentes da fala articulada.

As primeiras palavras – *mama, dada* ou *papa*, expressões para designar alimentos, água, certos brinquedos ou animais – não são simplesmente imitadas e usadas para descrever, nomear ou identificar. Da mesma maneira que as expressões não articuladas de emoções que as antecederam, essas palavras iniciais também são usadas sob a pressão de situações dolorosas ou emoções intensas – a criança que chama por seus pais, que se alegra ao avistá-los, que demanda por comida, que repete animada e contente o nome do brinquedo preferido que está diante dela. Aqui a palavra se torna a reação significante, adaptada à situação, expressão de seus estados internos e inteligível para as pessoas em volta.

Uma série de consequências bem importantes decorre deste último fato. O bebê humano, em si mesmo indefeso e incapaz de lidar com as dificuldades e perigos da fase inicial de sua vida, conta com um vasto repertório de cuidados e amparos provenientes do vínculo instintivo da parte da mãe e, em menor grau, do pai. As ações da criança no mundo circundante se efetivam através dos pais, e a criança age sobre eles novamente por meio de apelos, principalmente os de tipo verbal. Quando a criança necessita de alguém, ela chama e a pessoa aparece diante dela. Quando quer comida ou um objeto, quando quer que algum arranjo ou coisa incômoda desapareçam, o único meio de ação à disposição é chamar e gritar, que se prova uma ferramenta eficacíssima à criança.

Por conseguinte, as palavras não são para a criança apenas meios de expressão, mas eficazes modos de ação. O nome de uma pessoa pronunciado em voz alta e em tom lastimoso possui o poder de materializá-la. O alimento precisa ser chamado, e ele aparece – na maioria das vezes. Nesse sentido, a experiência da primeira infância deixa na mente da criança a impressão profunda de que um nome tem o poder sobre a pessoa ou coisa que ele significa.

Chegamos assim à conclusão de que um repertório biologicamente essencial à raça humana permite que as primeiras palavras articuladas emitidas pela criança produzam o próprio efeito *significado* por essas palavras. Para uma criança, as palavras são forças ativas, elas lhe oferecem uma importantíssima aderência

---

I, pp. 242-245). Mas neste momento estou sugerindo algo a mais, a saber: que o tom emocional natural de um desses sons – *ma* – e sua significação para a mãe causa o aparecimento dela, e que, por isso, forma, por um processo natural, o significado de palavras do tipo mama. Em contrapartida, a visão corrente é a de que os adultos atribuem artificialmente significado a sons como esses: "os termos derivados do balbuciar dos bebês foram, evidentemente, selecionados, e seu uso fixado por pessoas adultas." (Westermarck, *History of Human Marriage,* vol. I, p. 245).

à realidade, elas lhe fornecem o único meio eficaz de movimento, de rejeição e atração de coisas externas, de promover mudanças em tudo que é relevante. Naturalmente, não estou defendendo que a criança tenha uma concepção consciente da linguagem, mas sim que se trata de uma atitude implicada no comportamento da criança.

Acompanhando os modos de uso da fala até o final da infância, voltamos a verificar que tudo reforça essa relação pragmática com o significado. Em toda a experiência da criança, palavras *significam*, posto que agem, e não porque permitem que a criança entenda ou se aperceba de algo. A alegria da criança quando usa as palavras, quando as repete constantemente, ou quando brinca com elas, é importante porque aponta para o caráter ativo dos usos iniciais da linguagem. Aliás, é incorreto dizer que esse uso lúdico das palavras seria "desprovido de significado". É verdade que não é dotado de qualquer propósito intelectual, mas possui sempre um valor emocional, sendo uma das ações favoritas da criança e o modo com que ela se aproxima dessa ou daquela pessoa ou objeto de seu entorno. Quando uma criança dá-se conta que uma pessoa ou um animal, um alimento ou um brinquedo estão próximos dela, ela dispara a falar repetidas vezes o nome em questão, estabelecendo uma relação de simpatia ou de antipatia entre ela e o objeto. E por um longo período ainda, o nome dos objetos continuarão sendo o primeiro recurso de que ela lançará mão para atraí-los, para materializá-los.

Caso se queira transpor tal análise para as condições da humanidade primitiva, importa não se entregar a especulações essencialmente fantasiosas, e portanto inúteis, sobre as origens da fala, e sim realizar um simples exercício de lançar um olhar sobre os usos normais da linguagem tal como os testemunhamos em observações empíricas dos selvagens. Voltemos ao exemplo anterior em que um grupo de nativos se dedica a uma missão prática. É possível observá-los utilizando termos técnicos, nomes de instrumentos, gestos específicos. Certa palavra, que significa um importante instrumento, é usada na ação, não como um comentário sobre sua feição ou como uma reflexão sobre suas propriedades, mas para fazê-lo aparecer, para entregá-lo ao falante, ou para orientar outra pessoa sobre como utilizá-lo de forma adequada. O significado da coisa é composto de experiências com seus usos ativos, e não feito de contemplações intelectuais. Assim, quando um selvagem aprende a compreender o significado de uma palavra, esse processo não é consumado com explicações ou com uma série de atos de apercepção, mas com o aprendizado de seu manuseio. Para um nativo, uma palavra *significa* o uso adequado da coisa que ela representa, assim como um instrumento *significa* alguma coisa quando pode ser manuseado, e não significa coisa alguma quando nenhuma experiência ativa com ele está ao alcance. Da mesma forma, um verbo, uma palavra para uma ação, recebe seu significado por sua participação ativa nessa ação. Uma palavra é usada quando pode produzir uma ação, não para descrevê-la, muito menos para traduzir pensamentos. A palavra, portanto, tem um poder que lhe é próprio, é um meio de ocasionar coisas [bringing things about], é uma alça [handle] para ações e objetos, não sua definição.

A mesma concepção de significado resulta dos usos ativos da fala entre nós próprios, mesmo entre aqueles que podem usar – em ocasiões comparativamente raras – a linguagem de modo científico ou literário. O grande número de superstições – o receio, ou ao menos a relutância, do agnóstico de cometer blasfêmias, o repúdio à linguagem obscena, o poder do xingamento – mostra que, no uso normal das palavras, o vínculo entre símbolo e referente vai além de uma simples convenção.

Os membros não letrados de comunidades civilizadas usam e consideram as palavras de um modo muito similar aos selvagens, isto é, como fortemente associadas à realidade da ação. A valorização do conhecimento oral (provérbios, ditados e, nos dias atuais, notícias) como a única forma de sabedoria proporciona uma caracterização precisa dessa atitude implícita. Mas não pretendo aqui invadir um terreno amplamente ilustrado e analisado no livro da dupla de autores.

Com efeito, qualquer um que tenha lido os brilhantes capítulos de Ogden e Richards e captado a tônica de seus argumentos terá já notado que todo o argumento desta Seção [V] consiste numa espécie de nota de pé de página da tese fundamental dos autores, a de que a atitude mágica, primitiva, é responsável por boa parte do uso e abuso geral da linguagem, sobretudo na especulação filosófica. O rico material apresentado no segundo capítulo do livro e em *Word Magic*[17], os exemplos oferecidos no capítulo sétimo, oitavo e nono e muito do que é comentado de forma incidental nos fazem perceber como são profundas as raízes da crença de que a palavra tem algum poder sobre a coisa, de que ela participa da natureza da coisa, de que ela é, no "significado" que carrega, similar ou mesmo idêntica à coisa ou ao seu protótipo.

Mas de onde vem essa atitude mágica? Neste ponto, o estudo das etapas iniciais da fala entra em cena e o Etnógrafo pode se mostrar útil ao Filósofo da Linguagem. Ao estudar a formação do significado na infância e o significado selvagem e não letrado, observamos justamente essa atitude mágica em relação às palavras. A palavra dá poder, permite que se exerça influência sobre um objeto ou uma ação. O significado de uma palavra emerge da familiaridade, do uso hábil, da patente capacidade de chamar a atenção, no caso do bebê, ou de orientar de forma prática, no caso do homem primitivo. Uma palavra é sempre usada em conjunção ativa e imediata com a realidade que ela significa. A palavra age sobre a coisa e a coisa lança a palavra na mente humana. Com efeito, isso não é senão

---

17. [NT.] Trata-se de uma referência ao livro de C. K. Ogden, publicado no intervalo entre a primeira e a segunda edição do volume comentado por Malinowski.

a essência da teoria subjacente ao uso da magia verbal – teoria baseada em experiências psicológicas reais em modos primitivos de fala.

A teoria e a prática da magia emergiram antes do aparecimento das primeiras especulações filosóficas. Com a magia, a atitude natural do homem em relação às palavras começa a ser fixada e formulada por tradições e saberes específicos. Podemos compreender melhor essa noção tradicional de um poder secreto exercido por palavras adequadas sobre determinadas coisas tanto por meio do estudo dos encantamentos e das magias verbais atuais quanto pela análise das ideias selvagens relativas à magia. Resumidamente, pode-se dizer que tal estudo simplesmente confirma a análise teórica que fizemos nesta Seção. Encontramos nas fórmulas mágicas uma preponderância de palavras carregadas de grande tensão emocional, de termos técnicos, de imperativos enfáticos, de verbos que exprimem expectativa, êxito, conquista. Para o momento, isso deve bastar. O leitor poderá consultar mais informações no capítulo segundo do livro dos autores e nos capítulos sobre "Magia" e "O poder das palavras na magia" que constam em um trabalho de minha autoria citado previamente.[18]

Os resultados de nossa análise sobre as fases primárias do significado podem ser interpretados a partir do diagrama presente no início do capítulo primeiro de Ogden e Richards, que representa as relações entre Símbolo, Ato de Pensamento e Referente em um triângulo. Tal diagrama exprime de forma bem adequada as ditas relações nos usos avançados da fala. Nesse triângulo, a base, indicada por uma linha pontilhada, representa a relação entre um Símbolo e aquilo a que ele se refere, isto é, na terminologia dos autores, o seu Referente. Em funções desenvolvidas da fala, como aquelas usadas (ou que ao menos deveriam ser usadas) quer na especulação filosófica, quer na linguagem científica (e o foco dos autores recai sobretudo sobre essas funções), o golfo do Significado, chamemo-lo assim, só pode ser atravessado pelo Ato de Pensamento – as linhas das laterais do triângulo.

Tentemos representar em diagramas análogos as fases primárias do Significado. Na primeira fase, em que a declaração é uma mera reação sonora – expressiva, significativa e correlata à situação, mas que não envolve qualquer ato de pensamento –, o triângulo está reduzido à própria base, que por sua vez representa uma conexão real – aquela entre REAÇÃO SONORA e SITUAÇÃO. A primeira ainda não pode ser denominada de Símbolo, nem a segunda de Referente.

---

18. *Os Argonautas do Pacífico Ocidental* [N.T. Capítulos 17 e 18].

Primeira fase

REAÇÃO SONORA (*conexão direta*) SITUAÇÃO

Segunda fase

SOM ATIVO (*correlação*) REFERENTE
(semiarticulado
ou articulado)

As origens da fala articulada – momento em que, paralelamente a seu surgimento, Referentes começam a emergir da Situação – ainda precisam ser representadas por uma linha inteiriça de correlação real (segunda fase). O som não é ainda um símbolo real, pois não é usado separadamente de seu Referente.

Terceira fase

(a) Fala em ação

SÍMBOLO ATIVO (*usado para manejar*) REFERENTE

(b) Fala em narrativa
ATO DE FIGURAÇÃO

SÍMBOLO (*relação indireta*) REFERENTE

(c) Linguagem da magia ritual
ATO RITUAL
(*baseado em crenças tradicionais*)

SÍMBOLO (*relação mística*) REFERENTE

Em relação à terceira fase, é preciso distinguir três usos fundamentais da linguagem – o uso ativo, o uso narrativo e o uso ritual. O diagrama acima, que deve ser compreendido em conjunto com nossa análise prévia, indicou com suficiente clareza cada um deles. A fase final do desenvolvimento da linguagem é representada pelo triângulo de Ogden e Richards, e a relação genética entre tal fase e suas humildes predecessoras pode explicar parte de sua anatomia. Ponto principal: a possibilidade de estender o diagrama dos autores ou de recuá-lo até usos de fala primitivos oferece uma prova adicional de sua validade e adequação. Da mesma forma, a solidez de quase todas as bases de nossos triângulos explica porque a linha pontilhada na última imagem demonstra tamanha tenacidade e por que ela pode ser tão ardilosa. A tremenda vitalidade da atitude mágica para com as palavras é explicada neste nosso modesto apêndice à teoria dos autores não apenas em referência ao uso primitivo da linguagem pelos selvagens (e, sem dúvida, pelos homens pré-históricos), mas também pela incessante confirmação de tal atitude nos usos infantis da linguagem e no mecanismo mesmo de aquisição de significado presente na vida de cada indivíduo.

Alguns outros corolários podem ser extraídos de nossa teoria do significado primitivo. Podemos, assim, encontrar nela uma confirmação adicional à análise de definição feita pelos autores. Eles têm decerto razão quando sustentam que a definição "real" e a "verbal" vêm a dar, ao fim e ao cabo, na mesma coisa, e que a conversão dessa distinção artificial em uma distinção fundamental acabou criando um falso problema. Como vimos, o significado não chega ao Homem Primitivo pela contemplação das coisas, ou pela análise de acontecimentos, mas pelo contato prático e ativo com situações relevantes. É pelo uso apropriado de uma palavra em uma determinada situação que se chega a realmente conhecê-la. A palavra, assim como qualquer ferramenta feita pelo homem, só se torna significante após ter sido usada – apropriadamente usada – em condições de todo tipo. Desse modo, não pode haver definição de uma palavra na ausência da realidade que ela *significa*. Além disso, já que um símbolo significante é necessário para que o homem isole e apreenda um item da realidade, não há como definir uma coisa sem que ao mesmo tempo se defina uma palavra. Definição, em sua forma mais fundamental e primitiva, não é senão uma reação sonora, ou uma palavra articulada, conjugada a algum aspecto relevante de uma situação por meio de uma ação humana apropriada. Tal definição de definição não se refere ao mesmo tipo de uso linguístico discutido pelos autores em seu livro, é claro. É interessante observar, no entanto, que suas conclusões – a que chegaram pelo estudo de tipos de fala mais avançados – têm boa sustentação no terreno dos usos primitivos das palavras.

VI

Ao longo deste ensaio, busquei estreitar a abrangência de cada problema linguístico analisado. Apresentei, de início, o princípio de que o estudo da linguagem requer um embasamento etnográfico da cultura geral, de que a linguística deve ser um ramo – o mais importante, decerto – da ciência geral da cultura. Em seguida, tentei mostrar que essa conclusão geral nos conduz a algumas concepções mais bem-definidas sobre a natureza da linguagem – à noção de que a fala humana é mais um modo de ação do que uma contraevidência do pensamento [counter-sign of thought]. Passamos então à discussão sobre as origens e as formas primárias do Significado tal como devem ter sido experienciadas pelo Homem Primitivo. Esse passo nos deu a explicação e apontou para as raízes da atitude mágica em relação às palavras. Finalmente, passamos por uma série de conclusões, cada qual mais concreta e precisa que anterior.

Gostaria agora de falar a respeito de mais um problema – um problema ainda mais preciso e concreto que os demais: o da estrutura da Linguagem.

Toda língua humana conta com uma estrutura bem-delineada e própria. Temos línguas isolantes, aglutinantes, polissintéticas, incorporantes e inflexionais. Em cada uma delas, os meios de ação e expressão linguística podem ser submetidos a certas regras e classificados de acordo com certas categorias. Esse corpo de regras estruturais – com suas irregularidades e exceções –, as diversas categorias em que os elementos da linguagem podem ser ordenados, são o que chamamos de "a estrutura gramatical" de uma língua.

A linguagem é geralmente (e também incorretamente, como vimos) considerada como "a expressão do pensamento por meio de Sons Falados". Está em jogo aqui a ideia de que a estrutura linguística seria o resultado das regras do pensamento humano, de que "qualquer categoria gramatical é – ou precisa ser – a expressão de alguma categoria lógica." Contudo, não é preciso muito esforço intelectual para perceber que nutrir expectativas de que deve haver uma harmonia conjugal perfeita entre Linguagem e Lógica é algo demasiadamente otimista; não é tão difícil reconhecer igualmente que, na prática, "há uma divergência frequente entre elas", que as duas estão constantemente em desacordo, que a Linguagem maltrata a Lógica com uma frequência e de um modo tal que é por ela abandonada.[19]

---

19. Extraí as citações de H[enry] Sweet (*Introduction to the History of Language*) pois o autor é um dos pensadores da linguagem mais sagazes. Entretanto, mesmo ele não vê outra alternativa senão entre o Império da Lógica e a Anarquia na linguagem.
[N.T. A referência a que tivemos acesso registra apenas *The History of Language*. Londres: J.M. Dent, 1900.]

Estamos, assim, diante de um dilema. Ou as categorias gramaticais derivam das leis do pensamento – e ficamos sem saber por que elas são tão pouco adaptadas entre si (sim, mas por quê? pois se é mesmo verdade que a Linguagem amadureceu servindo ao Pensamento, por que ela teria sido tão pouco influenciada ou marcada por seu paradigma?). Ou, para escapar dessa dificuldade, podemos abordar o outro flanco do problema à maneira de quase todos os gramáticos: abster-nos de galgar certas alturas, desdenhando, orgulhosos, das uvas verdes da filosofia da Linguagem, e asseverar simplesmente que a Gramática reina soberanamente, como que por graça divina, e que o império da Gramática deve continuar em seu esplêndido isolamento, como um poder hostil ao Pensamento, à ordenação, à sistematização e ao bom-senso.

Ambos os pontos de vista, tanto o que busca abrigo na Lógica quanto o que apela para o domínio autônomo da Gramática, estão em desacordo com os fatos e devem ser igualmente rejeitados. É um patente absurdo supor, como o gramático inflexível, que a gramática vicejou como uma espécie de ramo selvagem das faculdades humanas sem qualquer propósito senão a própria existência. A geração espontânea de monstruosidades sem-sentido no cérebro do Homem não será facilmente admitida pela psicologia – a não ser, é claro, que seja o cérebro de um empedernido especialista científico. Princípios gerais e predileções à parte, e apesar de enormes diferenças, todas as linguagens humanas demonstram uma certa convergência fundamental nos meios de expressão e estrutura gramaticais. Renunciar de partida a procurar por forças mais profundas que devem ter gerado essas características comuns e universalmente humanas da Linguagem seria não só descabido como uma demonstração de preguiça intelectual. Em nossa Teoria do Significado, vimos que a Linguagem serve a propósitos bem-definidos, que ela funciona como um instrumento usado e adaptado para um objetivo determinado. Essa adaptação, essa correlação entre a linguagem e os usos a que se destina, deixaram marcas na estrutura linguística. Mas é óbvio que não devemos procurar elucidações sobre a finalidade e os propósitos da fala humana em seus primórdios nos domínios do pensamento lógico ou da especulação filosófica – e, nesse sentido, a abordagem puramente lógica da linguagem é tão insuficiente quanto a aproximação exclusivamente gramatical.

Existem categorias reais, nas quais as divisões gramaticais são baseadas e moldadas. Contudo, diferentemente do que certos antropólogos atribuem ao homem primitivo, essas categorias reais não derivam de um sistema filosófico primitivo erguido pela contemplação do mundo circundante e por rudes especulações. A estrutura da Linguagem espelha as categorias reais que derivam das atitudes práticas da criança e do homem natural ou primitivo diante do mundo circundante. Categorias gramaticais, com todas as suas peculiaridades, exceções e insubordinações às regras, são o reflexo da postura provisória, não sistemática e prática imposta pela luta do homem pela existência, no sentido mais amplo do termo. É vão nutrir expectativas de que seria possível reconstruir com exatidão essa visão de mundo pragmática do primitivo, do selvagem, da criança, ou de que poderíamos rastrear com detalhe sua correlação com a gramática. Apesar disso, é possível detectar contornos mais amplos e correspondências gerais. Seja como for, estar atento a isso nos liberta dos grilhões da lógica e da esterilidade da gramática.

Decerto, quanto mais avançada for uma linguagem e mais longa sua história evolutiva, mais estratos estruturais ela irá acumular. Os diversos estágios da cultura – selvagem, bárbaro, semicivilizado e civilizado –, bem como os diferentes modos de uso – pragmático, narrativo, ritual, escolástico, teológico –, terão deixado suas marcas. Contudo, nem mesmo a última, poderosa – mas de modo algum onipotente – purificação pelo uso científico, é capaz de obliterar os rastros anteriores. Como Ogden e Richards mostraram, as muitas peculiaridades estruturais da linguagem civilizada, moderna, carregam um enorme peso-morto de usos arcaicos, de superstições mágicas e de vagueza mística.

Se nossa teoria estiver correta, os contornos fundamentais da gramática se devem sobretudo aos usos mais primitivos da linguagem, pois além de dominarem as fases iniciais e as mais plásticas do desenvolvimento linguístico, eles também deixam as marcas mais profundas. Da mesma forma, as categorias derivadas do uso primitivo serão idênticas em todas as linguagens humanas, em que pese suas muitas diferenças superficiais, pois a natureza essencial do homem é idêntica e os usos primitivos da linguagem são os mesmos. Mas não apenas isso. Vimos que a função pragmática da linguagem prossegue até suas fases mais elevadas, especialmente por meio do uso infantil e da refluência de adultos a modos não sofisticados de fala e pensamento. A linguagem é pouco influenciada pelo pensamento, mas o Pensamento, ao contrário, ao ter que tomar de empréstimo da ação a sua ferramenta – ou seja, a linguagem – é amplamente influenciado por ela. Em resumo, podemos dizer que as categorias gramaticais fundamentais, universalmente presentes em todas as linguagens humanas, só podem ser compreendidas tendo como referência a Weltanschauung pragmática do homem primitivo, e, além disso, que, pelo uso da linguagem, as bárbaras categorias primitivas influenciaram profundamente as filosofias posteriores da humanidade.

Esse aspecto deve ser exemplificado por uma análise detalhada de ao menos um dos problemas concretos de gramática. Para os propósitos de uma breve discussão, selecionei o problema das Partes da Oração [Parts of Speech]. Para tanto, devemos nos voltar para uma fase do desenvolvimento do indivíduo ou da humanidade em que o ser humano não demonstrava interesse na reflexão ou na especulação, em que ele não classificava os fenômenos para fins de conhecimento, mas apenas à medida que os fenômenos entravam em contato direto com suas condições de existência. A criança, o homem primitivo e o indivíduo não sofisticado têm de usar a Linguagem como um indispensável meio de influenciar suas imediações sociais. Em tais circunstâncias, uma atitude bem-definida se desenvolve, um modo de tomar ciência de certos elementos da realidade, de discriminá-los e de conectá-los – atitude não enquadrada em nenhum sistema de pensamento, mas expressa no comportamento e, no caso de comunidades primitivas, integrada a um conjunto de conquistas culturais, dentre as quais a Linguagem ocupa o lugar de maior destaque.

Comecemos com a relação de uma criança com seu entorno. Na fase inicial, suas ações e comportamentos são ditados pelas vontades do organismo. A criança é movida pela fome e sede, deseja uma fonte de calor e certo asseio, condições adequadas para repousar e dormir, alguma margem de movimento e, por último, porém não menos importante, ela também se move pela necessidade de companhia humana e de cuidados de adultos. Ainda numa fase bem inicial, a criança reage apenas a situações genéricas, e dificilmente discrimina entre as pessoas mais próximas que lhe oferecem conforto e comida. Mas essa fase não dura muito tempo. Já nas primeiras semanas, alguns fenômenos, certos elementos discretos começam a se destacar das imediações gerais. Rostos humanos despertam-lhe especial interesse – o bebê retribui sorrisos e emite sons de satisfação. Ele vai reconhecendo a mãe ou a babá de forma gradual, o que também acontece, até mesmo mais cedo, com objetos ou utensílios usados na sua alimentação.

Não há dúvida de que a personalidade da mãe exerce sobre a criança o apelo emocional mais forte – além dos itens e utensílios de alimentação. Alguém imbuído de princípios freudianos poderia ficar tentado a encontrar alguma conexão direta neste ponto. Assim como acontece com qualquer espécie mamífera, as crias humanas fazem uma associação entre suas mães e o conjunto de emoções relativas à alimentação. Para elas, a mãe é primordialmente um veículo de nutrição. Nesse sentido, caso houver outro meio de fornecimento – lembremos que as crianças selvagens são alimentadas com plantas mastigadas praticamente desde o nascimento, além do leite materno –, os sentimentos ternos instigados na criança pelos cuidados da mãe provavelmente serão estendidos para outros modos de prover alimentos. Quando se observa a atitude amorosa, o carinho e o sorriso afetuoso que um bebê lactente moderno dispensa à sua mamadeira, a equivalência entre sua reação a esse veículo artificial e sua reação aos meios naturais parece sugerir que a criança exibe uma atitude mental idêntica em cada caso. Se isso procede, teríamos conseguido vislumbrar o que passa no processo mais primário de personificação de objetos, no qual coisas pertinentes e importantes do entorno liberam a mesma resposta emocional que pessoas significativas. Seja qual for a validade dessa sugestão de que haveria uma identificação direta, não há dúvida de que existe uma grande similaridade entre a atitude primária diante de pessoas e aquela dirigida aos objetos mais próximos que satisfazem a necessidade de nutrição.

Quando a criança começa a manusear coisas, brincar com objetos em suas imediações, uma característica interessante de seu comportamento, igualmente associada à proclividade nutritiva fundamental do bebê, pode ser notada. Ele tenta levar à boca qualquer coisa. A criança aperta, tenta apalpar e dobrar objetos flexíveis e macios, ou tenta retirar partes dos mais sólidos. Em pouco tempo, coisas isoladas, destacáveis, tornam-se muito mais interessantes e valorizadas do que aquelas que não podem ser manejadas como um só todo. À medida que o bebê cresce e consegue mexer em coisas de forma mais livre, essa tendência a isolar, a destacar fisicamente, desenvolve-se ainda mais. Ela está no fundo da conhecida tendência destrutiva das crianças. Esse aspecto é interessante pois mostra como a faculdade mental de discriminar fatores relevantes do entorno – pessoas, objetos nutritivos, coisas – encontra correspondência no comportamento corporal da criança. Aqui também, analisando esse aspecto do comportamento, encontramos uma confirmação de nossa visão pragmática dos inícios do desenvolvimento mental.

Uma tendência à personificação de objetos de particular interesse também pode ser verificada. Não utilizo o termo "personificação" aqui no sentido de uma teoria ou de uma concepção da própria criança, mas, como no caso dos alimentos, no sentido de que podemos observar nela um tipo de comportamento que não distingue essencialmente pessoas e objetos. Alguns de seus brinquedos agrada ou desagrada a criança; ela se irrita com eles quando se mostram difíceis de manejar, mas também os beija, os abraça, tem por eles afeição. Não há dúvida de que as pessoas ocupam o primeiro plano em termos cronológicos e, sobretudo, de importância. Mas, mesmo nesse particular, isso quer dizer que essa relação com as pessoas serve como uma espécie de modelo para a atitude da criança diante das coisas.

O grande interesse por animais é outro ponto importante. Com base em minhas próprias observações, posso afirmar que crianças de poucos meses de idade, que não demonstraram um interesse continuado por coisas inanimadas, acompanharão por algum tempo os movimentos de uma ave. Esta palavra também será uma das primeiras que ela irá compreender, ou seja, ela irá procurar por uma ave quando esta for mencionada. O interesse voltado para animais, em fases tardias da infância, é bem conhecido. Esse aspecto nos interessa, pois um animal, uma ave, especialmente – seus movimentos espontâneos, a facilidade em se destacar de seu entorno e sua indubitável similaridade com as pessoas –, é justamente um dos objetos que, de acordo com nossa teoria, despertaria o interesse da criança.

Se examinarmos o selvagem contemporâneo em suas relações com o entorno, encontraremos um claro paralelo com a atitude que acabamos de descrever. O mundo exterior lhe interessa uma vez que proporciona coisas úteis. A utilidade deve ser entendida aqui em seu sentido mais amplo, incluindo não apenas o que o homem consome como alimento, e utiliza como abrigo e ferramenta, mas tudo aquilo que estimula suas ações em jogos, rituais, guerras e produções artísticas.

Todos esses objetos significativos se apresentam ao selvagem como unidades isoladas, destacadas de um fundo indiferenciado. Quando acompanhei selvagens em algum meio natural – em navegações marítimas, em caminhadas na praia e na mata, em observações astronômicas de um céu incendiado de estrelas – fiquei muitas vezes impressionado com sua propensão a isolar os poucos objetos que lhes importavam e a tratar o restante como mero pano de fundo. Na floresta, se lhes perguntava sobre uma planta ou uma árvore que havia chamado minha atenção, eles me diziam – "ah, isso aí é 'mato'". Um inseto ou um pássaro que não desempenha qualquer papel em sua tradição ou em sua alimentação seria desdenhado – *"mauna wala"*, isto é, "apenas um bicho que voa". Mas, se o objeto resultar ser útil de alguma maneira, ele será nomeado, seus usos e propriedades apontados, e a coisa, então, será nitidamente individualizada. O mesmo acontece com estrelas, elementos da paisagem, rochas, peixes e conchas. Verifica-se por toda parte a tendência a isolar aquilo que apresenta alguma conexão, utilitária, ritual, tradicional, com o humano e a colocar todo o resto em um amontoado indiscriminado. Porém, mesmo dentro dessa tendência há uma nítida preferência por discriminar objetos pequenos, de fácil manejo. Os selvagens têm um interesse relativamente maior por animais do que por plantas; interessam-se relativamente mais por conchas do que por pedras, por insetos voadores mais do que por terrestres. Há preferência por aquilo que for facilmente destacável. Na paisagem, os pequenos detalhes despertam interesse, sendo frequentemente nomeados e referenciados na tradição, ao passo que grandes porções de terra permanecem sem nome e individualidade.

O maior interesse do homem primitivo pelos animais apresenta uma curiosa correspondência com a atitude da criança. Os motivos psicológicos de ambos são, penso eu, similares. O interesse do selvagem por animais encontra eco em todas as manifestações de totemismo, de zoolatria, assim como em várias influências animais no folclore, na crença e no ritual primitivo.

Recapitulemos a natureza dessa categoria geral em que a mente primitiva aloca pessoas, coisas e animais. Tal categoria, informe e bruta, não é definida, mas sentida intensamente, e convenientemente expressa no comportamento humano. Sua composição se dá a partir de critérios seletivos de utilidade biológica e de usos e valores psicológicos e sociais. A posição proeminente ocupada ali pelas pessoas empresta-lhe uma coloração tal que coisas e animais inserem-se nela com traços personificados. Todos os elementos dessa categoria são também individualizados, isolados e tratados como unidades. A partir de um fundo indiferenciado, a Weltanschauung, prática do homem primitivo, isola uma categoria de pessoas e coisas personificadas. Fica claro de imediato que essa categoria corresponde aproximadamente à de substância – particularmente à *ousia* aristotélica. Mas, claro, ela não deve nada a qualquer especulação filosófica, antiga ou recente. É a matriz informe e bruta a partir da qual diversas concepções de substância puderam evoluir. Pode ser denominada de *substância bruta*, ou *protousia*, para aqueles que preferem sons eruditos aos simples.

Como vimos, a evolução do som significante, articulado, encontra paralelo nas atitudes mentais primárias da criança, e, presumidamente, na do homem em seus estágios primordiais de desenvolvimento. A categoria de *substância bruta*, tão saliente na configuração mental primordial, requer e recebe sons articulados para significar diversos elementos. A classe de palavras usada para nomear pessoas e coisas personificadas forma a categoria gramatical primitiva dos nomes-substantivos. Considera-se, portanto, essa parte da oração como radicada em modos ativos de comportamento e em usos ativos de fala, observáveis na criança e no selvagem, e, presumidamente, no homem primitivo.

Tratemos agora brevemente da segunda classe importante de palavras – as palavras-ação ou verbos. A categoria real subjacente emerge mais tarde na configuração mental da criança, sendo menos proeminente na do selvagem, já que a estrutura gramatical dos verbos encontra-se menos desenvolvida nas línguas selvagens. Com efeito, a ação humana dá-se em torno de objetos. A criança reconhece e precisa reconhecer o alimento ou a pessoa que o fornece antes de poder, ou precisar, desentrelaçar o ato do ator do ato, ou de se tornar consciente de suas próprias ações. Além disso, os estados corporais de uma criança se destacam muito menos da situação do que as coisas que compõem esta última. Nesse sentido, é possível notar que a criança só é capaz de fazer o desentrelaçamento entre as mudanças de seu entorno e os objetos que mudaram em uma fase subsequente de seu desenvolvimento – o que acontece na fase em que sons articulados começam a ser usados por ela. Ações como comer, beber, repousar, movimentar, estados corporais como o sono, a fome, o repouso, modos [moods] como gostar ou desgostar começam a ser expressos. É possível dizer que essa categoria real de ação, estado e modo serve tanto para comandar quanto para indicar e descrever, que ela está associada à mudança, isto é, ao tempo, e que se mostra em uma relação especialmente íntima com as pessoas do falante e do ouvinte. Na configuração dos selvagens, essa categoria apresenta as mesmas características – grande interesse em todas as mudanças que dizem respeito ao ser humano, em fases e tipos de ação humana, em modos [moods] e estados do corpo humano. Esse breve comentário nos permite dizer que, em estágios primitivos da fala humana, foi preciso que tenha existido uma categoria real em que ingressaram todos os elementos relativos à mudança capazes de modificação temporal, portadores de características de modos e vontades humanas e vinculados à ação pessoal humana.

Quando examinamos a classe de palavras usada para denotar elementos dessa categoria real, verificamos uma correspondência íntima entre categoria e parte da oração. A palavra-ação, ou verbo, tem, em todas as línguas, a capacidade de realizar modificações gramaticais expressando relações temporais, modos [moods] ou modalidades [modes] de fala. O verbo também está estreitamente associado aos pronomes, classe de palavras que corresponde a outra categoria real.

Alguns comentários sobre os pronomes. Qual é a categoria real do comportamento humano primitivo e dos hábitos de fala primitivos que corresponde a essa pequena mas extraordinariamente vital classe de palavras? Vimos que a fala é um dos principais modos de ação humana. É por isso que o ator em fala, o falante, ocupa o primeiro plano da concepção pragmática do mundo. Ademais, como a Fala está associada ao comportamento concertado, o falante precisa constantemente fazer referência ao ouvinte ou aos ouvintes. O falante e o ouvinte ocupam, portanto, do ponto de vista da abordagem linguística, as duas vértices principais. Em seguida, aparece uma classe especial e muito limitada de palavras correspondente a uma categoria real, em uso constante, facilmente conectável com palavras-ação, mas com uma natureza gramatical similar aos nomes – a parte da oração relativa aos pronomes, composta de poucas palavras, mas de uso recorrente: via de regra, palavras curtas, facilmente manejáveis, associadas intimamente aos verbos, mas funcionando quase como substantivos. Essa parte da oração evidentemente corresponde de perto à sua categoria real. A correspondência poderia ser acompanhada em muitos detalhes mais interessantes – a posição especialmente assimétrica da terceira pessoa pronominal, o problema dos gêneros e das partículas classificatórias, que se manifesta particularmente na terceira pessoa.[20]

Entretanto, ainda é preciso tratar de um ponto relativo a uma característica comum entre nomes e pronomes e à declinação de vários casos do nome. A categoria real deste último deriva das entidades personificadas do entorno. Na criança, a primeira atitude diante de elementos dessa categoria é discriminar, baseando-se na utilidade biológica e na satisfação em percebê-los. A criança os saúda com sons significantes, ou os designa com palavras articuladas assim que os vê, e chama por eles em caso de necessidade. Assim, essas palavras, os nomes, submetem-se a um uso bem-definido: o de nomear e chamar. Isso corresponde a uma subclasse de nomes-substantivos que pode ser chamada de caso apelativo, similar a alguns usos do vocativo e do nominativo na declinação indo-europeia.

---

20. Ver Malinowski, "Classificatory Particles", *Bulletin of Oriental Studies*, vol. II.
[N.T. A referência exata do artigo seria Malinowski. "Classificatory Particles in the Language of Kiriwina." *Bulletin of the School of Oriental Studies*, University of London, vol. 1, no. 4, 1920. Ver nota 4.]

Em usos mais avançados da Linguagem, isso se torna um acessório mais eficiente da ação. A palavra-coisa entra em uma associação mais íntima com a palavra-ação. Pessoas são designadas, por seus nomes ou pronomes associados ao que elas fazem: "Eu vou", "tu vens", "fulano bebe", "animal foge", etc. O nome de uma pessoa ou coisa personificada é, assim, usado em uma maneira diferente, com um diferente modo [mode] de significado enquanto um ator, ou, tecnicamente, enquanto o sujeito da ação. Tal é o uso que corresponde ao caso subjetivo [subjective case][21] em que um nome é sempre colocado como o sujeito de uma predicação. Pode-se dizer que esse caso da classe dos nomes corresponde a uma classe de pronomes: os pronomes pessoais eu, tu, ele.

A ação é realizada relativamente a certos objetos. Coisas e pessoas são manejadas. Seus nomes, quando associados dessa maneira com uma palavra-ação, pertencem ao caso objetivo [objective case], e os pronomes são usados em uma forma especial, ou seja, aquela chamada de reflexiva ou objetiva.

Uma vez que a linguagem está radicada no interesse prático do homem em coisas e pessoas, há um outra relação de importância fundamental, aquela em que uma pessoa reivindica uma relação com, ou uma possessão de, outra pessoa ou coisa. No que diz respeito às pessoas próximas do entorno, existem os laços de amizade e de parentesco. Quanto às coisas, temos o sentimento econômico de posse. Podemos chamar de relação genitiva ou possessiva a relação de dois nomes que dispostos entre si como uma pessoa ou coisa relacionada a – ou possuída por – outra pessoa ou coisa. Trata-se de um modo distinto de conexão entre dois nomes, presente em todas as línguas humanas. Os usos mais característicos do caso genitivo nas línguas europeias encontra aí correspondência. Ainda no que compete aos pronomes, há uma classe especial de pronomes possessivos que exprime relação.

Finalmente, um modo de ação específico, relativo a pessoas ou coisas externas, se destaca dos demais: o modo de ação determinado por condições espaciais. Sem entrar em maiores detalhes, sugiro que podemos pressupor a existência de uma subclasse específica de usos substantivais [substantival uses] em todas as línguas: a que corresponde ao caso preposicional [prepositional case].

Evidentemente, existem ainda outras categorias derivadas da atitude utilitária do homem, como as dos atributos e qualidades de uma coisa, das características

---

21. [N.T.] Nas próximas páginas, optamos pela tradução literal dos termos gramaticais mobilizados pelo autor. Em primeiro lugar porque muitos ainda conservam sua forma anglicizada nos estudos especializados em português; em segundo lugar porque este tradutor não detém o conhecimento técnico e terminológico necessário para cravar equivalentes em português, pois a terminologia gramatical "de referência" de Malinowski pelos idos de 1920 sofreu diversas modificações e novos termos parecem ter substituído os de então. Numa tentativa de dirimir, ainda que apenas parcialmente, possíveis dúvidas de um leitor mais especializado, a tradução em português vem acompanhada dos termos originais em inglês, dispostos entre colchetes.

de uma ação, das relações entre coisas, das relações entre situações. Seria, assim, possível mostrar que os adjetivos, os advérbios, as preposições, as conjunções, estão baseadas nessas categorias reais. Ainda tratando da Matéria Semântica a ser expressa, de um lado, e das características estruturais da Linguagem, de outro, poderíamos até explicar estas últimas tendo como referência fatos reais da natureza humana primitiva.

Todavia, este breve esboço é suficiente para apontar o método e o argumento pelos quais uma tal Semântica genética, primitiva, poderia se consolidar – ciência que, a partir da atitude primitiva do Homem em relação à Realidade, revelaria qual é a real natureza das categorias gramaticais. Mesmo limitados às nossas indicações até o momento, os resultados dessa Semântica primitiva mantêm, creio eu, uma estreita ligação com os resultados obtidos por Ogden e Richards. Eles advogam que uma atitude equivocada em relação à Linguagem e suas funções vem a ser um dos principais obstáculos ao avanço do pensamento filosófico, da pesquisa científica, e ao crescente uso prático da Linguagem em jornais, romances e anúncios. Ora, na seção anterior e nesta atual, procurei mostrar que essa atitude rudimentar e infundada em relação à Linguagem e ao Significado deve existir. Empenhei-me em mostrar como ela emergiu e por que ela teve de persistir; tentei também acompanhá-la até nos pormenores da estrutura gramatical.

Devo acrescentar mais uma coisa. No decorrer de processos subsequentes de uso linguístico e de pensamento, houve um deslizamento [shifting] generalizado e indiscriminado de raízes e significados de uma categoria gramatical para outra. Isso porque, de acordo com nossa concepção de Semântica primitiva, na origem, cada raiz significativa deve ter pertencido – unicamente – a sua categoria verbal pertinente. Dessa forma, as raízes que significam "homem", "árvore", "pedra", "água" são essencialmente raízes nominais. Os significados de "dormir", "comer", "ir", "vir", "cair" são verbais. Mas, com o desenvolvimento da linguagem e do pensamento, a ação constante da metáfora, da generalização, da analogia, da abstração e de usos linguísticos similares tece conexões entre as categorias e elimina as fronteiras, permitindo, assim, que palavras e raízes se movimentem livremente por todo o campo da Linguagem. Em línguas analíticas como o chinês e o inglês essa natureza ubíqua das raízes é mais proeminente, mas ela pode ser encontrada até mesmo em línguas muito primitivas.

Ora, Ogden e Richards evidenciaram, de forma tão convincente quanto possível, a persistência extraordinária da antiga falácia realista segundo a qual uma palavra atesta, ou contém, a realidade de seu próprio significado. Uma olhadela nos bastidores tanto da formação primitiva de raízes quanto da realidade das categorias primitivas e de seu insuspeitado colapso futuro representa uma importante evidência adicional. A migração de raízes para lugares impróprios ofereceu à realidade imaginária do significado hipostasiado uma solidez toda própria:

assim, uma vez que as primeiras experiências validam a existência substantiva de qualquer coisa que se encontre na categoria de Substância Bruta ou Protousia, e que deslizamentos linguísticos posteriores inseriram ali raízes como "indo", "repouso", "movimento" etc., a inferência óbvia é a de que tais entidades ou ideias abstratas vivem em um mundo real todo seu. Adjetivos inofensivos como "bom" ou "mau", exprimindo a satisfação ou o desagrado semianimalesco do selvagem em uma dada situação, invadem posteriormente um recinto reservado para os blocos de substância primitiva, ásperos e informes, e são sublimados como "Bondade" e "Maldade", criando mundos teológicos inteiros e sistemas de Pensamento e Religião. Devemos recordar, é claro, que a teoria de Ogden e Richards – e a posição aqui afirmada – defende de forma muito enfática que a Linguagem e todos os processos linguísticos extraem seu poder tão-somente de processos reais que ocorrem nas relações do homem com seu entorno. Eu apenas toquei brevemente na questão dos deslizamentos linguísticos. Seria necessário contemplá-los a partir dos processos sociológicos e psicológicos em comunidades bárbaras e semicivilizadas, da mesma forma que contemplamos a Linguística Primitiva analisando a mente do Homem Primitivo – e que os autores de *O significado de significado* contemplam as virtudes e imperfeições da linguagem atual com sua análise magistral da mente humana em geral.

5
Uma análise antropológica da guerra

I A guerra através dos tempos

Em todo simpósio de ciências sociais sobre guerra, a antropologia – o estudo da humanidade em geral – pode legitimamente reivindicar um assento. Evidentemente, o antropólogo não deve surgir como um emissário, noticiando o advento da guerra da perspectiva da evolução humana; muito menos lhe cabe o papel de bobo-da-corte da ciência social, a entreter os palestrantes com anedotas sobre canibalismo ou caça a cabeças, ritos mágicos escandalosos ou danças de guerra pitorescas.

A antropologia mais atrapalhou do que ajudou ao tornar a questão mais confusa com suas mensagens otimistas sobre nosso passado remoto e seus retratos da era dourada de paz perpétua em que teriam vivido nossos antepassados. Ainda mais confusa é a lição daqueles que defendem ou sugerem que a guerra é um legado fundamental da humanidade, um destino biológico ou psíquico do qual o homem jamais conseguirá se livrar.[1]

Há, contudo, um papel legítimo a ser desempenhado pelo antropólogo. Ao estudar as sociedades humanas na escala mais ampla possível em termos de duração temporal e distribuição espacial, ele pode ser capaz de nos dizer o que é realmente a guerra. A guerra é um fenômeno cultural a ser encontrado nos

---

1. A ideia de uma paz primordial está associada aos nomes de Grafton Elliot Smith, W. J. Perry; Fr. W. Schmidt e outros membros da Escola de Viena. Os estudos de R. Holsti, van der Bij e G. C. Wheeler mostram que os "selvagens inferiores" não viviam em um estado de "guerra perpétua", o que está substancialmente correto. Entretanto, isso não justifica generalizações como as de Elliot Smith ["Human Nature". *Conway Memorial Lecture*. Londres: Watts & Co., 1927, p. 30]: "o homem natural [...] é um camarada de boa índole, honesto e atencioso, casto e pacífico."

A ideia de que a guerra tem sido, é e continuará sendo o destino da humanidade foi elaborada por S. R. Steinmetz e referendada por autoridades antropológicas do quilate de Sir Arthur Keith e do Professor Ralph Linton. Tem sido aceita parcialmente pelo Doutor J. Shotwell e pelo Professor Quincy Wright, entre outros expoentes da ciência social. Uma apresentação clara e equilibrada, além de particularmente fundamentada, das origens da guerra e seus determinantes reais pode ser encontrada no verbete "Guerra" da *Encyclopaedia of the Social Sciences*, escrito pelo Professor Alvin Johnson. [N.T. Edwin Seligman; Alvin Johnson (eds.) *Encyclopaedia of the Social Sciences* (Vol. 15). Macmillan, 1934, pp. 331-342].

primórdios da evolução? Quais são suas causas determinantes e seus efeitos? O que ela cria e o que ela destrói? – eis algumas questões da alçada da ciência do homem. As formas, os fatores e as forças que definem e determinam as atividades bélicas humanas devem, portanto, ser analisadas em uma teoria antropológica da guerra adequada.

Todos esses problemas possuem relevância tanto prática quanto teórica. Enquanto participante de um simpósio sobre a guerra, inspirado por interesses pragmáticos e também filosóficos, o próprio antropólogo deve estar completamente a par das circunstâncias atuais da guerra e dos problemas práticos que emergem da crise contemporânea. Não há tempo a perder em passatempos enquanto Roma é consumida pela chamas – ou, melhor dizendo, enquanto Roma ajuda Berlim a atear fogo no mundo inteiro.

Ditado pelo bom senso, indispensável para uma sólida posição estadista, resistente aos gritos de guerra de exércitos entrincheirados e diplomacias ardilosas, transitando pela reflexão abstrata e filosófica, o problema fundamental da atualidade é tão simples quanto vital: devemos abolir a guerra ou nos submeter a ela por escolha ou necessidade? A paz permanente é desejável? É possível obtê-la? Em caso afirmativo, como podemos implementá-la com sucesso? Há sem dúvida um preço, um grande preço a ser pago quando está em jogo qualquer transformação fundamental na constituição da humanidade. O preço, neste caso, é a desistência da soberania estatal e a subordinação de todas as unidades políticas a uma administração mundial. Saber se isso é um sacrifício menor ou maior em termos de progresso, cultura e personalidade se comparado aos desastres criados pela guerra é uma outra questão. Não obstante, argumentos antropológicos podem prenunciar uma saída.

Creio que o exercício de avaliar a guerra nos termos de uma análise cultural é, hoje, a principal tarefa da teoria da civilização. Em países democráticos, a opinião pública deve estar livre de preconceitos e esclarecida a partir de conhecimentos sólidos. Os Estados totalitários não estão poupando energia, planejamento e engenharia, seja na doutrinação das mentes de seus membros, seja na construção de armamentos. Se não nos organizarmos ética e cientificamente em uma missão antagônica, não seremos capazes de fazer-lhes oposição. Simultaneamente, o conhecimento cultural exaustivo da guerra, de suas relações com a nação e o Estado, de suas motivações e consequências, do preço cobrado e das vantagens obtidas também precisa participar do problema da implementação de qualquer transformação fundamental.

A questão de compreender a guerra como fenômeno cultural inevitavelmente esbarra no inevitável problema da determinação biológica, das consequências políticas e da produtividade cultural da guerra. Na discussão a seguir sobre belicosidade e agressividade, iremos ver que até mesmo a luta [fighting] planejada não é uma mera reação violenta determinada por um impulso de raiva. A primeira distinção que emerge dessa análise é aquela entre lutas organizadas e coletivas e atos de violência individuais, esporádicos e espontâneos – de onde descenderam o homicídio, o assassinato e a desordem cívica, mas não a guerra. Mostraremos então que a luta organizada deve ser analisada extensamente tendo seu fundo político como referência. Lutas internas a uma comunidade cumprem uma função inteiramente distinta das rixas [feuds] ou batalhas intertribais. Mesmo entre estas últimas, teremos de distinguir entre a guerra culturalmente efetiva e as operações militares que não deixam qualquer traço em termos de difusão e evolução, nem provocam repercussões históricas duradouras. O conceito de "guerra como uma disputa armada entre duas unidades políticas independentes por meio de força militar organizada tendo em vista uma linha de ação tribal ou nacional" emerge desse debate.[2] De posse desta definição mínima de guerra, seremos capazes de ver como é insuficiente e confuso considerar as desavenças, brigas e rixas primitivas como autênticos predecessores de nossa atual catástrofe mundial.

II Guerra e natureza humana

Em primeiro lugar, é necessário enfrentar a questão da "agressividade como comportamento instintivo" – em outras palavras, a questão da determinação da guerra por fatores intrinsecamente biológicos. Expressões como "a guerra é mais velha que o homem", "a guerra é inerente à natureza humana", "a guerra é biologicamente determinada" ou não têm sentido ou querem dizer apenas que a humanidade precisa empreender guerras, assim como todos os homens precisam respirar, dormir, procriar, comer, caminhar e excretar seja lá onde vivam e qualquer que seja sua civilização. Qualquer jovem estudante sabe disso. Mas a maioria dos antropólogos tem ignorado os fatos recém-mencionados. O estudo do homem certamente evitou a questão da relação entre a cultura e os fundamentos biológicos da natureza humana.[3]

Para colocarmos a questão em termos simples e diretos, o determinismo biológico implica que o organismo individual não pode sobreviver nem a comunidade perseverar em nenhuma civilização sem a incorporação integral na cultura de funções corporais como a respiração, o sono, o repouso, a excreção e a repro-

---

2. Ver meu artigo "The Deadly Issue", *Atlantic Monthly*, CLIX (Dezembro, 1936), pp. 659-669.

3. As citações acima foram retiradas da literatura científica contemporânea sobre a guerra. O problema teórico das necessidades básicas humanas e de sua satisfação na cultura foram extensamente tratados em meu verbete "Cultura" da *Encyclopaedia of the Social Sciences* [N.T. Edwin Seligman; Alvin Johnson (eds.) *Encyclopaedia of the Social Sciences* (Vol. 4). Macmillan, 1931] e no ensaio "The Group and the Individual in Functional Analysis", publicado em *The American Journal of Sociology*, XLIV (Maio, 1939), pp. 938-964.

dução. De tão evidente, isso vem sendo constantemente ignorado ou propositadamente omitido nas análises culturais do comportamento humano. Entretanto, dado que as atividades biológicas são, em certo sentido, determinantes da cultura, e dado que cada cultura, por sua vez, redefine, sobredetermina e transmuta muitas dessas atividades biológicas, essa própria inter-relação e interdependência não pode ficar de fora da teoria antropológica. Teremos de definir sucintamente em que sentido certas fases do comportamento humano são invariantes biológicos para então direcionarmos nossa análise para a agressividade e belicosidade.

Cada organismo humano experimenta de tempos em tempos o estímulo da fome, o que leva à procura por comida, depois à ingestão, isto é, ao ato de comer, que, por conseguinte, gera saciedade. O cansaço exige o repouso; o cansaço acumulado, o sono; ambos sucedidos por um novo estado do organismo definível por um fisiologista a partir das condições dos tecidos. O impulso sexual, de ocorrência mais esporádica e cercado de determinantes culturais mais elaborados e detalhados (como a corte, os interditos sexuais, e regulamentos jurídicos), leva contudo a uma *performance* conjunta específica – a da conjugação, sucedida por um estado temporário de incitabilidade em relação a tal impulso. A conjugação pode iniciar uma nova sequência de eventos biológicos: concepção, gravidez, nascimento, que precisam ocorrer regularmente em qualquer comunidade para que esta sobreviva e sua cultura perdure.

Todos esses fatos simples e "evidentes" contêm alguns princípios teóricos de grande importância. A cultura, em toda sua incontável variedade, redefine as circunstâncias sob as quais um impulso pode manifestar-se, e pode, em alguns casos, remodelar o impulso e transformá-lo em um valor social. Abstinências e jejuns prolongados podem modificar levemente o funcionamento do organismo no que diz respeito ao sexo e à fome. Vigílias e longos períodos de atividade intensa tornam o repouso e o sono determinados não apenas pelas regulagens orgânicas mas também pelas culturais. Até mesmo a atividade mais regular e a princípio exclusivamente fisiológica, a respiração, está conectada a determinantes culturais – em parte porque a organização da casa e as acomodações para o sono de certa forma condicionam a quantidade de oxigênio disponível e o ritmo da respiração, em parte porque o ato de respirar, identificado com a vida ela mesma, é o protótipo de um conjunto de práticas e crenças associadas ao animismo. Contudo, o que jamais pode ocorrer a uma cultura é a eliminação completa de qualquer uma dessas séries vitais [vital sequences], impostas sobre cada cultura pela natureza humana. Podemos sintetizar nosso argumento neste simples diagrama:

IMPULSO $\rightarrow$ REAÇÃO CORPORAL $\rightarrow$ SATISFAÇÃO

Podemos dizer que a fase intermediária é a menos variável das três do ponto de vista das influências culturais. A absorção de gases e alimentos, o ato da conjugação e o processo do sono são fenômenos que precisam ser descritos em termos anatômicos, fisiológicos, bioquímicos e físicos. O segundo ponto importante é que ambas as conexões – entre o impulso e a reação corporal e entre esta última e a satisfação – são tão fisiológicas e psicológicas quanto a própria reação corporal. Em outras palavras, cada cultura precisa incorporar integralmente a série vital total implicada nessas três fases, posto que cada uma dessas séries vitais tripartites é indispensável à sobrevivência do organismo, ou, no caso da conjugação sexual e da gravidez, à sobrevivência da comunidade. Por mais intrincadas e substanciais que as respostas culturais possam ser para as necessidades básicas do homem – respostas como a corte, o casamento e a família em relação ao sexo, e como os arranjos econômicos no interior da unidade doméstica, as atividades produtoras de alimento e as instituições de abastecimento tribais ou nacionais no caso da fome –, elas são, em certo sentido, determinadas biologicamente, já que precisam incorporar cada série vital, com as três fases e suas interconexões, de forma integral.

Podemos considerar a belicosidade e a agressividade e todas as demais reações de hostilidade, ódio e violência como sendo comparáveis a qualquer uma das séries vitais analisadas até o momento? A resposta deve ser enfaticamente negativa. Não que os impulsos agressivos, violentos ou destrutivos estejam completamente ausentes de algum agrupamento humano ou da vida de qualquer ser humano. Se o ato de respirar for interrompido por acidente ou por uma ação deliberada de outro indivíduo, a reação imediata é lutar violentamente para remover o obstáculo ou para sobrepujar a ação humana de agressão. Surgem imediatamente chutes, mordidas e empurrões, em uma luta que termina com a eliminação do organismo sufocado ou com a remoção do obstáculo. Retire a comida de uma criança, de um cão ou de um macaco faminto e provocará imediatamente veementes reações de hostilidade. Qualquer interferência no curso progressivo das preliminares sexuais – ou ainda mais grave, qualquer interrupção no ato fisiológico – leva homens e animais a violentos acessos de raiva.

Este último ponto nos leva imediatamente a reconhecer que o impulso da raiva, as hostilidades do ciúme, a violência da honra ofendida e a possessividade sexual e emocional são tão geradoras de hostilidade e de confrontos, diretos ou vicários, quanto a interferência na satisfação imediata de um impulso biológico.

É possível resumir essas conclusões com a ideia de que o impulso responsável pela agressão não é primário, mas derivado. Ele é contingente às circunstâncias nas quais um impulso biológico primário sofre perturbação. Ele também é produzido por uma grande variedade de meios não orgânicos, determinado por fatores inteiramente culturais como posse econômica, ambição, valores religiosos, privilégios hierárquicos e sentimentos pessoais de afeição, dependência e autoridade. Nesse sentido, até mesmo a simples menção à determinação biológica do *impulso* de belicosidade mostra-se imprecisa. E isso se torna mais nítido quando se percebe, com a ajuda do diagrama acima, que a essência de um impulso é produzir uma reação corporal clara e precisa, que, por sua vez, gera a satisfação do impulso. Em sociedades humanas, inversamente, verifica-se que o impulso da raiva se transforma quase sempre em estados mentais ou orgânicos crônicos – em ódio, em revanchismo, em disposições hostis inveteradas. Que esses sentimentos culturalmente definidos possam levar – e de fato levem – a atos de violência, isso quer dizer simplesmente que atos violentos são culturalmente, e não biologicamente, determinados. Com efeito, se examinarmos empiricamente casos de violência, seja ela individual, coletiva ou organizada, iremos constatar que a maioria deles são decorrentes de imperativos integralmente ideológicos, tradicionais e convencionais, sem qualquer relação em absoluto com algum estado mental organicamente determinado.

É interessante verificar que exemplos de comportamentos pré-humanos são facilmente evocados quando argumentos a favor do determinismo psicológico ou biológico da agressividade como algo inerente à natureza animal do ser humano são mobilizados. Não é difícil mostrar que cães, grandes primatas, babuínos e até mesmo aves disputam fêmeas, alimentos, espaços e territórios. Estudos sobre a primeira infância em tribos primitivas ou em nossas próprias creches revelam que os embates que recorrem à violência são bem frequentes e precisam ser vigiados e regulados por adultos.[4] Com efeito, qualquer pesquisador competente teria visto nisso uma indicação de que a essência de todo processo educacional é a supressão – e não o fomento – da violência e da agressão.

Enfrentando a questão de onde, como e sob quais circunstâncias ocorrem atos de agressão de origem exclusivamente fisiológica entre seres humanos adultos, chegamos novamente a uma interessante conclusão. Casos em que pessoas sãs, normais, acometidos por genuína raiva, atacam, ferem ou matam umas às outras ocorrem de fato, mas são extremamente raros e, a bem dizer, negligenciáveis. Pensemos em nossa própria sociedade. Podemos indicar um grande número de casos em um hospital psiquiátrico. Também podemos mostrar que, em contex-

---

4. Ver, por exemplo, a argumentação e a documentação empírica apresentada no livro de E. F. M. Durbin e John Bowlby, *Personal Aggressiveness and War* (K. Paul, Trench, Trubner & Co., 1938), e em *War, Sadism and Pacifism* (G. Allen & Unwin, 1933), de Edward Glover. Os dois livros podem ser considerados exemplos de análises imprecisas e insuficientes da natureza da agressividade e da tendência em confundir os problemas ao culpar a "natureza humana" pela ocorrência catastrófica do atual extermínio coletivo e mecanizado que gostamos de chamar de "Segunda Guerra Mundial". Bons exemplos, desta vez sem interpretações errôneas, podem também ser encontrados em *Frustration and Aggression* [New Haven: Yale University Press] (1939), de John Dollard e outros, publicado pelo Institute of Human Relations da Universidade de Yale. Aos meus colegas desse Instituto, aos Drs. John Dollard e Neal A. Miller, agradeço imensamente pelas proveitosas discussões sobre agressividade e comportamento instintivo. Parte do presente argumento foi apresentado perante o Monday Evening Group do mesmo Instituto. As críticas e sugestões dos professores Mark A. May, Clark L. Hull e Robert M. Yerkes foram incorporadas a este artigo.

tos muito particulares como prisões ou campos de concentração, superlotações causadas por naufrágio ou algum outro acidente, agressões são bem frequentes. Catástrofes como um teatro em chamas ou um navio indo a pique acarretam por vezes (portanto não necessariamente) situações de luta pela vida em que pessoas são pisoteadas a ponto de terem ossos fraturados ou morrerem em razão de atos de violência determinados pelo medo e pelo pânico. Em qualquer registro criminal, seja ele primitivo ou civilizado, contam-se casos de lesões ou ferimentos mortais decorrentes de acessos de raiva e rancor, ou de uma crise de ciúmes. Vemos que, no arcabouço de um grupo cultural adulto, a "agressividade" se acha sob a rubrica do "pânico", da "insanidade", da "propensão adquirida", ou então que ela se torna um tipo de comportamento antissocial e anticultural denominado "crime". Ela é sempre parte e produto de um colapso da personalidade ou da cultura. Não é um caso de série vital que precisa ser incorporada em cada cultura. Mais ainda, ela precisa ser e é eliminada, pois é um tipo de sequência impulsiva que ameaça constantemente o curso normal do comportamento cultural.

III A canalização da agressividade pela cultura

Outro aspecto interessante no estudo da agressividade é o fato de que, assim como a caridade, ela começa em casa. Reflita sobre os exemplos oferecidos acima. Todos eles pressupõem um contato direto seguido do desencadeamento de raiva, provocado por questões marcadas (ou supostamente marcadas, no caso de pessoas insanas) pela divergência de interesses. Com efeito, quanto menor o grupo dedicado à cooperação, unido por certos interesses em comum, e caracterizado pela convivência diária entre seus membros, maior a probabilidade de estes se irritarem uns com os outros e estourarem de raiva. Freud e seus discípulos têm mostrado de forma insuspeita e insofismável que, no interior do menor dos grupos de cooperação humana, a família, afloram com frequência sentimentos de raiva, de rancor, e impulsos destrutivos e assassinos. Ciúmes ou invejas de ordem sexual no ambiente doméstico, reclamações sobre comida, serviços prestados ou outros interesses econômicos são encontradas em qualquer grupo doméstico, seja primitivo ou civilizado. Já tive a oportunidade de observar aborígenes da Austrália, papuásios, melanésios, bantos africanos e índios mexicanos se irritarem ou se deixarem levar por alguma passionalidade quando estão trabalhando juntos, promovendo festividades ou discutindo planos e problemas cotidianos. Todavia, casos reais de violência física são tão raros que podem ser ignorados do ponto de vista estatístico. Veremos logo mais por quê.

Os defensores da ideia da "agressividade natural" como um fator constante para a guerra teriam de provar que tal agressividade atua mais entre estranhos do que entre membros de um mesmo grupo. Os fatos obtidos de testemunhos etnográficos apontam para uma resposta completamente diferente. O contato entre estranhos tribais é patentemente evitado. Assim, os Vedda do Ceilão[5] têm dispositivos que permitem a transação de bens e o envio de mensagens simbólicas para seus vizinhos – os Tamil e os cingaleses – sem jamais entrarem em contato face a face com eles. Os aborígenes australianos possuem um elaborado sistema de evitação intertribal. O mesmo acontece com outros grupos primitivos, como os Punan de Bornéu, os fueguinos e os pigmeus[6] da África e da Malásia.[7]

Além da evitação, também podemos encontrar formas claras e sancionadas de contato entre tribos. Na Austrália e na Nova Guiné, por todo o Pacífico e na África, é possível observar sistemas legais intertribais, permitindo que um grupo visite outro, comercie ou colabore com ele em uma dada iniciativa. Em certas regiões, a chegada de um entranho que quebre as regras do direito intertribal e traspasse as fronteiras convencionais representa perigo para o invasor. Ele corre o risco de morrer ou ser escravizado; por vezes, ele é servido como *pièce de résistance* [prato principal] em um repasto canibal. Em outras palavras, a execução do invasor é determinada pela lei tribal, pelo valor de seu cadáver para a cozinha tribal ou de sua cabeça para a coleção de um especialista em caça a cabeças. O comportamento dos matadores e o da vítima não tem nada a ver com a psicologia da raiva, com a belicosidade ou com a agressividade fisiológica. Devemos concluir que, contrariamente ao viés teórico dominante, a agressão, enquanto matéria-prima do comportamento, não ocorre no contato entre estranhos de tribos diferentes, mas no interior de uma mesma tribo e de seus próprios grupos de cooperação.

Já vimos que a agressão é um derivado da cooperação. Esta organiza seres humanos em sistemas de atividades concertadas. Um destes sistemas, ou o que chamaríamos de instituição, é a família. Um pequeno grupo de pessoas unidas

---

5. [N.T.] Atual Sri Lanka.

6. [N.T.] Designação geral usada naquela época para povos de menor estatura, e não apenas para o célebre povo epônimo. Daí a referência à região sudeste da Ásia, onde se localizam os Andaman e os Batak, por exemplo, então considerados povos "pigmeus".

7. Ver C[harles] G. e B[renda] Z. Seligman, *The Veddas* (Cambridge, 1911), e G[erald] C[lair] W. C. Wheeler, *The Tribe and Intertribal Relation in Australia* [Londres: J. Murray, 1910]. Não é possível realizar uma análise detalhada a partir de dados empíricos neste artigo. O antropólogo profissional terá a oportunidade de avaliar as evidências documentadas nessas referências. Espero publicar em breve um relato amplamente apoiado em materiais etnográficos para fundamentar o presente argumento. Tenho imensa dívida de gratidão com o Levantamento Comparativo entre Culturas [Cross-Cultural Survey] organizado pelo Professor G[eorge] P. Murdock no Instituto de Relações Humanas [Institute of Human Relations] de Yale. Esse levantamento conta com uma ampla compilação de evidências relativas à guerra e relações intertribais e estão classificadas sob a rubrica 43-44. Está acessível a todos os estudantes de antropologia. Os doutores Stephen W. Reed e Alfred Métraux prestaram-me grande auxílio discutindo fatos e problemas antropológicos relativos à minha abordagem da guerra.

pelo contrato de casamento. Elas se dedicam à produção, educação e socialização de crianças. Obedecem a um sistema legal convencionado pelos costumes [system of customary law] e cuidam em conjunto de um grupo doméstico [household] – isto é, de uma porção do ambiente equipada com utensílios e bens consumíveis. O clã e o grupo local, a equipe de produção de alimentos e a oficina de manufaturas, os grupos de idade e a sociedade secreta são todos sistemas de atividades concertadas, cada qual organizado em uma instituição.[8]

Tentemos compreender o lugar da agressividade em uma instituição. Sem dúvida alguma, a autêntica agressividade irá se manifestar do modo mais imediato e universal possível no interior dessas formas cooperativas de pequena escala e espacialmente condensadas de organização humana. Impulsos violentos contra esposas, maridos ou crianças são universais em termos etnográficos e são do conhecimento direto de qualquer pessoa. Colegas de trabalho ou parceiros de negócios – sejam eles civilizados ou primitivos – também não estão livres da tentação de pular no pescoço uns dos outros. Porém, a essência mesma de uma instituição é que ela se ergue sobre um corpo de princípios fundamentais que, por seu turno, define com nitidez quais são os direitos, prerrogativas e deveres de todas as partes. Um conjunto de normas costumeiras, técnicas, éticas e legais mais específicas e de menor importância também estabelecem com clareza e minúcia as funções segundo o tipo, a quantidade e o desempenho de cada atividade diferencialmente identificável. Isso não quer dizer que as pessoas não briguem, discordem ou disputem entre si a respeito de possíveis interferências em seus papéis ou prerrogativas. Isso significa, antes de mais nada, que todas essas disputas se dão dentro do universo do discurso legal ou semilegal. Quer dizer também que uma disputa sempre pode ser objeto de uma resolução legítima, em vez do arbítrio da força.

Aqui nos deparamos com o fato de que o corpo de princípios – a lei consuetudinária [customary law] basal – estabelece sempre a distribuição da autoridade em cada instituição. Ele também estipula o uso da força e violência, a regulação daquilo que é, com efeito, a essência mesma do que chamamos de organização social de um grupo instituído. A família patriarcal investe o pai do direito à autoridade e até mesmo de instrumentos de violência. Em condições regidas pelo direito materno, o pai tem de se submeter em enorme medida às decisões e influências advindas da família de sua esposa, especialmente de seu cunhado. Dentro da instituição do clã, brigas e discordâncias são enfaticamente

---

8. Em meu verbete "Cultura", já citado, sugeri que, para efeito de análise antropológica, essa concepção de instituição é preferível à noção de complexo cultural. O desdobramento completo desse argumento aparecerá no artigo "The scientific approach to the study of man", a ser publicado no volume *Man and Science*, organizado por R. N. Anshen e parte da coleção "Science and Culture". [N.T. Ruth Anshen (ed.) *Science and Man*. Nova Iorque: Harcourt, Brace & Co., 1942.]

proibidas, pois em muitas culturas o clã atua como unidade de solidariedade legal. Contudo, devemos demolir o mito da perfeita harmonia entre os membros de um clã.[9] Ainda assim, as brigas internas ao clã são neutralizadas de forma rápida e efetiva pela autoridade estabelecida, organizada e centralizada de que líderes e anciães estão investidos. O grupo local não só tem o direito de coordenar as atividades e os interesses dos clãs e grupos domésticos que o compõem, como também possui os meios de fazer cumprir suas decisões caso a violência precise ser usada, ou evitada. A tribo, enquanto grupo coordenado mais abrangente, possui também seu corpo de princípios legais, e muitas vezes pode recorrer a certos meios de garantir a observância das decisões relativas a brigas, disputas e rixas internas ao grupo.

Chama a atenção mais uma vez que, no plano primitivo, a maior parte dos confrontos ocorram entre unidades menores de um mesmo grupo cultural. Membros de duas famílias, de dois clãs ou de dois grupos locais podem chegar às vias de fato. Encontramos casos de confrontos desse tipo entre os Vedda, os aborígenes australianos e outros povos primitivos inferiores.[10] Esses confrontos intratribais resultam sempre de uma infração à lei tribal: certo membro de um clã ou de uma família é assassinado; uma mulher é sequestrada, um adultério é cometido. Apenas em casos raríssimos desavenças ou confrontos espontâneos ocorrem logo na sequência, uma vez que a lei tribal dispõe de regras que estipulam como a querela deve ser disputada. Todos os tipos de luta entre famílias, clãs ou grupos encontram abrigo nas convenções, minuciosamente fixados quer por crenças e itens da cultura material, quer por valores e acordos. Como é característico do nível primitivo de selvagens inferiores, nesses confrontos, o comportamento coletivo é o tempo todo controlado e comandado por fatores que só podem ser

---

9. Ver, entre outras contribuições à questão, o meu *Crime and Custom in Savage Society* (Nova Iorque: Harcourt, Brace & Co., 1926) [*Crime e costume na sociedade selvagem* (Brasília: Ed. UnB, 2003 / Petrópolis: Vozes, 2015 – Coleção Antropologia)].
[N.T. De fato, em seu Capítulo IX, lemos: "Dentro do grupo de parentesco mais próximo, as rivalidades, as dissensões, o egoísmo mais aguçado florescem e dominam realmente toda a orientação geral das relações de parentesco. [...] [S]ão necessários mais e mais fatos definitivamente notáveis para finalmente explodir [sic] o mito do comunismo de parentesco, da total solidariedade dentro do grupo ligado por descendência direta, um mito recentemente ressuscitado por Rivers, e com um risco, portanto, de ganhar circulação geral".]

10. A melhor e mais minuciosa descrição de um tipo de luta em que um clã funciona como uma unidade social em contraposição a outro clã talvez seja a de Lloyd Warner em seu livro sobre os Murngin intitulado *A Black Civilization* (Nova Iorque: Harper & Bros., 1937). As evidências ali apresentadas indicam que essas disputas armadas – por vezes destrutivas e fatais – em torno de temas bem-definidos de interesse dos clãs, são levadas a cabo segundo regras estritas, e encerradas com uma cerimônia pacificadora que reestabelece a ordem da lei tribal após uma transgressão da parte de um dos membros do clã. Todos os dados, compilados e classificados, podem ser facilmente examinados no Levantamento Comparativo entre Culturas [Cross-Cultural Survey] de Yale.

estudados levando-se em conta a organização social, a lei consuetudinária, os temas mitológicos e também o equipamento material de uma cultura primitiva.[11]

Quando se verifica uma forte rivalidade entre dois grupos, e quando isso leva a uma disposição psíquica generalizada – acarretando acessos de raiva [anger] frequentes e sentimentos de rancor [hatred] ao redor de interesses divergentes –, deparamo-nos com um dispositivo em que confrontos ocasionais não só são permitidos como organizados e compartimentados, a fim de dar vazão aos sentimentos de hostilidade e de reestabelecer a ordem após sua manifestação pública. Esses torneios agonísticos ocasionais manifestam-se às vezes em uma forma marcadamente pacífica. As canções de ultraje dos esquimós para a resolução de suas diferenças e expressão de seus rancores, queixas e hostilidades são um célebre exemplo dessa variante. Na Europa Central, a instituição da bebedeira e dos confrontos de domingo à tarde cumpre a função de uma troca organizada e regulada de insultos, golpes, e por vezes ferimentos e mortes, na qual os ressentimentos acumulados durante a semana são resolvidos e as arestas aparadas. Há bons relatos sobre essas lutas regradas praticadas pelos Kiwai, por polinésios e por índios sul-americanos.

Interpretada do modo correto, a evidência antropológica mostra, portanto, que há uma completa desconexão entre o fato psicológico da belicosidade e a determinação cultural de rixas e confrontos. Fatores culturais como a propaganda, os alarmismos e a doutrinação podem transformar a belicosidade em qualquer canal possível, ou mesmo improvável. Vimos essa mudança na França: a belicosidade do passado transformou-se rapidamente em uma aliança apática, e a amistosidade recente pode irromper a qualquer momento como belicosidade. No entanto, a matéria-prima da belicosidade existe de fato. Ela definitivamente não é alguma fonte biológica de nenhum tipo de violência organizada, diferentemente do sexo, fonte da vida familiar ordenada, da fome, fonte das instituições de abastecimento, da excreção, fonte do saneamento, ou da manutenção da temperatura corporal, fator biológico em torno do qual se dão adaptações culturais como o vestuário e a arquitetura doméstica. Raiva e agressividade podem ser deflagradas praticamente a qualquer momento do processo de cooperação organizada. Mas sua incidência diminui em função do tamanho do grupo. Enquanto impulso, a belicosidade caracteriza-se por ser indefinidamente maleável. Enquanto tipo de comportamento, a luta pode estar relacionada a uma ampla gama de motivações culturais.

---

11. Se o espaço permitisse, poderíamos ter mostrado que a bruxaria, ela também uma importante ferramenta para a expressão da raiva ou rancor, é um mecanismo substitutivo exemplar. O uso da violência direta é eliminado quando a reação de raiva [anger] é traduzida em sentimento de rancor [hatred], que, por sua vez, se exprime, não na luta ou no uso da força, mas em ações místicas de hostilidade.

Por toda parte, em todos os níveis de desenvolvimento, e em todo tipo de cultura, verifica-se que os efeitos diretos da agressividade são neutralizados pela transformação da belicosidade em rancores coletivos, em políticas estratégicas [policies] nacionais ou tribais, que levam aos combates ordenados e regulados ao mesmo tempo em que previnem qualquer reação fisiológica de raiva. Quando influenciadas diretamente por um impulso agressivo, as lutas entre seres humanos jamais se dão em larga escala. Eles lutam e se organizam para combates porque foram-lhes inculcados, por meio da tradição tribal, ensinamentos de um sistema religioso ou de um aguerrido patriotismo, certos valores culturais a serem prontamente defendidos, certos ressentimentos coletivos prontos para participar de ataques e matanças. Por ser tão disseminada, ainda que indefinidamente flexível, o verdadeiro problema da belicosidade não é se podemos ou não eliminá-la completamente da natureza humana, mas o de canalizá-la de forma a torná-la uma força construtiva.

IV Tribo-nação e tribo-estado

Em nosso exame da evidência antropológica capaz de lançar luz sobre a guerra moderna, estivemos em busca de autênticos predecessores primitivos da luta ao longo da história e da forma modificada de luta própria das guerras mundiais modernas. Está claro que o uso da violência precisa receber um tratamento sociológico mais exaustivo. Devemos devolver ao nacionalismo e ao imperialismo, ou mesmo ao totalitarismo – fenômeno de patologia cultural –, sua base evolutiva e seus antecedentes etnográficos.

Como vimos, quando dois clãs ou dois grupos locais lutam entre si sob a jurisdição de uma mesma lei tribal, estamos lidando com arranjos jurídicos, e não com uma forma ancestral da guerra. Devemos agora tratar da questão de definir, em termos culturais e de organização social, os grupos que podem ser legitimamente considerados como engajados em alguma forma prototípica de política internacional, o que permite conceber suas batalhas como autênticas precursoras da guerra.

A noção de tribo e de unidade tribal viria naturalmente à cabeça de qualquer antropólogo ou estudante de ciência social. O mapa etnográfico mundial mostra, em todos os continentes, fronteiras bem-demarcadas separando uma tribo de outra. A unidade dessas tribos implica uma homogeneidade cultural *de facto* – em certos casos, uma identidade de cultura. Todos os membros da tribo aceitam a mesma tradição na mitologia, na lei consuetudinária, nos valores econômicos e nos preceitos morais. Também possuem utensílios similares e consomem produtos parecidos. Falam a mesma língua – em alguns casos, perpassada por variações dialetais, que geralmente não impedem a livre comunicação. Eles lutam e caçam com as mesmas armas, e casam-se de acordo com a mesma lei e costume tribal. A comunicação é possível entre os membros dessas tribos porque eles possuem artefatos, habilidades e áreas do saber semelhantes. Via de regra, a tribo é endógama, isto é, o casamento só é permitido dentro dos limites tribais. Por conseguinte, o sistema de parentesco geralmente forja a tribo como um grupo de clãs de parentes em cooperação mútua, ou potencialmente antagônicos. Nessa chave, a tribo é, portanto, um grupo de pessoas que entretêm conjuntamente um tipo de cultura. Elas também transmitem essa cultura em uma mesma língua, segundo princípios educativos similares. Nesse sentido, a cultura da tribo vive e perece nessa unidade.

Na terminologia que adotamos, diríamos que a tribo enquanto entidade cultural pode ser definida como uma federação de instituições coordenadas e parcialmente independentes. Assim, o que distingue uma tribo de outra é a organização da família, dos grupos locais, do clã e dos blocos religiosos, mágicos e econômicos. A identidade das instituições; a virtual cooperação entre elas, potencializada pelo compartilhamento da língua, da tradição e das leis; o intercâmbio de serviços; a possibilidade de participar de um empreendimento conjunto de grande escala: estes são os fatores que forjam a unidade de um grupo primitivo culturalmente homogêneo. Trata-se, sugiro, do protótipo do que denominamos atualmente de nação: um grupo numeroso unificado pela língua, tradição e cultura. As divisões atuais entre alemães e poloneses, suecos e noruegueses, italianos e franceses, correspondem às divisões que encontramos entre tribos primitivas culturalmente distintas. Em nosso mundo moderno, essas divisões nem sempre coincidem com o território de um Estado. Daí o princípio de autodeterminação nacional abrigar todos os problemas políticos contemporâneos do nacionalismo, imperialismo, minorias e facções irredentistas. O conjunto desses problemas gira em torno da relação entre nação e Estado, evidentemente.

O princípio de unidade política, ou independência estatal [statehood], também pode ser encontrado – no plano primitivo – na criação de fronteiras e nos processos de unificação. Já estamos cientes que a autoridade, enquanto poder de uso de força física na aplicação da lei, existe até mesmo nos níveis mais inferiores de desenvolvimento. Vimos que ela é a essência mesma da constituição de sistemas organizados de atividades, isto é, das instituições. Notamos que ela também funciona como a base para um controle territorial mais amplo das relações entre as instituições. No nível mais baixo, temos o grupo local como a maior unidade coordenada investida de prerrogativas políticas. Se fizermos um levantamento das condições políticas que caracterizam um nível relativamente alto de desenvolvimento, verificaremos que, em grande parte do planeta, na Melanésia e na Polinésia, na África e em regiões da América, o poder político é exercido por grupos regionais muito maiores, unidos sob o princípio da autoridade e, via de regra, providos de organização militar, cuja missão se divide entre a manutenção da ordem interna e a defesa, ou ataque, contra elementos externos. Boa parte do meu próprio trabalho de campo foi realizado nas ilhas Trobriand, onde essas regiões politicamente ordenadas viriam a ser identificadas, e onde um claro protótipo de um Estado politicamente ordenado podia ser visto em funcionamento.

Chegamos, então, a outros empregos do termo "tribo" na antropologia. Minha posição é a de que a distinção entre unidades culturais e políticas é necessária. Sugiro que expressemos terminologicamente tal distinção com o par de noções "tribo-nação" e "tribo-estado". A tribo-nação é a unidade de cooperação cultural, ao passo que a tribo-estado se define em termos de unidade política, ou seja, de poder legítimo centralizado e a correspondente organização de uma força armada. Dado o exposto, fica claro que a tribo-nação é um tipo mais antigo e mais fundamental de diferenciação cultural que a tribo-estado. As duas não coincidem, pois verificam-se muitos casos em que a tribo-estado é uma subdivisão da tribo-nação. Os Maori da Nova Zelândia, os trobriandeses, os Zulu antes da aparição dos europeus, assim como muitas tribos norte-americanas, figuram como exemplos. Entre estes povos, a tribo-nação abarca muitas tribos-estado. Em contraposição, poderíamos trazer exemplos da África oriental e ocidental em que duas ou mais tribos-nação estão unificadas sob uma só tribo-estado. Tenho em mente os reinos de Bunioro e Uganda, unidades políticas como os Masai ou os Bemba – todos contam com "minorias assujeitadas" em seus territórios.[12]

Os dois princípios, de independência estatal e de nacionalidade, da mesma forma que são diferentes na realidade cultural, devem, portanto, manter-se isolados na teoria. No entanto, sempre houve uma convergência entre os dois princípios e uma tendência à fusão dos dois grupos – a nação e o Estado. Na Europa, essa tendência, sob o nome de nacionalismo, firmou-se como aspiração política e motivo para guerras e rebeliões desde a Revolução Francesa e as Guerras Napoleônicas. Seus maiores expoentes foram a Alemanha, a Polônia, e a Itália, onde o desencontro entre os dois princípios foi mais pronunciado. Muitos historiadores consideram essa forma de nacionalismo um fenômeno completamente novo na história recente da Europa. Na realidade, o nacionalismo é provavelmente tão antigo quanto a emergência do poder político. Por um lado, uma nação primitiva, ou seja, uma tribo dotada de cultura homogênea, está melhor protegida contra turbulências externas se organizada como tribo-estado. Por outro, a tribo-estado

---

12. Certamente é possível encontrar equivalentes dessas condições no mapa da Europa do passado e do presente. A Áustria-Hungria era uma monarquia em que estavam federadas cerca de quatorze ou quinze nacionalidades. A Alemanha antes das Guerras Napoleônicas era uma nação dividida em diversos estados menores. A Itália também estava dividida e parcialmente sujeita a domínio estrangeiro antes de sua unificação em 1871. A Polônia foi por 150 anos uma nação fragmentada em três grandes estados. A Suíça é uma entidade política que comporta quatro nacionalidades.

mais forte é aquela que coincide com a tribo-nação, posto que a organização política, mesmo sob condições primitivas, encontra bases sólidas na associação com um grupo integralmente cooperativo por compartilhar uma mesma língua, um mesmo sistema de costumes e leis, uma mesma maquinaria econômica e um mesmo tipo de aparato militar.

V Guerra e política primitiva

A esta altura, podemos voltar a tratar do papel desempenhado pelas lutas nas primeiras cristalizações do Estado independente e da nacionalidade. Como hipótese provisória, poderíamos sugerir que, uma vez desenvolvida por um grupo local forte, uma máquina militar seria por ele usada em um processo gradual de dominação de seus vizinhos e na expansão de seu controle político. Relatos etnográficos atestam a existência de lutas entre grupos locais de mesma cultura. A etnografia fornece-nos também um claro retrato do funcionamento real de unidades políticas relativamente grandes, que formam estados no interior de uma nação mais extensa. O estudo das condições atuais e de fragmentos da história dos Maori neozelandeses, de diversas tribos africanas, assim como tudo o que sabemos sobre a história pré-colombiana no México e no Peru, apontam para o fato de que, uma vez instaladas em uma dada região, as operações militares tendem à formação da nação-estado[13]. Arqueólogos e historiadores interessados no mundo mediterrâneo podem mostrar que desenvolvimentos análogos culminaram na emergência do Estado romano, de algumas das unidades políticas gregas e dos impérios egípcio, babilônio, assírio e persa. Guerras nacionalistas, enquanto meio de unificar sob o mesmo domínio administrativo e de aparelhar com a mesma máquina militar um grupo cultural naturalmente homogêneo, isto é, a nação, sempre foi uma força poderosa na evolução e na história.

Guerras dessa espécie são culturalmente construtivas porque criam uma nova instituição, a nação-estado. Evidentemente, uma vez que a unidade política se expande e abarca a unidade cultural, ambas assumem características distintas. A coordenação de quaisquer subdivisões desse grupo, seja regional ou institucional, torna-se padronizada e organizada. Além disso, uma nação-estado normalmente assume um controle bem mais considerável sobre a economia e a força de trabalho, sobre o erário tribal e os serviços públicos. Pode também garantir a observância de suas decisões, isto é, sancionar atividades administrativas e leis consuetudinárias. É legítimo, portanto, considerar lutas desse tipo como autênticos

---

13. [N.T.] Observando certa propensão do ensaio para a aproximação comparativa de "civilizados" e "selvagens", optou-se por esta tradução da expressão "nation-state" de preferência à versão "Estado-nação", que, se por um lado, é mais convencional e automática, por outro, carrega um sentido desproporcionalmente "moderno".

predecessores de certas guerras históricas. Isso porque as lutas, neste caso, funcionam como ferramenta da política estratégica entre duas tribos-estado, levando à formação de grupos políticos maiores, e, por fim, à constituição da tribo-nação.

Lembremos que, em estágios superiores de selvageria ou de barbárie, as lutas organizadas nem sempre apresentam esse traço politicamente saliente. Nesses estágios, a maioria das lutas pertencem a um tipo altamente intrincado e quase exótico: incursões [raids] para caçar cabeças, realizar festins canibais, obter vítimas para sacrifícios humanos a deuses tribais. Não há espaço aqui para adentrar na análise desse tipo de luta. Por enquanto, é suficiente dizer que elas não são parentes antigos da guerra, pois não têm relevância política. Também não podem ser consideradas iniciativas sistemáticas de linhas de ação intertribais. As caçadas humanas em busca de troféus anatômicos, as diversas formas armadas de exumação de corpos para fins canibais (canibalismo real ou místico), como alimento para os homens ou para os deuses, apontam para uma fase da evolução humana que pode ser compreendida na chave da ambição, da ânsia pela glória e da importância dos sistemas místicos. Uma análise abalizada da guerra como um agente na evolução humana deve saber separar essas formas dos sistemas de guerra organizada ou construtiva.[14]

Até o momento, tratamos de lutas que se organizam segundo princípios políticos e que exercem uma função política, e abordamos brevemente certos tipos cerimoniais de caçada humana. Mas qual é o papel das motivações econômicas em nosso problema? Elas estão ostensivamente ausentes dos tipos de luta mais primordiais. O porquê não é difícil de encontrar, pois em condições em que o alimento é bastante perecível e muito difícil de ser estocado ou transportado, em que a escravização não tem utilidade porque todos os indivíduos consomem exatamente o que produziram, a força é um instrumento estéril para a transferência de riquezas. No momento em que os butins, o trabalho humano e as riquezas portáteis – isto é, metais e pedras preciosas – tornam-se amplamente disponíveis, as incursões predatórias ganham significado e entram em cena. Nesse sentido, é preciso assinalar um novo tipo de luta: expedições armadas de pilhagem, guerras escravistas e roubo organizado em larga escala. Seria possível mencionar exemplos do sudeste e do leste da África, onde o roubo de gado é um empreendimento lucrativo associado à guerra. Entre as tribos do noroeste do continente americano, a escravização se acha em sua forma mais simples e é um dos principais motivos de rixas intertribais. Tribos nômades que controlam – enquanto bandos organizados de ladrões – algumas rotas de passagem de caravanas no norte da África e na Ásia desenvolveram e usaram sua eficiência militar para a arrecadação

---

14. Ver Malinowski. "The Deadly Issue", *Atlantic Monthly*, CLIX (Dezembro, 1936).

sistemática de impostos e para a pilhagem de seus vizinhos mais ricos sedentários, dedicados ao comércio ou à agricultura.

Na análise acima, fizemos uma ou duas distinções, talvez de forma muito abrupta, com o propósito de isolar os princípios que levaram à emergência da guerra autêntica e deliberada. Mencionamos o nacionalismo como uma das primeiras tendências em direção às guerras políticas e à formação das nações-estado primitivas. Falamos sobre as incursões organizadas, impelidas por motivações econômicas. Esses tipos de luta muitas vezes coincidem. É ainda mais importante perceber que o nacionalismo, enquanto tendência de expandir o controle político até os limites da unidade cultural, jamais é um fenômeno bem-delimitado. Raramente o nacionalismo se atém às fronteiras culturais da nação. Um Hitler ou um Chaka, um Napoleão ou um conquistador asteca, um Genghis Khan ou um governante inca irão transpor imediata e naturalmente as fronteiras de sua nação. O nacionalismo rapidamente se transforma em imperialismo, ou seja, na tendência de submeter outras nações ao domínio político do conquistador militar.

Encontramos aqui um novo fenômeno, que desempenhou um importante papel no desenvolvimento da humanidade: a conquista, a ocupação integral de outra área cultural pela força. A conquista combina todas as vantagens da pilhagem, da escravização e do aumento do poder político. A conquista é um fenômeno que deve ter participado enormemente do progresso da humanidade no estágio em que se estabeleceram, de forma independente e paralela, grandes comunidades agricultoras e tribos militarmente poderosas de pastores ou de nômades. A partir das condições encontradas em várias partes do mundo etnograficamente observável e a partir de registros históricos, podemos retraçar e reconstruir as principais características da conquista culturalmente produtiva. As tribos da África oriental, onde ainda podemos estudar a simbiose entre os pastores nômades nilóticos ou hamitas invasores e os bantos sedentários e agrícolas, são as regiões etnográficas mais adequadas para essa análise. Ou então poderíamos voltar nosso olhar para certas regiões da África ocidental, onde encontraríamos grandes monarquias nas quais negros oeste-africanos sedentários e agrícolas vivem sob o domínio dos conquistadores sudaneses. No Novo Mundo, as histórias dos Estados mexicanos e peruanos contêm um rico material para os estudos sobre conquista.

O efeito cultural mais importante da conquista é o enriquecimento geral da vida nacional por meio de uma divisão natural de função entre conquistadores e conquistados e do desenvolvimento e sedimentação de muitas instituições adicionais. Os conquistadores proveem o elemento político; os conquistados oferecem, via de regra, eficiência econômica. Isso também significa que os conquistadores, ao explorarem a comunidade assujeitada, se por um lado implementam um erário tribal e criam impostos, por outro, responsabilizam-se pela segurança e as comunicações e, por essa via, estimulam o comércio e a produção. Impactada por duas culturas distintas, a lei consuetudinária de cada tribo passa por um processo de formalização, e muitas vezes um sistema de códigos compartilhados é formulado. Ocorrem trocas e fertilizações recíprocas entre ideias científicas e religiosas.

A guerra enquanto veículo de difusão e fertilização através da conquista assume, assim, um importante papel na evolução e na história. Esse tipo de guerra, lembremos, emergiu bem tardiamente na evolução humana. Ela não poderia acontecer antes da diferenciação avançada entre tipos de culturas nômades pastoris e agrícolas sedentárias. Não era possível colher frutos econômicos, políticos ou culturais da vitória sem a implementação, por via da violência, da escravização, da pilhagem ou dos impostos.

VI A contribuição da antropologia para o problema da guerra

Examinando retrospectivamente nossos argumentos, podemos constatar que chegamos a algumas conclusões teóricas que são novas do ponto de vista da teoria antropológica. Ainda será necessário mostrar como nossos ganhos em nitidez e definição prestam-se aos problemas modernos.

Relativamente aos ganhos teóricos, mostramos que a guerra pode ser considerada como um imperativo do destino humano, já que remete a necessidades biológicas ou a pulsões psicológicas indeléveis. Todos os tipos de luta são respostas culturais complexas suscitadas por formas coletivas de sentimento e valor, e não pelos ditames imediatos de um impulso. Enquanto mecanismo de força organizada para a consecução de políticas estratégicas nacionais, a guerra tem evoluído lentamente. Sua ocorrência depende do desenvolvimento de aparato e organização militar, de oportunidades para empreendimentos lucrativos, da formação de unidades políticas independentes.

Levando em consideração todos esses fatores, precisamos traçar algumas distinções que perpassam o gênero ao qual pertencem a agressão e a violência. São elas: (1) lutas individuais e motivadas por raiva no interior de um grupo estão compreendidas na classe relativa à infração da lei e do costume, e são a forma prototípica do comportamento criminoso. Elas são inibidas e contidas pela lei consuetudinária que age entre e dentro das instituições; (2) lutas coletivas e organizadas são um mecanismo jurídico voltado para o acerto de diferenças entre grupos que compõem uma unidade cultural mais ampla. Entre povos selvagens mais inferiores, esses dois tipos são as únicas formas de disputa armada existentes; (3) incursões armadas, como caçadas humanas cerimoniais com o objetivo de praticar canibalismo, caçar cabeças, propiciar sacrifícios humanos e colecionar outros troféus; (4) guerra enquanto expressão política das primeiras formas de nacionalismo, isto é, da tendência em promover a sobreposição entre a tribo-nação e a tribo-estado, formando assim a nação-estado primitiva; (5) expedições militares de saque, captura de futuros escravizados e roubo coletivo organizados; (6) guerras entre dois grupos culturalmente diferentes enquanto ferramenta de política estratégica nacional. Este último tipo de luta, que marca a emergência da guerra no sentido pleno do termo, leva à conquista e, por meio dela, à criação de Estados políticos e militares avançados, armados tanto para propósitos defensivos e ofensivos quanto de administração interna. Via de regra, esse tipo de Estado apresenta, pela primeira vez no processo evolutivo, formas nítidas de organização jurídica, política e administrativa. A conquista é também de primordial importância nos processos de difusão e evolução.

Os tipos de disputa armada (4) e (6), e apenas eles, são, na forma, fundações sociológicas e, quando conjugadas a linhas de ação construtivas, são comparáveis a guerras propriamente históricas. Cada um dos seis tipos sumariados aqui representam fases culturais completamente distintas do desenvolvimento da luta organizada. A negligência em formular as distinções apresentadas neste texto levou a graves equívocos na aplicação de princípios antropológicos a problemas gerais concernentes à natureza da guerra. O curto-circuito brutal – graças ao qual os imperialismos, a cobiça generalizada pelo poder e os ressentimentos nacionais modernos foram associados à agressão e à belicosidade – se deve, em grande medida, à ausência de um esforço em formular as distinções recém-apresentadas, ao desinteresse pela função cultural do conflito e ao fato de se assimilar a guerra (um fenômeno altamente ordenado e especializado) a qualquer forma de agressão.

Podemos determinar de maneira ainda mais precisa em que sentido a evidência antropológica, enquanto pilar de uma compreensão correta e embasada, pode ser relevante para o exame de nossos problemas atuais. Uma vez que nossa principal preocupação é saber se a guerra irá aniquilar ou não a civilização ocidental, está claro de forma geral que a abordagem antropológica, ao insistir em levar em consideração o contexto cultural da guerra, pode ser útil.

Em uma discussão teórica sobre a possibilidade de a guerra ser controlada e, em última instância, abolida, é particularmente relevante reconhecer que a guerra não tem um fundamento biológico. É significativo não ser possível encontrar sua ocorrência nos primórdios da cultura humana. Evidentemente, se a guerra fosse necessária à evolução humana, se sua ausência fosse algo que implicasse a decadência dos grupos humanos, e sua existência em seu avanço, então ela não poderia estar ausente dos estágios mais primevos, nos quais se deu, sob as mais formidáveis tensões e contra as mais acachapantes probabilidades, o nascimento mesmo das realidades culturais. Um ingrediente tão essencial não poderia, portanto, deixar de participar da composição da humanidade primitiva em sua luta para estabelecer os fundamentos de seu futuro progresso.

Vista de uma perspectiva evolutiva, a guerra é sempre um acontecimento altamente destrutivo. Mas a guerra criaria mais valores do que destrói? Sua razão de ser e seu propósito dependem dessa questão. A violência é produtiva, ou pelo menos lucrativa, apenas quando leva a transferências em larga escala de riquezas e privilégios, artigos ideológicos e sabedorias morais. Nesse sentido, a humanidade precisou acumular um considerável acervo de bens, ideias e princípios alienáveis antes de difundi-los através das conquistas. Mais ainda, o compartilhamento e a reordenação de recursos econômicos, políticos e espirituais podem nos conduzir a coisas mais grandiosas do que aquelas que foram destruídas em consequência da luta.

Nossa análise mostrou que a tarefa do exercício diligente da cultura está associada a um daqueles dois grupos maiores, a tribo-nação. Já os esforços culturalmente destrutivos e também reconstrutivos remetem à tribo-estado. Aqui também ficará nítido para todo pesquisador social que, ao fornecer esse embasamento etnográfico às noções de Estado e nação, de nacionalismo e imperialismo, podemos ter contribuído para uma maior clareza teórica a respeito dos fenômenos modernos correspondentes.

O que importa hoje e sempre é a cultura humana como um todo, com todas suas variações, raciais, religiosas, nacionais, ou aquelas induzidas pela diferenciação regional de interesses e valores. A nacionalidade em suas diversas manifestações é, hoje e sempre, o veículo [carrier] de cada cultura. O Estado deve ser guardião e defensor da nação, não seu senhor, menos ainda seu destruidor. O princípio wilsoniano da autodeterminação justificava-se cientificamente e, por conseguinte, moralmente. Ela só se justificava porque cada cultura deveria ter autonomia quanto a seu próprio desenvolvimento – ou, em outras palavras, não se deveria interferir na paz e liberdade de cada nação. A autodeterminação foi um equívoco porque propiciou o armamento de novas nações, de mais nações, ao passo que deveria apenas se ater ao desarmamento de vizinhos perigosos e predatórios. A autodeterminação pode muito bem ser alcançada pela abolição de todos os Estados antes do que pelo armamento de todas as nações.

Assim, a fórmula geral que a antropologia impõe sobre o estadismo sadio e esclarecido é a da completa autonomia de cada grupo cultural, e o uso da força somente como salvaguarda da lei (a nível doméstico) ou como manutenção da ordem do mundo como um todo (no plano das relações internacionais).

VII O totalitarismo e as duas guerras mundiais à luz da antropologia

No entanto, a análise antropológica das condições modernas não pode parar por aí. Tampouco precisa dar-se por satisfeita com o importante, embora bastante genérico, posicionamento recém-formulado. Para validar sua proposta de aplicabilidade às selvagerias da civilização e também às civilizações de selvagens, é necessário dar alguns passos a mais e submeter a patologia cultural contemporânea, a saber, os sistemas totalitários das duas Guerras Mundiais, a uma análise um tanto mais detida e detalhada.

À luz de nossos critérios antropológicos, a Guerra Mundial, ou seja, a guerra total, é tão diferente das guerras históricas anteriores a 1914 do que estas o são da caça a cabeças ou das incursões para captura de futuros escravizados. A influência da guerra contemporânea na cultura é tão absoluta que coloca o problema de saber se a organização integral voltada à violência efetiva – a qual chamamos de totalitarismo – seria ou não compatível com a sobrevivência da cultura.

A cultura, como sabemos, é exercida, em cada uma de suas variações, pelos esforços cooperativos de instituições semi-independentes e semicoordenadas no interior do grupo que designamos de nação. Exercemos e transmitimos cultura desde os primórdios da humanidade até a aurora deste século. Os fundamentos da era industrial, liberal e democrática – que, no momento em que escrevo este texto, ainda sobrevive nos Estados Unidos e em alguns poucos países latino-americanos – foram lançados sobre a mesma e exata estrutura de diferenciação e coordenação das instituições pelo Estado, que controlou o desenvolvimento da civilização humana como um todo. O princípio do totalitarismo, seja este vermelho, negro, marrom ou amarelo, foi responsável pela revolução mais radical da história da humanidade. Em termos culturais, testemunhamos a transformação da nacionalidade e de todos os seus recursos em instrumentos "tecnocráticos" e letais de violência. Os meios se tornam justificados pelos fins. Os fins são a aquisição de mais poder por um único Estado, o que quer dizer mais espaço para organizar a violência para outros usos destrutivos e em uma escala ainda maior. Nesse sentido, os fins do totalitarismo, por corroerem pouco a pouco todos os recursos da cultura e destruírem sua estrutura, vão numa direção totalmente incompatível e diametralmente oposta à constituição de sociedades humanas para a produção, manutenção e transmissão normal e pacífica de riqueza, solidariedade, racionalidade e discernimento, verdadeiros valores e indicadores de civilização.

Minha sugestão é a de que a guerra de 1914-1918 foi diferente em todos os seus aspectos elementares das guerras históricas de conquista produtiva. Em suas técnicas, em sua influência sobre a vida nacional e também em sua pertinência para o cenário internacional, ela foi uma guerra *total*. Agora, as batalhas são realizadas não apenas em todas as fronteiras geográficas possíveis; elas se dão em terra, mar e ar. A guerra moderna tornou impossível distinguir entre o contingente militar de um exército e os civis, entre os objetivos militares e a fração cultural da riqueza nacional, entre meios de produção, monumentos, igrejas e laboratórios. Linhas de comunicação, postos de governo, centros industriais e até mesmo núcleos de atividades administrativas, jurídicas e científicas rapidamente se tornaram alvos a serem destruídos, tanto quanto as tropas, as fortificações fronteiriças e os campos de aviação. Esse desdobramento não se deveu apenas à barbárie de uma nação ou de um ditador, mas foi inevitável, já que ditado pelas técnicas modernas de violência.

O caráter total da guerra, entretanto, vai muito além. A guerra precisa transformar cada uma das atividades culturais de uma nação beligerante. A família e a escola, as fábricas e os tribunais são afetados tão profundamente que suas atividades – o exercício da cultura por meio de instituições autossuficientes e autônomas – ficam paralisadas temporariamente ou desfiguradas. Basta examinar as estatísticas sobre a mobilização de mão de obra, de esforços e de opinião pública para perceber que é possível atualmente transformar alguns milhões de seres humanos em uma enorme máquina de guerra. Assim, evidentemente, quando duas máquinas de guerra dessa envergadura se lançam uma contra a outra, aquela que não dispõe de uma mobilização total e tão perfeita está fadada a sucumbir.[15]

Os formidáveis e quase miraculosos êxitos da Alemanha de Hitler deixaram a opinião pública de países neutros e beligerantes tão perplexa que algumas das reais lições não foram ainda assimiladas. Muitos entre nós, em nossas reações mistas de horror e admiração face ao *Blitzkrieg* contra a Polônia, às "conquistas"

---

15. Dados mais detalhados sobre a completa remodelação da vida nacional durante períodos de guerra e de preparação para a guerra poderão ser encontrados no volume compilado pelo professor Willard Waller a partir de contribuições ao simpósio sobre "A guerra no século 20" (*War in the Twentieth Century*, Nova Iorque: Dryden Press, 1940). A meu ver, os quatro ensaios sobre economia, Estado, propaganda e opinião pública, e instituições sociais em tempos de guerra, devem ser lidos atentamente por todos os pesquisadores do tema. Eles mostram que a guerra total transforma inteiramente a substância da cultura moderna. O leitor que acompanhar os ensaios à luz de nossa análise pode tirar ainda mais conclusões pontuais, especialmente ao avaliar que o totalitarismo nada mais é do que a constituição da nação em tempos de guerra. De que tal efeito da guerra não seja em geral compreendido ou acolhido, o ensaio que fecha a coletânea do professor Waller é testemunha. Nele, Linton, uma autoridade competente em todos os assuntos antropológicos, parece minimizar a destrutividade da guerra e sua profunda influência na cultura. Tratando da guerra moderna, ele afirma que "sua singularidade, particularmente no que diz respeito a seu potencial de destruição, tem sido enormemente superestimada [...]. Os princípios que orientam as guerras efetivamente travadas não mudaram desde a aurora da história, ao passo que as intenções destrutivas da guerra certamente se atenuaram. [...] Na Europa, existem ainda outros fatores que irão manter a destruição intencional em um nível mínimo. [...] Parece razoável prever que [...] não testemunharemos vitórias súbitas sobre nações grandes ou poderosas" (1940: 535-8) – mas e a França? Opiniões como essa, que certamente não são exclusivas ao autor citado, mostram como é fácil deixar escapar a verdadeira questão. Mesmo se admitíssemos que as mais de vinte milhões de vidas humanas perdidas na última Grande Guerra – ou os cinquenta milhões de feridos tornados inválidos – não têm tanta importância, teríamos de levar em consideração a desorganização da economia, a falta de segurança no que diz respeito à riqueza e à vida e a degradação geral dos princípios éticos e civis. Contudo, a verdadeira questão discutida no texto é saber se a total influência do uso de e da preparação para a violência desorganiza ou não o tecido da civilização moderna.

da Dinamarca e da Noruega e à subjugação implícita da Suécia, à campanha contra os Países Baixos e ao chocante colapso da França, tivemos de combater arduamente a sensação de que o totalitarismo seria, afinal de contas, um regime "maior e melhor" do que as nossas "demo-plutocracias decadentes". Contudo, uma sólida compreensão antropológica desses fenômenos nos ensina outra coisa. Uma quadrilha organizada de criminosos sempre estará em vantagem em um ataque armado a um banco. A única chance do banco não é reagir contra a quadrilha, mas contar com uma força policial que o proteja. A polícia será realmente eficiente se for capaz de prevenir com os instrumentos de violência à sua disposição a formação de uma quadrilha armada, mas ao mesmo tempo tornaria a defesa, se não impossível, ao menos custosa e destrutiva. A agressão planejada sempre levará a melhor sobre a defesa despreparada. A defesa deve estar preparada para prevenir a agressão, e não para combatê-la.

Neste ponto, deparamo-nos com o elemento mais importante da avaliação cultural do totalitarismo. Nascido da Primeira Guerra Mundial, ele foi, a princípio, nada mais nada menos do que a aplicação das técnicas políticas desenvolvidas entre 1914 e 1918 em um tipo de regime político, econômico, educacional e propagandista capaz de conduzir uma grande guerra.

A Alemanha nazista desenvolveu um sistema de valores que se deixou transformar na doutrina de uma nação inteira por meio de técnicas da propaganda moderna e sob a sanção de uma polícia perfeitamente organizada. Esse sistema de valores baseou-se na doutrina da superioridade de uma única raça, e, no interior desta raça, de uma única nação, e, no interior desta, de uma única quadrilha organizada. Essa doutrina, é possível ver com nitidez, está funcionalmente adaptada à criação de sentimentos efetivos de superioridade, agressividade, egoísmo nacional, ainda que altamente artificiais, e de uma moralidade que se encaixa perfeitamente bem na rotina universal dos acampamentos militares. A par com a doutrinação, fez-se necessária uma completa reorganização da vida social. A família, os poderes municipais, as escolas, os tribunais, as igrejas e todas as instituições de produção artística e intelectual foram diretamente submetidas ao controle armado e compulsório do Estado. Nunca antes na humanidade o funcionamento autônomo das instituições foi submetido de forma tão cabal ao controle do Estado. Ou seja, jamais o exercício da cultura esteve imobilizado de forma tão completa. Em termos de psicologia individual, isso quer dizer que qualquer iniciativa diferenciante, qualquer formulação de juízos críticos independentes, qualquer composição de opinião pública por meio de diálogos, discordâncias e acordos, cederam lugar a uma aceitação passiva de verdades prescritas. Em relação à estrutura social da nação, o controle de cima para baixo teve como efeito a substituição de solidariedades espontâneas de amizade, de coleguismo, entre maridos e esposas, entre pais e filhos, por um "espírito de unidade" mecanicamente imposto, a ser aceito em detrimento de quaisquer impulsos pessoais, juízos razoáveis ou ditames de consciência.

Sabemos bem como os resultados de pesquisas individuais, as obras de artistas e os ensinamentos de diversas religiões foram prescritos, contidos e direcionados. No campo religioso, notavelmente, é possível ver que o nazismo está tentando substituir o sistema dogmático e o aparato ritual e ético do cristianismo por seus equivalentes próprios – e o mesmo vale para a ética prevalecente na civilização ocidental e as convicções do juízo científico.

Não é preciso invectivar contra o sistema totalitário. Este certamente não é o lugar para indignações morais ou manifestações partidárias. Em todo caso, a ética científica deve se limitar a um posicionamento claro quanto às consequências de um tipo de ação, seja um empreendimento de pequena escala ou um sistema mundial. A ciência do homem, contudo, tem sempre o direito e o dever de apontar quais serão as consequências de uma revolução cultural. Trata-se do fundamento de todas as ciências aplicadas. A ciência social não deve ter receio de prever, de antecipar e de desenvolver alguma ética da razão. Isso não quer dizer que nós temos o dever ou a licença de condenar certos fins desde um ponto de vista moral. Podemos, entretanto, indicar, se for esta a conclusão de nossa avaliação e análise, que o totalitarismo deve levar à destruição a nação à qual se associa, e, posteriormente, à destruição em escala internacional.

O totalitarismo é a expressão última de uma mudança no equilíbrio entre Estado e nação. É algo extremo porque os modernos meios de mobilização mecânica de força de trabalho, recursos econômicos e valores espirituais tornaram-se eficazes de um modo tão perigoso que agora é possível remodelar comunidades inteiras – com centenas de milhões de habitantes – e transformar cada uma delas, isto é, dessas nações que exercem, transmitem e desenvolvem cultura, em uma maquinaria bélica irrivalizável, porém inadequada, inapta talvez, para conservar o legado nacional da cultura. A nação alemã, outrora precursora na ciência e na arte, dotada de um folclore regional bastante diversificado, de uma rica vida camponesa e de grande diversidade econômica, transformou-se atualmente em um imenso acampamento militar. Uma tarefa histórica importante seria mostrar em que medida a grandeza alemã se deve às diferenças tradicionais, regionais e raciais em sua composição. A eliminação gradual dessa diversidade foi o preço que a nação alemã teve de pagar para tornar o Estado alemão tão poderoso. Em sua forma totalitária moderna, o nacionalismo é pernicioso, pois acabou se tornando o maior inimigo da própria nação.

Mas qual é o lugar ocupado pelo totalitarismo nas normas e diretrizes [policies] e na política [politics] internacionais? É evidente que a humanidade agora está diante de um cenário futuro composto de duas alternativas – ou a vitória final do totalitarismo ou a da democracia. Nenhum Estado organizado para fins pacíficos, isto é, para o exercício mais pleno e efetivo da civilização, consegue competir com um Estado organizado com o propósito de ser eficiente na guerra. A vitória nazista só será final se a nação-estado[16] de Hitler assumir de forma exclusiva o controle absoluto de todo o planeta. Se isso é provável ou mesmo possível, poderíamos argumentar que, tendo a humanidade sido subjugada por um único conquistador, as condições para a conquista criativa e produtiva estariam dadas e gerariam resultados benéficos, a serem obtidos a alto custo, mas, ao fim e ao cabo, aceitáveis.

A possibilidade de uma vitória completa de um só Estado não existe. Se a Alemanha triunfar, existirão pelo menos mais três potências totalitárias a serem levadas em conta – Itália, Rússia e Japão. Quando a Itália debandar e se tornar um mero apêndice do hitlerismo, os Estados Unidos da América podem ter de entrar para o clube de países totalitários, uma vez que os norte-americanos precisam continuar isolados caso a Grã-Bretanha for derrotada e anexada, tal como a França, ao bloco totalitário liderado pela Alemanha. Isso significará quer a adesão ao totalitarismo, quer o recuo até uma situação precária de semi-independência política, econômica e cultural. Felizmente, a Grã-Bretanha ainda está na batalha pelo lado da liberdade e da civilização e, como de hábito, continuará perdendo todas as batalhas com a exceção da última e decisiva.

A menos que se torne o império universal de uma única potência, o totalitarismo não é uma fonte de estabilidade, mas sim de guerras mundiais longas e recorrentes. A análise antropológica dá suporte aos que acreditam que a guerra deve ser abolida. O nacionalismo, enquanto demanda de autonomia cultural no interior de todo grupo unido pela linguagem, tradição e cultura, é legítimo e indispensável para a continuação mesma da cultura. Essa autonomia cultural das partes que compõem a humanidade atual corresponde, ou correspondia, ao princípio da vida nacional dos suíços e do antigo império austro-húngaro, das relações entre os poderosos estadunidenses e seus vizinhos latino-americanos, que sem a política da "boa-vizinhança" ianque seriam completamente incapazes de defender pela força sua autonomia cultural, mas que, por contarem com ela, podem gozar desta e de seus amplos benefícios.

Estamos vivendo atualmente em um mundo de modismos passageiros, onde os ideais e princípios mais sadios são desacreditados porque considerados obsoletos ou já muito desgastados – atitude que é em si mesma quase tão perniciosa quanto certos germes de totalitarismo. O estudante de ciência social tem o dever de combatê-la. Gostaria, então, de reiterar as crenças que inspiraram alguns dos mais refinados pensadores e dos melhores combatentes da última guerra. Acredito que a guerra apenas pode ser travada para terminar com a guerra. Acredito que

---

16. [N.T.] Ver nossa observação anterior a respeito desta opção.

a futura paz da humanidade só é possível sob o princípio da comunidade [commonwealth] das nações. Acredito que o exercício pleno da tolerância nas relações raciais, no tratamento das nacionalidades e minorias nacionais e no respeito ao indivíduo é o motor de todo progresso e o fundamento de toda estabilidade em uma humanidade ainda dividida por raças, culturas, costumes e línguas. O maior inimigo de nosso presente é o Estado soberano, mesmo quando membro de comunidades de nações democráticas – e certamente em suas formas desenvolvidas com o crescimento nefasto do totalitarismo. O real fracasso da Liga das Nações wilsoniana deve-se ao fato de que seus próprios artífices se recusaram a pagar o preço que ela mesma impunha. Eles não estavam preparados para abdicar de um milímetro sequer de sua soberania nacional, esquecendo-se que esse gesto deveria ser a matéria a ser usada na edificação da própria Liga.

A menos que assumamos de maneira corajosa, resoluta, e com a devida humildade, os princípios, os ideais e os projetos originalmente provenientes da América – que mais tarde também viria a rechaçá-los – não seremos capazes de superar a patologia maior de nossa época. Podemos chamá-la de guerra total, totalitarismo, soberania extrema ou injustiça racial, religiosa e nacional – produto inelutável da substituição do debate pela força, da justiça pela opressão, da fé e da razão pelo misticismo escabroso e autoritário.

Leia também!

Conecte-se conosco:

 facebook.com/editoravozes

 @editoravozes

 @editora_vozes

 youtube.com/editoravozes

 +55 24 2233-9033

www.vozes.com.br

Conheça nossas lojas:
www.livrariavozes.com.br

Belo Horizonte – Brasília – Campinas – Cuiabá – Curitiba
Fortaleza – Juiz de Fora – Petrópolis – Recife – São Paulo

EDITORA VOZES LTDA.
Rua Frei Luís, 100 – Centro – Cep 25689-900 – Petrópolis, RJ
Tel.: (24) 2233-9000 – E-mail: vendas@vozes.com.br